JOURNAL ET MÉMOIRES

DE

CHARLES COLLÉ

SUR LES HOMMES DE LETTRES
LES OUVRAGES DRAMATIQUES ET LES ÉVÉNEMENTS
LES PLUS MÉMORABLES DU RÈGNE DE LOUIS XV

(1748 — 1772)

NOUVELLE ÉDITION

AUGMENTÉE DE FRAGMENTS INÉDITS

recueillis dans le manuscrit de la Bibliothèque impériale du Louvre

*Par autorisation de S. E. le Ministre de la Maison
de l'Empereur et des Beaux-Arts*

AVEC UNE INTRODUCTION ET DES NOTES

PAR

HONORÉ BONHOMME

TOME DEUXIÈME

PARIS
LIBRAIRIE DE FIRMIN DIDOT FRÈRES, FILS ET Cⁱᵉ
IMPRIMEURS DE L'INSTITUT, RUE JACOB, 56

1868

JOURNAL ET MÉMOIRES

DE

CHARLES COLLÉ

TOME II

JOURNAL ET MÉMOIRES

DE

CHARLES COLLÉ

SUR LES HOMMES DE LETTRES
LES OUVRAGES DRAMATIQUES ET LES ÉVÉNEMENTS
LES PLUS MÉMORABLES DU RÈGNE DE LOUIS XV

(1748 — 1772)

NOUVELLE ÉDITION

AUGMENTÉE DE FRAGMENTS INÉDITS

recueillis dans le manuscrit de la Bibliothèque impériale du Louvre

*Par autorisation de S. E. le Ministre de la Maison
de l'Empereur et des Beaux-Arts*

AVEC UNE INTRODUCTION ET DES NOTES

PAR

HONORÉ BONHOMME

TOME DEUXIÈME

PARIS
LIBRAIRIE DE FIRMIN DIDOT FRÈRES, FILS ET Cⁱᵉ
IMPRIMEURS DE L'INSTITUT, RUE JACOB, 56
1868

Droits de traduction et de reproduction réservés.

JOURNAL HISTORIQUE.

ANNÉE 1755.

JANVIER ET FÉVRIER.

Eh! lon, lan, la, ce journal s'en va! C'est une même chanson que je chante depuis trois ans, et que j'ai l'air encore de chanter quelques années; du moins, tant que le duc d'Orléans prendra plaisir à son théâtre; je suis mon goût en travaillant dans ce genre, et ce travail me plaît; mais il ne me laisse guère de temps pour le reste. Je m'y livre tout entier, et je ne pense qu'à cela; comme j'y trouve mon plaisir, je m'y abandonne et je néglige le reste; je veux cependant conserver le fil de cet ouvrage-ci, tel mince que ce fil puisse être.

L'Académie royale de musique a donné *Daphnis et Alcimadure*, pastorale languedocienne; les paroles et la musique sont de Mondonville; quant au poëme, il a bien l'air effectivement d'être fait par un musicien, car il est exécrable; il n'est pourtant pas tellement de Mondonville, que tous les détails n'en soient pris de Gondouli et autres chansonniers languedociens; à l'égard du fond, il ne ressemble à rien, on est forcé de l'avouer, et c'est bien la plus plate invention que l'on ait vu représenter depuis *les Mystères*.

Tel qu'il est, cet opéra a pourtant eu quelque succès, non pas pour moi, car, excepté le duo et le chœur d'*Eselai*, tout le reste m'a paru aussi ennuyeux que les vêpres des morts. Notre langue, d'ailleurs, qui est continuellement estropiée dans ce patois, est quelque chose d'insoutenable pour moi. Il n'en est pas de même d'une autre langue, qui n'a point cette analogie étroite avec la nôtre.

Enfin, le dirai-je à nos ambrés et à nos très-jolies femmes? Jéliotte m'a souverainement déplu dans cet opéra; je ne l'ai jamais vu si affecté, si afféré et si sybarite. A mon avis, il a chanté comme la femme de la Cour la plus perdue d'airs; bref, ce chant maniéré et efféminé n'est point fait pour des hommes qui par hasard le sont encore ici. Cette drogue a été donnée au commencement de janvier, à ce que je crois.

Le 7 février on fit l'ouverture du théâtre de M. le duc d'Orléans, au faubourg du Roule. Cette nouvelle salle, qui a été construite et peinte sous les ordres et sur les dessins de M. Pierre, premier peintre de ce prince, est une espèce de ruine d'un amphithéâtre des Romains. Les connoisseurs l'ont trouvée trop noble, et taillée trop dans le grand, pour les pièces que l'on y doit représenter; mais Pierre répond à ce reproche, qu'il a fait cette salle *pour le maître*, et non pour les comédies qu'on doit y jouer. Je ne vois point, au reste, ce que la noblesse de la salle peut gâter aux farces mêmes que l'on y donnera; mais il faut trouver à redire à tout : voilà l'esprit de ce siècle, et de tous les siècles. Quoi qu'il en soit, on donna ce jour-là, pour la première représentation, *les Adieux de la parade*, prologue en vers libres, suivi de *Nicaise*; ensuite un compliment de *Léandre*, des annonces, et le spectacle fut terminé par *l'Amant poussif*, parade (1).

---

(1) **Toutes ces compositions sont de Collé. (H. B.)**

Le prologue fut joué froidement, excepté de la part de Gaussin; il est pourtant moins froid de sa nature que quelque prologue que ce soit; quoique je convienne que ces sortes d'ouvrages n'ont et ne peuvent avoir une certaine chaleur.

Nicaise fut trouvé encore meilleur que la première fois, parce qu'il fut joué plus vivement.

Le compliment de rentrée, fait par M. Danezan, fut applaudi avec fureur; aussi fut-il récité dans la dernière perfection; d'ailleurs, j'avoue que c'est un beau morceau.

La parade fut jouée vivement, et réussit plus que je ne l'aurois cru. Les annonces furent trouvées mauvaises par tout le monde, en m'y comprenant. J'avois mis quatre Gilles en béquilles, et j'avois imaginé que le coup-d'œil en seroit plaisant. Point du tout, les quatre béquillards avoient l'air de quatre pauvres estropiés; leur physionomie d'ailleurs devenoit rouge et hideuse, par les efforts qu'ils étoient obligés de faire pour se soutenir sur leurs béquilles; ajoutons encore à cela que les couplets de ces annonces furent chantés détestablement.

Le carnaval, qui finissoit au 11, donnoit quelques jours de relâche à la troupe; mais une petite attaque de goutte qu'a eue M. le duc d'Orléans, prolonge ces vacances; et je ne sais si les représentations qui doivent suivre celle-ci ne seront pas remises après Pâques.

Le même jour, 7 février, débuta à la Comédie françoise, dans les rôles de soubrettes, la demoiselle Noverre, femme du maître de ballets de ce nom; j'entends le maître de ballets de l'Opéra-Comique. Je ne l'ai pas pu voir encore; j'ai entendu dire qu'elle avoit du talent, non pas au degré de Mlle Dangeville, mais qu'elle étoit remplie d'intelligence, et qu'elle avoit de la chaleur; elle n'est ni jolie ni assez grande pour le théâtre. Saurin, qui l'a vue, me dit qu'elle est cent piques au-dessus des Gauthier et des Beauménard. Il me paroît qu'elle prendra assez.

Le 10 M. le président de Montesquieu, un des grands génies et des beaux-esprits de l'Europe, mourut à Paris, d'une fièvre maligne.

Il s'est confessé au père Routte, jésuite. Ce moine et le père Castel, autre compagnon de Jésus, ont voulu lui tirer, dans ses derniers instants, le manuscrit d'une nouvelle édition des *Lettres Persannes*, qu'il étoit prêt à donner; mais le défunt n'y a voulu entendre. Il dit même, quelques jours avant de mourir, à M*me* Dupré de Saint-Maur, à laquelle il a remis ce même manuscrit : *Les bons Pères vouloient me l'attraper, pour le défigurer le plus saintement qu'ils auroient pu; mais je n'ai point cédé* (1).

On va mettre quelqu'un à sa place à l'Académie françoise; mais on ne le remplacera pas. L'abbé de Boismont, l'abbé Trublet et M. de Malheserbes, dit-on, se présentent.

Dans les premiers jours de ce mois, M. Helvétius donna un très-beau bal, qui fut ouvert par M. de Fontenelle, qui quelques jours après entroit dans sa centième année, avec M*lle* Helvétius cadette, qui n'a qu'un an et demi. Fontenelle fit encore la révérence, embrassa la petite fille; prit ensuite la fille de M*me* d'Epinay, âgée de sept ans, fit une deuxième révérence avec elle et l'embrassa encore. Voilà, comme on voit, de la besogne pour un galant de quatre-vingt-dix-neuf ans accomplis, deux révérences, deux compliments et deux baisers; toute plaisanterie à part, c'est chose bien extraordinaire : cet homme a encore toute sa tête.

---

(1) Ni Grimm, ni l'avocat Barbier, qui ont chacun enregistré, à sa date, la mort de Montesquieu, ne mentionnent ce dernier fait. Seulement, Barbier dit que le curé de Saint-Sulpice administra Montesquieu, auquel il voulait faire faire une rétractation publique de ses écrits; mais que le père Routte répondit au curé de faire son devoir, ajoutant qu'il répondait des sentiments du mourant. De son côté, Grimm déplore l'ingratitude des hommes, en constatant que, de tous les gens de lettres, Diderot est le seul qui se soit trouvé au convoi de Montesquieu. (*H. B.*)

Thiriot, avec lequel je dînois ces jours-ci, nous disoit : *Vous savez tous, messieurs, que la célèbre Ninon ne put être déterminée, par M*^{me} *de Maintenon, à aller demeurer à Versailles; mais vous ignorez peut-être que dans le temps que l'on lui en fit la proposition M. de Fontenelle lui demanda si le fait étoit vrai.* — *Oui, répondit-elle; rien n'est plus vrai.* — *Eh bien, poursuivit Fontenelle, qui vous a empêchée d'accepter? Comment, repartit-elle, moi qui lorsque j'étois jeune et belle n'ai jamais voulu vendre mon corps, vous croyez qu'à quatre-vingts ans j'irai leur vendre mon âme?*

MARS 1755.

Le 1er mars je fus à la Comédie-Françoise voir la première représentation de *Philoctète*, tragédie de M. de Chateaubrun, auteur des *Troyennes;* la pièce a eu un succès marqué (1). Je n'aurois jamais cru ce galant homme capable d'arranger si bien un sujet; je dis de peindre aussi vigoureusement qu'il l'a fait, le caractère d'Ulysse. Quand je dis peindre, j'ai tort; car c'est justement le coloris de la versification et de l'expression qui lui manque; j'entends donc seulement la façon mâle dont il a rendu le caractère d'Ulysse par le fond des choses et nullement par les détails.

Philoctète est aussi assez bien représenté, mais pourtant d'une manière bien inférieure à celle dont il nous a fait voir Ulysse. Rien n'est peut-être plus difficile à mettre au théâtre que ce héros fabuleux; je le comparerois volontiers à Cicéron, qui n'est pas plus que lui, à ce qu'il sembloit, un héros théâtral.

---

(1) V. la note au bas de la page 399.

Le premier acte de cette pièce est beau, clair, et l'exposition se fait à peu près en action comme dans Sophocle. Quelques zélés, quelques idolâtres de l'antiquité ont trouvé mauvais qu'il ait introduit une femme dans cette pièce ; mais outre que ce sujet étoit trop simple sans cet épisode, et que les cinq actes de Sophocle n'en donneroient pas deux de notre monnoie, c'est qu'il m'a paru que cela ajoutoit beaucoup à l'intérêt, bien loin d'y nuire, d'autant plus que l'amour est dans Sophie, fille de Philoctète, et dans Pyrrhus, toujours subordonné à leurs devoirs et à leurs intérêts : j'oserai dire qu'il y a de la pédanterie à penser autrement.

L'on a beau relever le mérite des Grecs et leur admirable simplicité, l'on doit, j'imagine, sentir aussi que nous ne sommes pas à Athènes, mais à Paris, et que s'il faut imiter dans le fond le bon goût des anciens, il faut pourtant se conformer nécessairement, et en beaucoup de choses à celui des modernes et des spectateurs, pour qui la pièce est faite. M. de Chateaubrun consentira volontiers que sa pièce soit sifflée en Grèce, pourvu qu'elle emporte les suffrages de toute la France.

La critique la plus judicieuse qu'on seroit en droit de faire sur cet amour, c'est qu'il vient comme un coup de foudre ; Pyrrhus et Sophie s'adorent dans le moment qu'ils se voient. Le premier coup-d'œil les embrase, ils sont pris dans l'instant, et dans quel instant ? Lorsque Sophie a à penser à des malheurs affreux, et Pyrrhus à l'intérêt le plus grand chez les Grecs, celui de la patrie. C'est donc à mon gré un défaut, et un très-grand défaut que celui-là, et qu'il n'étoit pas difficile de corriger, en supposant que Pyrrhus et la princesse se fussent rencontrés et se fussent aimés dans leur très-grande jeunesse. Cela donnoit même à l'auteur une scène de reconnoissance, ressort qui ne manque jamais son effet au théâtre.

Le second acte, à quelques longueurs près, est bien,

mais pouvoit être mieux si Philoctète eût, par gradation,
loué Pyrrhus, l'eût admiré et eût fini par lui tenir des
propos attendrissants ; il auroit augmenté les remords de
ce jeune héros, et la scène fût par-là devenue infiniment
plus intéressante. Dans cette même scène, j'ai cru aussi
apercevoir quelques contradictions dans les discours de
Philoctète à Pyrrhus.

Le troisième et surtout le cinquième sont, sans contredit, les plus intéressants. Ulysse est sublime dans ce dernier, c'est un héros véritable, et en même temps un grand homme, un homme d'État.

Le quatrième acte, quoiqu'il ait été goûté de bien des gens, me paroît postiche. Cette tragédie seroit bien plus vive, et sa chaleur mille fois plus grande, si elle étoit en quatre actes. Quand on passeroit à l'auteur la situation de Philoctète, qui fait jurer à sa fille de le tuer si les Grecs tentoient de le surprendre pendant son sommeil, ce qui cause plus d'horreur et de dégoût que cela n'inspire de terreur et de pitié : quand, dis-je, on passeroit à M. de Chateaubrun cette situation, on auroit encore à lui reprocher de ne l'avoir pas apparemment bien traitée, puisqu'elle ne fait presque point d'effet ni en bien ni en mal, et que l'acte est assez languissant jusqu'au moment que Pyrrhus se trouve, entre Ulysse et sa maîtresse, combattu par la vertu et le désir de la gloire et par l'amour et la pitié pour les malheureux.

Le caractère de Pyrrhus est bien rendu, impétueux, sincère, vertueux, ne respirant que la gloire et y sacrifiant l'amour, comme il en donne la preuve, et bien noblement, au cinquième acte. Celui de Philoctète, à quelques *rabachages* près, est aussi bien beau ; je ne hais point celui de Sophie, qui s'élève en quelques endroits, et qui n'est pas aussi *fadasse* que nos princesses ordinaires ; enfin, je le répète, celui d'Ulysse est une des belles choses et des plus difficiles qu'on ait mises depuis longtemps au théâtre.

Quant au style, il est misérable, et ce ne sont pas seulement de mauvais vers, mais de la méchante prose, où la langue est continuellement blessée, et où le mot impropre paroît être toujours mis de préférence.

Il faut finir par rendre justice aux acteurs, qui ont joué cette pièce on ne peut guère plus mal ; Granval jouoit le rôle de Philoctète ; Gaussin, celui de Sophie ; Le Kain, Pyrrhus ; Lanoue, Ulysse. Quels tragiques, mânes des anciens siffleurs ! Cette tragédie n'a pu avoir avant Pâques que sept représentations. A la reprise elle en a eu cinq.

On parle de M. de Chateaubrun pour la place de l'Académie. Mme la duchesse de Chaulnes, comme je crois l'avoir déjà dit, sollicitoit pour l'abbé de Boismont avec la dernière indécence ; elle n'a pas cessé, quand elle a su que M. de Châteaubrun se présentoit et étoit protégé par M. le duc d'Orléans ; au contraire, elle a voulu engager ce prince à se désister. On s'est moqué d'elle au palais royal ; on a fait plus, quelqu'un qui ne l'aime pas (et il y en a beaucoup de ce nombre) vient de l'affubler d'une épigramme sanglante. Elle est trop mal faite et trop emportant la pièce pour n'être pas d'un homme de qualité, la voici :

> Déjà Livie, en votre temple,
> A mis, jadis, un guerrier sans talents ;
> Aujourd'hui même encor, Julie, à son exemple,
> Pousse un petit collet qu'elle a mis sur les dents.
> Prenez garde qu'enfin quelque autre Messaline,
> Ne consultant que ses seuls intérêts,
> Pour confrère ne vous destine
> Un âne de Mirebalais.

On entend par Livie la duchesse de la Vallière, qui a fait entrer à l'Académie M. de B..., son amant, duquel j'ai parlé à l'article de sa réception (1). Julie est Mme de

---

(1) V. tome Ier, p. 249 et 268.

Chaulnes, et le petit collet l'abbé de Boismont, que l'on dit être son souteneur, car elle n'eut jamais d'amants. C'est la sœur de défunt Bonnier, et, à ce qu'on prétend généralement, la plus méchante créature et la plus noire qu'on puisse trouver. On a plaint la duchesse de la Vallière, qui, quoique fort galante, est très-bonne et très-aimable femme.

Les 11 et 16, M. le comte de Clermont a fait reprendre, sur son théâtre de la Roquette, *le Rossignol*, qui m'a paru réussir encore. Le rôle de Saint-Albon, joué par le Chevalier de Bon, ne fut point mal rendu, pour quelqu'un qui n'a pas de voix; mais M. le Chevalier de Montaset lui est mille fois supérieur à tous égards, et surtout par l'intelligence réfléchie et par l'organe. M. le Chevalier de la Tour, qui jouoit le rôle de Varambon, l'a rendu un peu tristement.

Samedi 22, veille des Rameaux, M. de Chateaubrun fut élu, tout d'une voix, à la place de M. de Montesquieu.

Le jeudi saint je dînai chez M. le comte de Clermont, auquel je lus ma tragédie de *l'Écumoire*, dont il parut excessivement content. Il me tourna, d'une façon très-détournée, pour l'avoir à son théâtre; mais j'éludai, et ne répondis rien aux choses qui pouvoient avoir trait à cela.

Si M. le duc d'Orléans, que je soupçonne être un peu refroidi sur le plaisir de jouer la comédie, se déclare à ce sujet et cesse de prendre goût à ces amusements, je ne demanderai pas mieux alors de donner au comte de Clermont toutes les pièces que j'ai composées pour le premier. Je ne les ai faites que pour avoir le plaisir de les voir représenter, et j'avoue que c'en est un très-grand pour moi. Mais indépendamment des procédés honnêtes que je dois avoir pour M. le duc d'Orléans, pour qui j'ai fagoté toutes ces misères, et auquel elles appartiennent, pour ainsi dire, par le bien qu'il m'a fait en me donnant un intérêt dans ses fermes, je préférerai toujours le théâtre, ou plutôt le cercle de M. le duc d'Orléans, à la cour de M. le comte de Clermont ; il y a à cette dernière des dessous de cartes, des tracasseries, qui ne viennent pas du prince, car ce seroit le meilleur homme du monde.

Le vendredi saint la petite vérole prit au fils aîné de M. de Meulan ; elle étoit d'une qualité très-maligne : il s'en est tiré, et j'en suis dans la plus grande joie. J'ai vu naître ces enfants, je les aime, ils sont intéressants ; et si le monde ne les gâte pas, ils donnent l'espérance d'être de bons sujets.

J'ai achevé le 30 une comédie en deux actes et en prose, intitulée : *le Chapeau magique*. C'est une pièce faite uniquement pour les enfants, et pour la société de M. de Meulan. J'en ai tiré l'idée d'un opéra-comique, intulé : *la Queue de vérité*, dans lequel j'ai suivi une tout autre route. Bien loin qu'il y ait la moindre indécence dans cette pièce, il y a beaucoup de morale, et même de morale commune ; ce qui la met plus à la portée des enfants. Au reste, nous nous jouons tous dans cette pièce ; elle est absolument faite pour notre société seule ; qui plus est, j'ai laissé à chacun des vides, pour les remplir lui-même de plaisanteries qu'il voudra bien que l'on dise sur lui. Il y a d'ailleurs des louanges indirectes de M. et Mme de Meulan, qui sont assez adroites. Quant au fond de l'ouvrage, excepté deux scènes, je ne l'estime pas. Il n'y a que l'à-propos qui puisse le faire réussir, au cas qu'il réussisse.

AVRIL 1755.

Je vais dans quelques jours me mettre à travailler au plan d'une comédie en prose, dont j'ai eu l'idée à la fin de 1748. Des difficultés, qui m'avoient paru insurmontables, me l'avoient fait abandonner; j'y ai trouvé un dénouement, et je veux essayer si cela peut s'arranger.

Si je puis venir à bout de faire cette comédie, je la destine à être jouée, d'abord sur le théâtre du comte de Clermont, sauf à la donner après, si elle y réussit, sur celui du duc d'Orléans. Quoique je n'attende rien du premier, je veux tâcher pourtant de ne pas le mécontenter, et faire en sorte qu'il n'imagine pas que je l'ai absolument abandonné pour le duc d'Orléans.

Pendant que je travaillois au plan de cette comédie, vers le 15 de ce mois-ci, il m'a passé par la tête de faire la parodie suivante; elle est soignée, et je ne la crois pas une des moins bonnes chansons que j'aie faites.

Parodie de l'air de la marche du régiment de la Calotte.

MA MAROTTE.

J'ai la marotte
D'aimer Marotte;
Je la préfère à
Nos sœurs de l'opéra.
C'est une infante
Moins triomphante
Que ces belles demoiselles-là.

C'est qu'elle est jolie,
C'est qu'elle est polie,
C'est qu'elle est d'une folie....
Elle se rit toujours de quelqu'un;
De l'esprit sans suite;
Sa conduite
N'a pas le sens commun.

J'ai la marotte
D'aimer Marotte.
Quoique trop ouverts,
Je préfère ses airs
Aux graves mines
De nos robines,
Dont l'orgueil est le moindre travers.

Cet hiver, par accident,
La veuve d'un président
M'avoit pris en attendant;
Et ce printemps,
J'eus quelque temps,
La femme d'un intendant,
Mais à mon corps défendant.
Combien je souffris!
Si c'est, mes amis,
Un malheur d'être pris
Par des présidentes,
C'est encore pis
D'avoir des intendantes.

J'ai la marotte
D'aimer Marotte;
Adroite en amour,
Elle y sait plus d'un tour;
C'est une aisance,
Une indécence;
L'on croit voir une femme de cour.

De ces femmes-là
J'en ai jusque-là;
Ces fortunes-là
Ne sont pas de grandes trouvailles;
Et l'on en aura
Tant qu'on en voudra,
D'autant qu'à Versailles
C'est à qui s'en défera.

Mais ici déjà
L'on en veut à
Ma pauvre Marotte;
Déjà l'on complote
De me l'accrocher.
On veut chercher
A s'aboucher.
On offre cher
En viager.
Je l'ai fait déloger.

L'un des meilleurs
Enchérisseurs,
(O temps! ô mœurs!)

C'est... Il faut que je nomme
  L'homme :
C'est un riche abbé titré,
  Mitré,
  Taré.
  Son nom?
  C'est.... Non,
Ne disons pas tout haut son nom.

Mais si je ne le nomme pas,
  Autre embarras ;
Le clergé, qui va s'assembler,
  Me fait trembler ;
  Tous nos prélats,
  Gens délicats,
  Qui jeûneront,
  D'abord prendront
  Ce qu'ils pourront ;
  Puis, chercheront,
  Déterreront
Marotte, et me l'enlèveront.

Marotte est faite exprès pour eux ;
  Elle a des yeux...
  Tendres et bleus,
  Bien scandaleux ;
Quand elle lorgne, il est douteux
Si Marotte ne fait pas mieux.

Sur nos pontifes indécents,
Ces charmes-là sont bien puissants ;
Et d'ailleurs Marotte a des sens
  Récompensants
  Les insolents,
  Qui montrent des talents.

  J'ai la marotte
  D'aimer Marotte ;
  Tant que je pourrai,
  Je la conserverai ;
  Mais s'il arrive
  Que l'on m'en prive,
Je m'en... Ma foi, je m'en passerai.

Le 24 de ce mois M. de Montauban me fit dire que nous avions un dîner le 26, à la petite maison de M. le duc d'Orléans, pour décider un spectacle qui devoit être donné le 9 mai.

Des affaires survenues au prince ont dérangé ce projet, mais du moins ai-je vu par-là qu'il n'a pas encore renoncé au théâtre; et j'espère que ma ferme sera renouvelée avant que son goût soit passé. Vraisemblablement nous aurons cet été quelque représentation rompue.

Dans les derniers jours de ce mois, M. Fagan (1) est mort d'hydropisie; un mois avant sa mort il étoit devenu imbécile. Ce garçon, qui avoit un talent supérieur pour la comédie, s'étoit laissé abrutir par le vin, la crapule, la mauvaise compagnie et la misère. Il y a plus de quinze ans qu'à tous ces égards il étoit incurable; il perdit tout quand M. de Segonzac, son cousin germain, mourut : c'étoit le seul homme qui eût quelque crédit sur son esprit.

La plus déplorable conduite l'avoit mené insensiblement à la plus extrême misère, et comme il n'avoit aucun courage, il étoit devenu d'une bassesse qui lui faisoit demander l'aumône. Le chevalier d'Orléans, le défunt grand-prieur, lui donnoit des habits; et ce malheureux n'avoit pas la vergogne de ne le pas publier; tout sentiment étoit éteint chez lui. Je lui ai vu recevoir quatre louis de Mlle Quinault (2) : recevoir d'une comédienne, c'est le comble de l'ignominie; Mlle Quinault à beau être estimable à beaucoup d'égards, on trouvera, comme moi, que c'est un opprobre que d'accepter l'aumône. M. de Segonzac lui donnoit des secours pécuniaires, et l'empêchoit de faire des sottises littéraires.

---

(1) Fagan (Chr.-Bart.), auteur dramatique, issu d'une famille irlandaise réfugiée en France. Paris, 1702-1755. Son théâtre forme 4 vol. in-12, 1760. (*H. B.*)

(2) Il s'agit de la charmante soubrette du Théâtre-Français, dont nous avons publié les lettres adressées à Piron, lettres qui sont de *petits chefs-d'œuvre*, selon l'expression d'un critique, M. Édouard Thierry. V. les *Œuvres inédites* de Piron. (*H. B.*)

Personne n'entendoit mieux le théâtre que Fagan, et s'il eût été à portée de voir le monde, il auroit été bien loin dans son art. Ce n'est que dans le monde, et dans toutes sortes de différentes sociétés, qu'un auteur comique peut trouver les originaux, dont il nous donne ensuite les tableaux sur la scène; ce n'est que d'après les hommes qu'il peint les hommes, et pour les peindre il faut les observer et en voir beaucoup, et dans différentes classes.

Fagan vivoit casanier; son bureau, le cabaret, et quatre ou cinq hommes crapuleux et sans esprit étoient tout ce qu'il voyoit. Je n'ai point connu d'homme né avec un caractère plus malheureux; il étoit d'une inquiétude qui alloit jusqu'à la folie; il croyoit que tout le monde l'envioit ou le haïssoit; il ne parloit que de ses ennemis et de la cabale, et s'imaginoit déplaire à toutes les sociétés où il alloit. Il s'étoit mis dans la tête, par exemple, qu'il avoit les yeux insolents, et il cessa d'aller chez Mme de Villette, parce qu'il étoit persuadé, disoit-il, qu'elle s'en étoit aperçue; il avoit beaucoup d'autres lubies pareilles à celle-là.

Il a fait une comédie de *l'Inquiet*. Il s'y étoit peint lui-même, et tous les traits d'inquiétude ne parurent point être dans la nature, quoiqu'il les eût puisés dans son propre caractère et qu'il eût choisi les moins forts et les plus vraisemblables; mais c'est qu'il étoit plutôt fou réellement qu'inquiet.

A examiner ses pièces théâtralement, elles ont presque toutes quelque mérite; personne ne s'est mieux entendu à filer une scène que lui. Dans son *Etourderie* (pièce que j'aime mieux que sa *Pupille*), il y a deux chefs-d'œuvre en ce genre; son comique ne roule jamais que sur la situation, jamais d'esprit déplacé; s'il y a même un reproche à lui faire, c'est de n'avoir que très-rarement des saillies et des épigrammes quand elles lui auroient été permises; son style est un peu trop nu : la simplicité n'empêche pas les traits vifs, et les bons mots lorsqu'ils sont naturels et à leur place.

J'oserois dire que Fagan avoit autant de talent pour la comédie que Destouches, mais il étoit ignorant, et n'avoit point vu le monde. Partagé d'ailleurs par un travail de bureau et harcelé par la misère, il n'a pu montrer tout ce qu'il auroit été; mais l'on voit, par ses ouvrages, ce qu'il auroit pu être s'il avoit pu s'y donner tout entier. Il a fait quelques opéras-comiques fort jolis; *la Servante justifiée*, *la Fausse ridicule*, sont de lui; je crois pourtant que les couplets sont de Panard : Fagan n'en faisoit pas bien.

Le lundi 28 débuta à la Comédie-Françoise, dans le rôle d'Andronic, le sieur Clavareau; je l'ai vu dans celui de Gustave. C'est, à mon gré, un mauvais comédien, et qui le sera toujours, parce qu'il est froid. Sa voix est grêle et désagréable, sa figure ignoble, ses gestes maussades et son intelligence très-médiocre; mais son plus grand défaut, comme je l'ai déjà dit, est de n'avoir point d'entrailles... Il est applaudi, j'ignore pour quelle raison, si ce n'est celle de la dépravation du goût du public.

Le Comédiens françois ont trouvé le moyen de se ruiner, eux et ceux qui leur succéderont; et l'on n'a découvert que cette année la route qu'ils prenoient pour cela.

Les plus jeunes et les derniers entrés dans la troupe se sont plaints aux gentilshommes de la chambre que depuis onze à douze ans leur compagnie empruntoit solidairement une somme qu'elle se répartissoit entre elle, et dont l'intérêt se paye; ensorte que depuis 1743 jusqu'au jour de Pâques dernier la troupe doit 433,000 liv. de compte fait, de laquelle somme elle paye les intérêts; ces dettes, qui regardent les Comédiens collectivement pris, ne sauroient retomber que sur les derniers qui seroient restés dans la troupe, chacun de ces histrions, en quittant, retirant le fond qu'il y a, que celui qui entre lui rembourse.

MM. les gentilshommes de la chambre font travailler à un arrangement sur tout cela, qui puisse ne pas écraser les Comédiens qui resteront.

MAI 1755.

Le lundi, 5, M. de Chateaubrun fut reçu à l'Académie française ; l'abbé d'Olivet lui a répondu. Leurs discours ne sont pas encore imprimés ; mais comme ce sont des discours académiques, on peut sans les avoir vus prononcer qu'ils ne valent rien, et il y a mille à parier contre un que l'on aura rencontré juste.

Le jeudi 15 mai je fus à la première représentation du *Jaloux*, comédie en cinq actes et en vers de M. Bret (1).

Il a tiré le principal trait de son caractère du roman de *Zaïde* ; et c'est, à mon avis, ce qui a fait tomber sa pièce, avec quelques autres défauts qui y ont aussi contribué. L'on ne peut guère se prêter, et surtout dans ce temps-ci, où la galanterie et la débauche même ont pris la place de l'amour, on ne peut pas, dis-je, se prêter à la manie d'un jaloux, qui l'est d'un rival mort, surtout quand cette jalousie singulière fait presque le fond de la pièce, au lieu d'occuper tout au plus une scène.

Le rôle du père et celui de la tante sont des caractères grimaçants, et qui ont été joués en charge, qui n'amènent aucun incident, et qui ne paroissent que pour faire les remplissages des scènes.

Le Jaloux, à la fin du quatrième acte, le devient de

---

(1) Bret (Ant.), critique, auteur dramatique. Beaune, 1717-1792. *Commentaires sur Molière*, la *Double extravagance*, comédie, etc. (*H. B.*)

son ami, qu'il n'a point assez de raisons pour soupçonner; et sur un simple récit de valet, qu'il n'approfondit pas, il lui fait mettre l'épée à la main; voilà presque le seul trait de jalousie, avec celui de l'amant trépassé, qui constitue le caractère. On sent par-là le vide de l'action, qui est la mort d'une comédie, et surtout d'une comédie en cinq actes.

L'épisode de la sœur du Jaloux et de son amant est peut-être ce qu'il y a de mieux imaginé dans cette comédie; c'est une fille simple, ingénue, aimant de bonne foi, et à laquelle son frère, qui est le jaloux, donne, pour ainsi dire, une jalousie factice; il lui persuade qu'il faut donner de l'inquiétude à son amant, lui faire craindre des rivaux, pour s'assurer qu'elle en est aimée, et lui fait croire que si elle n'est pas la première passion de son amant, que s'il en a aimé quelque autre auparavant, elle ne peut pas se flatter d'être bien aimée.

La petite fille se conduit en conséquence de ces principes de prétendue délicatesse, et tourmente plaisamment sur tout cela l'homme qui est amoureux d'elle; ces scènes ont fort réussi, et ont été très-applaudies; on pourroit dire même qu'on n'a applaudi qu'à cet épisode.

La pièce en général est assez joliment écrite; il y a quelques vers heureux. Tout est pris dans la nature, excepté cette jalousie d'un homme mort; mais cet auteur manque de chaleur, et rien ne répare ce défaut, qui est le signe le plus marqué de la médiocrité, dans quelque genre que ce soit.

A la répétition, je dis à Melle Dangeville que si la jalousie sur ce défunt rival prenoit bien, je ne doutois pas que la pièce n'eût du succès, mais que sa chute étoit certaine si l'on ne se prêtoit pas à cette situation. Je fus la cause, à cette occasion, qu'il donna quatre mots à dire avant la pièce, à Bellecourt, pour prévenir le public à cet égard. Je lui avois même jeté sur le papier mes idées, qu'il suivit presque entièrement. Mais la harangue a été applaudie et la pièce sifflée. Comme le défaut sur lequel on vouloit prévenir le public, en s'étayant de l'autorité du roman de *Zaïde*, s'étendoit presque sur toute la pièce, rien n'a pu parer à ce vice de fond. Cette comédie, quoique tombée, ne peut cependant que faire honneur à son auteur ; il y a quelque talent, beaucoup plus d'esprit encore, et de la connoissance du théâtre ; néanmoins cet homme-là n'ira jamais loin dans le comique, parce qu'il n'a pas d'invention ; le génie lui manque absolument. Sa pièce n'a eu que quatre représentations.

Le jeudi 29, jour de la Fête-Dieu, je fis tenir par M. de Montauban, à M. le duc d'Orléans, ma *Parodie de Marotte*, avec la lettre suivante ; j'avois imité l'écriture de femme, mais, comme M. de Mautauban manqua de faire copier par une autre main la chanson, qui étoit de la mienne, il s'aperçut sur-le-champ que la lettre étoit de moi. Si la plaisanterie avoit été faite avec moins de maladresse, elle eût pu faire quelque effet, la voici :

« Monseigneur,

« Voici une chanson faite à l'encontre de *Marotte*. Je
« suis Marotte, moi, monseigneur ; jugez si cela est bien
« gracieux pour une honnête fille comme moi, qui ai
« toujours été entretenue, depuis l'âge de quatorze ans,
« sans qu'on m'ait jamais vue *quelque part*, ce qui, à
« vrai dire, m'auroit un peu répugné, si ç'avoit été un
« faire-le-faut. Cette maudite chanson-là est cause que
« le Monsieur qui me faisoit du bien m'a plantée là, de
« sorte que si vous, monseigneur, ou quelque autre
« fermier général, ne me prenez pas, je serai forcée de
« vendre mes diamants et mon meuble de damas cra-
« moisi.

« Il est encore de la justice de monseigneur de punir
« le coquin qui a fait cette chanson-là, d'autant plus

« qu'elle médit des femmes de qualité, des évêques et,
« qui plus est, des filles d'Opéra.

« Je demeure, monseigneur, pour que vous le sachiez,
« rue Bordet, près la rue Mouffetard, chez le seul perru-
« quier qu'il y ait dans cette rue-là, au second étage,
« en comptant les entresols, sur le derrière.

« C'est ce qui fait qu'en attendant votre réponse, vos
« secours ou votre présence, je suis avec un profond
« respect,

« Monseigneur, votre très-humble et très-obéissante
« servante, MAROTTE, âgée de vingt-un ans.

« Ce jeudi, Fête-à-Dieu. »

JUIN 1755.

Ils ont remis *Ajax* à l'Opéra depuis environ trois semaines. Le vendredi 6 du courant le sieur Pilot, haute-
contre, débuta par un air dans un des divertissements de
cet opéra. On lui trouve une très-belle voix, une ha-
leine étonnante, un haut admirable, de belles cadences;
mais c'est un acteur à former à tous égards, et pour le
théâtre et pour le goût du chant.

J'ai passé tout ce mois à travailler au plan de la comédie
que je veux faire, et dont j'ai puisé le sujet dans les *Illustres françaises;* je me suis retourné de toutes sortes
de façons, je ne trouve point mon compte; je suis content de tous mes caractères, et il y a de quoi en tirer
grand parti, mais je manque d'action; mes scènes seroient des dissertations froides, si je ne trouve pas d'autres incidents que ceux que j'ai déjà imaginés, et cela est
difficile. Après y avoir rêvé pendant plus de trois semaines, il ne s'est rien présenté du tout à mon esprit; je

me suis déterminé sur cela à porter tout mon griffonnage à M. de Marivaux, qui a un peu d'amitié pour moi. Il a trouvé le sujet très-joli et très-neuf, et m'a rendu un peu le courage que j'avois perdu; il trouve ce fond de comédie charmant, et m'a promis de me l'arranger et d'y jeter de l'action; je désire fort, mais je doute, qu'il le puisse; la vue, au reste, n'en coûte rien, comme l'on dit; je me réserve, et je le lui ai dit, le droit de juger sa besogne; si ce qu'il aura trouvé me rit, je travaillerai de bon cœur et avec grand soin cette comédie, dont le fond m'a toujours infiniment plu, mais qui vraisemblablement passe mes forces.

J'ai vu, ce mois-ci, le début d'un nommé Raucourt, qui jouoit le rôle de Mithridate; ce n'est point un acteur sans mérite. Sa figure et sa voix ne sont point mal; il a des gestes assez naturels, et de l'intelligence, mais peu d'entrailles. Il y auroit beaucoup plus à espérer de lui que d'un autre, attendu que cet original-là n'avoit joué de sa vie la comédie avant que de débuter aux François. L'envie de monter sur le théâtre lui a pris comme une envie de pisser; il ne savoit pas six rôles quand il s'est présenté aux Comédiens. C'est un libertin qui, ayant mangé ce qu'il avoit et se trouvant sans ressources, a imaginé celle de l'*histrionage;* et il est bien singulier que l'on réussisse aussi passablement, sans s'être jamais exercé.

Je joins à ce début celui d'une demoiselle Maizière, qui a débuté dans le tragique, où je ne l'ai point vue, et où on la dit mauvaise; et dans *le Florentin*, où je l'ai vue, et où elle n'est point bonne. Elle a, d'ailleurs, d'assez beaux yeux.

On dit qu'il y a une nuée de ces débutants; ils sont douze ou quinze.

JUILLET 1755.

On a remis ces jours-ci à l'Opéra *le Carnaval et la Folie*, ballet de Destouches et de M. Delamotte. Cet ouvrage, qui a eu autrefois un succès prodigieux, est actuellement mis au-dessous du médiocre, parce que la musique de Rameau et la musique italienne ont changé les oreilles.

D'un autre côté, le poëme, quoique semé de traits d'esprit dans les détails, est un des plus ennuyeux et des plus insipides drames que je connoisse; la musique est encore au-dessous. Aussi a-t-on été forcé de le rafraîchir d'airs de violon ajoutés pour en soutenir les ballets, qui sont charmants; il y un pas de six exécuté par Lany et sa sœur, la Lionnet et son frère, la Puvinée et un autre danseur; cela est excellent.

On commence déjà à oublier Jéliotte. On ne se seroit jamais douté de celui qui seroit un peu applaudi, en jouant ses rôles, après sa retraite; c'est celui-là même qui étoit le plus sifflé lorsqu'il le doubloit; enfin, c'est Godard, que l'on applaudit avec autant de fureur qu'on applaudissoit Mlle le Maure et Jéliotte.

Il faut avouer qu'il chante bien, mais ce n'est qu'à force d'art. Rien n'est naturel dans ce chanteur; sa voix est désagréable; il se sauve par le goût du chant, qu'il entend bien, à la vérité, mais je le trouve trop maniéré et trop *léché*; il est à cet égard le singe de Jéliotte, et comme l'original me déplaisoit en ce point, je prends la liberté de trouver la copie misérable.

Le samedi 19 je fus à la troisième représentation de *Zélide*, comédie en un acte et en vers libres; elle avoit été jouée pour la première fois le lundi 24.

Cette petite féerie (car ce n'est pas une comédie) est

une froide et plate imitation de *l'Oracle*, qui a bien fait des petits. *Imitatores servum pecus.* M. Renout, qui en est l'auteur, est bien *pecus;* il n'y a nulle invention, nul intérêt, point de caractère, rien de neuf dans le fond ni dans les détails; c'est un amas de madrigaux fades et usés. M{le} Gaussin, par ses grâces divines en ces sortes de rôles, a empêché que cette pièce ne tombât honteusement.

Ce M. Renout est secrétaire de M. le duc de Gesvres, gentilhomme de la chambre. Sans la funeste protection de ce dernier, nous n'aurions pas essuyé la représentation de cette misère (1).

Le 21 ou 22 se répandit à Paris la nouvelle de la prise de deux de nos vaisseaux par l'amiral Boskawen, et de la fuite d'un troisième qui s'étoit retiré de ses pattes à la faveur de la brume et après avoir amené. Cet événement nous va donner infailliblement, dit-on, la guerre avec les Anglais et leurs complices; notre ambassadeur en Angleterre, M. de Mirepoix, est de retour ici du 24 : le Roi, assure-t-on, est furieux.

Le 26 je fus dîner à la Roquette, chez M. le comte de Clermont, qui ne doute pas que l'on n'ait la guerre; en ce cas, voilà notre théâtre du duc d'Orléans et le sien fermés pour longtemps.

Je lus cependant ce jour-là à M. le comte de Clermont mon opéra-comique de *Joconde;* il m'en parut excessivement content, le mit au-dessus du *Rossignol,* etc. La princesse, et le duc renchérirent encore, comme cela se pratique, sur les louanges qu'il me donnoit.

Une chose assez plaisante, c'est que le prince me fit chanter ma *Marotte,* et que je la chantai deux fois devant M. le duc, qui me parut avoir oublié pleinement qu'elle

---

(1) Renout (J.-J.-Const.), Honfleur, 1725, auteur de *l'Amant timide,* de *Zélide, la Mort d'Hercule, le Caprice* et du *Fleuve Scamandre.* (H. B.)

avoit été une de nos sœurs de l'Opéra, et pas une des moins impures et des moins sûres.

Il faut que j'observe à propos de cette chanson que je n'en ai jamais vu aucune des miennes, ni même de celles des autres, courir avec autant de fureur ; au bout de quinze jours que je l'ai eu donnée, je n'ai rencontré personne qui n'en eût une copie. C'est le vaudeville, je veux dire l'assemblée du clergé, qui fait toute sa vogue, et peut-être tout son mérite. Il y a, à la vérité, quelques endroits assez heureusement parodiés, mais voilà tout ; et je mets bien au-dessus de cette parodie celle que j'ai faite anciennement de l'ouverture des *Indes galantes*.

AOUT 1755.

A mon retour à Paris, le 8 du courant, j'appris que la ferme de M. le duc d'Orléans étoit donnée, et qu'elle étoit augmentée de 64,000 liv par an. Je courus le lendemain, dès le matin, chez M. de Mautauban, qui n'en savoit pas un mot : j'eus pour moi très-mauvais augure de son ignorance; il partoit ce jour-là pour Villers-Cotterets, où étoit le prince, et me promit de m'écrire comme je serois traité. Jusqu'à présent je ne saurois l'être plus mal, puisque je n'y ai pas le moindre intérêt ; M. de Silhouette a si bien tourné l'esprit de son maître, qu'il lui fait manquer à la parole qu'il m'avoit donnée de me conserver un sou d'intérêt, grâce dont j'avois remercié son Altesse.

Quoique M. de Mautauban n'abandonne pas encore la partie, je n'en abandonne pas moins l'espérance. Mes craintes vont plus loin ; je suis persuadé que comme le prince a des torts avec moi, et qu'il n'est guère possible qu'il ne les sente pas, il ne fera jamais rien pour moi;

que même ma présence auroit pour lui quelque chose de gênant, et qu'il ne se servira plus de moi s'il lui prend envie ou de jouer encore la comédie ou de donner quelques fêtes.

Quand je dis que le prince a tort avec moi, c'est seulement en ce qu'il ne me tient pas la parole qu'il m'a donnée; car quant au fond, je suis plus payé des bagatelles que j'ai faites pour lui que ces choses-là ne le méritent. Il m'a fait entrer dans ses fermes pour la simple lecture de *la Force du vin*; il ne me donneroit rien pour les parades et les comédies que j'ai composées exprès pour lui, qu'en compensant les choses je suis cent fois plus payé que ces balivernes-là ne valent; mais il n'auroit jamais dû prendre avec moi d'engagement positif. Quoi qu'il en soit, son procédé actuel, que je rejette sur le Silhouette, n'augmente pas mais ne diminue point la reconnoissance que je lui dois. Il faut être équitable, et que notre intérêt ne nous aveugle pas; que diable! tout ce j'ai fait pour lui vaut-il 40,000 liv. que je retirerai de ce qu'il a fait pour moi, en me faisant entrer dans les fermes de son père? Rendons-nous justice, je dois être très-content, et je le suis. Tout ce que le prince a à se reprocher, c'est de m'avoir donné trop légèrement sa parole et de ne la pas tenir.

Le mercredi 20 août, pendant que j'étois à la campagne, les Comédiens donnèrent la première représentation d'une tragédie de Voltaire. Je la verrai et j'en rendrai compte à la fin du mois.

Le 21 ou 22 mourut le théatin Boyer, évêque de Mirepoix, qui avoit la feuille des bénéfices, laquelle a été donnée au cardinal de la Rochefoucault, homme aussi respectable que son prédécesseur l'étoit peu. Le Mirepoix a été pendant toute sa vie la chouette des honnêtes gens ecclésiatiques qui ne vouloient pas être cagots ou hypocrites; il n'a donné de bénéfices qu'à ces *espèces-là*, à des fanatiques, à des ignorants, à des sots, témoin notre archevêque de Paris actuel (M. de Beaumont), peut-on être plus fanatique et plus sot? C'étoit un homme que sa bassesse avoit élevé ; une grande princesse qu'il eut pour pénitente, et dont probablement il étoit moins le confesseur que le valet, le fit un peu connoître. Il a prêché devant le Roi, et assez mal, m'a-t-on assuré ; le cardinal de Fleury, qui eut besoin d'un esprit souple et rampant pour en faire un précepteur du fils du Roi, le choisit pour notre dauphin ; cet honneur lui procura celui d'être de l'Académie françoise, où il laisse une place vacante ; c'est ce qui me donne occasion de parler de ce vilain prêtre, dont sans cela je n'aurois jamais entrepris de faire la courte oraison funèbre ci-dessus.

Il est de ces gens desquels à force de mépris on ne dit point de mal, à moins que quelque circonstance ne force d'en parler

Voici une petite satire en vers de la façon du neveu de Piron, (1) et qui porte son même nom. Il y a malheureusement du talent et encore plus de malignité. Cette petite pièce est faite contre un bouquet présenté au prince de Condé par trois jolies filles de la ville de Dijon, choisies par le maire ; elles paroissoient sous les noms des trois Grâces ; l'une d'elles étoit la fille d'un sergent de la ville. L'auteur attaque leur réputation, très-injustement, à ce que l'on m'a assuré, et il lance un trait contre les sergents ; et ce trait-là n'est pas trop bon : en général pourtant cette bagatelle est assez bien versifiée, et mérite d'être recueillie ; la voici :

>   Chacun, d'une ardeur non commune,
>   S'empresse à voir le gouverneur ;

---

(1) Piron (Bernard), poëte satirique. Dijon 1718-1812. Dans la *Biographie générale* de MM Firmin Didot, nous avons publié un article détaillé sur ce neveu de maître Alexis, qui était fort peu connu et qui méritait de l'être davantage, à raison de l'originalité de son caractère et du relief piquant de son esprit. Nous avons donné de lui quelques vers inédits, tant dans cet article que dans les *Œuvres inédites* de son oncle, p. 158 et 405. (*H. B.*)

Dans son palais, quelle splendeur!
Mais le mérite sans fortune
Est éconduit avec hauteur;
Et l'opulence sans honneur
Fait fuir l'indigence importune.

Oh! combien doit rire en sa peau
Le spéculateur philosophe,
De voir l'ennuyeux hobereau
Mettre dans une seule étoffe
La valeur de tout son château;
De voir à la table du prince
Les pourceaux de notre clergé,
L'estomac de viande engorgé,
Louer jusqu'au valet qui rince;
Et les tuteurs de la province,
L'œil cave et le front allongé,
Se plaindre de la taxe mince
Dont le peuple est par trop chargé.

Mais regardons d'ici les fêtes
Dont veut bien s'amuser Bourbon;
Voilà nos belles déjà prêtes :
Mon prince, agissez sans façon;
Choisissez la brune ou la blonde;
Ne craignez pas leur cruauté,
La pudeur n'est plus de ce monde;
C'est un coloris emprunté
Dont chez nous le droguiste abonde.
Je devine, à votre dédain
Que vous n'aimez pas trop les masques;
Eh bien, vous aurez pour demain
Trois déesses qui sont moins flasques.

Nos magistrats, qui sont des gens
Connus pour de bonnes cervelles,
Ont enfin trouvé trois pucelles,
Dont vous répondent leurs sergents.
Sous le vêtement des trois grâces
(Ce mot soit dit sans bégayer)
Elles feront sans grasseyer
Des souhaits peut-être efficaces.
Quoi! vous restez sans être ému
A l'aspect d'un trio si rare?
Voilà donc bien du temps perdu,
Qu'avec grand'peine l'on répare.

Mais, peut-être avez-vous douté
Que ces grâces toujours cruelles,
Aux vœux de nos muguets rebelles
Eussent enfin bien résisté?
Ecoutez donc la vérité,
Le sens en est assez palpable :
Elles sont vierges dans la Fable ;
Mais l'histoire, un peu plus croyable,
Dit ici qu'elles l'ont été.

Il y a du talent dans cette petite pièce, mais il n'y a nul fond, nul ordre, nulle liaison dans les idées, et un mauvais ton dans quelques endroits ; *les pourceaux du clergé, l'estomac engorgé*, etc., maussades peintures ; et d'ailleurs, comment cela vient-il au fond du sujet? il s'en éloigne si fort à chaque instant qu'on ne sait quel est ce sujet.

SEPTEMBRE 1755.

J'étois à la campagne, pendant les représentations de *l'Orphelin de la Chine*, je l'ai trouvé imprimé en arrivant à Paris ; c'est une mauvaise pièce, et qui, malgré son succès apparent, ne restera pas au théâtre (1).

Cette tragédie, par le fond, ressemble à tout, il n'y a aucune situation neuve. C'est *Andromaque, Clytemnestre, les Troyennes, Arrie et Pœtus*, etc. Il n'y a point d'unité d'intérêt ; dans les deux premiers actes, il roule sur l'Orphelin chinois ; dans les trois derniers, sur sa mère seule.

---

(1) V. dans la *Correspondance inédite* de Collé, p. 389 à 469, les *Commentaires* de notre chansonnier *sur les meilleures tragédies de Voltaire*. (*H B.*)

Cette mère même, au moyen d'un amour romanesque (celui qu'elle a pour Gengiskan), n'est point intéressante. Beaucoup de défauts de vraisemblance dans l'arrangement des faits. On ne sait pas pourquoi, par exemple, Idamé peut, par ses pleurs et par ses cris seulement, empêcher les soldats d'exécuter l'ordre que leur a donné Gengiskan de tuer l'orphelin. Quelle raison peut suspendre les coups de ces barbares accoutumés au sang? Les cris d'une mère? Ils sont faits à ce spectacle, qui ne doit pas être assez puissant sur leur cœur pour les retenir. Ce manque de vraisemblance est pourtant répété deux fois dans cette pièce, dont la fable me paroît confuse et mal construite à tous égards. Ce qu'elle a de plus révoltant, c'est, comme je l'ai dit, que les situations étant toutes pillées, tantôt vous vous trouvez transporté dans la tragédie d'*Andromaque*; un moment après, dans le rôle de Clytemnestre, dans *Iphigénie*; l'instant d'ensuite, vous êtes aux *Troyennes*; et au dénouement, vous croyez entendre celui d'*Arrie et Pœtus*; ce salmigondis de plagiat est infiniment dégoûtant pour ceux qui connoissent leur théâtre. Le seul caractère qui soit un peu frappé dans cette tragédie, le caractère d'Idamé, tient de ce brigandage; vous voyez des traits d'Hécube, de Clytemnestre et d'Andromaque, épars çà et là; il faut avouer pourtant qu'il y en a quelques-uns de beaux, et qui appartiennent à M. de Voltaire lui seul. Aussi est-ce ce rôle qui a fait la réussite de cet ouvrage; mais je suis persuadé que le jeu de Clairon doit y avoir mille fois plus contribué que le rôle lui-même; il faut bien qu'elle l'ait joué divinement, pour avoir fait passer une aussi mauvaise drogue que cette tragédie, qu'il faut être bon charlatan, mais excellent, pour l'avoir su débiter.

Croiroit-on, après le peu qu'a coûté à M. de Voltaire l'invention des situations, que sa pièce fût encore vide d'action? Il est pourtant vrai que passé l'exposition, on ne trouveroit pas de quoi faire deux actes; tout est plein d'inutilités ou de répétitions. Aussi l'intérêt est-il très-médiocre, parce qu'il est traîné, qu'il change d'objet, que le dénouement n'est point retardé par quelque incident raisonnable et vif, et qu'il pourroit arriver au troisième acte aussi bien qu'au cinquième.

M. de Voltaire, le plus grand coloriste qu'on ait jamais eu, qui a fait des vers mieux ou aussi bien que Racine, manque totalement par l'invention, que l'on regarde avec raison comme la première partie du grand poëte. Tous ses ouvrages dramatiques en sont dénués; aussi a-t-il le plus souvent traité des sujets qui l'avoient été plus d'une fois, comme *Brutus, Marianne, OEdipe, Catilina, Électre, César;* et dans ses autres pièces, qui sont de son crû, le théâtre anglois lui a fourni des situations; notre ancien théâtre françois ne lui est pas inconnu. Il a fait usage, dans son *Duc de Foix*, d'une vieille tragédie de Maréchal (à ce que je crois); et il en a pris plusieurs situations et le dénouement; en sorte que son mérite dramatique, que j'ai vu élever, par quelques-uns de ses fanatiques, au-dessus de Crébillon, et égaler à Racine; ce mérite-là, dis-je, s'il étoit réduit à sa juste valeur, ne consisteroit que dans une belle et très-belle versification, et dans l'adresse d'avoir su retailler l'ouvrage des autres; il faut ajouter à cela qu'il pense et dit des choses qui paroissent hardies dans ce pays-ci, où les sots et les esclaves se multiplient chaque jour, et qui seroient des choses ordinaires chez les Anglois. Il n'a guère, à mon avis, d'original que le plan d'Alzire, qui, à quelques défauts près, est la seule vraie création que je lui connoisse et le seul de ses ouvrages où il ait eu de l'invention; car j'ai entendu dire que la fable de *Zaïre* lui avoit été donnée, scène par scène, par l'abbé Macarty; je ne sais ce qui en est bien affirmativement. Peut-être lui a-t-on donné aussi le plan d'Alzire, ou l'aura-t-il trouvé dans quelque tragédie anglaise, ou ailleurs.

Jamais poëte dramatique n'eut moins d'invention. Il

est dans le cas presque toujours où s'est vu M. de la Motte, dans *Inès de Castro*. On trouva après sa mort une note marginale de la main de cet auteur, à un livre dans lequel étoit le roman d'*Agnès de Castro*, et où est le dessin presque entier d'*Inès* on y trouva, dis-je, cette note : *Il faudra que j'invente ce sujet-là.*

Il n'est pas plus heureux dans l'invention de ses caractères. Il dit ou fait dire par ses personnages, que de grands hommes sont de telle ou de telle façon ; il en sait très-bien faire les portraits, mais ce ne sont jamais ces grands hommes qui nous donnent eux-mêmes, en agissant, l'idée de leurs caractères. On annonce Mahomet comme un héros, un chef de secte, un grand politique, un conquérant, un génie sublime ; en le voyant agir dans cette tragédie, on ne trouve dans Mahomet qu'un bas scélérat, qui commet des crimes sans nécessité, un joueur de gobelets, un amant, un guerrier dans l'inaction, un conquérant qui se repose, et un imposteur maladroit.

Dans *l'Orphelin de la Chine*, quel tableau M. de Voltaire ne nous présente-t-il pas de Gengiskan ! C'est le conquérant de la Chine, un de ces hommes faits pour changer la face des États, un guerrier inhumain, un politique qui sacrifie tout à ses intérêts, etc. Il paroît ; que fait-il ? comment agit-il ? Il donne ses ordres pour faire tuer l'Orphelin, et deux fois ses ordres ne sont point suivis. On le voit ensuite amoureux comme Pyrrhus, dans l'Andromaque de Racine ; et le grand Gengiskan, ce guerrier farouche, se laisse attendrir par la scène d'*Arrie et Pœtus*, et finit (sans doute pour donner une idée de sa politique), par prendre l'Orphelin de la Chine sous sa protection et en faire son successeur à l'empire.

Sans recourir à Racine et à Corneille, ces grands maîtres auxquels des enthousiastes de Voltaire veulent l'égaler, approche-t-il seulement, et pour l'invention des sujets, et pour les caractères, du génie de Crébillon ?

Quelles pièces qu'*Atrée*, *Rhadamiste* et *Electre !* Quels caractères que ceux d'Atrée, de Zénobie, de Pharasmane, de Rhadamiste, d'Électre, de Palamède ! Ce n'est point en les peignant, en les dessinant, en les présentant avec toute la pompe des vers épiques, c'est en les faisant parler eux-mêmes, c'est en les faisant agir qu'il nous déploie leurs caractères, et voilà le génie ; le reste n'est que du bel esprit, et le bel esprit ne passe pas à la postérité ; le génie seul est sûr d'y aller. Pour finir sur cette rapsodie, il m'a paru que la versification étoit bien au-dessous de *Mahomet*, mais au-dessus de celles du *Duc de Foix* et d'*Oreste*.

Elle a eu neuf réprésentations ; mais la maladie de Le Kain et le voyage de Fontainebleau ont interrompu son succès, qui n'est dû qu'au mauvais goût du temps et à l'extrême disette où nous sommes de bons auteurs. Il faut bien se contenter du très-médiocre, quand on n'a pas mieux.

Pendant le peu de jours que je suis resté à Paris ce mois-ci, j'ai vu aux Italiens une comédie-ballet de Saint-Foix, intitulée : *le Derviche* (1). Quoique ce soit une misère, qui sera bientôt oubliée, j'en parle pour marquer seulement l'anecdote qui a été l'occasion de cette petite pièce, et que voici :

Saint-Foix, dans ses *Essais sur Paris*, a dit que les Carmes-Déchaux, qui sont des religieux mendiants, avoient actuellement cinquante mille écus de revenus en maisons à Paris, seulement dans les environs de leur couvent ; et il ajoute que ces grandes possessions n'avoient point diminué l'humilité de ces moines, qui alloient malgré cela tous les jours à la quête, et recevoient les aumônes des fidèles. Les Carmes, piqués de ce trait, ont fait imprimer trois mauvaises lettres, dans lesquelles ils n'ont pas vraisemblablement bien traité M. de Saint-

---

(1) Comédie en un acte, en prose.

Foix. Ce dernier, au lieu de leur répondre directement, a jugé plus plaisant de les mettre sur le théâtre; et c'est ce qu'il a fait dans *le Derviche*, où il a peint leur hypocrisie, leur bassesse et leur incontinence, autant que la décence et la police l'ont pu permettre. Crébillon, qui en est le censeur, lui a passé bien des traits qu'il n'auroit point passés à un autre. Quoi qu'il en soit, voilà tout ce que cette petite comédie a de recommandable; je veux dire l'idée de jouer les Carmes, sans que ces moines aient pu y mettre obstacle.

OCTOBRE 1755.

J'ai vu *l'Orphelin*, j'y ai pleuré au second et au cinquième acte. Mlle Clairon m'a paru mériter encore plus de louanges qu'on ne lui en donne, quoiqu'elles m'eussent semblé exagérées quand on m'en parla; c'est donc, je crois, l'actrice et non la pièce qui m'a ému. Cette tragédie est mauvaise, et je ne rabats rien de ce que j'en ai dit; mais la comédienne est admirable; elle acquiert tous les jours, elle se défait peu à peu de sa déclamation, et marche à grands pas au jeu naturel : si elle continue, elle atteindra l'art de la Le Couvreur. Les progrès qu'elle a faits sont trop marqués et trop étonnants pour n'en pas attendre d'autres; peut-être en doit-on espérer la perfection. Au retour de Fontainebleau cette tragédie a été remise, et a eu à cette reprise neuf représentations. J'oubliois de dire que les Comédiens ont fait quelques dépenses pour cette pièce que Voltaire leur a donnée. Ils ont fait peindre une décoration, ou pour mieux dire un palais dans le goût chinois; ils ont aussi observé le costume dans leurs habillements (1); les femmes étoient en ha-

---

(1) L'initiative de cette révolution dans les costumes appartient notamment à Le Kain. Avant lui, on jouait la tragédie avec des habits à la française, des paniers, d'énormes perruques, etc. (*H. B.*)

bits chinois et sans paniers, sans manchettes et les bras nus; Clairon a affecté même d'avoir des gestes pour ainsi dire étrangers, mettant souvent une main ou toutes les deux sur les hanches; tenant sur le front pendant des moments son poing fermé, etc. Les hommes, suivant leurs rôles, étoient vêtus en Tartares ou en Chinois; cela étoit bien.

C'est ce mois-ci que se sont répandues à Paris peut-être deux mille copies manuscrites de *la Pucelle* de Voltaire. Les uns en ont douze chants, d'autres quatorze et quinze; quelques-uns dix-neuf; personne n'a ce poëme entier. Quelques défenses rigoureuses que M. de Malesherbes ait faites pour prévenir l'impression d'une de ces copies, je ne crois guère possible que l'avidité de quelque écumeur de littérature y tienne; il a pourtant fait des menaces terribles, comme vous diriez la potence ou la prison perpétuelle. La plus grande partie de ces copies est défigurée, les chants y sont confondus, transposés; les fautes de copiste y fourmillent; il y a des vers qui manquent; beaucoup qui ne peuvent pas être de Voltaire, tant ils sont mauvais. J'en ai vu quatorze chants; il y a des détails qui sont bien de la touche de Voltaire, dans son bon temps; mais en général c'est un mauvais poëme; il n'y a pas la moindre invention de fond. Il a voulu parodier l'Arioste, et sa parodie est au moins basse ou puérile, quand elle n'est pas dégoûtante; il donne un âne ailé à la Pucelle, à la place de l'hippogriffe, et cet âne veut la violer. Je ne sais où il a pris l'histoire de Conculix, cet enchanteur qui a le pouvoir d'être homme pendant le jour et femme pendant la nuit; c'est un vol qui tourne contre lui, s'il l'a fait; si ce conte est de son invention, c'est encore pis; je ne connois point d'ordure plus dégoûtante. Son enfer, qu'il a imité du Dante, est un assez joli morceau, mais il l'auroit été bien davantage s'il l'eût voulu; rien ne tient dans ce poëme, nulle suite, nul ensemble; on passe d'un fait à un autre fait sans aucune raison; quelquefois même il coupe une histoire par le milieu pour en conter une autre sans nécessité; il est vrai que comme il n'y a rien d'intéressant, on est médiocrement fâché de ne pas savoir la fin du fait qu'il récite. Il veut, dans un endroit, critiquer Homère sur ses combats; et pour montrer que cet écrivain si vanté est ennuyeux quelquefois, il l'est mille fois plus que lui. Le combat de saint Denis et de saint Georges est une des plus froides plaisanteries que je connoisse; le comique en est forcé et bas; les caractères ne valent pas mieux que le fond du poëme. Il fait d'Agnès Sorel une fille sans pudeur, elle qui dans l'histoire a de la noblesse et de l'élévation dans l'âme; il a le plaisant d'en faire la fiancée du roi de Garbe; pourquoi défigurer ses principaux caractères comme celui-ci, et celui de la Pucelle, à laquelle il donne un âne? Pourquoi jeter du ridicule sur Charles VII? Cela est, à mon avis, très-maladroit.

L'Arioste rejette sur des confidents, ou des personnages secondaires, les histoires plaisantes ou lascives qu'il donne pour égayer son sujet; d'ailleurs, il est comique, badin, enjoué, sérieux, tendre, lascif, quand il le veut, il sait prendre tous les tons. Voltaire n'a point celui du comique, il est dégoûtant dans ses ordures, et n'a que très-rarement de la naïveté; mais l'Arioste, d'ailleurs, a pour lui des fonds singuliers, sans compter le style. Voltaire a toujours un mauvais fond dans son poëme, et encore le plus souvent le brode-t-il mal; on voit qu'il dit des impiétés, le plus qu'il peut, et avec l'affectation d'un jeune écolier qui, sortant de philosophie, tire vanité de n'avoir point de religion. Quand l'impiété n'est point une bonne plaisanterie, ou quelque chose de bien gai, c'est alors une grande sottise.

Pour finir cet article, je crois que *la Pucelle* ne feroit point honneur à Voltaire, comme poëte; elle me paroît infiniment au-dessous de tous ses ouvrages; elle lui feroit un tort horrible par rapport aux mœurs si elle étoit imprimée; cela achèveroit de le rendre l'abomination des dévots, l'horreur des pères de famille et de la plupart des femmes même, qui sont maltraitées dans ce poëme, et toujours du côté désagréable; et, comme je l'ai dit, je pense que sa réputation, en qualité de poëte, recevroit un très-grand échec. Voltaire a envoyé lui-même à Thieriot quatorze chants de la Pucelle, en se plaignant que beaucoup de gens ont des copies de son manuscrit, qui lui a été dit-il, dérobé il y a quelques années. On sent, par ce préliminaire, qu'il va faire imprimer cet ouvrage, et qu'on ne l'aura qu'après cinq ou six éditions, à peu près dans l'état où il peut et où il compte le donner. Il y a à parier qu'il le fera imprimer cet hiver, s'il ne l'est pas déjà.

Le 25 de ce mois fut reçu à l'Académie française M. l'abbé de Boismont. Son compliment a été trouvé aussi mauvais qu'un autre; il s'est justifié pourtant assez adroitement du style précieux et fin qu'on lui reproche dans ses sermons; il dit que lorsque les vices devenoient ingénieux et raffinés, il n'étoit pas possible de ne point employer d'esprit et de finesse pour les combattre.

L'abbé Alari, qui le recevoit, commença son discours par cette phrase, tant de fois rebattue : *Les suffrages du public, monsieur, avoient prévenu les nôtres...* Or, il faut observer que jamais le public n'a été plus opposé à une élection qu'à celle de ce mince orateur; et il n'y avoit personne à cette réception, dans la salle, excepté les académiciens et les personnes priées; rien n'a été si ignoré que cette fortune littéraire si peu méritée. Indépendamment du peu de talent de M. l'abbé de Boismont, on attaque ses mœurs dans le public; il a eu par une convention, on ne sait quelle, un prieuré de 22,000 liv. de rente de défunt l'abbé Ozanne; et ce n'est pas, dit-on, la simonie, s'il y en a eu, qui a tant révolté les honnêtes gens, que d'avoir laissé mourir de chagrin et de faim ce même abbé Ozanne, en ne lui tenant point les conditions qu'ils avoient faites ensemble. Ils étoient convenus que l'abbé de Boismont se chargeroit des réparations, et payeroit à son résignant une certaine pension ; au lieu de cela, il a fait un procès à l'abbé Ozanne pour lui faire faire les réparations, et sous ce prétexte ne lui a pas même payé la pension accordée par la cour de Rome. L'abbé Ozanne, qu'il avoit fait caresser à l'hôtel de Chaulnes jusqu'à ce qu'il en eût escroqué le bénéfice, a voulu parler tout haut, dans le monde, des procédés de l'abbé de Boismont ; ce dernier l'a fait congédier de l'hôtel de Chaulnes, et à force de vexations l'a fait mourir de chagrin : voilà ce qu'on dit, mais que je ne garantis pas.

Le 28, jour de Saint-Simon et Saint-Jude (1), que l'on tient au Temple une foire de manchons, j'y fus voir Gallet, qui m'avoit écrit qu'il se mouroit, et qu'il me prioit de passer chez lui. Je crus qu'il avoit besoin de quelques petits secours d'argent, et quoique j'aie toutes sortes de raisons de mépriser ses mœurs et sa personne, cependant comme j'ai été lié avec lui dans ma jeunesse, et qu'il m'a reçu souvent chez lui, j'étois résolu de lui prêter ou donner une somme modique, s'il me la demandoit. Il ne m'a pas parlé d'emprunter : après m'avoir dit quelques mots de sa maladie, qui est mortelle, il ne m'a plus tenu que des propos de belles-lettres, de vers, de chansons et autres bagatelles ; j'ai vu un homme qui mouroit ferme. Il est impossible, surtout en buvant, comme il le fait, deux pintes de vin blanc par jour, qu'il revienne d'une hydropisie pour laquelle on lui a déjà fait quatre fois la ponction et tiré quarante pintes d'eau ; ajoutez à cela une rétention d'urine et une hydrocèle (2).

---

(1) Sur la fête de Saint-Simon, Saint-Jude, Collé a fait une de ses plus jolies chansons, commençant ainsi :

Le propre jour de Saint-Simon,
De Saint-Simon-Saint-Jude, etc.

Voy. le *Recueil de ses chansons*. (H. B.)

(2) Gallet s'était retiré au Temple, qui était alors un lieu de franchise pour

Il me dit qu'il ne souffroit pas ; *sans cela*, continua-il, *j'aiderois à la nature, et je prendrois, comme les Anglois, le parti d'avancer mes jours ; mais comme je suis sans douleurs, j'irai tant que je pourrai. Ce que j'ai de la peine à vaincre, c'est l'ennui : les trois quarts du temps je suis tout seul; pour me dissiper, je m'amuse à faire des couplets pour ceux qui m'en demandent.* Tout de suite, il m'en montra plusieurs, dont il y avoit quelques-uns assez bien faits; et comme c'étoit la foire des manchons ce jour-là, je pris copie de celui-ci, non qu'il soit bon, mais c'est qu'il a une impression de gaieté qu'il est bien rare de voir conserver à un homme dans un pareil état. Voici donc ce couplet :

Air : *Je vous prêterai mon manchon mignon.*

Pour les manchons de fantaisie,
Je vends du beau, point de commun.
Propre à vous réchauffer, Silvie,
Je vais vous en présenter un :
C'est de renard une peau douce et belle,
La queue y tient, mademoiselle.

Eh ! mais vraiment,
Il est charmant,
Assurément ;
Vous serez mon fourreur ;
Monsieur,
Vous serez mon fourreur.

On voit, sans que je le dise, quelle vraisemblance et quel goût noble il y a à offrir un manchon de renard, un manchon de cocher à une demoiselle; mais voir faire encore un couplet comme celui-là à un malade condamné, c'est quelque chose de singulier.

---

les débiteurs insolvables, auxquels toutefois les créanciers avaient le droit d'adresser leurs mémoires. Or, comme Gallet en recevait beaucoup, il disait qu'il était au *Temple des Mémoires*. (*H. B.*)

Gallet a eu du talent pour la chanson et pour la parodie; il en a fait quelques-unes dans le genre pastoral à peu près, et ce sont ses meilleures, surtout celle qui commence par : *Un jour dans un vert bocage*, etc., c'est un modèle de naïveté ; *Comm'v'la qu'est fait*, etc. Il parodioit aussi assez bien les airs difficiles; *Qu'on se marie* est de lui. Il a le vers lâche, mais son plus grand défaut est de penser rarement, et de ne mettre en vers que des idées communes.

NOVEMBRE 1755.

Le mardi 11, jour de Saint-Martin, l'Opéra remit *Roland* (1), qui tombe tant qu'il peut. Le prévôt des marchands a retranché un jour d'opéra : on ne joue plus les jeudis ; les gens qui louent des petites loges veulent lui demander une diminution de prix.

Roland est joué et chanté indignement, excepté de la part de Chassé, qui rend son rôle dans la dernière perfection. Sa voix ne répond pas à son jeu divin ; elle est depuis longtemps un peu cassée et chevrotante.

Le samedi 15, M. de Mirabaud ayant remis à l'Académie sa place de secrétaire de ladite Académie, à cause de son grand âge, M. Duclos fut élu en sa place. Ce dernier non-seulement lui a laissé son logement pendant sa vie, mais encore a refusé de prendre les appointements et émoluments attachés à cette place. D'un autre côté, M. de Mirabaud a assuré qu'il ne les toucheroit pas. *Ils resteront donc aux économats*, répondit M. Duclos, *car je vous donne ma parole que tant que vous vivrez je ne*

---

(1) Tragédie-opéra de Quinault, musique de Lully. Jouée en 1685. (*H. B.*)

veux rien recevoir, monsieur, de la place que vous quittez.
La dispute en est restée là, et ni l'un ni l'autre n'a cédé.
Si les gens de lettres n'avoient que de ces sortes de disputes, ils seroient plus estimés ; ils feroient la loi aux sots et aux importants.

DÉCEMBRE 1755 à SEPTEMBRE 1756.

Voici une terrible lacune à ce Journal-ci ; nous sommes au 15 septembre 1756, et je n'ai pas écrit un mot depuis le mois de novembre de l'année dernière. Je vais toucher légèrement quelques faits dont je me souviendrai, et je passerai tout de suite au mois de septembre de cette année.

Je ne me rappelle pas, et même je crois être sûr, qu'il n'y a point eu de pièce nouvelle aux Français dans les mois de novembre et décembre 1755.

Je ne fus point revoir Gallet dans ces deux mois, parce que j'avois entendu dire qu'il se mouroit, et qu'il ne pouvoit pas encore aller une huitaine de jours (1). La dernière fois que je l'avois vu, il m'avoit dit qu'il n'avoit besoin d'aucun secours ; qu'il lui étoit tombé du ciel cent louis sur lesquels il ne comptoit pas, et qui le mèneroient plus longtemps qu'il ne comptoit vivre. Je le laissois mourir tout seul, ne l'ayant jamais assez estimé pour le voir dans ses derniers instants, lorsque, le lendemain du jour de l'an, je reçus de sa part les trois couplets suivants :

---

(1) Singulière excuse ! Le fait invoqué par Collé pour justifier son abstention aurait dû le porter, au contraire, à aller voir au plus vite son malheureux ami. (*H. B.*)

Ier couplet.

Du premier du mois de janvier
Je me f... comme du dernier;
Que la politique aille aux peautres.
Dans mon répertoire j'ai mis
Qu'on trouve peu de vrais amis
Accompagnés de plusieurs autres.

2e.

Ce petit couplet de chanson
Est un compliment sans façon,
A Collé, le meilleur des nôtres;
C'est prou pour moi, pauvre animal,
Prêt à succomber sous un mal
Accompagné de plusieurs autres.

3e et dernier.

Autrefois, presque en un instant,
J'en aurois pu rimer autant
Que nous reconnoissons d'apôtres;
A présent, j'abrège d'autant
Qu'à l'église un prêtre m'attend,
Accompagné de plusieurs autres.

J'imaginai, sur ces couplets, qu'il se portoit mieux, quoiqu'il y parlât de son enterrement; je crus que c'étoit plaisanterie : point du tout; je fus le voir, et je le trouvai à l'extrémité, quoique avec toute sa tête. Il me dit lui-même que son chirurgien l'avoit assuré qu'il ne vivroit pas encore douze ou quinze jours; je le consolai du mieux que je pus, et lui offris encore quelque argent qu'il refusa encore.

Enfin, pour ne pas renvoyer son histoire à un article plus éloigné de ce Journal, je dirai tout de suite que je fus deux mois sans y retourner, parce que je travaillois à une comédie, dont je vais bientôt parler : je croyois qu'il étoit mort, quand un beau matin je reçus un billet de sa main, par lequel il m'apprenoit sa guérison ; il me l'annonçoit comme un miracle de la nature. En effet, c'en est un, car il se porte à présent mieux que jamais ; il est engraissé à ne pas le reconnoître ; il ne lui est resté nul symptôme de sa maladie, après avoir essuyé dix à onze fois la ponction, et qu'on lui a tiré du corps quatre-vingt-douze pintes d'eau.

A la première visite que je lui fis, après sa résurrection, je lui dis : *Vous mouriez ferme, vous n'étiez pas embarrassé de mourir ; vous allez être bien plus embarrassé de vivre.* — *Ah! parbleu*, me dit-il, *ce que vous dites-là est bien bon ; vous devriez le mettre en couplets.* Voilà toute l'impression que lui fit ce que je lui disois pour l'exciter à faire quelque chose qui pût le tirer de la misère, et que je ne lui dis qu'après lui avoir proposé de m'intéresser pour lui faire avoir quelque emploi ; à quoi il avoit répondu, auparavant, qu'il ne vouloit rien faire ; qu'il étoit incapable de se donner aucune peine, etc., ce qui fut l'occasion du propos que je lui tins, qu'il seroit bien plus embarrassé de vivre qu'il ne l'avoit été de mourir : mais c'est un misérable, sans aucune espèce de sentiment.

Je fus le 5 janvier, à la première représentation d'*Astianax*, tragédie de M. de Châteaubrun ; cette pièce n'eut que cette seule représentation ; tout ce que j'en puis dire, c'est qu'elle m'ennuya. Il me seroit impossible aujourd'hui de m'en rappeler les raisons ; tout ce dont je me souviens, c'est que le troisième acte, qui étoit rempli de tirades, où il y avoit beaucoup de vertu et de lieux communs, fut fort applaudi, et que je ne l'en trouvai pas meilleur.

J'ai mémoire encore qu'il n'y avoit nul intérêt dans cette pièce et aucun caractère marqué, et que, du reste, elle étoit écrite comme ses autres tragédies, c'est-à-dire on ne peut plus foiblement. Je l'ai déjà dit, et je le pense plus que jamais, M. de Châteaubrun est homme de beaucoup d'esprit, est savant ; il a une grande connoissance du théâtre, tant ancien que moderne; il a même une adresse et un art dans ses plans, que ses études et ses expériences lui ont donnés; mais il n'a ni génie ni talent. Loin que ses deux pièces qui ont réussi (ses *Troyennes* et son *Philoctète*) passent à la postérité, à peine vivront-elles autant que lui; si les Comédiens les reprennent jamais, ce ne sera que de son vivant, et par complaisance pour lui, qui est un bon et galant homme, fort estimé et fort aimé. Dans sa chute d'*Astianax*, il sut se rendre justice, et il ne voulut pas qu'elle fût jouée une seconde fois, malgré les sollicitations et les politesses qu'on lui fit. Je le vis quelques jours après il me parut avoir pris son parti en véritable philosophe: s'il étoit un poëte véritable, il n'auroit pas eu cette tranquillité d'âme.

Avant la représentation, ils juroient tous au Palais royal que cette tragédie étoit supérieure à ses *Troyennes* et à son *Philoctète*. J'étois bien éloigné de ce sentiment, moi qui l'avois vue aussi avant qu'elle fût jouée. Je dirai plus, j'avois pensé que *Philoctète* tomberoit, lorsque je la lus, avant sa représentation.

C'est dans le commencement du mois de janvier que je me mis à écrire ma petite comédie de *la Veuve philosophe*. J'en avois trouvé le plan et le dénouement dans le mois de décembre. M. de Marivaux et M*me* de Graffigny que j'avois consultés, et auxquels successivement j'avois remis les premiers plans de cette pièce, qui devoit être en trois ou en cinq actes, ne purent imaginer rien qui me satisfît et qui répondît aux objections que je m'étois faites moi-même contre des défauts de vraisemblance dans le dénouement, que je trouvois mauvais, et contre un épisode qui, n'étant pas assez fondu avec une autre action, le rendoit double nécessairement.

Un dénouement pour ma *Veuve* m'ayant passé par la tête, je pris mon parti sur-le-champ de traiter chacune de ces actions séparément, et de faire deux comédies, au lieu d'une, d'autant plus que le sujet du vieux Dupuis, que je n'ai point encore traité, parce que le dénouement est difficile à trouver, pourroit fort bien fournir trois, et même cinq actes, à quelqu'un plus habile que moi ; c'est un sujet vraiment neuf et vraiment comique. Peut-être un jour mon imagination me fournira-t-elle un dénouement et de quoi développer ce caractère du vieux Dupuis, qui est fort théâtral comme je le conçois. *Amen!* En attendant, j'en ai détaché le sujet de *la Veuve philosophe*, qui n'en faisoit que l'épisode, et cette pièce, telle que je l'ai faite, m'a paru faire l'impression la plus agréable à tous ceux à qui je l'ai lue ; mais je compte toujours cette impression pour peu de chose : c'est le théâtre seul qui peut faire juger sainement d'une pièce, jusque-là les applaudissements ne sont rien.

Il y a très-peu d'action dans cette pièce, et c'est ce qui me feroit craindre qu'elle n'eût pas au théâtre le même succès qu'elle a eu à la lecture. Le sujet d'ailleurs est si simple, que je crains que cela ne paroisse froid à la représentation, et qu'on ne dise de cette comédie, comme de tant d'autres. *Elle est bien écrite, et bien ennuyeuse.*

Elle n'est point dans le goût purement larmoyant ; c'est un autre genre, à ce que je pense ; elle est attendrissante au dénouement, et intéressante d'abord. Je me flatte encore que ce n'est point une pièce romanesque et contre toute sorte de vraisemblance, ainsi que celles de La Chaussée. C'est une comédie de *sentiment*, si j'osais lui donner un nom. Mais elle est dans la nature ; rien ne m'y paroît forcé ni gigantesque ; j'ai tâché que tout y fût vrai ou du moins vraisemblable, au-lieu que dans la plupart des pièces du genre larmoyant tout y est rempli d'*impossibilités* dans les incidents, et tous les sentiments y sont outrés (1).

---

(1) Mme du Deffand divisait le monde en trois parts : les *trompeurs*, les *trompés* et les *trompettes*. Nous croyons pouvoir placer Collé dans cette dernière classe, lorsqu'il rend compte de ses propres ouvrages ; et quand

La lecture de cette pièce, au reste, a séduit tous ceux à qui je l'ai lue, tant les gens de lettres que les gens du monde, excepté Mme de Meulan, qui m'a dit qu'elle seroit froide au théâtre, en convenant cependant que je n'avois jamais mieux écrit de ma vie. Duclos, Mme de Graffigny, Marivaux, Melle Quinault, Saurin, Helvétius, La Place, Vadé, Favart et l'abbé de Voisenon, Crébillon le père, qui vouloit que je la fisse jouer aux Français, et qui m'a offert de l'approuver, comme censeur des pièces de théâtre en un mot, tous ceux qui ont un grand usage du théâtre m'ont assuré qu'elle y feroit un grand effet, et qu'elle étoit pleine de chaleur et remplie d'intérêt ; les gens du monde, comme le comte de Clermont et plusieurs personnes de sa cour, le baron de Bezenval, M. de Ségur, M. de Montauban, toutes les femmes à qui je l'ai lue, ont été du même avis ; et malgré cela je douterois encore du succès. Il n'y a que la représentation, je le répète, qui fasse juger sainement et sans appel les ouvrages dramatiques.

Elle eût été jouée ce printemps chez M. le comte de Clermont, s'il n'avoit point fermé son théâtre et renvoyé sa musique, pour arranger ses affaires. J'avois exigé, comme une condition essentielle à sa réussite, et sans laquelle je supplios qu'on ne la donnât pas, que Mlle Gaussin fût chargée du rôle de la Veuve ; et le Prince m'avoit accordé cet article.

Je l'avois destinée pour son théâtre, parce que j'avois démêlé qu'il me savoit mauvais gré que je n'eusse, depuis deux ou trois ans, travaillé que pour celui de M. le duc d'Orléans; aussi a-t-il été bien content et m'a-t-il fait bien des caresses de lui avoir présenté celle-ci. Il m'en a paru engoué, et en a dit un bien étonnant, et à Marivaux, et à tous les gens de lettres, et à tous ceux qui

---

il rend compte des ouvrages d'autrui, un lecteur sévère pourrait peut-être le ranger quelquefois dans la première catégorie. (*H. B.*)

lui font la cour. Il s'est pourtant bien aperçu qu'elle manquoit d'une certaine action ; mais, malgré cela, il y trouve une chaleur et un intérêt qui rendent, dit-il, le succès infaillible. Son sentiment ne diminue rien de mes doutes, au contraire.

Autant que je puis m'en souvenir, je crois que ce fut le premier lundi de carême, le 8 mars, que les Français donnèrent la première représentation de *la Coquette corrigée*, comédie en cinq actes et en vers La Noue, comédien (1). On commença par douter qu'il en fût l'auteur; rien n'est, je crois, plus injuste. Il y a plus de sept à huit ans que, sur son brouillon, il m'en avoit lu les deux premiers actes. On renouveloit même à cette occasion l'injustice, encore plus grande, qu'on lui avoit faite autrefois d'imaginer que *Mahomet II* n'étoit pas de lui; je dis que cette injustice est plus grande, parce que, *Mahomet* ayant extraordinairement réussi dans le temps, l'amour-propre du prétendu auteur véritable, quel qu'il fût, n'auroit pas manqué de réclamer son ouvrage. Au reste, *la Coquette corrigée* est une comédie où il me paroît qu'il n'y a ni connoissance du théâtre ni connoissance du monde; c'est d'ailleurs une coquette de foyer, c'est-à-dire une p... La Noue a peint des comédiennes; on est encore plus dissolu dans le monde, mais on l'est avec plus de finesse, de gentillesse et d'élégance. L'amant de cette coquette est un pédant, grand moraliseur, et qui débite, tant qu'il peut, des maximes et des portraits, lieux communs presque toujours outrés. Point d'incidents, point de situations, point d'action dans cette pièce, ce qui la rend languissante et fort ennuyeuse.

Elle est écrite très-bien d'un bout à l'autre, à ce qu'il m'a paru à la représentation; à quelques petites impropriétés près, les vers en sont bien faits, et il y en a quan-

---

(1) La Noue (J. Sauvé), acteur et auteur dramatique, né à Meaux 1701-1761. Le duc d'Orléans lui confia la direction de son théâtre de Saint-Cloud. (*H. B.*)

tité qui sont même excellents. Elle tomba la première fois : tomber est trop dire ; mais avec tout son esprit, cette comédie avoit ennuyé toute la salle. Le cinquième acte, qui est sans comparaison le meilleur de tous et le seul où il y ait quelque action, de la chaleur et un peu d'intérêt, la releva un peu.

La Noue avoit si bien senti que sa pièce n'avoit point fait d'effet, et qu'elle n'avoit pas plu, qu'il ne vouloit pas en annoncer la deuxième représentation. Il faisoit le premier rôle dans sa pièce, qui n'avoit pas besoin de ce secours pour paroître froide, et il restoit le dernier en scène ; Gaussin, qui étoit encore sur le théâtre avec lui, le poussa pour annoncer, et parut en quelque sorte lui faire violence à cet égard ; il sembla se rendre, annonça, et fut accueilli d'applaudissements. Il eut l'adresse et le crédit de faire venir Mme la duchesse d'Orléans à la seconde, et même encore à une autre représentation, et sa pièce reprit quelque faveur ; elle auroit même été jusqu'à la fin du carême, sans Mademoiselle, qui tomba malade à la neuvième représentation : on doit la reprendre cette année immédiatement après le retour de Fontainebleau, mais je ne pense pas que cette reprise aille bien loin.

C'est dans le mois d'avril qu'ont été inoculés M. le duc de Chartres et Mlle de Montpensier sa sœur (1). Il a fallu du courage à M. le duc d'Orléans pour oser être le premier prince en France qui ait fait faire cette opération sur ses enfants, et surtout sur son fils unique. Le Roi ne l'avoit ni approuvé ni désapprouvé ; il lui avoit seulement dit qu'il étoit le maître de ses enfants. Presque tous les courtisans du duc d'Orléans n'étoient

---

(1) En 1723, dans une thèse soutenue à Paris, les inoculateurs avaient été traités d'imposteurs et de bourreaux. Du reste, le duc d'Orléans s'était déclaré partisan de cette découverte ; mais avant d'en faire l'application, on consulta la Sorbonne, on interrogea la conscience des théologiens, dont les avis furent partagés. Neuf docteurs seulement se déclarèrent pour l'inoculation. (*H. B.*)

point de son avis, et avoient tâché de le détourner de cette entreprise, qu'ils regardoient comme téméraire; ceux même qui étoient en secret partisans de l'inoculation n'osoient pas la conseiller, de peur qu'on n'en rejetât sur eux l'événement s'il étoit malheureux. On m'a assuré que celui qui a donné le premier à M. le duc d'Orléans l'idée de faire inoculer ses enfants, est le Chevalier de Jaucourt, connu par le dictionnaire de l'*Encyclopédie*, dont il a fait un grand nombre d'articles, et même trop, à ce que disent des savants.

Quelques jours avant l'inoculation Mme la duchesse d'Orléans pleuroit devant son mari, qui lui dit : *Madame, quoique mon parti soit pris, si ce n'est point votre sentiment et de votre consentement que se fait cette inoculation, elle ne sera point faite; ce sont vos enfants comme les miens.* — Eh! monsieur, répondit-elle, *qu'on les inocule, et laissez-moi pleurer.* L'opération a parfaitement bien réussi, et la princesse, quand ils ont été guéris, ayant paru avec eux à l'Opéra, a été applaudie comme une bonne pièce nouvelle.

M. le duc d'Orléans avoit pris les précautions les plus sages; il avoit fait venir de Genève M. Tronchin, fameux médecin, élève de Boerhaave. Ce médecin passoit pour le plus grand inoculateur de l'Europe.

Je veux croire, avec tout le monde, que c'est le premier homme du monde en son art; mais je crois encore davantage que c'en est le plus grand charlatan. Il a fait ici la médecine en courant et comme un pirate, recevant de toutes mains, donnant des ordonnances qui ne pouvoient faire ni bien ni mal; mais prenant toujours les louis d'or de nos badauds, n'examinant point, ne suivant point ses malades, les abandonnant même, comme un malhonnête homme.

Mais, disoit-on pour l'excuser, *il ne peut suffire à tout.* En ce cas-là pourquoi les entreprenoit-il? Non, il est sûr qu'il a plutôt montré à Paris son charlatanisme, son avidité, son avarice insatiable, que sa science prétendue dans la médecine. Il a emporté de ce pays un argent immense. Jamais médecin n'a eu une vogue pareille; c'étoit une fureur, il y entroit du fanatisme. M. le duc d'Orléans lui a donné dix mille écus argent comptant, outre des boîtes d'or et d'autres bijoux, dont la duchesse d'Orléans et lui lui ont encore fait présent. Cela est très-bien. Ce en quoi seulement il a réussi ici sans contestation, c'est en plusieurs inoculations qu'il a toutes faites avec succès. On ne cite d'ailleurs de lui aucune cure fameuse dans un autre genre.

Il avoit entrepris celle du cardinal de Soubise, dont, à la vérité, il n'avoit pas répondu, mais dont il avoit espéré. Ce grand prélat, ancien recteur de l'université, est mort entre ses mains, au mois de juillet.

> Que diable veut-on qu'on en dise?
> Colas vivoit, Colas est mort.

Il a laissé une place vacante à l'Académie françoise; elle sera remplie par M. l'Évêque d'Autun. C'est un Montaset, frère du chevalier de Montaset. L'éternel abbé Trublet a sollicité cette place à son ordinaire, et il avoit pour concurrent le modeste M. Cahuzac. L'évêque d'Autun ne sera reçu qu'après les vacances.

C'est dans ce même mois de juillet que je fis les couplets sur la prise du Port-Mahon, et qui ont couru à la ville, à la cour, avec une rapidité et un succès singulier. La joie étonnante et si peu attendue où l'on s'est trouvé à la prise de cette place leur a donné cette vogue prodigieuse qu'ils ont eue (1). Ils ont été en moins d'un mois imprimés sans musique, puis gravés avec la musique, mis dans le *Mercure*, enfin dans les feuilles de Fréron, qui, par pa-

---

(1) Port-Mahon est une ville de l'île de Minorque qui a été successivement possédée par les Anglais et par les Français. Depuis 1782 elle appartient aux Espagnols, qui s'en emparèrent à cette époque. (*H. B.*)

renthèse a fait de moi un éloge qui fait bien voir qu'il ne me connoît pas. Il dit, entre autres choses : *c'est d'ailleurs un homme de lettres très-instruit, qui a beaucoup lu et bien lu.* Je me rends justice, et je lui soutiendrai, quand il voudra, que je n'ai pas l'honneur d'être un homme de lettres, et que je suis le plus ignorant des hommes. C'est bien malgré moi, car personne n'estime plus la science, et moins les savants qui ne sont que savants, que moi; mais la nature, qui m'a refusé totalement la mémoire, est seule cause que je ne suis point instruit du tout. Si j'en avois eu, j'aurois, sans balancer un moment, préféré la science au bel esprit; c'est une consolation qui reste dans la plus grande vieillesse; l'imagination ne va pas si loin, et vous abandonne avant d'y arriver; mais enfin l'on est comme l'on est, il faut savoir se contenter du peu que l'on a, quand on ne peut avoir mieux.

Je joins ici les couplets gravés, en protestant, comme il est vrai, que je n'ai eu aucune part ni à l'impression ni à la gravure qui en ont été faites. On le verra même par l'exemplaire ci-joint, auquel le garçon graveur a ajouté un couplet que j'ai bâtonné, et qui est de sa façon, sans doute, car il ne se peut rien faire de plus mauvais. D'ailleurs l'idée de louer le maréchal de Richelieu ne pouvoit point me passer par la tête, à moi l'ennemi juré de toutes ces *fadasseries;* je suis également éloigné de la satire et de l'éloge ; je n'ai de mes jours fait un vers contre quelqu'un (1) : j'en ai peu fait pour, mais toujours avec répugnance pour ces niaiseries de société qu'on est forcé souvent de faire. Un bel esprit de province, ayant cru que je ne savois pas bien l'air sur lequel j'ai parodié ces trois couplets, les a corrigés et les a fait imprimer avec la musique. Il ne s'est pas contenté, cet aristarque limousin, de me réformer dans les en-

---

(1) Si cela est vrai, en prose il s'est largement dédommagé de sa mansuétude poétique. (*H. B.*)

droits où l'air n'allait pas bien à son gré; il a fait d'autres changements qui marquent son esprit et son goût.

Chanson sur la conquête du Port-Mahon (1).

1er couplet.

Ces braves insulaires,
Qui sont, qui font sur mer les corsaires,
Ailleurs ne tiennent guères.
Le Port-Mahon est pris,
Il est pris, il est pris, il est pris :
Ils en sont tous surpris,
Il est pris, il est pris.
Ces forbans d'Angleterre,
Ces fous, ces fous, ces foudres de guerre,
Sur mer comme sur terre,
Dès qu'ils sont combattus,
Sont battus, sont battus, sont battus, sont battus.

2^e

Anglois, vos railleries,
Ces traits, ces mots, ces plaisanteries,
Seroient-elles taries?
Seriez-vous moins plaisants,
A présent, à présent, à présent.
Raillant ou combattant,
L'Anglois vaut tout autant :
Avec les mêmes grâces,
Il rit, il rend, il défend ses places.
Ses bons mots, ses menaces
Ont les mêmes succès,
A peu près, à peu près, à peu près, à peu près.

3^e

Beaux railleurs d'Angleterre,
Nogent, Melun, le coche d'Auxerre,

---

(1) Pour l'intelligence de ces couplets, il est bon de dire que les Anglois, au commencement de cette guerre, avoient, dans leurs papiers publics, donné un état de la marine de France, où ils mettoient les coches de Corbeil, d'Auxerre, le Villeneuvier, la galiotte de Saint-Cloud, le bac d'Asnières, capitaine Levoyer, etc. (*Note de Collé.*)

A vos vaisseaux de guerre,
Ont, pendant cet été,
Résisté, résisté, résisté.
Ils les ont maltraités,
Ils les ont écartés.
Notre flotte d'eau-douce
Vous voit, vous joint, combat, vous repousse ;
Et jusqu'au moindre mousse,
Tout est sur nos bateaux
Des héros, des héros, des héros, des héros.

4ᵉ (1)

Plein d'une noble audace,
Richelieu presse, attaque une place ;
Et d'abord il terrasse
Ses ennemis jaloux,
Sous ses coups, sous ses coups, sous ses coups.
Ni portes ni verroux
Ne parent à ses coups ;
Sans se servir d'échelles,
L'honneur, l'amour lui prêtent des ailes.
Bastions et ruelles,
Il emporte d'assaut,
De plein saut, de plein saut, de plein saut, de plein saut.

Voici, au reste, la première fois que j'ai l'honneur d'être chanté par les chantres des rues ; honneur que je préfère à celui que ma chanson a eu d'être chantée par le Roi, qui a, dit-on, la voix fausse.

Le sujet de ces couplets m'a engagé à en faire trois autres sur le même air, mais d'une façon plus régulière et par conséquent plus gênante ; j'ai mis en rime le vers qui se répétoit quatre fois au milieu du couplet, et le

---

(1) Ce dernier couplet n'est pas de moi. Il est sans doute du garçon imprimeur, qui a fait graver cette chanson. Il ne me seroit jamais tombé dans l'esprit de louer le maréchal de Richelieu. Je ne loue ni ne satirise personne (*Note de Collé.*) Cet aplomb avec lequel Collé nous dit qu'il ne *loue ni ne satirise personne* a bien de quoi faire sourire. Au surplus, sa chanson lui valut du Roi Louis XV une *pension* de six cents livres. *Horresco referens!* (*H. B.*)

vers qui se répétoit aussi quatre fois à la fin. Cette difficulté m'a piqué, et je crois l'avoir vaincue. Voici les couplets :

Conseils ironiques aux chansonniers d'à-présent, sur les mœurs des gens du grand monde (1).

1er couplet.

Chansonniers, mes confrères,
Le cœur, l'amour, ce sont des chimères.
  Dans vos chansons légères,
   Traitez de vieux abus,
    De phébus,
    De rébus,
    Ces vertus,
    Qu'on n'a plus.
Tâchez d'historier
Quelque conte ordurier,
Mais avec bienséance.
    De mots
    Trop gros
  L'oreille s'offense ;
Tirez votre indécence
Du fond de vos sujets
    Et de faits,
    Faux ou vrais,
    Scandaleux
    Mais joyeux.

2^e

Les madrigaux sont fades ;
    L'apprêt
    Qu'on met
  A ces vers maussades,
Ne vaut pas les boutades
D'un chansonnier sans art,

---

(1) Je regarde ces couplets-ci comme les meilleurs et les plus difficiles que j'aie faits. (*Note de Collé, écrite en* 1780.)

Et sans fard,
Mais gaillard ;
Indécent,
Mais plaisant.
Et puis, tous ces nigauds,
Qui font des madrigaux,
Supposent à nos dames,
Des cœurs,
Des mœurs,
Des vertus, des âmes ;
Et remplissent de flammes,
Et de beaux sentiments,
Nos amants
Presqu'éteints :
Ces pantins
Libertins.

3ᵉ et dernier.

L'amour est mort : en France
C'est un
Défunt
Mort de trop d'aisance ;
Et c'est la jouissance
Qui succède, en ce lieu,
A ce dieu
Des Gaulois,
Des bourgeois
D'autrefois.
Chansonniers, de bon sens,
Ne parlez donc qu'aux sens ;
Peignez-nous sans scrupule,
Chantez,
Vantez
Les talents d'Hercule.
Tournez en ridicule
Ceux qui n'avancent pas
Plus d'un pas,
Ou qui font
Un affront
Au second.

Dans tout le commencement du mois d'août, je lus aux Comédiens français *la Fille d'Aristide,* comédie en cinq actes et en prose de Mme de Graffigny (1), qui fut reçue tout d'une voix pour être jouée après le retour de Fontainebleau. Elle vouloit garder l'anonyme, mais Gaussin et quelques autres comédiens l'ayant reconnue à son style, et ayant fait, d'ailleurs, quelques autres indiscrétions auparavant, la bonne dame s'est déclarée; je pense qu'elle n'en a pas plus mal fait. Autant qu'on peut juger d'une pièce de théâtre sur le papier, je parierois qu'elle aura un grand succès.

Il y a eu quelques tracasseries pour les rôles. On en a donné un à Préville que La Thorilière devoit avoir naturellement, s'il n'étoit pas et ne devenoit pas de jour en jour plus détestable; aussi, me dit-il, qu'il espéroit que Mme de Graffigny feroit quelque jour un rôle de Crispin pour lui, puisqu'elle donnoit le sien à Préville. Mlle Dangeville a refusé le rôle qui lui étoit destiné, quelque éloquence que j'aie mise pour le lui faire accepter; on a quelque espérance de la faire changer de sentiment. Dans la conversation que j'ai eue avec elle à ce sujet, elle me parut la créature la plus vaine, la plus sotte et la plus bavarde que j'aie encore vue. Les auteurs ne devroient pas être exposés à ces sortes de refus, et c'est là-dessus que les gentilshommes de la chambre devroient être despotes.

---

(1) Graffigny (Fr. d'Issembourg d'Happoncourt), femme auteur. Nancy, 1694-1758. Elle avait été mariée, ou plutôt sacrifiée, à François Hugot de Graffigny, chambellan du duc de Lorraine, homme d'une extrême violence, dont elle se sépara juridiquement. *Lettres d'une Péruvienne*, *Vie privée de Voltaire*, *Cénie*, comédie, etc. (*H. B.*)

SEPTEMBRE 1756.

L'on n'a point concouru, cette année, pour le prix de l'Académie française. Il ne leur a été envoyé ni prose ni vers.

On a fait à cette occasion l'épigramme suivante :

> Coquette sans pudeur, fière de mille amants,
> Femme à quarante époux, presque tous impuissants,
> Mère de quelques mots, régente d'orthographe ;
> En ce jour solennel, tes autels sont déserts ;
> On ne t'adresse point de prose ni de vers :
> On ne s'occupe plus que de ton épitaphe.

Il y a un vers excellent dans cette épigramme, le reste est lâche et mal fait; mais le second vers est digne de Piron, à qui l'on attribuoit cette épigramme; elle n'est pas de lui. Outre qu'il la nie, ce n'est pas là sa manière; et de plus, il ne se fût jamais permis la fausse rime d'*amants* et d'*impuissants* ; d'ailleurs cela est foible, et il a bien une autre force.

C'est dans ce mois ou vers la fin de l'autre qu'a débuté aux François le nommé Descormes, dans les rôles à manteaux. Sa voix a des défauts; il a un accent qu'il a pris en Allemagne, et qu'il est difficile de lui passer; il est sans chaleur, ce qui est encore un plus grand défaut. Cependant ce n'est point, à mon avis, un comédien à rejeter, surtout n'en ayant point d'autre pour ces sortes de rôles; Bonneval est affreux et devroit être renvoyé; La Thorilière est un peu moins mauvais que Bonneval, mais c'est le plus sot homme du monde pour ne jouer jamais que le mot.

Ce Descormes ne s'attache qu'à la pensée, et ne cherche qu'à rendre le sens de ce qu'il a à dire; il m'a

paru avoir une intelligence supérieure ; il débite le vers
de la façon du monde la plus naturelle ; on imagineroit
qu'il dit de la prose. Je le vis jouer dans *Esope*, et,
malgré le public, qui ne le goûte pas, je ne trouvai point
du tout qu'on ne dût pas recevoir cet homme-là.

Thiriot me donna hier quatre vers de l'abbé Le
Gendre (1) et une épigramme de la Popelinière, le fermier général. Il prétend que les quatre vers furent faits
impromptu par l'abbé Le Gendre, pour faire cesser une
dispute et une dissertation ennuyeuse que l'on faisoit à
table sur l'existence de Dieu. Je n'ai pas de foi aux im-
promptus, surtout lorsqu'ils sont bons. Cet abbé Le Gendre
est le premier homme de table qu'il y ait eu, et le dernier des François qui en ait encore soutenu les plaisirs ;
c'est sur lui que Piron a fait la chanson excellente du *vé-
nérable abbé*. C'étoit l'homme de son temps le plus gai ;
il a fait des chansons et de petites poésies de société et
polissonnes qui ne respirent que la joie ; c'est de lui *Mel-
chior et Balthasard*, etc. Voici les quatre vers qui ont été
l'occasion de cette digression :

> Les dieux firent, dit-on, les hommes ;
> L'homme, dit l'autre, a fait les dieux.
> Tant qu'on ne trouvera pas mieux,
> Restons-en là comme nous sommes.

OCTOBRE à DÉCEMBRE 1756.

Des affaires d'intérêt et les soins que j'ai donnés pour
faire jouer la pièce de Mme de Graffigny m'ont empêché

---

(1) L'abbé Legendre était frère de la présidente Doublet, chez laquelle
s'assemblait cette société de gens de lettres et du monde, présidée par
Bachaumont, et qui nous a laissé les *Mémoires secrets*. (*H. B.*)

de continuer mon Journal ces deux mois-ci. Je n'ai rien fait d'ailleurs; j'ai végété, et je m'en trouve très-bien : rien n'est aussi bon pour la santé; depuis quinze ans je ne me suis si bien porté que pendant ces deux mois-ci que j'ai resté à rien faire.

[A la fin de cette année, il a paru aux François une nuée de débutants et de débutantes dans le tragique. Aucun d'eux n'était supportable. Ils ne valent pas la peine qu'on sache ni qu'on dise leurs noms.

Il serait presque aussi inutile de parler de la retraite de Beaumenars, qui doubloit Mlle Dangeville, si, dans la disette où nous sommes de sujets, ce n'étoit pas une perte que cette fille-là. Du moins étoit-elle jolie, et, qui plus est, elle empêchoit que nous n'en fussions réduits à la funeste Gauthier, que, moyennant cela, nous voyons tous les jours. Une querelle avec Mlle Clairon a été la cause que cette hurluberlue de Beaumenars s'est retirée. Si Mlle Dangeville prend bientôt ce parti, ce qu'elle assure vouloir faire dans peu, il ne nous restera plus que cette exécrable Gauthier.]

Il n'y a point eu de pièces nouvelles cette année aux François. *La Coquette corrigée* a été reprise en novembre, et n'a eu que trois représentations; les deux dernières même étoient mauvaises. J'en suis pour ce que j'en ai dit, c'est un méchant ouvrage; elle perd même à l'impression; depuis que je l'ai lue, j'en rabats beaucoup de ce que je pensois sur la versification.

On me contoit ces jours-ci qu'une femme du grand monde, qui se piquoit d'érudition et de bel-esprit, mais qui n'avoit pas encore été jusqu'à savoir prononcer sa langue, disoit, en parlant des amours de Jupiter, que ce Dieu avoit *é-u* beaucoup de femmes; qu'il avoit *é-u* Danaé, qu'il avoit *é-u* Europe, qu'il avoit *é-u* Alcmène, qu'il avoit *é-u* Sémélé, qu'il avoit *é-u* Léda, et qu'il avoit *é-u*.... Un homme de la compagnie, que cela impatientoit, l'interrompit, en ajoutant : Il a *é-u Io* aussi.

[J'ai rapporté de la campagne une parodie de contre-danse que j'ai faite dans les premiers jours d'octobre. C'est sur l'air de *l'Allemande suisse* (1). Cette chanson a été plus louée par les artistes en ce genre que par le gros du monde. Il me semble pourtant qu'il y a dans l'idée un caractère d'originalité qui aurait dû la faire réussir davantage.

Monticourt, qui a de l'esprit et le goût difficile, et qui est de nature plus porté à la censure qu'à la louange, la jugée une des meilleures et des plus difficiles parodies que j'aie faites. L'approbation qu'il y donna fut cause de la plaisanterie que je lui fis, et que je ne rapporte qu'à cause de sa réponse, qui est pleine de sel et bien supérieure à l'attaque que je lui fis.

Voici ce que c'est. Quelque temps après que je lui eus montré cette bagatelle, il partit pour Fontainebleau, et comme il ne l'avait pas notée, il me passa par la tête de la lui envoyer incluse dans l'*Épître dédicatoire suivante* :

ÉPITRE DÉDICATOIRE

A Monseigneur de Monticourt, chevalier des ordres de Vénus et ancien chancelier du Dieu de Lampsaque :

Monseigneur,

L'accueil égrillard dont vous avez honoré ma chanson du *Moine de Citeaux*, quand vous daignâtes me l'entendre chanter, m'encourage aujourd'hui à dédier cette fantaisie à Votre Grandeur. Si j'ai différé si longtemps, monseigneur, à vous consacrer cette petite abomination, je vais vous en dire naïvement la raison. Je cherche depuis dix ans un air à parodier, sur lequel je puisse vous dessiner avec quelque grâce un beau visage de femme.

---

(1) Cette parodie, qui a pour titre : *le Moine de Cîteaux*, se trouve dans le *Recueil des Chansons de Collé*. (H. B.)

Je connais, monseigneur, votre goût décidé pour les originaux de cette espèce; mais je n'ai encore rien trouvé à cet égard qui fût digne de vous. Je ne renonce pourtant pas à ce projet. En attendant, recevez avec bonté, monseigneur, etc.

Deux jours après, il m'écrivit pour me remercier. Voici sa lettre, qui est d'un goût de plaisanterie excellent :
« J'ai reçu votre ouvrage ce matin. Il m'a fait plaisir. J'ai toujours aimé les talents, et je les ai protégés quand j'étois en place. Mon caractère de chancelier est indélébile. Si le dieu de Lampsaque m'a ôté les sceaux, ce n'est pas ma faute. Jamais magistrat, je puis le dire, n'a mieux fait usage des fonctions de sa place et ne les a plus aimées que moi. On me rendra la justice que dans le temps de mon élévation je n'ai fait acception de personne. Pauvres, riches, grands et petits, tout m'était égal. Le même esprit de justice me reste, et, sans me plaindre d'un maître qui m'abandonne, je me rappelle pour me consoler les services que je lui ai rendus. »]

Sarrazin se meurt presque; c'étoit le seul acteur tragique que nous eussions; nous n'en avons pas un qui donne quelque espérance. Les actrices, depuis la retraite de Dufresne, soutiennent seules la tragédie; Dumesnil a le plus grand talent à côté des plus grands défauts; Clairon fait des progrès journaliers, et, sans avoir reçu autant de la nature que Dumesnil, est parvenue, par l'art et par l'esprit, à nous faire le plus grand plaisir; mais je demande toujours des hommes pour jouer avec elle et Dumesnil.

Le Kain me paroît tout aussi mauvais et tout aussi insupportable que je l'ai toujours trouvé dans le comique. Melle Grandval et Melle Gaussin commencent à vieillir; la première même, qui est la plus jeune, le paroît le moins parce qu'elle perd ses dents. Grandval est engraissé au point que si cela augmentoit encore il deviendroit ridicule dans les rôles d'amant, et surtout de petit-maître.

Belcourt est bien loin de le remplacer et de nous dédommager de cet acteur charmant; en sorte que le résumé de tout cela doit être que si d'ici à cinq ou six ans il ne nous vient point de sujets pour remplir les emplois vacants ou qui vaqueront bientôt à la comédie, la troupe sera dans peu d'années une mauvaise troupe de province.

Préville est la seule acquisition que nous ayons faite depuis Clairon, et c'est une excellente emplette que celle-là; il y a pourtant des rôles qu'il ne remplit pas. Il a raté totalement le bourgeois gentilhomme, mais en général c'est un comédien exquis, et sur lequel on peut fonder les plus grandes espérances, attendu qu'il a beaucoup d'esprit.

[Voici un sonnet de Chapelle qui n'est point dans ses œuvres. Il passoit le carême à Cognac l'année qu'il le fit. Dans ce temps-là c'étoit fort un grand cas que de faire gras le carême, et surtout en province. Ces vers, au reste, sont adressés au marquis de Jonzac, gouverneur de Cognac. Le chevalier dont il y est fait mention est le chevalier de Nantouillet, son frère.

SONNET :

Que dans une petite ville
Le saint-père est bien obéi !
Et qu'en carême il est facile
Qu'un honnête homme soit haï !

Le chevalier eût, dans sa bile,
Bien juré contre Adonaï,
Et par l'âcreté de son style
Rendu Cognac bien ébahi.

Mais ce n'est pas là la manière,
Cher marquis dont j'use pour faire
Que personne ose dire mot;

Quoique ta puissance y soit grande,
Il m'a fallu faire dévot
Pour pouvoir manger de la viande.]

Voici une épigramme de M. de la Faille contre l'abbé Abeille, auteur des tragédies d'*Argélie*, de *Coriolan* et de *Lyncée;* on lui attribue aussi les deux tragédies de *Soliman* et d'*Hercule,* qui sont imprimées dans le Théâtre de la Tuilerie (1). L'abbé Abeille étoit secrétaire de M. de Luxembourg, fils du fameux maréchal de Luxembourg ; il étoit fort prévenu en sa faveur, au-dessous du médiocre, et méprisé des gens de lettres; il a été de l'Académie par la protection de son patron.

> Abeille, arrivant à Paris,
> D'abord, pour vivre, vous chantâtes
> Quelques messes à juste prix ;
> Puis, au théâtre vous lassâtes
> Les sifflets par vous renchéris ;
> Quelque temps après ennuyâtes
> De Mars un des grands favoris,
> Chez qui pourtant vous engraissâtes ;
> Enfin, digne aspirant, entrâtes
> Chez les quarante beaux esprits ;
> Et sur eux-mêmes l'emportâtes
> A forger d'ennuyeux écrits (2).

Je ferai des efforts pour ne plus, dans la suite, négliger ce Journal. Depuis quatre ou cinq ans, je n'en avois été détourné que par des occupations; depuis sept mois, c'est uniquement belle paresse incarnée ; et cela n'est pas bien, la paresse étant un péché mortel, aux termes de notre catéchisme.

---

(1) La Thuilerie (J. F. Jouvenon de), comédien sous le nom duquel on a imprimé plusieurs pièces de théâtre, qui n'étaient pas de lui. Né en 1653, mort en 1688. (*H. B.*)

(2) Dans ses *Trois siècles littéraires*, l'abbé Sabatier attribue cette épigramme à Racine. (*H. B.*)

ANNÉE 1757.

JANVIER 1757.

J'ai déjà dit et répété vingt fois que d'autres amusements littéraires et même souvent un peu de paresse, comme dans les huit ou dix derniers mois, ont interrompu le cours de ce Journal. Je ne réponds pas davantage de moi par la suite ; je regrette de n'avoir pas été plus exact, et je tâcherai de prendre sur moi de n'avoir plus de reproches à me faire à cet égard. Mais y parviendrai-je? Je n'en crois rien : l'homme est bien foible, et je suis plus homme qu'un autre.

Les Comédiens ont reçu dans le mois de septembre ou octobre dernier une tragédie de M. de Laplace, intitulée *Adèle*; c'est, à ce qu'il me semble, un sujet d'imagination. Je ne crois pas qu'il ait rien pris dans le roman d'*Adèle de Ponthieu*, si ce n'est les noms. Il nous la montra, à Monticourt et à moi, il y a trois ans ; elle n'étoit pas supportable dans l'état où elle étoit alors. Nous lui conseillâmes de simplifier son sujet, ce qu'il a fait ; mais j'y trouve encore de la confusion. C'est d'ailleurs un sujet si peu vraisemblable, que je crains bien qu'il ne puisse toucher ; les personnages sont dans une erreur quelquefois si volontaire que j'ai peur que son intrigue ne fasse aucune illusion ; ajoutez à cela qu'il n'écrit pas bien, qu'il est ampoulé, et que son style, souvent obscur, n'aide point du tout à débrouiller le sujet. Les caractères de ses héros n'ont rien de neuf, ou plutôt, tout est commun dans cette tragédie; je crains fort qu'elle ne réussisse pas. J'aime de tout mon cœur Laplace; il a quelques talents pour la tragédie, mais il est né pour être traducteur, et encore seroit-il à désirer qu'il se donnât plus de peine et qu'il eût plus de goût. Les deux premiers volumes de son Théâtre anglois, qu'il a cent fois plus travaillés que les derniers, leur sont aussi bien supérieurs. Il espère être joué après Pâques. Je ne sais s'il ne se trompe pas; Sarrazin est malade, et, d'ailleurs, il se présente une autre tragédie qui l'emporteroit sur la sienne si le mérite décidoit de la préférence.

Je veux parler d'*Iphigénie en Tauride*, que les Comédiens ont aussi reçue à la fin de l'année dernière, mais postérieurement à *Adèle*. J'en avois entendu la lecture avant que l'auteur en eût fait une aux comédiens; j'y trouvai le *vis tragica*, la chaleur et les semences d'un génie fier et hardi; mais un maudit épisode d'amour gâtoit cet ouvrage. Nous le dîmes franchement à l'auteur, et lui présentâmes quelques moyens foibles pour ôter cet épisode (1).

La lumière la plus foible éclaire un grand talent. Cet homme en quatre mois a changé sa pièce à ne pas la reconnoître; il en a fait, à mon gré, un chef-d'œuvre; et je ne crains pas de dire que cette tragédie annonce un puis-

---

(1) Cette tragédie est restée au théâtre, et y restera. C'étoit un très-grand talent tragique que feu M. de La Touche. La teinte forte et mâle des caractères d'Oreste et de Pilade est du ressort du génie. Jamais l'on ne peignit sur la scène avec plus d'énergie le fanatisme de l'amitié. Le défunt avoit celui de son art. Il n'alloit point dans le monde, et travailloit toujours. Une aventurière italienne, fille de condition et du bel air, *honnête*, et fort adonnée à la lubricité, le faisoit travailler toutes les nuits à d'autres pièces que la pudeur m'empêche de nommer. Ce double travail l'a tué. Rien n'est exagéré dans ce que je dis là. Tout en est vrai (*Note de Collé, écrite en* 1780.)
— Guimond de la Touche, né à Châteauroux en 1723, et mort en 1760, n'a fait jouer au théâtre qu'*Iphigénie en Tauride*. (*H. B.*)

sant génie tragique. J'ose le dire, avant que le public en ait décidé, c'est un homme pour la nation.

L'intrigue me paroît aussi bien combinée que ce sujet fabuleux peut le permettre. Les caractères d'Oreste et de Pylade sont faits de main de maître. Jamais sur aucun théâtre, pas même sur celui des Grecs, Oreste n'a été mieux peint. L'amitié de ces deux héros n'a point encore été mise en action et exprimée avec tant de chaleur. Il a rendu Iphigénie fort intéressante, et son caractère est d'une grande beauté, quoique inférieur à ces deux premiers; celui de Thoas est aussi bien soutenu et a une grande force. Tous les personnages se disent bien ce qu'ils doivent se dire; il n'y a point de ces tirades épiques, de cette ambition d'esprit, qui refroidit l'action. La versification en est forte, aisée, noble, et n'a rien d'ampoulé. Enfin, j'avoue de bonne foi, dussé-je voir par la suite que je me suis trompé, que la seconde lecture que j'en ai faite ces jours-ci, m'a ravi, transporté, enthousiasmé! Jamais aucune pièce n'a fait sur moi un effet pareil, et je prononce hardiment que cette pièce aura le plus grand succès.

Après avoir parlé de la pièce, disons un mot de l'auteur: c'est M. de la Touche, fils de M. Guymond de la Touche, procureur du Roi à Châteauroux. Son père, qui aime apparemment les lettres et la gloire avec une espèce de fanatisme, lui écrivit cet été que si sa pièce étoit reçue des Comédiens, il consentoit qu'il restât à Paris, et qu'il lui feroit 1500 livres de pension; dans le cas contraire, il lui ordonnoit de revenir, pour le marier et l'établir dans sa province. C'est un père bien philosophe ou bien fou. Le métier d'homme de lettres est un terrible métier, pour ceux même qui vont au plus grand; tout le monde sait que Corneille et La Fontaine sont morts de faim, Racine de chagrin, et que l'envie n'a cessé de les poursuivre et de les persécuter dès l'instant que l'on a été forcé de les reconnoître pour des génies. Ce père met donc furieusement au hasard le bonheur et la tranquillité des jours d'un fils qui doit lui être bien cher. Il est vrai que si le génie maîtrise le fils, le père feroit de vains efforts pour l'empêcher de s'y livrer ; mais du moins les obstacles qu'il lui auroit opposés feroient son excuse envers son fils. Au reste, ce ne sont point là nos affaires, et si c'est un grand homme, c'est le cas de dire : *Oportet unum pati pro omnibus.*

Ce M. de la Touche a vingt-huit ans, a fait de très-bonnes études, et s'est nourri des poëtes grecs ; il a été Jésuite ; il a toute la naïveté et toute la simplicité du génie. Il pleuroit et admiroit lui-même sa pièce pendant que nous lui en faisions la lecture, M. Bret et moi.

Le 9 du mois de janvier est mort ou plutôt s'est éteint M. de Fontenelle. Il étoit né le 14 février 1657, ainsi il a vécu quatre-vingt-dix-neuf ans dix mois et vingt-cinq jours ; il a conservé sa tête presque jusqu'au dernier moment ; il a encore été dîner en ville dans le mois de novembre dernier ; il est vrai que ceux chez qui il alloit craignoient toujours qu'il n'expirât chez eux. Depuis l'âge de quatre-vingt-dix ans il souhaitoit la mort ; la vie lui étoit devenue à charge à cette époque-là. Je le voyois souvent dans une maison, dans le temps qu'il avoit quatre-vingt-deux à quatre-vingt-trois ans, il n'en paroissoit pas soixante ; il étoit du commerce le plus doux et le plus agréable ; si une femme laissoit tomber son éventail, il étoit le plus alerte à le lui ramasser. Ce grand homme de lettres est bien la preuve de ce que j'écrivois tout-à-l'heure sur les inconvénients attachés à cette profession. Personne n'a joui d'une plus grande réputation, et de meilleure heure que M. de Fontenelle ; il a été sage, a eu des mœurs qui l'ont fait estimer, et indépendamment de ses ouvrages, aucun homme de lettres n'a été plus à son aise ; il jouissoit au moins de 30,000 liv. de revenu ; il étoit accueilli, bien venu des grands et de tout le monde. Du temps de la Régence, il soupoit familièrement une fois par semaine avec M. le Duc d'Orléans ; mais persécuté par l'envie et par tous les écrivains subalternes, auxquels il eut la prudence et la fermeté de ne répondre jamais, il a avoué à bien des gens que cette persécution avoit été le poison de sa vie, et l'avoit rendu malheureux au point qu'il n'auroit pas accepté de recommencer la carrière brillante qu'il a fournie.

On a remis ce mois-ci l'opéra d'*Issé*. L'expression manque pour rendre à quel point le rôle d'Apollon a été mal joué. Mlle Chevalier a fait quelque plaisir dans les monologues ; mais elle auroit eu besoin qu'on lui eût expliqué le sens du rôle d'*Issé*, qu'elle eût rendu avec sentiment, et non pas, comme elle a fait, avec une tendresse impétueuse et même furieuse : ce rôle doit être chanté tendrement, et on ne doit pas le crier. Poirier et Godard, qui se relayoient pour impatienter le public dans celui d'Apollon, ont fait, malgré leurs singuliers talents, regretter Jéliotte ; et l'on désiroit Mlle Lemaure, quoique Mlle Chevalier se tuât le corps et l'âme pour la faire oublier, et que son amour-propre lui ait persuadé qu'on ne se souvient de cette actrice que pour l'admirer, elle, davantage.

Précédemment on avoit remis l'opéra d'*Alcionne*, dont la reprise a eu le plus grand succès, et dites-moi pourquoi ? La musique en est foible et monotone, et le poëme ne vaut pas grand'chose. Le public est souvent inexplicable.

Au reste, depuis que la ville a l'Opéra, il y règne une anarchie qui s'oppose autant à ses succès que l'imbécillité de M. de Bernage, le prévôt des marchands ; on ne sait qui commande, aussi personne n'obéit. Non-seulement les premiers acteurs ne jouent que quand ils veulent, et les rôles qu'ils veulent, mais on voit encore le demi-talent, et même des filles qui n'en ont guère, jusqu'à des danseuses des chœurs, faire les malades, rendre les ballets boîteux, etc. ; par bonheur, il passe pour certain que la ville va se défaire de l'Opéra, et que ce seront

Rebel et Francœur qui l'auront pour leur compte. Ils auront une furieuse peine à rétablir l'ordre, et je crains fort qu'ils n'en puissent pas venir à bout.

FÉVRIER 1757.

Le premier février furent exilés MM. d'Argenson, ministre de la guerre, en sa terre des Ormes, et Machault, garde des sceaux et ministre de la marine, en sa terre d'Arnouville. La lettre du Roi au comte d'Argenson étoit sèche et dure: celle au Machault étoit affectueuse et consolante. Le Roi a été quelque temps sans nommer M. de Moras secrétaire d'État de la marine, en lui conservant le contrôle général. Il n'a pas encore disposé des sceaux.

On débitoit à ce sujet une plaisanterie sur M. Rouillé, qui avant d'être ministre des affaires étrangères avoit été secrétaire d'État de la marine. On suppose qu'avant d'avoir disposé de cette dernière place, ces jours-ci, le Roi la lui avoit proposée; mais que M. Rouillé, à qui le Roi l'avoit ôtée déjà précédemment pour la donner au Machault, avoit répondu à S. M. qu'il la refusoit, par la seule raison que *tant va la cruche à l'eau qu'à la fin elle se brise.* Comme M. Rouillé est un peu bête, et même plus qu'il n'est nécessaire, cette réponse factice alloit très-bien dans sa bouche, et je suis de cet avis.

L'exil des ministres a été, comme tout le monde sait, précédé, dans le mois de janvier, des brouilleries du parlement et de l'exil de seize de ces messieurs; ces détails regardent l'histoire; ils me touchent, mais je n'y entre point ici (1). Ce qui peut avoir trait à ce Journal, c'est une

---

(1) V. l'historique de tous ces petits coups d'État dans le *Journal* de l'avocat Barbier. — *Janvier et février* 1757. (H. B.)

pasquinade faite à ce sujet, et qui montre bien que le Français rit et plaisante de tout, et tourne en ridicule les événements les plus sérieux, les plus intéressants et les plus terribles. Voici ce que c'est : On fait écrire un Chinois, ou un Turc, arrivé nouvellement à Paris, dans le mois de février; on en fait un voyageur homme d'esprit, sorti de son pays pour étudier les coutumes, les mœurs et le gouvernement des peuples chez lesquels il voyage. Il demande d'abord qu'on le mène à la grande mosquée, on le conduit à Notre-Dame; il est surpris de n'y point voir le muphty, on lui dit qu'il est exilé; il commence de là à prendre mauvaise opinion de notre religion. Il voudroit voir le divan, c'est-à-dire l'endroit où l'on rend la justice, on lui répond qu'il ne verroit rien au Palais, parce que tous nos cadis, nos juges, ou sont exilés, ou ont abandonné l'administration de la justice; il n'a pas une meilleure idée de nous sur cette partie essentielle du gouvernement, et le témoigne. *Mais, dit-il, on m'a assuré que vous aviez guerre par mer et par terre; apparemment que vous portez toutes vos vues de ce côté, et que vous négligez le reste. Quel est votre vizir pour la marine ? — Il est exilé, lui répond-on, et le Roi n'en a pas encore nommé un autre.* Nouvel étonnement de sa part. — *Du moins, dit-il, vous avez un vizir pour la guerre de terre ? — Non, il est exilé, lui dit-on. On vous dit que l'on n'en a pas, lui ajoute-t-on, parce que celui qui occupe sa place aujourd'hui est incapable de la remplir; c'est un jeune homme sans expérience, sans vues, sans esprit et sans santé, et c'est comme si nous n'avions pas de ministre en cette partie. — Vous avez des troupes ? — Excellentes, lui répart-on. — Et quel est le général ? — Nous n'en avons point; on vient d'en nommer huit : on ne sait qui commandera de ces huit-là; mais ce qu'on sait bien, c'est qu'il n'y en a aucun digne de commander. — Eh ! mais vous ne craignez donc pas vos ennemis ? Ils sont donc bien méprisables ? Instruisez-moi : d'abord dites-moi quels sont vos ennemis sur terre, et puis nous parlerons de ceux de mer?* — *Nous l'ignorons,* lui dit-on encore; *nous avons des troupes, nous aurons sans doute un général, et nous verrons quels seront nos ennemis; mais nous marchons toujours à bon compte.* Nouvelle surprise : *Allons,* dit le Chinois, ou le Turc, *finissons cela : je veux voir votre Roi.* — *Vous ne le pouvez pas,* lui répond-on, *il a été assassiné. On ne laisse approcher sa personne qu'avec précaution, et un étranger en pareille circonstance est moins fait pour être admis en sa présence qu'un autre.* Alors le Chinois se sent indigné, et dit qu'il veut sortir d'un royaume barbare, où il n'y a ni religion, ni justice, ni gouvernement, ni police, et où on assassine la personne sacrée du souverain. Il demande des chevaux de poste pour s'en retourner, et on finit par lui dire qu'on ne peut pas lui en donner, parce que le surintendant des postes est aussi exilé, et qu'on n'a pas encore donné sa place.

On a donné pour les jours gras, à l'Opéra, *les Talents lyriques,* qui avoient été remis l'été dernier.

A la fin de ce mois, *Hyppolite et Aricie* a été reprise, et est presque tombée par la façon indigne dont cette pièce a été chantée. Des gens, qui étoient à la première représentation, m'ont assuré qu'une seconde ou une troisième répétition n'étoit pas pire; ni les acteurs, ni les chœurs, ni les danses, rien n'alloit. Mlle Chevalier n'a pas voulu faire le rôle de Phèdre, et on ne l'a pas envoyée au For-l'Evêque; elle a poussé l'impertinence plus loin, elle s'est donné les airs d'être choquée que l'on ait mis son nom au rôle de Phèdre dans le livre des paroles : Rameau a eu raison de prendre cette précaution, afin que ce rôle ne passe pas, un jour, pour un second rôle.

Le 28 février, je fus à la première représentation d'*Hercule,* tragédie. Depuis que les gardes françaises sont établies aux Comédiens, je n'ai point vu de pièce tomber avec plus de bruit et de tumulte; il est vrai que je n'ai guère vu d'ouvrage mériter mieux d'être hué. M. Renout, secrétaire de M. le duc de Gesvres, est l'auteur de cette rapsodie, qui est si détestable, que ce seroit lui faire trop d'honneur que d'en faire la moindre critique. Il y a quelques années que ce jeune homme avoit donné aux Français une petite comédie de féerie, intitulée *Zélide,* qui eut l'apparence d'un demi-succès, quoique dans ce temps-là les connoisseurs dissent que c'étoit une drogue que le jeu de Melle Gaussin avoit fait passer; j'en ai parlé, avec l'estime qu'elle méritoit, dans ce Journal, au mois de juillet 1755. Ce M. Renout-là a travaillé pour les Italiens, mais c'est une espèce d'*incognito* que de paroître à ce théâtre-là; on n'a pas manqué, au reste, de faire quelques mauvaises plaisanteries sur l'*impuissant* duc de Gesvres, dont le Secrétaire traitoit le sujet d'*Hercule* (1).

MARS 1757.

Le vendredi 14, j'eus le plaisir de voir exécuter, pour la première fois, *la Vérité dans le vin*, comédie de moi, qui a pensé être jouée, il y a quelques années, sur le théâtre de Berny. Elle me parut et aux spectateurs faire le plus grand effet théâtral, et je ne douterois pas ac-

---

(1) Gesvres (F.-Joa.-Bern. Potier, duc de), gouverneur de Paris, fils du duc de Tresmes, épousa Marie-Madeleine-Emilie Mascrany, fille d'un maître des requêtes, et nièce de M. de Caumartin, laquelle intenta à son mari, pour cause d'impuissance, un procès des plus scandaleux, dont elle finit par se désister. Voy. Saint-Simon, t. XIX, p. 74, et t. XX, p. 136. Les *Mélanges* de *Boisjourdain,* t. II, p. 296, renferment sur ces faits une piquante *nouvelle* en vers. (*H.-B.*)

tuellement de son succès, quelque part qu'on la jouât (1) ; c'est chez Mme de Meaux qu'elle a été représentée. Cette dame de Meaux est fille du comédien Dufresne et de Mlle Seine, célèbres acteurs, dont on se souviendra longtemps. Cette femme, avec la figure la plus aimable, auroit eu du talent pour le théâtre, si on l'eût destinée à cette profession ; mais elle a été mariée, par le duc de Nevers, à un sous-fermier, qui, je pense, est à son aise ; cela vaut mieux pour elle que d'être comédienne.

Mme de Meaux faisoit donc le rôle de la Présidente, qu'elle a bien rempli ; sa femme de chambre, celui de Mme Dupuis, qu'elle savoit bien et qu'elle jouoit médiocrement. De Romgold faisoit le rôle du Président ; M. de Mondorge, celui de l'Évêque d'Avranches ; Crébillon, celui de l'Abbé Coquelet, et enfin M. Pallu, conseiller d'État, celui de Dupuis.

Le secret a été demandé, et par hasard sera peut-être gardé, du moins ne sera-t-il pas su par moi, à cause de M. Pallu ; et c'est pour cette raison qu'il n'y avoit

---

(1) Après *le Galant Escroc*, je regarde *la Vérité dans le vin* comme l'ouvrage le plus original de ma gaieté. *Le Galant Escroc* est plus régulièrement fait ; *la Vérité dans le vin*, d'un autre côté, est plus entièrement à moi. Je n'en ai pris le sujet nulle part. Je mets ces deux comédies fort au-dessus de *Dupuis et Desronais*, surtout de *la Partie de chasse*, dans laquelle j'ai été aidé prodigieusement par l'auteur anglais et par les *Mémoires de Sully*.

Des gens d'esprit, mais aveugles en matière de théâtre, n'avoient point senti le *vis comica* de *la Vérité dans le vin* ; et je fus assez simple et assez bête pour les croire. Monticourt, Dutartre, Mme Châtelain, etc., tous ces gens de goût-là avoient regardé cette comédie comme une parade renforcée, et me l'avoient dit. A l'impression, le public les en a fait dédire.

Feu Monticourt, surtout, très-attentif à ne pas compromettre son amour-propre de juge, n'a jamais rien approuvé de ce que j'ai fait, que lorsque mes succès étoient assurés irrévocablement. Quand mes chansons et mes vaudevilles ont été chantés partout, il a commencé à les louer.

A la première représentation de *Desronais*, il crut cette pièce tombée, et il vint le lendemain m'en faire des compliments de condoléance. Quinze jours après, il étoit enchanté de cette comédie. Vivent les punais ! (*Note de Collé, écrite en* 1780.)

pour spectateurs que M. de Meaux, Dufresne, Mlle Jouvenot, un Monsieur Jouan, un vieux chevalier de Saint-Louis, et moi.

De Romgold a été au-delà de mes espérances dans le rôle du Président, il a joué l'ivrogne avec la plus grande vérité; Crébillon ne rend pas bien l'ivresse : à cela près, il a été sublime dans le rôle de l'Abbé; mais c'est une chose essentielle dans ce rôle que de savoir contrefaire l'homme ivre.

M. de Mondorge, qui n'a pas de mémoire, ne rendit bien que le commencement du sien; il le rata ensuite entièrement, et fit manquer les autres. M. Pallu, qui avoit été supérieur dans toutes les répétitions, joua indignement à la représentation; il avoit oublié tout, et fut d'un froid à glacer. Je sens bien qu'il faut passer quelque chose à un conseiller d'État qui a soixante-sept ans, et qui pour plaire à la maîtresse de la maison, dont il se croit amoureux, et dont il est réellement maltraité, prend un rôle dans une comédie de société qu'elle veut jouer.

Le même jour, quelques-uns de ses confrères jouèrent un rôle peut-être plus ridicule que le sien; je veux parler du sceau que le Roi lui-même tint ce même jour, 4 mars, et auquel assistèrent six conseillers d'État et six maîtres des requêtes, les six conseillers d'État assis, les six maîtres des requêtes debout derrière eux.

Il est d'usage lorsque le Roi tient le sceau en personne, que ce sont les conseillers d'État, et non les grands audienciers, qui rapportent les affaires. M. Langlois, secrétaire du sceau, à qui tout l'honneur de cette journée est demeuré, fut le seul qui parla et qui fit tout. Le Roi s'adressa d'abord à ses chers conseillers, que, par parenthèse, M. Langlois avoit instruits et répétés pendant huit jours, et ne purent rendre compte de rien, en sorte que le Roi fut obligé de dire : *Monsieur Langlois va nous mettre au fait*, et tout de suite Mons Langlois de prendre la parole, et de faire le sceau tout seul.

Quel triomphe pour un Langlois! Ce M. Langlois est un homme vain, et des plus petitement vains qu'il y ait; quel plaisir! Les conseillers d'État étoient MM. de Brou, Bernage, prévôt des marchands, Trudaine, intendant des finances, Daguesseau, Dufresne et Poulletier. Des gens qui ne sont rien moins que courtisans m'ont assuré que le Roi s'en tira, lui personnellement, on ne peut pas mieux, et avec une légèreté et une intelligence singulières.

Le célèbre Diderot, si connu par le dictionnaire de l'*Encyclopédie*, qu'il conduit et rédige, vient de donner un drame en cinq actes et en prose, qu'il nomme une comédie, et qui est intitulé *le Fils naturel*, suivi d'un examen de cette pièce, où il donne des préceptes d'un art dans lequel il est encore écolier, pour ne rien dire de plus. J'ai acheté cet ouvrage, qui étoit d'abord destiné au théâtre, et que les Comédiens ont refusé avec raison. Le duc d'Orléans l'avoit envoyé à Granval, pour qu'il fût joué, et ce comédien a fait ses représentations pour prouver qu'il n'étoit pas jouable; je l'ai lu deux fois avec attention, et voici ce que j'en pense :

M. Diderot ne connoît nullement le théâtre, ni le monde; il ne se doute pas des premières règles du poëme dramatique; ou, s'il les connoît, il se croit apparemment au-dessus, car il n'en observe aucune. Il ne fait point d'exposition de sujet, ne prépare pas ses événements, et ne fonde point ses caractères, qui sont romanesques; ses acteurs ne se disent jamais ce qu'ils doivent se dire. Ajoutez à cela que leur style n'est en presque aucun endroit celui du dialogue, je veux dire celui de la société ordinaire. Ce sont de grandes phrases, longues, traînantes, des mots ampoulés, des termes recherchés, quelquefois philosophiques et pédants; ses femmes, dans sa comédie, ont ce ton. Il abandonne souvent, sans savoir pourquoi, l'objet de ses scènes, pour se jeter dans des dissertations ou des peintures étrangères au sujet; il ne fait point parler ses personnages avec les bienséances essentielles à leur état; comme, lorsqu'il fait dire à Constance que les enfants qu'elle aura de Dorval seront d'excellents sujets, et qu'il la fait égarer sur cette matière en longs et froids raisonnements, tandis que Dorval n'aime point Constance, qu'il ne l'a jamais trompée là-dessus, et que cette femme auparavant cette dissertation indécente lui fait une déclaration d'amour de deux pages et demie.

C'est donc une pièce d'un homme de beaucoup d'esprit (car il y en a dans ce mauvais ouvrage), mais qui n'a ni génie ni talent pour le genre dramatique, et qui n'a pas les premières notions de l'art théâtral. C'est pourtant d'après ce chef-d'œuvre qu'il a l'intrépidité de donner une espèce de poétique, et de faire le législateur aveugle sur des choses qu'il n'a point vues, et que vraisemblablement la nature lui a voilées pour toujours.

Il faut avouer que MM. les Encyclopédistes ont un amour-propre rebutant; à peine ont-ils entrevu un art, qu'ils veulent en donner des lois aux maîtres de cet art même. Rousseau, de Genève, ne cesse pas de vouloir donner des leçons de musique à Rameau, qui ne voudroit pas de lui pour son écolier. Je cite cet exemple pour faire voir l'orgueil de Diderot, qui dès le premier pas, ou, pour parler plus exactement, dès le premier faux pas qu'il fait dans le genre dramatique, veut nous apprendre comment il faut faire pour ne point tomber en courant cette carrière. J'oserois dire que cela est insolent, si d'ailleurs ces messieurs-là n'avoient pas cet amour-propre *puant*, de la meilleure foi du monde, et si ce n'étoient pas la plupart de très-honnêtes gens, de mœurs très-pures, d'un savoir et d'un mérite distingués; mais ils devroient se laisser louer par les autres, et ne pas se donner cette peine-là eux-mêmes, comme ils font à tout moment.

La probité et la candeur de M. Diderot sont connues

de tout le monde; j'ai parlé ailleurs de Rousseau, qui est tout au moins un homme faux, et qui joue tout, jusqu'à l'air cynique qu'il prend, quoique la nature lui eût épargné cette disgrâce (1). MM. les Encyclopédistes ont montré, et on leur accorde beaucoup de savoir, de la sagacité, un jugement très-sain, lorsqu'ils ne l'ont pas prévenu par quelque animosité, ou quelque autre intérêt; ils sont, à ce qu'on assure, les plus grands raisonneurs que Dieu fit, historiens, géomètres, métaphysiciens, jurisconsultes, théologiens, sophistes, dialecticiens, astronomes, grammairiens, *universalistes*, si cela peut se dire; ils savent tout, mais ils ne créent rien (2). Connoît-on quelque ouvrage véritablement de génie qui soit sorti de leur plume? Qu'ont inventé, qu'ont produit de nouveau MM. Rousseau, Duclos, Diderot, D'Alembert? Je le demande. Les paradoxes du premier, quoique écrits avec chaleur et éloquence, passeront-ils à la postérité plus que les déclamations des anciens rhéteurs latins? Les *Confessions du Comte de* ***, quoique ce soit l'ouvrage et le style d'un homme de beaucoup d'esprit, ont-elles la moindre teinture du génie et l'apparence de la plus légère invention? *Acajou* n'est qu'un conte de fées, infiniment plus spirituel que les autres (3); mais y a-t-il là un grand effort d'imagination? Les *Bijoux indiscrets* de Diderot, seul ouvrage de lui sur lequel je puisse hasarder mon jugement, est celui d'un homme d'esprit qui a quitté son genre pour en prendre un qu'il ne connoît nullement, et où il est tout aussi gauche que dans le genre dramatique. A l'égard de ses

---

(1) Voy. dans la *Correspondance inédite de Collé*, les lettres VI et VII, qui renferment son jugement définitif sur J.-J. Rousseau. (*H. B.*)

(2) A tort et à travers, Collé s'est toujours élevé contre les idées nouvelles et leurs plus illustres représentants. Mais ses doctrines à cet égard, de même que son argumentation, ne comportent aucune discussion sérieuse. Aussi ne nous donnerons-nous pas le ridicule de le suivre sur ce terrain. (*H. B.*)

(3) Les *Confessions du Comte de* ** et *Acajou* sont de Duclos. (*H. B.*)

ouvrages de métaphysique, d'excellents juges en cette partie, et très-désintéressés, m'ont assuré que son *Interprétation de la Nature* étoit le livre le plus obscur qu'on eût donné depuis longtemps, et qu'il n'y avoit aucune découverte en métaphysique; que ses *Pensées philosophiques* n'avoient non plus rien de neuf, et étoient éparses çà et là dans Bayle; et enfin, que sa *Lettre sur les sourds et les muets* étoit un larcin fait aux Anglais, et qu'au fond ce n'étoit pas un grand vol.

D'Alembert est un des grands géomètres de l'Europe; je ne sais pourtant s'il a fait faire quelques pas à la géométrie : il me semble avoir ouï prononcer pour l'affirmative; mais les belles-lettres ne lui sont redevables que de la préface de l'*Encyclopédie*, qu'on attribue à lui seul, et qui vraisemblablement est l'ouvrage de plusieurs. D'ailleurs, quelque belle qu'on suppose cette préface, prouve-t-elle du génie, de l'invention, des découvertes nouvelles? Non. Elle fait voir seulement une prodigieuse étendue de connoissances, beaucoup d'esprit, assez de chaleur, une méthode et un ordre excellent; ordre qui, pour le dire ici en passant, n'appartient pas même à M. D'Alembert, ni à aucun des encyclopédistes. Un homme savant m'a assuré que cet ordre étoit pris d'une espèce d'arbre généalogique de toutes les sciences, inventé jadis par le Chancelier Bâcon, pour faire voir leur affinité et leurs analogies, enfin les différents rapports de leurs branches.

Après cette préface de l'*Encyclopédie*, on ne parlera pas des autres ouvrages de M. D'Alembert, qui ne peuvent pas être mis à côté de celui-là; ce qu'il a écrit en faveur des gens de lettres, ses *Mémoires de la Reine Christine*, et quelques versions foibles de morceaux de Tacite, ces ouvrages ne pourroient soutenir cette comparaison.

Il faut donc conclure de tout ce que je viens de dire que les Encyclopédistes sont gens d'un savoir fort étendu, qu'ils ont de l'esprit, de la méthode, un jugement sain lorsque la passion ne s'en mêle pas, un style correct, de la chaleur quelquefois, mais qu'ils n'ont point ce que l'on appelle *du génie;* qu'en un mot *ils n'ont rien inventé,* qu'enfin ils ont un orgueil insoutenable, et qu'ils veulent affecter une domination et une tyrannie qui ne sera jamais admise dans la république des lettres, où chaque citoyen ne veut point souffrir de maître ; *et nos ergo manum ferulæ subduximus.* On observera encore qu'il semble que ces messieurs aient fait partie de se louer réciproquement à la moindre occasion, et dans toutes les circonstances ; et ces éloges, qui paroissent communs entre eux, ridicules parmi les autres gens de lettres, et outrés à tout le monde, démentent le grand nom de philosophe qu'ils se prodiguent continuellement, et montrent une petitesse qui ne devroit point se trouver dans les âmes de gens qui se disent tout crûment les sages du siècle. J'ai fait relier, au reste, *le Fils naturel*, avec les OEuvres dramatiques du président Hénault, et la tragédie du tremblement de terre de Lisbonne, par André, perruquier. Non que je veuille comparer l'esprit de Diderot et celui du président à l'absurdité et à l'imbécillité d'André ; mais c'est que je pense de bonne foi que les deux premiers n'entendent pas plus le théâtre et l'art dramatique que le dernier ; aussi ai-je fait mettre a udos de ce livre : *Recueil de monstres dramatiques* (1).

Ces jours-ci, Vadé a eu 400 liv. de pension du Roi, pour un petit opéra-comique, intitulé : *l'Impromptu du cœur*. C'est une petite pièce faite à l'occasion de l'assassinat du Roi ; le fond du sujet n'est rien, mais il y a eu une adresse infinie à ne rien mettre dans les détails qui pût rappeler le malheur, en se réjouissant de ce qu'il n'avoit point été consommé, et de faire tout porter sur ce pivot-là. Il falloit toujours parler de la joie pu-

---

(1) Cette petite malice pourrait être retournée avec avantage contre certaines productions de Collé. (*H. B.*)

blique, sans sonner mot de ce qui la produisoit; cela étoit difficile, et il s'en est bien tiré. Je suis charmé que Vadé ait obtenu cette pension, parce que c'est un galant homme, qui a des mœurs et de l'honnêteté.

Le lundi 14 du courant M. de Montazet, évêque d'Autun, fut reçu à l'Académie françoise à la place de M. le cardinal de Soubise (1). Son discours, qu'il débita avec la plus belle voix, les gestes les plus nobles et une grâce infinie, a d'abord été loué à l'excès; l'impression a fait beaucoup rabattre des éloges : on y a trouvé du louche, de l'amphigouri et du précieux; c'est cependant l'ouvrage d'un homme d'esprit, mais c'est un mauvais ouvrage. L'article de l'égalité a paru à quelques-uns une fatuité, à d'autres une bassesse, et il seroit peut-être aisé d'accommoder tout le monde à cet égard, en disant que c'est l'un et l'autre, et que cela est haut et bas en même temps. M. de Montazet n'est ni assez grand seigneur ni assez petit compagnon pour qu'il pût et dût toucher cette corde-là; mais les orateurs s'accrochent à ce qu'ils peuvent, et il faut avouer que rien n'est plus difficile que ces sortes de discours de réception (2) : quand ils ne sont pas exécrables, ils sont passables, et voilà ce qui a fait dire à tout le monde que celui de M. Dupré-de-Saint-Maur, qui lui a répondu, n'étoit point passable. Bien des gens doutent encore, malgré cela, vu la bêtise et l'ineptie de cet homme d'esprit-là, que ce soit lui-même qui l'ait composé; on croit que sa femme a eu une très-grande part à ce chef-d'œuvre d'éloquence; c'est une

---

(1) Montazet (Ant. Malvin de), depuis archevêque de Lyon, 1712-1788. Il prit parti contre le clergé pour la cour et le parlement, dans les querelles religieuses. Il était l'adversaire de Christophe de Beaumont, archevêque de Paris. (*H. B.*)

(2) Piron prétendait que s'il avait été reçu à l'Académie, son discours eût été bientôt fait. Il se serait levé, et, après avoir fait une profonde révérence, il aurait dit : « *Messieurs, je vous remercie.* » Le Président se serait levé à son tour, et lui aurait répondu : » *Monsieur, il n'y a pas de quoi...* » (*H. B.*)

femme qui sait quelque chose, qui fait de la philosophie, qui a de l'esprit, mais sec et sans grâce, et même un peu pédant : ce portrait est de gens qui la connoissent bien, et qui estiment fort d'ailleurs les qualités de son cœur.

On vient de me donner huit vers sur l'état présent du gouvernement; s'ils sont d'un poëte, ils ne sont sûrement pas, à aucuns égards, d'un homme de la cour. Les voici :

> Des grands sans âme, un clergé fanatique ;
> D'affreux vautours rongeant un peuple étique ;
> La foi, les mœurs, en proie aux beaux-esprits ;
> Un triste roi, dont la vie est à prix ;
> D'un vieux sénat le squelette perfide
> N'osant creuser un complot parricide.
> O ma patrie ! ô France ! tes malheurs,
> De l'Anglais même arracheroient des pleurs !

Le vendredi 23 de ce mois nous eûmes chez Mme de Meaux une seconde représentation de *la Vérité dans le vin*, où je jouai le rôle de Dupuis à la place de M. Pallu ; je m'en tirai mieux que je n'aurois cru, vu ma mémoire affreuse. Cette pièce fut suivie de *Nicaise*, que Romgold joua, sans aucune comparaison, mieux que M. Danezan. Mme de Meaux joua divinement, et dans beaucoup d'endroits supérieurement à Mlle Gaussin. Sa jeunesse, l'air du grand monde, et une décence naturelle, lui donnent de grands avantages, en beaucoup de choses, sur une comédienne de profession. Crébillon m'étonna dans le rôle de Bartholin : bref, je n'ai point reconnu ma pièce entre les mains de ces acteurs-là, au prix de ceux de M. le Duc d'Orléans. Comme Romgold n'avoit point de couplets à chanter dans le divertissement, il me pria de lui en faire un sans rime, et tout bête, pour annoncer aux spectateurs que nous leur donnerions le mois prochain *la Veuve philosophe*. Le voici :

> Air : *C'est l'ouvrage d'un moment.*
>
> Messieurs, si vous demandez qu'est-ce
> Qu'on donnera, dans le mois qui

> Vient, nous vous annoncerons qu'on
> Jouera la Veuve philosophe,
> Qui n'fera rire qui qu'ce soit.

Le 26, je fus à la Comédie-Françoise voir *Polyeucte*, que l'on donnoit pour la clôture. La Noue fit le compliment; il étoit froid, long et fort désobligeant pour les auteurs de ce siècle-ci, qu'il prit à tâche de rabaisser, en élevant ceux du siècle de Louis XIV : quoiqu'au fond il eût raison, il ne falloit pas avoir raison d'une façon aussi maladroite. Il parla de sa retraite avec un peu trop de légèreté et d'étendue : on parle toujours de soi avec trop de complaisance; aussi n'en doit-on jamais parler quand on est sage. Je ne regrette point ce comédien, quoique homme d'esprit. Vilaine figure, ignoble même, voix usée et désagréable, froid à l'excès, point d'entrailles; il lisoit des vers, ne déclamoit point; il disoit le sens et ne sentoit jamais.

Le lundi 28 du courant fut tiré à quatre chevaux le scélérat qui avoit osé porter la main sur le Roi le 5 janvier dernier. Assez d'autres feront le détail de cette histoire de Damiens, qui ne sera oubliée de long-temps (1); mais ce qui ne sera pas dit, à ce sujet, peut-être avant cent ans d'ici, ce sont les bruits qui courent actuellement, et que je ne garantis ni vrais ni faux. Excepté les gens de la cour et ceux qui y tiennent ici par des places ou des charges et des emplois, personne ne peut se mettre dans l'esprit que ce criminel soit sans complot et sans complices, ainsi que la *Gazette de France* a dit qu'il l'avoit déclaré; il n'y a nulle preuve de ce fait, avancé témérairement peut-être. Le procès a été instruit d'une façon qui a été au moins la cause de tous les bruits qui courent, si elle ne les établit pas clairement. Damiens a

---

(1) Dans le tome VI du *Journal* de l'avocat Barbier se trouvent tous les détails de cet attentat, ainsi que ceux de la procédure et du supplice subi par Damiens. (*H. B.*)

été livré au Grand-Prévôt de l'Hôtel, M. de Fourches, qui passe pour un esprit très-borné. Pendant les premiers jours, ce procès a donc été, et mal entamé, et négligé; les ministres vouloient ensuite le faire juger par une commission du conseil, et ils n'ont été retenus à cet égard que par la crainte terrible qu'ils ont eue des suites de cette affaire; et le cri général de la nation, qui est venu se joindre à cette frayeur, les a arrêtés. Cette voie leur étant fermée, le Roi, par ses lettres patentes, a envoyé le jugement de ce procès au parlement, séant à la grand'chambre, les pairs assemblés. Le premier président (M. de Maupeou), M. Sévères et M. Pasquier, ces deux derniers conseillers et rapporteurs, sont, au dire du public, les seuls qui sachent pleinement ce mystère d'iniquité, et qui aient vu les pièces. Ces trois personnages, soit à raison, soit à tort (et je ne prétends pas les condamner), sont très-suspects, et des esclaves de la cour. Ils sont détestés à Paris, voilà ce qui est constant, car je ne rapporte que ce qu'on dit, sans rien décider, n'ayant d'aucun côté des fondements assez solides pour asseoir un jugement. On dit donc encore que ces trois juges n'ont fait paroître au jour que les pièces qu'on leur a permis de montrer; les contestations que, dans plusieurs séances, M. le prince de Conty a eues avec le premier Président et M. Pasquier, pour approfondir des faits, ou en faire informer, sont, dit-on, la preuve de ces manœuvres. On a été surtout révolté dans le public de ce qu'on n'avoit pas envoyé des commissaires du parlement à Arras, pour y informer des faits, qui auroient pu résulter d'un mémoire que M. de Crony a envoyé à la cour sur ce Damiens. On prétend que Damiens y avoit été en liaison avec des jésuites de cette ville, et qu'il s'étoit confessé plusieurs fois à l'un d'eux. M. le prince de Conty n'a jamais pu obtenir qu'on fît cette information en règle. On veut que, par le motif de sauver au Roi des chagrins et des inquiétudes affreuses, les gens qui l'approchent aient résolu de faire passer ce scélérat pour un fou physique, et que cette idée ait été le seul pivot sur lequel ont roulé tous les ordres qui ont été donnés aux juges. D'autres veulent, au contraire, et prétendent que le Roi est instruit de tout, quoique le public ne sache rien, mais qu'on a voulu sauver les jésuites. Un fait certain qui les a fait soupçonner, c'est que le surlendemain de l'assassinat du Roi, le Père La Tour fut enlevé la nuit, aux Jésuites même. Le précepteur d'un enfant, qui est connu de Dutartre, avoit causé avec ce Jésuite, la veille de son enlèvement. A six heures du matin, ayant été pour voir ce Père, il fut fort surpris de voir sa chambre ouverte, ses livres et ses papiers par terre, et tout le dérangement qui suit ces sortes d'aventures. Il fut demander à un de leurs Pères ce qu'étoit devenu le Père La Tour : ils lui répondirent qu'ils l'avoient envoyé à La Fléche, pour une affaire. Ayant prié qu'on lui donnât son adresse, pour qu'il pût lui écrire, ils dirent que la chose étoit difficile, parce qu'auparavant de se rendre dans cette ville il devoit faire une tournée, et qu'il ne seroit à La Fléche que dans six mois, au plutôt. A moins que d'avoir vu ce fait, on ne peut pas en être plus sûr que je le suis. Il est encore constant que ce misérable étoit protégé des jésuites; c'est le Père Neuville qui l'avoit placé chez Mme de la Bourdonnaye. Il n'est pas moins certain qu'il a été cuistre dans leur collège; le Père La Tour le protégeoit encore. Les bruits populaires ont été plus loin; et l'on prétend qu'il étoit leur espion. C'est encore un problème, au reste, si ce scélérat est mort repentant ou non. Qu'on recueille les voix, on en trouvera autant d'un côté que d'un autre. J'ai entendu dire, à je ne sais combien de gens, qu'il avoit dit en mourant, au bourreau, qu'il emportoit son secret.

Ce monstre avoit de l'esprit, une fermeté d'âme singulière, qu'il a montrée dans les tourments longs et affreux qu'il a soutenus. Ce n'étoit point un fanatique, puisqu'on ne sait encore s'il avoit de la religion, et s'il est mort dans des sentiments de piété. Le doute où l'on est sur lui à cet égard démontre au moins qu'il n'y avoit sûrement pas de fanatisme dans sa tête ; si celui du patriotisme, très-mal entendu, l'eût porté à cette détestable action, il auroit marqué aussi bien clairement, et pendant le cours de son procès, et surtout à sa mort, cette seconde espèce de fanatisme ; il auroit voulu faire le héros, et auroit cru véritablement l'être ; il n'y a rien eu de tout cela. Quel but se proposoit donc cette homme? Des supplices abominables, sans récompense? mais il n'étoit point fou proprement dit. Le Paradis? mais il n'étoit point fanatique de la religion. La gloire fanatique aussi de croire se sacrifier pour son pays? Mais il n'étoit point patriote, dans le sens extravagant qu'il l'auroit pu entendre. Est-il vraisemblable, après tout cela, que cet homme ait été amené à ce parricide irrémissible par des discours indiscrets simplement? C'est ce qu'on ne persuadera jamais à ceux qui connoissent les hommes. Il faut qu'on ait échauffé sa tête, et par l'espérance de l'impunité et par l'immensité des récompenses ; voilà ce qui tombe communément sous le sens de gens qui ne seront point prévenus. C'est ce que des mémoires particuliers éclairciront peut-être à la postérité dans cent cinquante ou deux cents ans d'ici, c'est aussi peut-être ce qu'elle ne saura pas plus que nous.

Voici des vers contre la pièce et la Poétique de Diderot; je les crois de Piron. Il y a de la force, des rimes singulières et des choses louches et obscures : ce n'est pas là ce que je blâme le plus ; ce que je trouve impardonnable, c'est d'attaquer quelqu'un sur la religion, surtout quand on n'est pas plus dévot qu'un autre.

> Le grand Dorval, tout bouffi d'égoïsme,
> D'abord s'est peint, et puis il s'est jugé,
> Pour nous prouver sur un ton d'aphorisme,
> Que qui le lit doit en être affligé ;

J'en suis d'accord, trêve de sillogisme.
　Mais que me fait à moi son stoïcisme,
Et cet autel par lui-même érigé
A sa vertu? De ce charlatanisme
Depuis longtemps je suis trop excédé.
L'esprit de secte et de prosélytisme
Dont à toute heure on le voit possédé
Lui fait mêler un sombre pédantisme
A l'esprit fort, au jargon d'athéisme.
On croiroit voir, à son triste maintien,
Un Capucin qui prêche le déisme.
J'aime encore mieux lire mon catéchisme
Que m'ennuyer pour n'être pas chrétien.
Ami Dorval, le plus sot fanatisme
Est la fureur d'être martyr de rien (1).

　Le jeudi 31 du courant M. Seguier, avocat général, fut reçu à l'Académie françoise à la place de M. de Fontenelle. Son discours m'a paru éloquent, noble et en même temps simple. Depuis que je vis, voilà le second discours d'académie qui m'ait paru beau; celui de l'Évêque de Luçon (Bussy Rabutin) est l'autre. Celui de M. de Voltaire a bien quelques morceaux divins, mais il n'a pas d'ensemble; celui de M. Seguier est un tout dont les parties sont liées parfaitement; les transitions y sont heureuses et nobles; j'ai surtout en vue la première, où il nomme et loue le chancelier Seguier avant le cardinal de Richelieu. Il règne dans cette pièce une éloquence unie et grande qui est malheureusement abandonnée dans ce siècle-ci, sans doute parce que c'est la plus difficile.

　M. le duc de Nivernois, qui lui a répondu, a fait un verbiage spirituel, qui est l'opposé précisément de l'éloquence dont je viens de parler. Des gentillesses, de petites choses fines, du précieux, un style entortillé, des mots nouveaux, de l'esprit partout; mais nul ordre,

---

(1) Je viens d'apprendre que ces vers sont d'un M. Favier. (*Note de Collé.*)

nulle force, nulle précision dans les idées, et d'une longueur insoutenable. Cependant, avant l'impression, on l'admiroit davantage que le discours de M. Seguier; il y a des gens qui aiment l'esprit des ducs (1).

On m'a dit ces jours-ci que pendant le supplice de Damiens, qui a duré pendant deux heures entières, aucune des femmes qui y étoient présentes (et il y en avoit un grand nombre, et des plus jolies de Paris) ne se sont retirées des fenêtres, tandis que la plupart des hommes n'ont pu soutenir ce spectacle, sont rentrés dans les chambres, et que beaucoup se sont évanouis; c'est une remarque qui a été faite généralement. Il passe aussi pour constant que la jeune Mme Préandeau, la nièce de Bouret, qui avoit loué des croisées, avoit dit, en voyant la peine que l'on avoit à écarteler ce misérable : *Ah, Jésus! les pauvres chevaux, que je les plains!* Je n'ai point entendu ce propos, mais tout Paris le donne à cette petite Mme Préandeau, qui est une des plus belles, mais des plus bêtes créatures que Dieu fit.

L'Opéra vient d'être donné à bail pour trente années à Rebel et Francœur, qui ont commencé par se raccommoder avec Rameau, auquel ils font une pension de 1500 liv. sur l'Opéra. Ils ne sont point chargés des dettes antérieures à leur bail, et la ville a toujours l'Opéra comme en propriété, si cela se peut dire.

---

(1) On conçoit que pour Collé les *fermes* et *sous-fermes* des ducs devaient avoir plus de charmes que leur esprit; mais nous trouvons qu'il fait trop bon marché de celui du duc de Nivernois, qui était d'une finesse et d'un agrément tout attiques. Au surplus, la réflexion de Collé nous rappelle le mot malicieux de Mlle Quinault à l'occasion d'une *chaconne* (espèce de symphonie dansante), composée par le duc de Rochechouart, et dont elle disait « qu'elle était, en vérité, trop bonne pour avoir été faite par un homme de son âge et de sa condition. » V. les *Œuvres inédites* de Piron, p. 144. (*H. B.*)

AVRIL 1757.

Nous avons eu à la rentrée deux mauvais débutants dans le tragique, à la Comédie-Française ; je veux dire le nommé Rozambert, qui a continué son début, et le sieur Bellissaint : ils ont *massacré* les rôles de Joad, de Brutus et d'Agamemnon. Dieu les puisse-t-il convertir et les appeler à lui ! c'est un bien qu'il feroit aux gens pieux et aux indévots, du même coup de sa grâce.

Le mardi 26, *la Veuve philosophe*, suivie de *Joconde*, fut jouée par nous chez Mme de Meaux. Dans la première pièce, Mme de Meaux jouoit le rôle de Mme Saint-Far ; sa couturière faisoit celui de la Duchesse ; sa femme de chambre, celui d'Agathe ; les rôles du Chevalier, du Commandeur et de l'Oncle, étoient remplis par Romgold, Crébillon, et moi.

Mme de Meaux joua très-noblement et très-froidement ; sa femme de chambre fut inimitable : c'étoit la nature même. Je fus très-content de la vivacité, de l'intelligence et du sentiment que Romgold mit dans son rôle ; Crébillon se tira très-bien du sien. Si je n'eusse pas manqué de mémoire, j'aurois fort bien joué le mien. La Duchesse fut exécrable.

Je ne doute point à présent que cette pièce n'eût un très-grand succès si elle étoit représentée par des comédiens consommés (1).

Revenons à *Joconde*, dont les rôles furent tous bien rendus ; je ne veux pas même m'en excepter. Mme de Meaux joua celui de Thérèse avec toutes les grâces, la naïveté et toute la finesse possibles ; elle fut divine. Sa

---

(1) « Cette *Veuve philosophe*, qui n'a jamais été jouée, m'a fort ennuyé à la lecture. Cela est froid et plat, et n'a pas l'ombre de naturel et de vraisemblance. » *Grimm, Correspondance littéraire*, Février 1764. (*H. B.*)

femme de chambre se tira on ne peut pas mieux du rôle de Mme de la Tour; elle avoit bien l'air d'une bonne et franche paysanne. Je ne saurois trop donner de louanges à Romgold, pour la vérité de son jeu, dans le rôle de Blaise, pour le plaisant qu'il y jeta, et le goût exquis avec lequel il le chanta. Crébillon fit le roi avec beaucoup de noblesse; et je rendis bien celui de Joconde. La pièce fit très-grand plaisir. La seule chose qui manquoit à cette représentation, c'étoit un théâtre. Une décoration de jardin, et un théâtre un peu grand, lui sont absolument nécessaires. Une chambre y empêche l'illusion, premier charme d'une pièce dramatique; au lieu que dans une chambre toutes les scènes de *la Veuve philosophe* peuvent s'y passer, et que le lieu n'ôte rien du tout à l'illusion; au contraire, il y prête.

Après *la Vérité dans le vin*, que je regarde comme ce que j'ai fait de mieux, après *le Galant escroc* et *le Rossignol*, je mettrois *Joconde*, et même avant *Nicaise*.

Le jeudi 28 du courant je fus à la première représentation d'*Adèle de Ponthieu*, tragédie de M. de La Place. Je m'intéressois si fort au succès de cette pièce, par l'estime que j'ai pour les mœurs et l'honnêteté de son auteur, et en même temps je craignois si fort qu'elle ne fît une chute honteuse, que je pensai n'y pas aller; j'y fus pourtant, et j'eus une joie sincère et bien sensible quand je la vis applaudie. Ce fut un plaisir pour moi d'autant plus grand que je ne m'y attendois nullement; le but de cet ouvrage et la sincérité dont je fais profession dans ce Journal-ci, et que j'étends jusque sur les défauts de mes ouvrages, que je juge aussi rigoureusement que l'amour-propre peut me permettre de les voir, cette sincérité, dis-je, me force à dire que cette tragédie est bien au-dessous du médiocre, et qu'elle montre à découvert que La Place n'a ni génie ni talents (1).

---

(1) Les mœurs et l'honnêteté que montroit avec affectation ce monsieur,

Sa tragédie est un pur roman, si compliqué et si peu vraisemblable qu'il auroit fallu la main d'un maître pour traiter ce sujet et mener à l'illusion. Les caractères sont tous manqués; celui du soudan Méledin est bien le plus ridicule qui ait jamais paru au théâtre : il est amoureux d'Adèle, et il ne lui parle de son amour que la première fois qu'il la voit; depuis cette déclaration il est quatre ou cinq fois avec elle en scène, et il n'est question que d'affaires. Ce soudan est pourtant annoncé, dans tout le cours de la pièce, comme l'amant le plus passionné et le plus violent; suivant les intérêts des différents personnages, il change de façon de penser et de discours avec une facilité qui ne convient qu'à un imbécile. Adèle est la fiancée du roi de Garbe, qui est enlevée, je crois, le jour de son mariage, et qui pendant dix ans passe à différents maîtres, en conservant toujours son honneur, à ce que l'auteur assure à chaque instant. Son mari est le meilleur mari qu'il y ait jamais eu même en France, pays qui en a toujours produit d'excellents. Roger, le père d'Adèle, au contraire, est incrédule sur la vertu de sa fille, jusqu'à refuser d'entendre sa justification, sans doute de crainte que la pièce ne finisse trop tôt. Le vizir Omarsis est un personnage inutile, qui n'est employé que pour faire des allées et des venues au cinquième acte, et apaiser une sédition amenée Dieu sait comment; le traître Montalban est le plus désagréable et le plus maladroit coquin qui ait jamais été circoncis.

---

n'étoient que dans ses propos. Ses actions ont prouvé le contraire. Marié, et passant ici pour garçon, La Place avoit mangé le bien de sa femme et de sa fille; il avoit abandonné la première qu'il laissa dans la misère. Pour toute raison, il a cédé à la seconde 1,000 liv., sur les 5,000 de pension qu'il a sur le Mercure. Banqueroutier frauduleux, il a vendu une partie de sa bibliothèque et de ses effets, avant sa fuite à Bruxelles. Arrangé probablement avec ses créanciers, il est revenu depuis quelques années à Paris, où il vit dans la crapule. (*Note de Collé, écrite en* 1780.)

(*Pierre-Antoine de La Place, né à Calais, en* 1707, *est mort à Paris, en* 1793.) (*Note de Barbier.*)

Le dénouement est pris entièrement de la tragédie de Saurin et de l'infortuné *Aménophis;* il n'y a dans toute la pièce de situation neuve que la justification d'Adèle, au quatrième acte; elle est intéressante, adroite, et théâtrale, au point que si cette tragédie étoit le premier ouvrage d'un homme de vingt ans, j'en espérerois beaucoup, sur cette seule situation. Toutes les autres sont triviales, rebattues et mal traitées. Cette pièce, hormis cette situation, ressemble à tout et ne ressemble à rien; on pourroit dire, si on vouloit plaisanter, qu'elle a le bas du visage de *Zaïre,* à laquelle elle ressemble en laid; le front de Bernadille, dans *la Femme juge et partie;* la taille très-mal prise, le propos très-commun, une physionomie plate que l'on rencontre partout. On y ajouteroit que le vizir a un faux air de l'aga du *Mahomet* de La Noue, que Roger est le tableau de Lusignan fait de la main d'un mauvais peintre d'enseignes; on trouveroit encore des traits de ressemblance entre Renault, mari d'Adèle, et les Sganarelles de Molière.

La conduite de cette pièce est déplorable; la versification en est obscure, boursouflée, et pillée partout; ce sont presque des hémistiches rejoints. Je suis émerveillé, confondu de l'espèce de succès qu'elle a eu; elle ne sera point reprise et ne restera point au théâtre; elle a eu quatre ou cinq représentations seulement; une indisposition feinte ou véritable de Mlle Clairon a engagé La Place à la retirer, pour la faire reprendre cet automne. La dernière chambrée étoit de 4,200 livres, ainsi ce n'est pas qu'elle fût tombée depuis sa première représentation.

MAI 1757.

J'ai été tout ce mois-ci occupé des soins de déclarer mon mariage à ma famille et à mes meilleurs amis (1). Ce mariage fait le bonheur de ma vie, j'aime ma femme et j'en suis aimé; nous allons vivre ensemble; je redeviens, pour ainsi dire, citoyen; je me compare à un voyageur éloigné depuis longtemps de sa patrie, qui y rentre et vient y vivre. Depuis l'âge de dix-huit ans j'ai toujours vécu chez les autres; je n'ai pas encore goûté le plaisir d'être chez moi, d'être mon maître : j'en vais jouir avec celle que j'ai épousée secrètement, il y a longtemps, et qui est en même temps ma femme, mon amie et ma maîtresse (2).

---

(1) Ce n'est pas au mois de mai 1757 qu'il s'est marié, mais bien le 5 juillet 1756, ainsi que nous nous en sommes assuré aux archives de l'état civil. Sa femme se nommait Pétronille-Nicole Bazire; elle était fille de Jean-François Bazire, avocat au parlement, et de Claude-Françoise Caillot de Montureux. Elle demeurait alors rue d'Argenteuil, et Collé rue Neuve des Capucines. Une chose au moins singulière, c'est que dans son acte de décès, qui est signé par un de ses frères et un de ses cousins, Collé est désigné comme étant mort *garçon*. Du reste, il est décédé le 3 novembre 1783, rue de la Michodière, où il demeurait, ainsi que nous l'avons dit ailleurs. V. sa *Corresp. inéd.*, p. 258. (*H. B.*)

(2) Je ne puis me tenir de parler de ma femme, toutes les fois que l'occasion s'en présente. C'est mon rabâchage et mon radotage de prédilection. Jamais, je crois, mariage n'a été aussi heureux que le nôtre. J'écris ceci justement le 14 avril 1780, jour de ma naissance, que je bénis; j'ai aujourd'hui soixante-onze ans révolus.

Je vais répéter ce que j'ai dit mille fois à mes amis, sur ma femme. Elle ne m'a jamais donné de chagrins; depuis que je suis avec elle, je n'en ai éprouvé d'autres que ceux dont j'ai été tourmenté par la mauvaise santé. Ce sont les plus vifs que je puisse ressentir.

Je n'ai eu de véritable amour que pour elle. Quand mes sens ont eu pris congé de moi, l'amitié la plus embrasée a succédé à cet amour violent. C'est une amitié à part que celle qui vient à la suite d'une passion, fondée sur la plus grande estime. Ses actions, continuellement estimables, augmentent continuellement mes sentiments pour elle : attentive à tous ses devoirs,

C'est un bonheur que je sens dans toute son étendue. Il y a près de dix-neuf ans que je vis chez M. et Mme de Meulan, desquels j'ai à me louer à tous égards ; ce sont bien et les plus honnêtes gens et les meilleurs amis qui existent, d'un commerce si facile et si doux, que depuis si longtemps je puis dire avec vérité n'avoir pas eu avec eux la plus légère altercation, l'ombre d'une tracasserie ; ma séparation d'avec eux me coûte assurément, mais je ne puis dissimuler que le bonheur dont je vais jouir et faire jouir ma femme m'empêche de sentir le chagrin que j'aurois eu de cette séparation si elle eût été occasionnée par quelque autre événement que ce fût.

Ce qui ajoute encore à mon bonheur, c'est la façon tendre et sentie dont mon mariage a été reçu par ma mère, mes sœurs, mon frère Roussel et sa femme, et par tous les gens qui connoissent la mienne ou qui même n'ont fait qu'en entendre parler. Sa réputation est si bien établie, du côté de l'esprit, de la raison, et de l'honnêteté de son cœur, que notre union a été généralement approuvée. Le bonheur de vivre avec elle m'auroit suffi

---

tenant son ménage honorablement, libérale envers ses domestiques, qu'elle tient de court ; saisissant toutes les occasions de faire du bien dans son intérieur, et d'une manière éclairée ; me donnant les exemples de toutes les vertus domestiques dans lesquelles nous nous renfermons, elle réveille chez moi le penchant que j'ai toujours eu à rendre service aux autres, quand je le pouvois. Les ingratitudes que j'ai éprouvées, et qui endurcissent le cœur des vieillards, ne m'arrêtent point.

Elle pense comme moi, qu'il faut faire le bien relativement à soi, et parce que c'est le seul plaisir qui reste dans un âge avancé. Plus jeunes, nous en avons goûté d'autres, qui n'étoient pas si solides. Celui de s'estimer réciproquement est encore un plaisir de toute excellence, qu'on ne peut nous ôter, et que nous sentirons jusqu'à la fin de nos jours.

Il ne convient plus à mon âge de rappeler ceux de l'amour ; mais il m'est encore permis de me souvenir du plaisir que j'ai goûté en composant mes comédies et mes chansons, sur lesquelles elle m'a donné de si bons conseils, de si bonnes idées, si fines, si délicates, si... Mais finissons ce bienheureux radotage, et n'apprêtons pas tant à rire à ceux qui n'ont ni âme ni sentiments ; car c'est le grand nombre, dans ce siècle de lumières. (*Note de Collé, écrite en* 1780.)

et m'auroit consolé de n'avoir point les suffrages du petit nombre de gens dont nous sommes connus; mais leur approbation unanime augmente encore le plaisir et la félicité de ma situation.

Nous avons attendu, ma femme et moi, que nos fortunes, qui sont en proportion à peu près égales, fussent arrangées avant de prendre notre ménage et de déclarer notre mariage; nous avons de quoi vivre doucement et même honorablement. Notre contrat a été bien fait, nos mesures sont bien prises, nous ne faisons nul tort à nos familles par nos arrangements. Pour éviter au survivant de nous deux les plus légères contestations et le moindre procès, nous avons consulté des gens habiles dans les lois, et notre contrat de mariage a été rédigé sur leurs avis; par là nous avons prévenu l'avenir autant que nous avons pu.

Le 31 l'Académie royale de musique donna la première représentation des *Surprises de l'Amour*, ballet en trois actes séparés, musique de Rameau, paroles de Bernard (1). Pour commencer par la musique, à laquelle je ne me connois pas, voici ce que j'en ai entendu dire : elle n'est pas de la force de celle des premiers ouvrages de ce génie; elle est pourtant jolie, et l'on y trouve des choses bien faites; mais l'on n'y entend point de ces beaux chœurs, de ces ariettes brillantes, et de ces accompagnements singuliers que le seul Rameau pouvoit faire; de ces airs de violon transcendants et pleins de force qui le caractérisoient : c'est un ouvrage, assure-t-on, qui sent la vieillesse, et on est prêt à lui dire le *solve senescentem* d'Horace.

En donnant les louanges les plus grandes et les plus méritées au génie de Rameau, il faut pourtant avouer que ce grand homme a fait un tort considérable à l'Opéra, en sacrifiant, sans esprit et sans goût, continuellement, les poëmes à sa musique. C'est lui qui le premier

---

(1) Il s'agit de Gentil Bernard. (*H. B.*)

a forcé les poëtes lyriques à restreindre un sujet traité dans un seul acte, à quatre-vingt-dix ou cent vers tout au plus ; c'est ordonner de faire des bouts-rimés et des acrostiches, que d'exiger que l'on expose, que l'on noue et dénoue une action en quatre-vingt-dix vers. Rameau a toujours immolé les poëtes aux danses et aux ballets proprement dits ; il lui faut un valet de chambre *parolier*, si l'on peut s'exprimer ainsi ; un poëte, un homme qui aura du talent, ne voudra pas sacrifier sa réputation à la manie du musicien, et Rameau a poussé cette manie jusqu'où elle pouvoit aller.

Venons actuellement au poëme. Je ne pense pas qu'on en puisse faire un plus mauvais à tous égards ; j'excepte pourtant l'acte d'Anacréon, que j'examinerai après. Il règne dans ces trois actes une uniformité qui donne droit au musicien de se plaindre du poëte ; nulle variété qui ait pu fournir à Rameau le moyen de varier sa musique. Dans le premier, l'Amour est le m... proprement dit de Mme sa mère ; ce dialogue insipide est d'une indécence froide, qui glace le spectateur au lieu de le réveiller ; c'est donc de l'indécence en pure perte. Diane dans cet acte ne tient à l'action que par la très-mince raison qu'Adonis est chasseur, et que par-là on fournit un divertissement de chasse aux musiciens. Pour que Diane fût liée à cet acte, il faudroit qu'elle fût amoureuse d'Adonis ; elle ne l'est point, et cependant sa conduite feroit dire, à de mauvaises langues, que cette chaste déesse a tout au moins de très-violents désirs ; Diane, enfin, est tout-à-fait compromise dans le ballet, où on lui fait danser une pantomime très-voluptueuse et très-lascive même avec Endymion, qui finit par faire un trou à la lune, et se retirer avec elle des yeux des spectateurs, ne pouvant en conscience et avec bienséance achever devant eux ce qu'ils vont faire en l'air apparemment.

L'acte de la lyre enchantée est d'un ridicule dont rien

n'approche. La scène est sur le mont Parnasse, et on y trouve une syrène rivale d'une muse; un poisson sur une montagne, voilà du merveilleux! et ce bel acte est couronné par un ballet monstrueux de syrènes mêlées à des Muses et à des suivants d'Apollon.

Non-seulement dans ces deux actes il n'y a aucune connoissance de l'art; mais je soutiens encore que l'auteur ne sait pas faire une scène, qu'il n'y en a pas une seule dans les trois actes, et que ce qu'il appelle scène n'est autre chose qu'un dialogue froid dans lequel on cause sur la première matière qui tombe dans la conversation, et qu'on feroit dire à ses personnages toute autre chose si l'on vouloit. Il n'a pas non plus le vers lyrique, les tours de sa versification ne sont point naturels, sa galanterie est guindée, compassée et usée. Quelle différence de sa poésie à celle de La Bruère? C'étoit bien lui qui, sans entendre extrêmement le théâtre, avoit le style véritablement lyrique et naturel, et dont les madrigaux étoient faciles, tendres et pleins de sentiment, ou de vraie galanterie. Mais Bernard est, je crois, incapable de faire des opéras; il a fait *l'Art d'aimer*, qui à mon gré est un poëme délicieux et divin; qu'il travaille dans ce genre, l'opéra n'est pas le sien.

Son acte d'Anacréon même fait encore la preuve de ce que j'avance-là; c'est la plus jolie idée du monde, dont il n'a pas tiré parti. Le tableau d'Anacréon à table est très-agréable et très-gai, mais il falloit que cet acte fût tendre, ou du moins extrêmement galant; il avoit tant de ressources de ce côté-là, en traitant ce sujet, qu'il faut avoir eu l'imagination bien aride et le cœur bien froid pour n'avoir pas tourné là sa fable. Il devoit lier Lycoris à l'action davantage; que dis-je, en faire le principal objet: ce devoit être une chanteuse, et non une danseuse. L'amour qui vient intercéder pour cette Lycoris ne fait qu'une scène à la glace; il y falloit l'amante, et non pas l'amour.

Il devoit peindre Anacréon avec ses propres couleurs ; ses odes et ses chansons lui offroient un champ vaste, dans lequel il falloit moissonner. Il auroit dû nous montrer ce personnage voluptueux aussi tendre et aussi galant qu'il s'est montré lui-même ; nous le faire voir aimé et amoureux jusque dans sa vieillesse ; et s'il avoit eu la moindre notion du théâtre, il auroit fini par où il commence ; je veux dire par ce tableau riant d'Anacréon à table avec ses amis : ce devoit être là le dernier divertissement de son acte.

Le merveilleux m'y paroît merveilleusement déplacé. Pourquoi, dans un sujet purement historique, amener l'amour et des bacchantes ? C'est anéantir l'illusion, que de faire un mélange bizarre et monstrueux d'un personnage réel avec les divinités de la fable. Malgré tous ces défauts, la musique de cet acte est si vive et si agréable, que j'imagine qu'il pourroit bien peut-être rester au théâtre lui seul ; ses deux compagnons, j'entends les deux autres actes, ne seront jamais repris. Depuis plusieurs jours, au reste, ce pauvre opéra tombe à vue d'œil, et je pense qu'il n'ira pas encore longtemps.

JUIN 1757.

Le samedi 4 du courant je ne manquai pas d'aller à la première représentation d'*Iphigénie en Tauride*, dont j'ai déjà parlé au mois de janvier dernier. Les spectateurs m'en parurent aussi enivrés que j'en avois été enthousiasmé. Depuis vingt ans je n'ai pas vu applaudir avec cette fureur ; *Mérope* même ne l'a point autant été. On demanda l'auteur, comme à la tragédie de Voltaire ; mais avec encore plus d'acharnement et de violence.

Le pauvre La Touche avoit perdu la tête ; au premier coup d'archet, il avoit pensé s'évanouir, et on fut obligé de lui faire respirer des liqueurs spiritueuses : on peut par ce commencement juger de son état pendant sa pièce, surtout pendant le second acte, qui fut sur le point d'être hué, parce que les acteurs le jouèrent à faire horreur. Après cette épreuve, et quelques autres auxquelles sa pièce fut exposée au quatrième acte, qui sans contredit est le moins chaud de tous, et qui fut encore refroidi par le jeu des acteurs, qu'on juge de son ravissement quand, au cinquième acte, et après la pièce jouée, il s'entendit applaudir des pieds et des mains et demander à grands cris pendant plus de six minutes.

Bellecourt étoit monté à sa loge ; il l'en fit descendre sans qu'il s'en aperçût. Ensuite, Mlle Clairon le traîna sur le théâtre, où, sans savoir où il étoit et ce qu'il faisoit, il fit une révérence de très-mauvaise grâce au public, qui redoubla ses applaudissemens : les larmes m'en vinrent aux yeux. En se retirant, il s'évanouit encore sur les marches qui conduisent du théâtre au foyer, où on le transporta ; on lui jeta de l'eau sur le visage, et ce ne fut qu'après quelques minutes qu'il revint de cet évanouissement, mais comme un homme égaré. J'ai rapporté d'une façon détaillée cette anecdote théâtrale, à cause de sa grande singularité ; je n'ai rien exagéré, et je n'ai dit que ce que j'ai vu, et que ce que l'auteur lui-même m'a depuis fait l'amitié de me conter ingénument et bien naïvement.

Les changemens qu'il a faits à sa pièce, un mois encore auparavant de la faire représenter ; sa docilité à écouter les conseils, et la facilité avec laquelle il les suit, et étend les idées qu'on lui fait seulement apercevoir (1) ;

---

(1) Ici Collé a la modestie de ne pas insister sur ce fait que c'était lui-même qui avait donné des conseils à La Touche, concernant les corrections à faire à sa tragédie, conseils que ce dernier avait suivis et dont il s'était bien trouvé. Voy. *Anecdotes* dramatiques. T. I, p. 460. (*H.-B.*)

le génie qu'il y met lorsqu'il les a saisies ne fait plus douter qu'il ne soit un jour un très-grand poëte tragique. Ce qui me confirme encore que c'est un homme de génie, c'est que malgré le succès prodigieux qu'a son ouvrage, pendant un été plus chaud que nous n'en ayons eu depuis douze ans, la tête ne lui a point tourné; au contraire, il disoit, ces jours-ci, à Mme de Graffigny et à moi, qu'à la représentation de sa pièce il avoit vu des défauts sans nombre, qu'il n'avoit point aperçus en la composant; qu'il vouloit les corriger, et que quand on lui offriroit quarante mille francs de l'impression, il ne voudroit pas la faire paroître dans l'état où elle est. Il compte retirer sa pièce demain samedi 2 juillet, pour la corriger, et la faire reprendre cet hiver; elle aura eu en tout treize représentations; lundi dernier a été le seul jour foible. Enfin, ce qui n'étoit pas arrivé depuis plus de vingt années, la recette des sept premières représentations a monté à trente mille livres. Passons à l'examen de la pièce.

Le premier acte est beau, et expose le sujet d'une façon bien naturelle. On pourroit y critiquer avec raison le double songe d'Iphigénie; j'appelle ainsi le premier songe qu'elle dit avoir eu lorsqu'elle fut sacrifier en Aulide, et celui qu'elle vient d'avoir la nuit même, et qu'elle détaille fort au long à sa confidente. Indépendamment de ce que ces rêveries-là sont fort usées dans la tragédie, il me paroît encore qu'elles annoncent et découvrent trop le dénouement. Je conviens que dans un sujet aussi connu que celui-ci on ne court aucun risque; mais dans un sujet où la catastrophe seroit ignorée, un songe la feroit trop entrevoir, et diminueroit ou ôteroit totalement l'intérêt de curiosité. Le premier songe ici est ridicule; c'est une longueur et un manque de goût. Cet endroit, au reste, a été applaudi, et ces sortes de fautes le sont ordinairement lorsqu'elles sont bien faites; je veux dire lorsque les images en sont grandes et fortes, et que la magie d'une poésie mâle les couvre.

Thoas achève d'exposer le sujet, mais en action et d'une manière très-adroite. Rien ne l'est davantage que la peinture qu'il fait d'Oreste pousuivi par les Furies.

. . . .
Il semble articuler les noms d'ami... de mère.
. . . .
Ils ont cru voir, dit-on, des spectres l'entourer.
. . . .
Quel peut être le sort de ce mortel impie?
Dans son farouche cœur, quel crime affreux s'expie?

Ces idées, jetées avec beaucoup d'art, préparent l'arrivée d'Oreste au second acte, et préviennent le spectateur sur l'état cruel où est ce malheureux. Si Paulin, qui a joué le rôle de Thoas, s'en étoit un peu douté et l'eût mieux rendu, non-seulement il eût fait un grand effet, mais ce même effet eût beaucoup influé sur la réussite du second acte, qui pensa faire *capot*.

Ce second acte, qui est fort beau, a été aussi mal joué de la part de Le Kain et de Belcourt, qui faisoient Oreste et Pylade, que le premier l'avoit été de celle de Paulin, c'est-à-dire exécrablement. Ces deux écoliers n'ont fait qu'un long contre-sens, en rendant tendrement ce qui devoit être joué avec la plus grande vivacité et la plus grande force.

De pareils comédiens, disoit Piron, lorsque son *Montézuma* (1) fut massacré par de moins mauvais que ceux-ci, *feroient tomber l'Evangile, s'ils le jouoient; et pourtant il y a dix-sept cents ans que cette pièce se soutient.*

---

(1) Aucune des compositions dramatiques de Piron ne porte ce titre. Collé a sans doute voulu parler de *Fernand Cortez*, tragédie dont *Montézuma*, roi du Mexique, est un des personnages. C'est à l'occasion de cette pièce que, sollicité de modifier quelques vers, Piron fit aux acteurs, qui lui citaient Voltaire comme corrigeant ses ouvrages au gré du public, cette réponse aussi énergique que peu modeste : « C'est bien différent : Voltaire « travaille en marqueterie; moi, je jette en bronze. » (*H. B.*)

Iphigénie seroit tombée si nous n'eussions été qu'à deux ou trois ans de la retraite de Dufresne, mais heureusement pour M. de la Touche on ne se souvient plus de cet acteur admirable. Et à propos de cela, j'oserois prédire que si Dieu avoit un jour pitié de nous, et qu'il nous envoyât deux acteurs comme Dufresne, et qu'on remît cette tragédie-ci, le public ouvriroit des yeux grands comme des salières, et seroit tout étonné d'y voir des beautés, qu'il n'a pu apercevoir, parce que les acteurs ont eu le soin de les lui voiler; et enfin, il ne reviendroit pas de sa surprise en découvrant que le rôle de Pylade est aussi beau, et même plus intéressant que celui d'Oreste. Pour en finir sur les acteurs, j'avoue que je n'ai pas été aussi content de Mlle Clairon que je m'y étois attendu; et je demeure très-convaincu que Mlle Dumesnil eût donné à ce rôle beaucoup de feu qui manque à Clairon. Elle a joué la reconnoissance froidement, et je me disois dans ces moments : *Dumesnil, où es-tu?* Ce n'est pas le sentiment du public, mais c'est le mien, et peut-être un jour le public sera de mon avis, si jamais Dumesnil joue ce rôle-là.

Le grand défaut de cette tragédie, et qui se fait sentir dès le second acte, c'est que ce n'est point Iphigénie qui agit, c'est sa confidente. Les expédients pour sauver les victimes humaines qu'on la force d'immoler sont toujours imaginés par Isménie; les moyens même sont aussi de cette confidente: c'est Isménie qui fait mouvoir les ressorts, c'est elle qui les invente, qui les présente; Iphigénie ne fait que les approuver et s'en servir.

Thoas n'est pas non plus assez en action, il ne paroît qu'au premier et au cinquième acte; il eût dû, au moins, être vu et agir dans le troisième ou dans le quatrième; son caractère, d'ailleurs, n'est point tel qu'il devroit être pour justifier Pylade de le tuer. S'il étoit peint, dans toute la pièce, des couleurs les plus noires; s'il étoit présenté comme un tyran, un monstre, détesté de tous ses sujets, alors sa mort feroit plus d'effet, et il y auroit plus de vraisemblance dans la manière dont Pylade en vient à bout, attendu qu'il seroit secondé de ses peuples qui l'auroient en horreur. Que reproche-t-on à ce malheureux roi? Tout son crime consiste dans son obéissance aux dieux de son pays, qui lui ordonnent de leur immoler des victimes humaines, sous peine de perdre la vie et le trône; il a même un oracle précis qui lui commande ces horribles sacrifices; après cela, peut-il paroître coupable de ces cruautés? Il faudroit plutôt tuer les dieux que leurs dévots superstitieux.

Le troisième acte est sans contredit le plus beau de la pièce. La dispute d'Oreste et de Pylade à qui mourra est une de ces scènes qui feroit honneur au plus grand maître; elle est dans le goût des belles de Corneille, pour la force des raisonnements; elle prépare aussi, d'une manière très-adroite, la scène qui suit, et dans laquelle Pylade accepte la vie, vis-à-vis d'Iphigénie, qui, par un secret pressentiment, vouloit la sauver à Oreste plutôt qu'à lui. C'est dans cet acte qu'est déployé tout le *vis tragica*, et c'est d'après cet acte seul qu'à la lecture j'osai prédire, et que je dis encore, que M. de la Touche doit être un jour un grand poëte tragique.

Le quatrième acte est, de tous, le plus foible; non que je trouve la reconnoissance d'Oreste et d'Iphigénie mal traitée et froide, comme bien des gens l'ont pensé; car j'ose dire que c'est à l'actrice qu'il faut se prendre du peu de chaleur de cette scène: Mlle Clairon l'a déclamée, et ne l'a point jouée. Un jour cette scène, jouée par d'autres, doit faire un grand effet; elle est bonne en soi, et le seul reproche qu'on lui puisse faire est un air de ressemblance avec la reconnoissance de l'*Iphigénie* de l'Opéra, que j'avoue pourtant être au-dessus de celle-ci. Mais le grand reproche que l'on est fondé à faire au reste de ce quatrième acte, c'est qu'il est sans action.

Le commencement en est languissant et froid; *item,*

le récit du confident, qui vient annoncer à Iphigénie qu'il ne sait ce qu'est devenu l'Étranger (Pylade); qu'il l'avoit caché dans le creux d'un rocher, ayant entendu un bruit qui lui faisoit craindre qu'ils ne fussent poursuivis; qu'étant retourné, il ne l'y avoit plus trouvé, et qu'apparemment la mer l'aura englouti : cette histoire pèche si fort du côté de la vraisemblance, qu'elle détruit toute l'illusion ; il faut que les beautés qui sont dans le reste de l'ouvrage soient d'un genre bien supérieur, pour que l'on n'ait point été refroidi à n'en pas revenir, par une fable aussi puérile et aussi absurde.

Le cinquième acte, qui est le meilleur après le troisième, relève la pièce avec bien de la vivacité; tout y est en action. La dernière scène est de la plus grande beauté; ce n'est point le coup de théâtre qui la termine qui me plaît le plus, c'est la façon dont Oreste et Iphigénie soutiennent leurs caractères; la noblesse et le feu avec lesquels ils répondent à Thoas; c'est l'enthousiasme dans lequel entre la Prêtresse, et la manière forte et majestueuse avec laquelle elle parle au nom de la Déesse, et empêche les gardes même du tyran de poignarder Oreste.

Le meurtre de ce premier, fait par Pylade, étoit préparé par Arbas, confident du roi, qui venoit lui annoncer que l'Étranger, que l'on croyoit péri dans les flots, s'avançoit et avoit forcé le palais, en sorte que Pylade ne paroissoit pas tomber des nues exprès pour tuer le Tyran. Mais le jour même de la première représentation Mlle Clairon, qui avoit demandé une répétition le matin de ce jour-là, fut bien étonnée ainsi que toutes ses camarades, quand, au cinquième acte, le sieur Le Grand, qui jouoit le rôle d'Arbas, et qui étoit par conséquent chargé du récit qui préparoit l'arrivée de Pylade, déclara tout net : *qu'il n'avoit pas pu apprendre par cœur les dix ou douze vers qui composoient ce même récit; et qu'il lui étoit impossible de les savoir jamais.* Cela ne paroît pas vraisemblable, et rien n'est pourtant plus vrai. M. de La Touche fut obligé de monter dans une salle d'assemblée, de mettre dans la bouche de Pylade ce que disoit Arbas, et de faire annoncer l'arrivée de Pylade (qui ne se trouve plus amenée d'une façon vraisemblable), par un cliquetis d'épées, que tous les gens qui connoissent un peu le théâtre ont trouvé ridicule. Ce défaut, joint à tout ce que j'ai dit sur le caractère de Thoas, a rendu le dénouement sans vraisemblance, et par conséquent mauvais aux yeux des bons juges, quoiqu'il ait fort réussi. Mais la première faute ne se trouvera plus à la reprise; et l'on peut, avec une douzaine ou une vingtaine de vers répandus dans la pièce, et qui peindront Thoas comme un monstre, corriger la seconde faute, sans toucher au fond du sujet; et ce ne sera point chose contradictoire que de joindre au caractère superstitieux de Thoas l'inhumanité, la cruauté, la tyrannie la plus barbare : ce sont des vices faits pour aller ensemble.

Voici des vers du commencement du cinquième acte, qui ont été rayés à la police, ainsi que je m'y attendois bien. Thoas est en fureur contre la Prêtresse, de ce qu'elle n'a point exécuté ses ordres, et n'a point sacrifié l'Étranger à Diane; il balance s'il la fera mourir elle-même, mais le caractère dont elle est revêtue l'arrête; sur quoi son confident lui dit :

ARBAS.
Pourquoi d'un faux respect, seigneur, être victime?
Jusque sur les autels on doit punir le crime;
Tout est, dans un État, sujet au frein des lois;
Et la justice humaine étend sur tous ses droits.
Le ministère saint n'en défend pas le Prêtre :
Il doit être puni, s'il mérite de l'être.
Et que sont, après tout, les ministres des dieux?
Hommes, ainsi que nous, souvent plus vicieux.

THOAS.
Oui, mais au ciel ils sont uniquement coupables.
Jusque dans leurs forfaits ils nous sont respectables.

ARBAS.
Ne nous en faisons point des dieux et des tyrans.
THOAS.
Leur rang, leur sainteté....
ARBAS.
Rend leurs crimes plus grands.

La versification de ce poëte est actuellement inégale, mais elle n'est pas ce qu'elle sera quand il aura plus d'usage. Dans les endroits que l'on appelle *de remplissage*, elle est assez communément mauvaise, quelquefois ampoulée; des métaphores tirées de trop loin, trop chargées d'épithètes; souvent obscure. Mais dans les morceaux de sentiment on y trouve des vers de génie, et qui ne peuvent être mieux faits; en général, il a le vers dramatique, ce que n'a jamais eu et n'aura jamais Voltaire, dont la versification est presque toujours épique dans ses pièces de théâtre. Il n'a pas non plus un défaut reproché avec tant de justice à ce grand poëte, je veux dire ses tirades, qui sont belles par elles-mêmes, mais qui n'appartiennent point au fond du sujet, et qui seroient tout aussi bien ou tout aussi mal ailleurs.

On a beau dire que ce sont de ces défauts que peu de poëtes sont capables d'avoir, ce n'en sont pas moins des défauts; et je dirois à M. de Voltaire, et quelquefois à Racine lui-même : Oui, messieurs, voilà de beaux vers, ils sont divins, *sed non erat hic locus;* mais sont-ils à leur place? Mais votre héros doit-il parler aussi bien, aussi élégamment, aussi harmonieusement, etc.? Les beautés de M. de La Touche tiennent toujours au fond de son sujet; il ne s'égare pas, et c'est une chose bien rare dans un premier ouvrage.

Cette tragédie a eu le sceau des plus grands succès. On y a couru avec fureur, et on en a dit un bien et un mal outrés; elle a fait des enthousiastes, et en très-grand nombre, mais elle a soulevé contre elle des critiques qui se déchaînent avec acharnement. Il vient de paroître même, dans la dernière feuille de Fréron, une lettre d'un M. Yon, auteur rapsodiste de mauvaises petites comédies, à scènes à tiroir, qui nous ont fait bâiller, une lettre, dis-je, qui est odieuse et d'un malhonnête homme (1). Il blâme le coup de poignard qui fait le dénouement d'Iphigénie, par la raison que Thoas n'étant point un tyran, il n'y a aucune vraisemblance que ses peuples laissent échapper Pylade et Oreste, ses meurtriers. La critique est judicieuse, elle est permise : il n'y auroit rien eu à lui dire; mais que pendant deux pages il fasse une application maligne et scélérate de ce coup de poignard à celui qu'a reçu Louis XV dans le mois de janvier, et qu'il dise expressément que cet attentat dans une tragédie *est d'un mauvais exemple*, et qu'il insiste là-dessus de la façon la plus noire et la plus odieuse, un trait pareil est encore plus d'un coquin que d'une bête.

JUILLET 1757.

Le samedi 9 juillet, je fus voir la première représentation de *l'Impatient*, comédie en un acte et en vers, d'un M. Poinsinet, fils d'un officier de M. le duc d'Orléans. Le crédit et la protection du prince ont fait recevoir cette pièce par les Comédiens, qui n'en vouloient point.

Ce jeune homme a l'habitude de faire des vers, mais il n'a pas celle de penser; tout son talent consiste à mettre assez bien en vers des idées cent fois rebattues. D'ailleurs, il ne sait ce que c'est que plan de pièce, liai-

---

(1) Yon, avocat, né à Paris, mort en 1774, a laissé *la Métempsychose, l'Amour et la folie* et les *Deux sœurs*. (*H. B.*)

son des scènes, ce que c'est même qu'une scène; il ne connoît ni les hommes ni le monde; ses caractères n'ont pas le sens commun. Sa pièce s'est traînée trois représentations, mais à la seconde il n'y avoit personne.

[Ces jours-ci en écrivant à l'armée au baron de Buzeval (1), il me prit fantaisie de mander, en vers, la déconfiture de ce pauvre auteur. Voici ces vers :

> A Paris, le douze Juillet,
> Le teint fleuri comme un œillet,
> Au bas du Parnasse en extase,
> Vis-à-vis du cheval Pégase
> Pour saisir l'instant de sauter
> Sur sa b... d'échine rase,
> Faite ainsi pour nous culbuter,
>
>   J'aimerais cent fois mieux monter
> L'une après l'autre les neuf Muses
> Que ce cheval rempli de ruses
> Qui fuit quand on le veut dompter.
>
>   Un auteur l'enfourche et le serre ;
> A son dos il veut se coller ;
> Sur ses ailes il croit voler,
> Et souvent le fat vole à terre.
>
>   Et puis par des hennissements,
> Qui sont de vrais ricanements,
> Ce caustique animal se moque
> Du piètre écuyer qu'il disloque.
>
>   Ces jours-ci, M. Poinsinet
> Vient d'en tomber à bas tout net.
> Pégase l'a jeté par terre
> Tout au beau milieu du parterre,
> Comme à mon opéra bouffon
> Il m'y jeta comme un chiffon.
>
>   Las ! ce souvenir m'en impose.
> Laissons les vers. Parlons en prose.]

---

(1) Il s'agit du baron de *Besenval*, qui fesait alors la campagne de 1757, en qualité d'aide-de-camp du duc d'Orléans. (*H. B.*)

Le 12 du courant, l'Académie royale de musique donna, à la place de l'acte de *la Lyre enchantée,* celui de *Sybaris.* Ce dernier est de Marmontel, musique de Rameau ; il n'a pas fait une grande sensation dans le public, cela pourroit bien venir de ce que *les Surprises de l'Amour* l'étouffent tout vivant : *Mortua quin etiam jungebat corpora vivis.* J'ai trouvé cet acte de Sybaris charmant, musique, paroles et ballets.

Le 12 ou le 13 de ce mois mourut le pauvre Vadé, dans des souffrances affreuses, après avoir essuyé, quinze jours avant, l'opération la plus douloureuse. J'ai déjà parlé plusieurs fois de lui dans ce Journal ; sa mort m'a fait une peine infinie. Il avoit le cœur honnête, et étoit désintéressé au point d'avoir sacrifié à l'établissement d'une partie de sa famille ce qu'il avoit retiré de ses ouvrages, et de n'avoir rien placé pour lui. Ce garçon étoit d'un commerce doux et aimable ; il chantoit fort joliment, surtout ses chansons poissardes, ou le vaudeville qui avoit quelque caractère. Il n'avoit pas fait ses études, et ne savoit rien d'ailleurs ; il n'avoit pas même lu tous les Théâtres, et les autres auteurs qui ressortissoient à son art. Je l'ai pressé bien des fois de faire une étude particulière de tous ces livres, qui pouvoient augmenter et étendre son talent, et de se retirer de la vie dissipée qu'il menoit. Il avoit déjà gagné sur lui de refuser une partie de ces soupers dont les chansonniers sont assommés, pour peu qu'ils s'y prêtent ; il aimoit le jeu à la fureur, et on m'a assuré que cette passion n'a pas peu contribué à lui brûler le sang, qu'il n'avoit pas déjà trop pur, pour avoir vécu avec toutes ces coquines de l'Opéra-Comique. Dans les derniers temps, il vivoit sagement avec Mlle Verrier, qui lui a donné, pendant sa maladie, des preuves de l'attachement le plus respectable ; cette digne créature l'a veillé pendant vingt-sept nuits, et a emprunté de tous cotés pour fournir aux frais de sa maladie ; elle en a été bien mal récompensée par le père de Vadé, qui, conseillé par ses procureurs, a réduit cette fille et un enfant qu'elle a eu de Vadé à la mendicité absolue. Elle avoit entre ses mains deux opéra-comiques du défunt qui n'avoient point encore paru ; elle m'a fait prier, par M. Coqueley, avocat, et du *Journal des savants*, de les finir ; je l'ai promis à M. Coqueley, mais sous le sceau du plus grand secret, et à condition que la Verrier elle-même n'en sauroit rien. Mais il s'est trouvé que Monnet avoit un brouillon de l'un de ces opéra-comiques, intitulé *le Drôle de corps* ; il le fait achever par quelqu'un de ses *nègres*, et le donnera ces jours-ci ; en sorte qu'il ne me reste que l'autre, intitulé *la Folle raisonnable,* que je vais emporter à la campagne, et dont je verrai si je peux tirer parti (1).

Les ouvrages de Vadé sont recueillis en trois volumes, et on pourra en faire un quatrième de ce qui ne l'a pas encore été. Il étoit né plaisant et naïf, et avoit du talent et de la facilité pour faire le couplet et la parodie ; mais il se livroit trop à cette facilité, ce qui l'empêchoit d'être correct.

On a fait ces jours-ci la découverte du plus impudent plagiat dont on ait encore eu d'exemple. *Le Fils naturel* de M. Diderot n'est autre chose que la traduction libre d'une comédie de M. Goldoni, Italien fort connu, même célèbre, et actuellement vivant. Goldoni a intitulé sa pièce, *il Vero amico* (2) ; un homme de beaucoup de goût qui l'a lue m'a assuré que M. Diderot n'y avoit fait que de légers changements, dont plusieurs même gâtent cette comédie. Il y a en vérité de la démence, à un homme de mérite comme Diderot, d'avoir pu croire

---

(1) Ces pièces ne sont pas comprises dans les *Œuvres complètes* de Vadé, 4 vol. in-12 ; Londres, 1784. (*H. B.*)

(2) Voici ce qu'on lit dans le tom. II des *Anecdotes dramatiques*, p. 387 : « *Le Fils naturel*, dont le fond paraît tiré du *Véritable ami* de Goldoni, fit accuser son auteur de plagiat ; et cette accusation fit dans le temps plus de bruit qu'elle ne méritait. » (*H. B.*)

qu'un plagiat aussi authentique demeureroit inconnu aux gens de lettres. Quelle fureur à lui de vouloir faire accroire qu'il a de l'imagination, de l'invention, et même du génie! Que ne se contente-t-il d'être savant, d'écrire très-bien, quand il le veut? Eh, qu'il parle sciences!

Il y a plus d'un mois que Fréron vouloit informer de ce vol, fait, pour ainsi dire, avec effraction; mais MM. les Encyclopédistes, qui ne cessent d'écrire contre l'inquisition sur les choses que l'on imprime, désireroient fort exercer cette même inquisition en faveur de leurs ouvrages et c'est ce qui vient d'arriver dans cette circonstance; ils ont remué ciel et terre auprès de M. de Malesherbes pour contenir Fréron, et ils en sont effectivement venus à bout pendant quelque temps; mais on en a fait tant de honte à ce ministre, qu'enfin il a bien voulu que ce bourreau littéraire fît ses fonctions, mais pourtant avec des restrictions, car tout ce qu'il lui a permis c'est de donner, dans une de ses feuilles, l'extrait du *Fils naturel*, et dans la suivante, celui d'*Il vero amico* : c'est ce qui a été exécuté, mais avec une modération qui sent la contrainte. On peut lire sur cela les feuilles 19 et 20 de Fréron, de cette année.

J'oubliois de mettre ici des vers que je n'ai donnés à personne, attendu qu'ils sont satiriques et mordants. Cette petite pièce de vers est pleine de traits contre le gros des philosophes d'aujourd'hui, qui sont opiniâtres, méprisants, impérieux, et d'un orgueil insoutenable; mais cela ne touche point à M. Diderot, que je ne connois que par ses ouvrages, auxquels on peut bien faire quelques-uns de ces reproches, mais pas tous. Quant à lui, j'ai toujours entendu faire l'éloge de son caractère et de ses mœurs (1). Voici les vers :

> Déesse saillante et comique,
> Gaîté, j'implore ton appui,

---

(1) Diderot avait un défaut, qui le conduisit à de regrettables écarts : il

Contre l'esprit philosophique
Qui prétend régner aujourd'hui
Sur le poëme dramatique,
Qu'il veut assujettir à lui.

Cet esprit sec et dogmatique
Veut rendre Thalie emphatique;
Et croit que son ton est celui
D'une Muse mélancolique,
Répandant les pleurs et l'ennui
Et tout cet opium tragique
Que le grand Pradon revendique,
Et que La Chaussée, après lui,
Prit à ce rimeur prosaïque.

Non, la Muse du vrai comique,
Grands philosophes d'aujourd'hu'i
Répand gaîment son sel attique
Sur le ridicule d'autrui,
Et se rit d'un froid pathétique
Et d'un style métaphysique
Qui, hormis vous et votre clique,
Fait périr le monde d'ennui.

Cette Muse, que j'idolâtre,
Que le philosophe corrompt,
Bientôt si la corde ne rompt,
Doit nous l'immoler au théâtre.

L'on m'a dit qu'elle y traite à fond,
D'un air ironique et folâtre,
Et son savoir, qu'il croit profond,
Et son orgueil opiniâtre,
Qui l'échauffe et qui nous morfond,
Et son mépris acariâtre
Pour tout ce que les autres font.

était amoureux de toutes les femmes. Chamfort rapporte qu'âgé de soixante-deux ans, notre philosophe disait à l'un de ses amis : « Je me dis souvent à moi-même : Vieux fou, vieux gueux, quand cesseras-tu donc de t'exposer à l'affront d'un refus ou d'un ridicule? » Quoi qu'il en soit, Mme de P* et Mlle Voland, avec lesquelles il vécut à peu près publiquement, semblent prouver qu'il choisissait mieux ses maîtresses que Duclos, à qui la comtesse de Rochefort disait un jour : « Voici votre paradis : du pain, du fromage et *la première venue.* » (*H. B.*)

Thalie, en riant, le confond
Des vols qu'il déguise et qu'il plâtre ;
Et sur cela, croire au théâtre
Nous paroître un esprit fécond,
A qui la Nature marâtre
N'a pas pu donner de second !

Et je consens que l'on le châtre,
Si ce caractère au théâtre
Ne dure plus que ne feront
Tous les romans qui passeront,
Qui, pareils à ces dieux de plâtre,
En moins de temps qu'eux tomberont.

A ces traits qui les perceront,
Nous verrons un peu quel emplâtre
Nos philosophes trouveront.

AOUT ET SEPTEMBRE 1757.

Je ne puis placer mieux qu'à la suite des vers qui précèdent une scène contre la philosophie prétendue et les prétendus philosophes.

En partant pour la campagne, Mme de Graffigny m'avoit prié de faire une scène sur ce sujet, qui est une des dépendances de celui qu'elle traite, sous le nom de *la Fille d'Aristide*. Elle ne fera point usage de cette scène, parce qu'elle est trop à bout portant contre nos philosophes du jour; elle en conservera seulement l'idée, qu'elle se propose d'affaiblir le plus qu'elle pourra.

Avant de la donner, il faut établir ce qui l'occasionne. Dans *la Fille d'Aristide*, le premier et non le principal personnage est un philosophe qui a été l'ami d'Aristide, au point d'avoir retiré chez lui, après sa mort, la fille de ce grand homme, qui est proscrite, ainsi que son père. La haine que cette proscription injuste a donnée à

Cléomène (c'est le nom de ce philosophe) contre les Athéniens, et contre les hommes en général, lui a fait prendre le parti de la retraite, pour s'abandonner entièrement à l'étude de la philosophie. Il ne veut plus se mêler des affaires générales; il refuse ses conseils à l'Aréopage; il néglige même ses affaires particulières pour se livrer à ses spéculations, et pousse cette négligence si loin, qu'il est prêt à être ruiné, et par conséquent à ne pouvoir plus soutenir la fille d'Aristide, qui n'a d'autres ressources que lui. Parménon, affranchi d'Aristide, vient pour lui faire des reproches et tâcher de le tirer de cet état d'indolence, et s'emporte à cette occasion contre la philosophie. Cela posé, voici la scène :

CLÉOMÈNE.

. . . . . Quoi! Parménon, ne m'est-il pas permis de me retirer des affaires, et de me livrer tout entier, dans la solitude du cabinet, à l'étude de la philosophie?

PARMÉNON.

Non, seigneur, non. Permettez-moi de vous le dire : vous vous devez tout entier, et jusqu'à votre dernier soupir, à votre patrie et à votre famille, j'ose ajouter à la fille d'Aristide, que vous devez regarder comme en faisant partie. Eh, quoi! le sénat a besoin de vos conseils, vous les lui refusez! votre fils, d'un établissement, vous ne daignez point y penser! Théonisse, de vos secours et de votre amitié, vous vous mettez hors d'état de les lui continuer, puisque votre indolence s'étend jusqu'à ne vouloir pas prévenir, comme vous le pouvez encore, le dérangement de vos affaires et votre ruine totale. Et cela... pour vous abandonner à l'étude d'une stérile philosophie spéculative, que j'appelle hardiment une fausse et condamnable philosophie. Le véritable, oui, le véritable amour de la sagesse doit être actif jusqu'au dernier instant de notre vie, et ne nous faire réfléchir et agir que pour notre bonheur et pour celui des autres hommes. Mon maître Aristide, votre illustre ami, pour son étude (de cette véritable philosophie) ne fuyoit pas le commerce des hommes; il étoit au contraire partout où l'utilité publique et ses devoirs particuliers l'appeloient, à l'Aréopage, au Pirée, dans les armées; il servoit sa patrie, ses parents, ses amis, ses concitoyens; il ne méditoit, il n'écrivoit point de choses sublimes, il faisoit de grandes et belles actions; il ne donnoit point de préceptes, il donnoit des exemples.

CLÉOMÈNE.

Tu te trompes, Parménon. Ta dureté stoïque te fait passer les bornes de la vertu. Quoi! il me sera défendu, après avoir sacrifié soixante ans de ma vie à ma patrie, à ma famille, à mes amis, après avoir rempli tous mes devoirs, que j'ai portés quelquefois jusqu'à l'héroïsme (je puis me rendre ce témoignage), quoi! dis-je, dans ma vieillesse, on m'interdira un repos que j'ai si bien mérité? Et ce repos, lui-même, n'a-t-il pas pour objet l'utilité des hommes? Les réflexions que me fournit la philosophie, ne peuvent-elles pas les rendre meilleurs? Soit par mes discours, soit par mes écrits, ne puis-je pas éclairer les esprits?.....

PARMÉNON, *l'interrompant.*

Éclairer les esprits? Eh! seigneur, le vulgaire ne doit point être éclairé, et vos philosophes apprennent peu de chose à ceux qui sont au-dessus de ce même vulgaire. Les lumières que l'on donne au peuple (et combien de gens sont peuple) ne font que l'égarer, en lui ôtant ses principes et même ses préjugés utiles, ses préjugés respectables, à la place desquels on ne peut rien mettre. La corruption générale d'Athènes ne vient peut-être que de ce qu'on a trop éclairé les esprits. A force de remonter à l'origine, et de discuter tous les devoirs de la société, cette cruelle philosophie, qui est devenue une maladie épidémique dans cette grande ville, a anéanti tous ces mêmes devoirs : il n'est plus de patrie, plus de père, plus d'époux, plus de parents, plus d'amis, plus de mœurs, plus de ces liens sacrés de la société. Aujourd'hui, chez les Athéniens, grâce à cet esprit philosophique, l'amour de soi-même, concentré petitement en lui-même, ne fait plus envisager les devoirs les plus saints que comme des erreurs anciennes et des préjugés puérils, qu'ils rougiroient de conserver encore.

CLÉOMÈNE.

Encore un coup, tu vas trop loin, Parménon. On peut abuser de tout; la médecine, cet art tout divin, peut voir changer en poisons ses herbes les plus salutaires : il en est de même de la philosophie : et tu m'avoueras que Socrate et Platon.....

PARMÉNON.

Socrate et Platon étoient des Sages, et non pas des Philosophes. Leur morale n'étoit point destructive de tous sentiments; ils les réveilloient, au contraire, au lieu de les étouffer; leurs discours, leurs écrits, leurs actions consacroient comme des vertus l'amour de la patrie, l'amour conjugal et partenel, l'amitié, le respect dû aux vieillards; ils montroient et remplissoient les devoirs de la société; ils étoient eux-mêmes les exemples de toutes les vertus; ils faisoient respecter les erreurs utiles, que les petits esprits qualifient si odieusement du nom de préjugés. Au lieu que vos sophistes d'aujourd'hui, ces charlatans de science et de sagesse, se contentent de tout ruiner, et n'élèvent point d'édifice de leurs pernicieux et inutiles décombres.

CLÉOMÈNE.

Termine des discours et des déclamations qui ne peuvent rien contre la résolution que j'ai prise. Rien ne me fera sortir de ma retraite et changer de façon de penser et de sentir ; je crois, et c'est je pense avec justice, avoir acquis par mes travaux le droit de me reposer pendant le peu de jours que le ciel me laisse encore, et pouvoir les consacrer à l'étude de moi-même, et d'une philosophie que je prétends même faire tourner au profit et à l'avantage de l'humanité.

Mme de Graffigny, au reste, fait quelques changements à sa pièce, qui ne pourra être prête que vers le carême. Les corrections qu'elle y a faites étoient nécessaires ; elle rend plus vraisemblable le caractère de ce Cléomène, qui n'est pas dans la nature ; elle ennoblit encore celui de la fille d'Aristide. Mais elle n'a pu imaginer un moyen d'intrigue, à la place d'un certain enlèvement qui doit faire, à ce que je crains, un mauvais effet, et tel peut-être qu'il en occasionnera la chute. Elle convient bien de ce vice de fond, mais elle n'a rien pu trouver à y substituer (1).

J'ai employé le reste de ce mois à rajuster une petite comédie en un acte et en prose, intitulée : *les Mœurs du temps*, que Saurin a faite, et dont il m'avoit permis de faire des choux et des raves. Je l'ai refondue à ma manière, et j'ai remis un caractère de femme, qui donne

---

(1) Avant d'être jouée, cette pièce avait changé de forme plus de vingt fois, et la dernière, sous laquelle elle fut représentée, était la moins heureuse. Aussi tomba-t-elle, et l'on prétend que Mme de Graffigny en mourut de chagrin. (*H. B.*)

l'action à toute la pièce. Jusqu'ici Saurin refuse d'adopter mon idée, et veut donner cette pièce, à très-peu de chose près, telle qu'il l'avoit faite; je souhaite à cette comédie toute sorte de prospérité, mais je parierois bien pour sa chute, s'il la fait jouer comme il l'a rétablie. Il y a des détails jolis et spirituels, mais elle est totalement dénuée d'action. Comme son dessein, au reste, est de l'envoyer à Mlle d'Angeville, à laquelle il en feroit présent, sans se faire connoître, et qu'il n'y a que ma femme et moi dans le secret, je n'insisterai qu'autant que je verrai que je puis honnêtement le faire pour l'empêcher de la donner telle qu'elle est, indépendamment de ce que je puis me tromper. D'ailleurs, Saurin n'est point un homme traitable, et qu'on fasse revenir sur ses ouvrages; il n'en croit ordinairement que lui, presque jamais ses amis; je ne l'empêcherai donc pas de donner sa pièce. J'en fis autant pour *Aménophis* (1), que bien des gens avoient vue; il la fit jouer sans m'en parler.

OCTOBRE ET NOVEMBRE 1757.

Octobre, rien; novembre, trop. J'entends par trop la perte de la bataille donnée par le prince de Soubise, le 5 de ce mois, et gagnée par le roi de Prusse, sur ce général de cour, qui n'avoit jamais commandé que des camps de paix; cela a ici consterné tout le monde (2). La duchesse d'Orléans, qui est enchantée que ce mal-

---

(1) Tragédie de Saurin, jouée en 1750. (*H. B.*)
(2) Il s'agit ici de la bataille de Rosback, gagnée par le roi de Prusse sur le prince de Saxe Hildburghausen, commandant l'armée de l'Empire, combinée avec les troupes françaises, qui étaient placées sous les ordres du prince de Soubise. (*H. B.*)

heur lui soit arrivé, a dit que si le Roi lui donnoit le bâton de maréchal de France, il seroit le *Cocu battu et content*. On prétend qu'elle ne s'en est pas tenue à la prose, et qu'elle a composé le couplet suivant :

>Grande princesse, votre époux
>S'est montré peu digne de vous;
>L'arme qui sut le battre,
>Fort bien,
>N'auroit pu vous abattre....
>Vous m'entendez bien.

Tout le monde connoît les excès indécents de la conduite de cette princesse, et les éclats qu'elle a faits, au point que le Soubise a été forcé de la renvoyer chez ses parents en Allemagne (1).

L'opéra d'*Alceste* a été remis le 15 du courant. Ce qui a engagé Rebel et Francœur à la reprise de cet opéra, c'est que le Roi leur a fait présent des habits avec lesquels il a été représenté, il y a deux ans, à Fontainebleau.

On ne cesse point de faire et de dire des pasquinades sur le prince de Soubise. Mais la plaisanterie la plus raisonnable et la plus cruelle, c'est celle que fit Mme la duchesse d'Orléans (2), à la première représentation d'*Alceste*. Ce n'étoit que de la veille que l'on avoit appris à Paris la perte de la bataille; cependant le prince de Condé, gendre du Soubise, eut la mâle assurance de venir à cette première représentation. Mme la duchesse d'Orléans,

---

(1) Elle était fille du prince de Carignan. Au dire de l'avocat Barbier (*Journal*, juin 1757), cette princesse, aussi dépensière que dissolue, fut reléguée, par lettre de cachet, à Ablon, près de Choisy. (*H. B.*)

(2) La duchesse d'Orléans (Louise-Henriette de Bourbon) était fille de Louis-Armand, prince de Conti, et de Mlle de Blois. Elle était d'humeur enjouée et de mœurs très-libres. Les *Ana* et *Sottisiers* du temps fourmillent d'anecdotes sur son compte. A sa mort, elle laissa une chanson, en dix-sept couplets, que nous avons manuscrite, mais qu'il n'est pas possible de publier. Elle y parle de toute chose,.. excepté de son salut. Voyez, du reste, *Paris et Versailles*, par Dugast de Bois Saint-Just, t. 1, p. 181 et 183, où le caractère de cette princesse se révèle en pleine liberté. (*H. B.*)

qui l'aperçut lisant des lettres qui contenoient vraisemblablement des listes de morts et de blessés, lui envoya M. de Gacé, pour savoir quelques détails; et se tournant ensuite du côté de la loge des secondes, qui est après la sienne, elle adressa la parole à Mme Case, de qui je tiens ce fait, et lui dit : *Mais, madame, croyez-vous que M. de Soubise ait été battu? Ce sont des contes; sûrement rien n'est si faux : je ne puis me mettre cela dans la tête; et je ne veux d'autre preuve que c'est un mensonge, que de voir ici M. le prince de Condé, le gendre de M. de Soubise. Je suis persuadée que notre malheur et notre honte ne sont pas véritables, et qu'on en impose au Roi.* Mme de Marsan, tante du prince de Condé, l'a tancé avec tant de force sur cette équipée, qu'elle l'a fait pleurer; et ce bon garçon, très-naïf, ne sut lui répondre autre chose, en larmoyant, sinon : *Ma tante, je ne le ferai plus jamais.* Rien n'est si constant que ce fait, et je le tiens d'une femme à qui Mme de Marsan avoit raconté cette réponse ingénue, qui est d'un bon enfant, et qui promet d'avoir de l'esprit et de la sensibilité quelque jour.

[Je terminerai ce mois de novembre par trois petites pièces de vers de ma façon, dont les deux premières sont des commencements de lettre que j'ai écrites ces jours-ci, et la dernière un bouquet fort singulier. Aussi ne fais-je de cas que du bouquet.

Lettre à M. de Brou, intendant de Rouen, pour avoir par son crédit un débit de tabac à Rouen, pour une pauvre femme qui en a besoin pour vivre :

O vous, monseigneur, qu'on chérit,
Quoique intendant de Normandie,
Vous avez dit : « De quoi guérit
« Un éloge que l'on mendie ?
« J'en veux d'un meilleur acabit.
« Celui qu'on accorde au mérite
« Aucun changement ne subit,
« Et personne ne s'en irrite.

« Il n'est pas d'abord si subit,
« Mais il est plus durable ensuite. »

Que vous sentiez bien ce qui suit
Une aussi modeste conduite!
A présent, vous goûtez le fruit
D'une complète réussite,
Qui nous fuit quand on la poursuit
Par quelque manége illicite.

C'est vous à présent que l'on cite
A ceux qui n'ont que votre habit
Et qui n'ont pas votre mérite.

Mais, par un passage subit,
Si cette Épître, mal écrite,
Tourne tout court à mon *débit*,
Vous m'allez croire un hypocrite,
Ou plutôt un flatteur maudit,
Qui par son encens facilite
Les grâces qu'il veut du crédit.
Mais je suis bon Israélite,
Et Collé pense ce qu'il dit.

Lettre écrite à M. le baron de Buzeval, à l'armée de Richelieu (1).

A Paris, ce quatre novembre,
L'esprit tranquille et les pieds chauds,
Auprès d'un bon feu dans ma chambre,
Entre Térence et Despréaux,
Loin des gens d'eau bénite ou d'ambre,
Des courtisans et des dévots;
Loin des cabales et des sots
Qui se trouvent dans l'antichambre
De nos opulents généraux,
Je vous écris le cœur très-gros
Sans me flatter que dans décembre,
Vous répondiez à mes propos,
Vous qui vous tenez en repos,

---

(1) Après la bataille d'Hastembeck, le maréchal de Richelieu avait remplacé le maréchal d'Estrées, que ses ennemis perdirent dans l'esprit du Roi. (*H. B.*)

> Et qui depuis le trois septembre
> Me devez au moins quatre mots.

Le bouquet fort singulier est adressé à Mme La Milière, veuve de l'intendant de Limoges, femme fort spirituelle, assez jeune, et qui veut persuader qu'elle est indécise entre la dévotion et les plaisirs.

Mme de Meulan lui envoya, la veille de Sainte-Elisabeth, un bouquet de houx et de chardons, avec une rose au milieu, accompagné d'une boîte remplie de petits paquets séparés et étiquetés ainsi qu'il suit : une haire et un pot à rouge, deux disciplines, l'une de corde et l'autre de fer, et une brosse à rouge, deux brasselets et deux jarretières à fer piquant, et quatre paires de gants pour conserver la peau fraîche et unie ; un cilice et du lait virginal ; un petit bonnet à pointes de fer et un petit bonnet piqué au cabriolet ; un cœur armé de pointes de fer et de l'eau de beauté ; une ceinture de fer et du noir pour les sourcils. Toutes ces choses étoient couvertes d'une feuille de papier sur laquelle on lisoit ces deux vers :

> Babet, recevez ce bouquet,
> Moitié saint, et moitié coquet.

Et l'on avoit mis au fond de la boîte les vers suivants :

> Sainte et mondaine Elisabeth,
> Qui n'en êtes qu'à l'alphabet
> D'une dévotion profonde
> Et des voluptés de ce monde ;
> De votre savoir imparfait
> Et de votre inexpérience,
> Dans l'une et dans l'autre science
> Dieu ni diable n'est satisfait.
>
> Décidez-vous donc tout à fait ;
> Devenez tout à fait pieuse,
> Ou tout à fait voluptueuse.
> Que voulez-vous, décidément,

D'un confesseur ou d'un amant?
Est-ce l'amour et ses délices
Que vous préférez aux cilices?
Pour les cilices penchez-vous?
Voyez qui peut le plus vous plaire,
Des traits d'amour ou de la haire?
D'un cœur armé de petits clous,
Ou d'un cœur et sensible et tendre,
Qui se prend et qui sait nous prendre,
Et qui fait naître le désir,
Le sentiment et le plaisir?

Aimez-vous mieux des disciplines?
En voici, de corde et de fer,
Et qui, suivant maintes béguines,
Vous garantiront de l'enfer.
Mais je vous vois déterminée :
Avec des appas si touchants
Et tant d'esprit, vous êtes née
Pour être joliment damnée
Et pour damner beaucoup de gens.

Vous en rappellerez peut-être,
Et peut-être dans quarante ans,
Ferez-vous revenir le prêtre ;
Mais vous avez encore du temps.
Et sur la fin de votre course,
Quand vous verrez la mort de près,
Vous aurez encor la ressource
De vous sauver par les Marais.

DÉCEMBRE 1757.

Iphigénie en Tauride vient d'être imprimée, et elle perd beaucoup à la lecture dans l'esprit du public. Soit que le sentiment général sur son mauvais style et sa mauvaise versification m'ait entraîné, ou que l'impression m'ait éclairé davantage, j'avoue, qu'à cet égard je suis de l'avis de tout le monde ; mais je persiste toujours à dire qu'avec ce défaut, plus grand dans ce siècle-ci que dans aucun autre, M. de La Touche est un homme de génie qui doit apprendre à faire des vers. Sa scène du troisième acte, Oreste furieux et mis en action, et l'intérêt continu qui règne avec chaleur depuis le commencement de cette tragédie jusqu'à son dénouement, décèlent, à mon sens, le plus grand talent.

[Tous les auteurs déchaînés aujourd'hui contre son succès ne me tireront pas de là. Piron lui-même, qui m'a dit contre ce poëme tout ce qu'on pouvoit en dire de plus fort, de plus fou et de plus raisonnable en même temps, ne m'a rien fait rabattre de mon opinion. Le temps et l'expérience peuvent seuls me faire voir que je me suis trompé sur le génie que je crois à M. de La Touche. Sa reprise, malgré les critiques, a été aussi brillante que ses premières représentations.]

ANNÉE 1758.

JANVIER 1758.

Dans tous les premiers jours de cette année, j'ai fini une comédie en trois actes et en prose que j'intitule : *le Père défiant* (1). Quand je dis que je l'ai finie, j'entends que tous mes gros points sont trouvés et arrangés ; car, indépendamment du style et des détails, où il y aura beaucoup à retoucher, il y a encore des choses de fond à faire, et sur lesquelles j'ai déjà consulté Mlle Quinault (2), et surtout M. Sallé, qui m'a donné quelques bonnes idées et d'excellents conseils (3). C'est encore une pièce faite pour la société, et dans laquelle il y a des hardiesses que l'on ne passeroit pas sur un théâtre public ; mais je crois qu'il ne sera pas difficile de la rendre jouable aux Français, en adoucissant quelques endroits, et en mettant en simple précepteur un abbé précepteur, qui est un des personnages de cette comédie (4).

---

(1) Cette comédie, en vers libres, est devenue celle de *Dupuis et Desronais*. (*H. B.*).

(2) Voltaire consultait aussi parfois Mlle Quinault sur ses compositions dramatiques. Voir *les Œuvres inédites* de Piron. (*H. B.*)

(3) V. dans la *Correspondance inédite* de Collé son *discours sur la parade*, où il est longuement question de ce M. Sallé, qui était secrétaire du comte de Maurepas. (*H. B.*)

(4) C'est l'effet du hasard si cette comédie a été donnée sur le théâtre public. Je l'avois faite pour celui de M. le duc d'Orléans. Je n'avois pas assez confiance en moi-même pour avoir imaginé de la risquer aux Français. Mais ce prince m'ayant assuré qu'il se tireroit bien du rôle de Dupuis, dans les

Le fond de cette pièce, et surtout le caractère du *Père défiant*, est tiré du roman des *Illustres Françaises*. C'est l'histoire du vieux Dupuis, de Manon Dupuis et de Desronais ; aussi en ai-je conservé les noms.

J'ai dit dans ce Journal, au mois de janvier 1756, avant de parler de ma *Veuve philosophe*, que je n'avois pu venir à bout de fondre ensemble ce sujet-ci avec celui de *la Veuve*. Je me suis vu obligé de traiter séparément ces deux sujets; j'ai fait, pour les lier ensemble, tout ce que je pouvois, mais mon travail a été en pure perte; au reste, je ne le regrette point, je me suis amusé. Je me flatte que ma comédie du *Père défiant* ne sera point mal; mes critiques sont très-contents du caractère de Dupuis et du dénouement. Voilà ce qui va m'encourager à travailler de plus belle.

On débitoit ces jours-ci à Paris une conversation assez singulière entre le roi de Prusse et M. Mitchell, am-

---

deux premiers actes, il m'avouoit en même temps qu'il lui seroit impossible de jouer les morceaux pathétiques du troisième. Il ajouta avec bonté, et en louant mon ouvrage : *Je veux que vous l'arrangiez pour la Comédie-Française ; elle y fera sûrement de l'effet, en y substituant la décence nécessaire à une pièce ordinaire.* Ce fut en tremblant que je me livrai à cette idée, qui me flattoit, mais que je regardois encore comme une douce illusion. Je ne dirai rien de plus sur cet ouvrage ; j'en parle tant dans la suite, que ce ne seroit que des répétitions fastidieuses. Cependant, je ne puis m'empêcher de rabâcher une plainte contre quelques journalistes et autres littérateurs, d'avoir mis ma pièce au rang du genre larmoyant. Je pense qu'ils se sont trompés; je crois encore que c'est une comédie comique. Qu'on la classe, si on l'en juge digne, dans le genre du haut comique, c'est me faire honneur ; mais, pas pour un diable, je ne conviendrai d'être mis au rang de ce qu'on nomme aujourd'hui *dramatistes*. J'ai la prétention d'être *dramatique comique*. Tous les drames (puisque drame il y a) de La Chaussée et de ses complices n'ont que des incidents et des fables sans vraisemblance ; on n'y trouve que des caractères de fantaisie ; le style en est trop spirituel, hérissé de morale guindée, de sentences et de maximes propres à des homélies, etc. Dans *Dupuis et Desronais*, au contraire, rien n'est plus simple et plus ordinaire que la fable; les incidents en sont naturels, et dans le style j'ai évité l'esprit, les antithèses et tout ce qui pouvoit nuire à la vérité et à l'illusion ; en un mot, on y voit les hommes tels qu'ils sont dans la société, et non pas dans les romans. (*Note de Collé, écrite en* 1780.)

bassadeur du roi d'Angleterre auprès de sa personne ; c'étoit quelque temps après la retraite honteuse de la flotte des Anglais de devant Rochefort. *Eh bien!* disoit à l'ambassadeur des Anglais ce roi spirituel et victorieux, *que va faire à présent le roi d'Angleterre? — Tout ce qu'il pourra, Sire,* répondit M. Mitchell ; *il remet tout entre les mains de Dieu. — Ah! ah!* reprit le roi de Prusse, *je ne vous connoissois pas cet allié-là! — C'est pourtant,* repartit l'ambassadeur, *l'allié le plus solide, et le seul auquel nous ne payons pas de subsides. — Aussi,* répondit vivement le roi, *vous voyez comme il vous sert!*

Le samedi 14 je fus aux Italiens voir la première représentation de *Nina, ou la Mitaine enchantée,* comédie en trois actes et en vers, avec trois divertissements, pour lesquels ils ont fait beaucoup de dépense ; cette pièce, qui est de l'abbé de Voisenon, m'avoit attiré à ce spectacle, auquel je ne vais presque jamais. Je n'ai encore rien vu de plus mauvais, de plus ennuyeux, et de plus dépourvu d'imagination, quant au fond, et de plus mal fait pour les détails, qui sont ordinairement assez saillants dans cet auteur. C'est un réchauffé de l'opéra-comique d'*Acajou;* point d'invention, point de caractères, point de scènes, excepté une seule, au troisième acte, qui encore est si mal traitée et si mal filée, et qui vient après tant d'ennui, que quand elle eût été excellente elle n'eût pas pu dédommager du reste. Cette scène est un amant caché dans un nécessaire, et qui pendant la première nuit des noces d'un Génie et de sa maîtresse en sort pour causer à côté du lit des nouveaux mariés. Le Génie, qui a sans doute des raisons que je ne sais pas, de ne point encore approcher de sa femme, se fait lire par elle, pour prendre somme, un conte de fées. Dans les endroits de ce conte, qui sont en dialogue, l'amant sorti du nécessaire, fait, de temps en temps, l'interlocuteur ; ensorte que le Génie, se retournant, dit : *Ah! que vous lisez bien, Nina! vous prenez des tons de voix si différents quel-*

quefois, que l'on jureroit qu'une autre personne lit avec vous. Cette scène pouvoit être jolie. C'est en cette seule chose que j'ai pu reconnoître un peu l'abbé de Voisenon, car il n'y a d'ailleurs ni bonne plaisanterie, ni esprit, ni légèreté; les ordures même en sont grossières. Cette pièce est de lui, quoiqu'il la désavoue, je le sais à n'en pouvoir douter. Ils n'ont pas osé la donner une seconde fois, quoiqu'ils aient fait de grands frais pour les ballets (1).

Le grand Monet a quitté l'entreprise de l'Opéra-Comique, en s'y réservant seulement une part de 14,000 liv.; il y a six parts de pareille somme dans le fond de cette affaire. Deshesses, le comédien italien, en a une; Corbie, cet écumeur de littérature, qui vole les manuscrits à droite et à gauche, et qui a fait imprimer le *Théâtre des Boulevards* (2), en a aussi une; un nommé Moët, une autre. Favart n'a voulu qu'une demi-part de 7,000 liv., mais on lui fait, sur la chose, 4,000 liv. d'appointemens par an. Ces nouveaux Entrepreneurs vont entrer en jouissance au mois de février prochain; ils achèvent le reste du bail de Monet, lequel a encore trois ans à courir, à ce que je crois.

Le mercredi 18 du courant je fus voir aux Français la première représentation du *Faux généreux*, comédie en vers et en cinq actes de M. Bret. Elle fut reçue avec une extrême indulgence, vu l'ennui extrême qu'elle causa; on avoit envie de la trouver bonne, et on n'en put venir à bout.

La pièce est trop arrangée, trop vide d'action, et trop dépourvue de vraisemblance. La fable, telle qu'elle est, ne peut tout au plus donner que trois actes; il faudroit aussi rendre le rôle de la mère moins romanesque, beaucoup élaguer celui du *Faux généreux*, étendre un peu

---

(1) Cette pièce, non imprimée, est restée anonyme. (*H. B.*)
(2) V. la lettre LVII dans la *Correspondance inédite* de Collé. (*H. B.*)

davantage celui de l'amante, et le lier mieux au fond du sujet ; enfin, trouver des moyens de fonder plus naturellement les incidents de cette comédie, afin de lui ôter l'air de roman, que je crois possible de lui sauver. En y travaillant dans ce point de vue, et en conservant en entier le rôle de Lubin, je suis persuadé que l'on pourroit venir à bout d'en faire une comédie très-intéressante.

Ce Lubin, fils d'un fermier du *Faux généreux*, qui se fait soldat pour retirer son père de la prison où le fait gémir l'avare fastueux, et qui apporte à ce dernier le prix de son engagement, pour faire rendre la liberté à son père, est une véritable scène de comique larmoyant, tel que je voudrois qu'il fût toujours ; je veux dire que cette scène est dans la nature, et qu'il n'y a rien là de romanesque ni d'impossible. Il y a du talent dans l'invention de ce personnage de Lubin, que l'auteur fait contraster avec son *Faux généreux*, mais aussi est-ce la seule chose dans cette pièce qui puisse marquer du talent dans celui qui l'a faite.

Je ne suis point de l'avis de ceux qui prétendent que le *Faux généreux* n'est pas bien peint ; je trouve, au contraire, qu'il est bien dans la nature et dans le ton de ce siècle-ci, mais il est froid et odieux, parce que M. Bret n'a pas eu assez d'imagination pour le présenter du côté ridicule. Le *Tartufe* est un caractère mille fois plus sérieux que celui du *Faux généreux* ; cependant Molière a trouvé l'art de le mettre dans des positions ridicules et singulières ; sans quoi sa comédie eût été un sermon en cinq actes, et ce *Faux généreux*, à cet égard, ressemble bien à une mauvaise homélie. Le rôle de la mère est romanesque et froid ; la suivante a trop d'esprit, et un désintéressement ridicule. Les amants, sur qui l'intérêt porte, ne tiennent pas assez de place, surtout l'amante, qui n'arrive qu'à la moitié du quatrième acte ; le style est très-médiocre ; il se trouve quelques vers heureux, mais ils sont rares. Cette pièce a eu cinq représentations.

A la fin de décembre et ce mois-ci, j'ai sollicité M. de Boulogne, pour entrer dans quelques affaires. M. l'abbé de Bernis s'est intéressé pour moi ; j'ai cette obligation à M. Duclos, qui s'y est employé avec tout le zèle et la chaleur possibles, et un véritable désintéressement. Quoiqu'il ne soit pas riche, puisqu'il ne jouit au plus que de cinq à six mille livres de revenu, il n'a voulu entendre à aucune des propositions que je lui ai faites, pour avoir part dans ce que je pourrois obtenir. Il est, m'a-t-il dit, dans sa façon de penser de ne vouloir et de ne prétendre qu'aux grâces qui sont de son état, et qui peuvent convenir à un homme de lettres (1). Je me suis aussi fait appuyer par M. le duc d'Orléans ; néanmoins, je n'espère rien ; mais si je ne réussis pas, je n'aurai pas à me reprocher de n'avoir pas profité des occasions ; je fais les démarches convenables pour le succès : il en arrivera tout ce qui pourra.

J'ai perdu mes entrées à la Comédie-Française, que j'avois, de droit, pour avoir donné en 1743 la comédie des *Rivaux*, de M. Saurin. Les Comédiens disent que, par un ancien règlement, que l'on fait revivre, on n'a ses entrées pour toute sa vie qu'en ayant fait deux pièces en cinq actes qui aient été représentées. Une pièce en cinq actes ne la donne que pour trois ans, celle en trois et en un acte que pour un an. Dès que je fus informé de ce nouveau règlement, j'écrivis aux Comédiens pour leur déclarer que M. Saurin étoit l'auteur des *Rivaux*, comédie en cinq actes, et qu'ayant fait jouer en 1750 la ragédie d'*Aménophis*, il étoit dans le cas d'avoir de droit ses entrées. Sur ce, l'Aréopage des histrions me répondit par une délibération, aussi injuste qu'impertinente, dont le résultat étoit qu'ils ne reconnoissoient pour auteurs que ceux qui, s'étant nommés lors des

---

(1) Quel caractère indépendant et élevé que ce Duclos, et combien de nos jours peu d'hommes de lettres lui ressemblent ! (*H. B.*)

premières représentations, avoient joui des droits et prérogatives attachés à cette qualité.

Est-il équitable que la reconnoissance de cette qualité dépende de ces messieurs, et non des preuves qu'on peut donner? N'est-il pas insolent à ces hommes-là de paroître douter seulement de ce que d'honnêtes gens leur disent et leur prouvent? C'est être juges et parties en même temps. Aussi, sans en parler à M. Saurin, je me suis plaint aux gentilshommes de la chambre, qui, à leur ordinaire, ont décidé tout de travers et ont donné gain de cause aux Comédiens, comme des maîtres injustes le donnent à leurs valets; ensorte que M. Saurin n'a pas non plus conservé ses entrées.

FÉVRIER 1758.

Les mauvaises affaires des Autrichiens vis-à-vis du roi de Prusse, à la fin de cette campagne, et leurs désastres, sur lesquels ils mentent le plus vraisemblablement qu'ils peuvent, furent l'occasion d'une histoire que l'on nous contoit ces jours-ci. On prétendoit que jamais les Impériaux n'avoient perdu de bataille, c'est-à-dire qu'ils ne l'avouoient jamais; et on disoit que du temps du feu Empereur Charles VI un officier italien d'une grande distinction fut chargé d'aller porter à Vienne la nouvelle d'une action générale où les troupes de cet empereur avoient été battues à plate couture. Quand cet Officier fut arrivé sur les terres de l'Empire, le gouverneur de la première place lui notifia que, quoiqu'il vînt annoncer une défaite, il falloit qu'il allât et arrivât à Vienne en criant dans tous les endroits où il passeroit: *Victoire! Victoire!* et qu'il se fît accompagner de vingt ou trente courriers sonnant du cor. Il se soumit à cet usage ridicule, et arriva effectivement à Vienne, en criant : *Victoire!* — *Je fus*, dit cet Officier, en son baraguoin, *conduit à l'empereur, et lui dis tout haut* : Sacrée Majesté, victoire! *et à l'oreille de l'empereur* : Bataille perdue, Sacrée Majesté! *L'empereur y me fit tout de suite passer dans sa cabinet, et comme moi il lui faisoit le détail du malheur à lui, il me dit* : Et ma cavalerie? — F....., Sacrée Majesté! — Quoi! mon infanterie? — A f..... le camp, Sacrée Majesté. *Aussitôt, l'empereur fit ouvrir les portes, et dit tout haut, en présence de toute sa cour* : Qu'on fasse chanter le *Te Deum* (1).

Le mardi 14 février l'Académie royale de musique donna la première représentation d'*Énée et Lavinie*, ancien opéra oublié, dont la musique est de Colasse et les paroles de M. de Fontenelle.

Je dis ancien opéra quant aux paroles, qui ont été seulement changées, mais surtout abrégées par M. de Moncrif ; car quant à la musique le sieur d'Auvergne en avoit fait une toute nouvelle. Et voilà la première fois que cette méthode, fort usitée en Italie, s'est pratiquée. J'ajouterai qu'il est malheureux que dans cet essai, très-raisonnable en lui-même, le musicien ait eu assez peu de discernement pour faire choix d'un poëme aussi froid, aussi mal versifié et aussi peu lyrique que celui-ci ; ou plutôt, il faut s'en prendre aux gens de lettres, qui ont donné à d'Auvergne un aussi mauvais conseil, attendu qu'un musicien n'est pas obligé d'avoir le sens commun. Si la mode s'introduisoit de faire plusieurs fois la musique du même opéra, il faudroit commencer par les meilleurs poëmes de Quinault, dont on conserveroit le récitatif, qui ne peut pas être mieux qu'il est ; ensuite, il faudroit

---

(1) D'après les journaux, c'est à peu près ainsi que les choses se sont encore passées en Autriche lors des dernières victoires de l'armée française à Magenta et à Solférino. (*H. B.*)

prendre ceux dont les paroles sont excellentes, et la musique foible ou mauvaise; tels que *Callirhoé*, *Philomèle*, etc. Nous conserverions par ce moyen des trésors qui passeroient à la postérité, attendu qu'à chaque révolution que la musique éprouveroit ces excellents poëmes se reproduiroient avec la musique à la mode, et ne seroient pas perdus pour ceux qui nous suivront, et qui se verroient délivrés par-là des Cahusac, tant présents que futurs. Mais je crains fort que cette tentative, qui n'a point réussi à d'Auvergne, par la bêtise de son choix, ne dégoûte d'autres musiciens de talent et de génie, et ne renvoie à dix ans, et peut-être plus loin, cette précieuse idée, de même que la mort de quelques personnes, péries dans l'inoculation mal faite de la petite vérole, retarde aujourd'hui le progrès de cette excellente invention. Quoi qu'il en soit, ce n'est pas seulement aux paroles qu'il faut, dans ce cas-ci, attribuer le peu de réussite de cet opéra, c'est aussi à la faute du musicien, disent ceux qui se connoissent en musique. Ils ne trouvent dans d'Auvergne ni génie ni talent; c'est une réminiscence perpétuelle, beaucoup de bruit sans harmonie.

Cet opéra a pourtant été jusqu'à la fin du carême, et l'on compte le reprendre encore après Pâques; mais il ne restera pas au théâtre.

Le 27 du présent mois les Comédiens françois donnèrent la première représentation d'*Astarbé*, tragédie de M. Colardeau, jeune homme de vingt-quatre à vingt-cinq ans. Je ne l'ai point vue, mais je l'ai lue. Il est arrivé à cette pièce ce que je n'ai point vu arriver depuis trente ans que je vais au théâtre; je veux dire de tomber à la première représentation, et de se relever à la seconde. *Astarbé* s'est bien réellement relevée à la seconde et aux trois autres représentations qu'elle a eues avant Pâques. La salle a toujours été remplie, et la salle entière a applaudi avec fureur; ce n'étoit point quelques mains payées pour cela.

Depuis la *Phèdre* de M. Racine on n'avoit point vu ce phénomène. Encore étoit-ce une cabale, comme l'on sait, qui s'opposa au succès de ce chef-d'œuvre de l'art. Mais il n'y avoit point de cabale formée contre *Astarbé*; au contraire, le public avoit battu des mains, avec enthousiasme, au premier acte et dans tous les endroits qui le méritoient. On en étoit sorti en disant que ce jeune auteur faisoit le vers presque aussi bien que Voltaire, mais qu'il n'entendoit rien à bâtir un poëme dramatique ; que sa pièce étoit sans aucun intérêt et sans nulle conduite, et fort ennuyeuse. Quel vertige peut donc lui donner ce grand succès, qui ne sera sûrement que très-éphémère? C'est ce qu'il seroit très-difficile d'expliquer. J'imagine que c'est d'abord la jeunesse de l'auteur, et la faveur que l'on accorde d'ordinaire, et avec raison à un premier ouvrage; mais je crois ensuite que ce sont surtout les applications malignes que l'on fait à Mme de Pompadour et au Roi de beaucoup de vers de la pièce. Mais ces petits motifs-là sont trop légers pour diminuer rien de mon étonnement. Je suis confondu de voir qu'une semblable rapsodie fasse tant de bruit ; les cornes m'en viennent à la tête. On doit la reprendre après Pâques. Je ne puis croire que cet enthousiasme extravagant du public continue; quoi qu'il en soit, j'espère qu'il ne me gagnera pas, et je dirai toujours qu'un ouvrage aussi mal fagoté ne sauroit rester au théâtre. A la longue, le public juge toujours sainement; il revient sur ses jugements quand il les a portés à faux.

Timocrate a eu soixante-quatorze représentations de suite à sa nouveauté ; et les Comédiens se trouvèrent plutôt las de la jouer que le public de l'entendre. Cependant, parle-t-on de cette tragédie du pauvre Thomas Corneille? Peut-on même la lire? Presque toutes les tragédies de Campistron, et les comédies, soi-disant, de La Chaussée ont réussi quand elles ont été données ; combien de ces pièces tiennent encore au théâtre? Au contraire,

Alzire et *Brutus*, les deux meilleures tragédies de Voltaire, ne furent point accueillies quand elles parurent; cependant le public est revenu sur lui-même, et la foule y est quand on les donne.

MARS ET AVRIL 1758.

J'ai été voir *Astarbé*, à la rentrée du théâtre; et en avouant que cette pièce est pleine de beaux vers, nulle ne m'a jamais autant ennuyé. Je m'imaginais entendre divers morceaux de différentes tragédies, déclamés par les acteurs, et pris par eux au hasard et sans suite. De mes jours je n'ai entendu un coq-à-l'âne tragique aussi complet.

Cette tragédie n'a aucune liaison dans ses actes, aucun enchaînement dans ses scènes, et les scènes n'ont aucun but. Le style de l'action, si l'on peut dire qu'il y en ait une, est coupé continuellement par des scènes hors d'œuvre, si encore on peut appeler du nom de scène des dialogues froids. Bien des gens croient que ce jeune auteur pourra quelque jour faire des tragédies; je suis d'un sentiment directement opposé. Je croirai que plus M. Colardeau avancera, mieux il fera des vers; mais que de ses jours il ne fera une tragédie. J'en suis très-fâché, et je voudrois bien me tromper; j'y gagnerois du côté du plaisir. Sa pièce à cette reprise a eu cinq représentations, qui n'étoient pas fortes. L'enthousiasme du public est tout d'un coup tombé.

Le lundi 10 du courant je fus à la Comédie-Italienne, voir *la Nouvelle École des femmes*, pièce en trois actes, de M. Mouslier de Moissy, auteur du *Provincial à Paris*. Cette pièce réussit beaucoup à ce théâtre, pour lequel il ne l'avoit point faite, quoiqu'elle soit jouée à faire mal au cœur, à l'exception de Mlle Favart. J'avoue que malgré la prévention où j'étois contre cette comédie, à cause du faste de son titre, elle me fit cependant quelque plaisir. C'est du comique, et du bon comique. C'est dommage que l'auteur ne connoisse pas un peu plus le théâtre et beaucoup davantage le monde; il auroit tiré bien un autre parti de ce sujet, que l'on peut assurer être fort heureux. Mais l'ignorance de la bonne compagnie lui a fait manquer, à beaucoup d'égards, les caractères de l'honnête femme, de l'amant de cette honnête femme, et même celui du mari, dans quelques endroits. Il a peint, en revanche, on ne peut pas mieux celui de la fille entretenue, mais distinguée dans cet état, comme qui diroit Mlle Clairon; il y a même mis des choses philosophiques, qui peuvent appartenir à une fille encore fort au-dessus, à Ninon de l'Enclos, par exemple; aussi son second acte, que ce personnage remplit entièrement, est-il fort au-dessus des deux autres. Il y a pourtant dans cet acte un défaut essentiel, qu'il lui eût été facile d'éviter, s'il eût voulu prendre la peine d'imaginer un moyen de donner avec quelque vraisemblance assez de confiance à la fille entretenue pour s'ouvrir entièrement à l'honnête femme, dès la première visite qu'elle en reçoit, sur les ressorts les plus secrets de son métier et la manière de traiter les hommes. L'exposition est trop longue, pénible et froide, et même l'on peut dire cela du premier acte presque en entier. Il avoit à traiter dans cet acte une situation neuve et intéressante, je veux dire l'amour d'un homme du monde pour une honnête femme mariée; cet homme donne une maîtresse au mari, pour tâcher d'avoir la femme; quelle ressource cette idée ne donne-t-elle pas pour jeter de la chaleur dans toutes les scènes, même dans celle du valet et de la suivante! Mais M. de Moissy n'a fait aucun usage de ce trésor, et a tourné tout cet acte on ne peut pas plus gauchement. J'avoue qu'il y a quelques difficultés à surmonter, par rapport aux décences, bienséances et pédanteries de ce siècle et de la police; mais j'imagine, malgré cela, que l'on pouvoit très-bien s'en tirer, et rendre cet acte très-vif, très-chaud, très-agréable, et même assez décent.

Je suis bien éloigné de lui faire querelle sur le changement de scène qu'il a mis au second acte. Au premier, elle est dans la maison de l'honnête femme; au second, elle est chez la fille entretenue; et au troisième, il remet la scène chez l'honnête femme.

Il me semble que l'unité de lieu, comme toutes les autres règles, n'est faite que pour donner plus de plaisir au spectateur, en conservant plus de vraisemblance à l'action qu'il voit passer sous ses yeux. Or, cette vraisemblance n'est guère altérée lorsqu'on ne change la scène que d'acte en acte, et qu'on ne transporte pas le lieu de la scène bien loin. Il suffit que dans l'intervalle le spectateur ait le temps d'aller idéalement à l'endroit où l'on reporte la scène. Il est toujours mieux cependant de conserver exactement l'unité de lieu, quand on le peut, et on y gagne; de même qu'il est mieux de ne prendre de temps juste que ce qu'il en faut pour la représentation, au lieu de l'étendre aux vingt-quatre heures accordées par la règle. Mais revenons à la comédie de M. de Moissy.

Le troisième acte est sans contredit plus mal arrangé et plus mal bâti encore que le premier. Par là son dénouement, qui est le plus agréable et le mieux imaginé qu'il se puisse, ne fait pas la centième partie de l'effet qu'il devroit faire. C'est dans cet acte principalement que l'auteur montre une ignorance totale des bienséances et des usages du monde. Un amant ne donne point une fête à une femme dans la maison de cette femme même, sans y avoir fait consentir le mari, sous quelque prétexte; sinon, le mari seroit en droit de jeter l'amant et la fête par les fenêtres. Enfin, la scène du dénouement est mal traitée, elle est froide, tandis qu'elle auroit dû être et tendre et attendrissante. Je finis en louant beaucoup M. de Moissy sur son idée, désespéré de ce qu'il n'a pas eu assez d'art, de théâtre, et de connoissance du monde pour en tirer un très-grand parti.

Vers le 20 du courant est mort M. de Boissy, l'un des quarante de l'Académie françoise, et qui étoit chargé de faire le *Mercure*. On ne sait pas précisément le jour de sa mort (1), que sa veuve a caché pour avoir le temps de faire des démarches, qui, à ce qu'on assure, lui ont fait obtenir une pension sur le *Mercure*, ce qui est juste, car je crois que Boissy mourut pauvre. Il avoit été toute sa vie mal à son aise; il étoit fils d'un lieutenant général d'une petite ville de l'Auvergne. Son père, qui l'avoit envoyé à Paris faire son droit, piqué de ce qu'il ne revenoit pas s'établir chez lui, suivant ses vues, avoit, comme il se pratique en pays de droit écrit, institué son frère cadet son héritier, et l'avoit réduit à sa légitime. Ce père, d'ailleurs, étoit outré contre lui de ce qu'il s'étoit entièrement livré au bel esprit; et en cela je ne le désapprouve pas : c'est un sot métier à faire pour vivre. Quoi qu'il en soit, à peine ce pauvre diable a-t-il joui d'une vie aisée, que sa santé, qui n'avoit jamais été trop forte, s'est entièrement dérangée, et qu'il n'a presque pas eu le temps de goûter les avantages d'une fortune très-honnête pour un homme de lettres; car, toutes charges payées, il tiroit du Mercure 18,000 francs par an au moins. Il laisse un fils, qui ne l'aimoit pas, et qu'il n'aimoit guère.

Leurs inclinations et leurs caractères étoient tout-à-fait antipathiques; le père avoit été galant, et avoit aimé les femmes jusqu'à épouser sa blanchisseuse ou sa servante, qui est actuellement sa veuve, et mère du fils unique qu'il laisse, et qui ne sauroit souffrir le sexe. Il

---

(1) Mort le 19, âgé de soixante-quatre ans. Il était né le 26 novembre 1694. (*Note de Barbier.*)

étoit propre jusqu'à la recherche ; son fils est négligé jusqu'à en être dégoûtant. Boissy aimoit le monde et la société ; son fils ne voit personne, et ne sort point de la poudre de son cabinet. Le père avoit du goût et de l'esprit ; le fils n'a ni l'un ni l'autre, et a pris le parti, commode, de les mépriser tous les deux. Le père étoit ignorant ; celui-ci est savant proprement dit, avec toute la pesanteur et la pédanterie que l'on reproche à ceux qui l'étoient à la renaissance des lettres, dans les siècles derniers ; et pour que le public en fût instruit, il a publié, il y a quelques années, une Vie de Simonide, poëte grec, où il a étalé tout ce que les recherches les plus érudites, les plus minutieuses et les plus lourdes peuvent fournir à un pédant. Le premier n'estimoit pas assez la science, et le second méprisoit l'agrément et les grâces de l'esprit. Avec des oppositions si marquées dans leurs goûts et dans leurs façons d'être, il n'est pas surprenant que, vivant ensemble, ils ne pussent se souffrir.

Le défunt a beaucoup travaillé pour le théâtre, où il a eu des succès marqués, surtout aux Italiens ; cependant on ne parleroit pas de lui dans dix ans s'il n'avoit pas fait *les Dehors trompeurs*, la seule comédie de lui qui reste et qui restera long-temps au théâtre. Aussi m'a-t-on assuré qu'il avoit beaucoup été aidé dans le plan de cette pièce ; et il faut bien que cela soit : la preuve en résulte de ses autres ouvrages dramatiques, où il est aisé de voir que cet auteur n'entendoit rien au plan de ses comédies, et ne savoit pas même faire des scènes. Il faisoit très-joliment des vers, surtout les vers libres ; et c'est en quoi il a le mieux réussi. Aussi ses petites comédies à tiroir, ou scènes détachées, sont-elles ses chefs-d'œuvre : *le Triomphe de l'intérêt*, *l'Apologie du siècle*, etc., c'étoit-là son genre ; dès qu'il en sortoit, il montroit la corde.

Boissy étoit né satirique et amer ; et s'il n'avoit pas été l'homme le plus foible, il auroit été l'écrivain de son siècle le plus mordant. On prétendoit, dans le temps qu'il fit représenter *le Triomphe de l'intérêt*, dans lequel il jouoit le juif Dulys et la Pellissier, que ce fut cette pièce qui détermina cet Hébreu à envoyer ici son valet de chambre pour se venger de cette fille et de Francœur, qui étoit l'occasion de cette satire théâtrale (1). Ce valet de chambre fut roué avant d'avoir accompli ses mauvais desseins, dont il fut convaincu et qu'il avoua. Si ce fait est vrai, combien de reproches Boissy n'a-t-il pas dû se faire? Et de quels remords ne doit-il pas avoir été déchiré? On peut se convaincre de l'amertume de sa satire par la simple lecture de l'*Apologie du siècle*, et de quelques autres de ses petites pièces à scènes épisodiques. Il fut aussi soupçonné d'avoir fait des couplets cruels contre l'abbé Desfontaines; et on a dit qu'il en avoit été remercié par le sieur d'Auvigny, l'auteur des *Hommes illustres de la France*.

Le samedi 29 du courant je fus à la Comédie-Française voir la première représentation de *la Fille d'Aristide*, comédie en cinq actes et en prose de Madame de Graffigny. J'avoue de bonne foi que je me suis lourdement trompé sur le sort de cet ouvrage; j'aurois parié qu'il auroit eu du succès, et qu'il feroit un grand effet, et il n'en a point fait du tout. C'est une pièce froide et sans intérêt, et tout est dit lorsque l'intérêt ne se trouve point dans le comique larmoyant. Je confesse en même temps que je suis un assez mauvais juge de cette espèce de drame, que je n'aime ni n'estime (2).

---

(1) V. les *Œuvres inédites* de Piron, p. 342-343, et les *Mélanges* de Bois-Jourdain, t. II, p. 376, où se trouvent les détails de cette scandaleuse affaire. (*H. B.*)

(2) Le genre larmoyant est le partage de la médiocrité : La Chaussée en étoit un modèle des moins imparfaits. Madame de Graffigny, Diderot, un Fenouillot de Falbaire, l'auteur de *l'Orphelin anglois* (de Bougal), Voltaire (que je devrois mettre en tête pour avoir fagoté *l'Enfant prodigue*, *Nanine*, *l'Ecossaise*, et *le Droit du Seigneur*, toutes pièces méprisables et in-

Le fond du sujet de celui-ci n'est nullement intéressant; l'art avec lequel il est traité n'a pu racheter ce défaut capital; les infortunes de la fille d'Aristide sont trop ordinaires, et n'ont rien de saillant. Ce sont des tracasseries de l'intérieur d'une maison; on l'accuse de faire tort à Cléomène, son bienfaiteur, et de lui faire négliger ses affaires; de le mener, de vouloir l'épouser; enfin, de profiter de sa négligence et du dérangement de sa fortune pour faire la sienne; tout cela est bien trivial et bien peu intéressant : voilà ce que je n'ai vu qu'à la représentation, et qui n'avoit jamais trompé ma femme, à laquelle la pièce n'avoit pas plu quand je lui en fis voir les premières esquisses.

Une autre cause de la chute de cet ouvrage est le caractère de Cléomène. On ne sait ce que c'est que ce philosophe spéculatif, dont le caractère n'est point assez décidé. La vente de la liberté de Théonisse n'a fait aucun effet, parce que le motif pour lequel elle se rend esclave n'est point assez fort pour lui faire faire sur-le-champ ce sacrifice. Le caractère de Cratobule, qui seroit bien placé dans une autre comédie véritable, rompt continuellement, dans celle-ci, le peu d'intérêt qui s'y rencontre, et jure trop avec le fond de la pièce; ce caractère de Cratobule est excellent en lui-même; il est neuf, et le fond en est véritablement comique : lui seul pourroit fournir le sujet d'une vraie comédie.

Je ne parlerai point de Phères et de la fausse niaise. Le premier est hors d'œuvre dans la pièce; le caractère de la niaise est trop forcé. L'enlèvement de Théonisse est un moyen ridicule et odieux, qui a révolté tout le monde; j'avois fortement insisté pour que l'on trouvât

---

finiment au-dessous de celles de La Chaussée, qu'on méprise moins, mais qu'on méprise encore), et ces auteurs et leurs rapsodies ne passeront point à la postérité, excepté Voltaire, qui en sera blâmé pour avoir donné dans ce travers. Les ouvrages sans mérite et sans nature ne sauroient subsister. Le temps ne respecte que les tableaux vrais. (*Note de Collé, écrite en* 1780.)

un autre ressort : je ne suis pas coupable à cet égard ; il n'en est pas de même pour le reste. J'ai été d'un aveuglement qui me démontre bien que je n'entends rien aux pièces de ce genre, et qui prouve que, quelque habitude que l'on ait du théâtre, on ne peut bien juger d'une pièce qu'au théâtre même ; le jour et la nuit ne sont pas plus différents que la lecture et la répétition.

Vraisemblablement Mme de Graffigny auroit retiré sa pièce après la première représentation, et elle eût fait sagement, si ses amis n'avoient pas su qu'il étoit inutile de le lui conseiller, 1° parce qu'elle ignore à quel point sa chute est fâcheuse, 2° parce qu'ils savent qu'avant de la faire jouer elle avoit fait demander à l'Impératrice la permission de la lui dédier. Cette dédicace entraîne une pension ou un présent ; la dépense qu'elle fait la met sans cesse dans le cas d'avoir besoin d'argent. Elle ne m'a pas caché, ni à beaucoup d'autres, auparavant qu'elle eût fait son plan de *la Fille d'Aristide*, que c'étoit ce cruel motif qui la forçoit à l'entreprendre ; et il est sûr que dans ce temps tous ceux qui l'entouroient ont fait humainement tout ce qu'ils ont pu pour l'empêcher de compromettre sa réputation, que *Cénie* avoit établie au-delà de ce qu'elle pouvoit espérer ; et à cet égard elle est d'autant moins excusable, qu'avec de la conduite et de l'économie elle étoit dès lors fort à son aise.

MAI 1758.

Le premier de ce mois le *Mercure de France* fut donné à M. de Marmontel. S'il y a un homme de lettres capable de faire bien ce mauvais Journal, c'est Marmontel. Cet homme joint à une belle imagination un esprit vraiment philosophique ; j'entends un esprit juste, un sens droit. Ses connoissances ne sont point bornées à la seule partie des belles lettres, il est aussi bon métaphysicien. Pour s'en convaincre, il suffit de lire les articles qui sont de lui dans l'*Encyclopédie.* Il n'est pas possible de jeter plus de clarté dans les choses abstraites, et d'en écrire avec plus de méthode, de force et de précision qu'il l'a fait. Il m'a paru avoir un goût sûr quand il juge les ouvrages des autres, quoiqu'il m'ait semblé en manquer quelquefois dans les siens. Il est d'une santé robuste, et c'est un des plus grands travailleurs que nous ayons. Je lui crois un talent décidé pour la tragédie; ce coquin de Fréron l'a forcé, par ses critiques injustes, partiales, indécentes, et par des personnalités outrageantes, d'abandonner le théâtre; c'est une perte véritable que nous avons faite (1). Il ne faut pas douter, pourtant, qu'il n'eût besoin d'un bon critique et de conseils. On trouve partout dans ses pièces des étincelles

---

(1) Je ne sais où j'avois l'esprit quand j'ai dit et osé écrire que Marmontel avoit un talent décidé pour la tragédie : rien n'est plus faux que ce jugement. Je fais, en 1780, amende honorable au dieu du goût d'une décision aussi contraire à la raison.

Marmontel est un grand littérateur, un véritable académicien, et un homme de beaucoup d'esprit, etc.; mais c'est un versificateur boursouflé et sans invention. C'est avec raison que Fréron lui a fait déserter le Théâtre-François. Il n'a pas mieux fait à celui des Italiens, quoiqu'il y ait eu des succès musicaux. Tous ses sujets sont hors de la nature ; il ne connoît point le cœur humain; dans ses Contes moraux même il a plus d'esprit que de naturel et de vérité. C'est le seul de ses ouvrages qui décèle quelques talents ; mais je pense m'être assez lourdement trompé quand j'ai été assez fou pour trouver dans ses tragédies des étincelles de génie ; il n'y en a pas plus que sur ma main.

Rendons aussi justice à Fréron, que j'ai mal jugé. Ce critique défunt avoit de l'esprit, du goût, et des tournures de causticité qui n'étoient qu'à lui ; quand il jugeoit d'un ouvrage sans partialité (ce qui étoit très rare), il étoit judicieux, et plein de finesse et de délicatesse. C'étoit un homme de lettres assez instruit ; il auroit eu mille et mille fois plus d'esprit s'il eût eu une âme. La sienne étoit basse, vénale et fort méprisable. Ivrogne et crapuleux, il faisoit commerce de critique et de louanges, qu'il vendoit à juste prix. Il est mort banqueroutier. (*Note de Collé.*)

de génie, de la chaleur et le *vis tragica*; mais ses plans ne sont pas assez combinés; il a travaillé trop vite; sa facilité lui a nui, bien moins cependant que les flatteurs et les sots dont il étoit entouré dans la société de La Popelinière, où il passoit sa vie. Il y a du génie dans *les Héraclides* (1); son *Egyptus* (2) auroit peut-être eu le plus grand succès, et l'eût mérité, s'il n'eût pas entrepris de traiter en six mois un sujet aussi difficile, et qui demandoit trois ou quatre ans d'un travail suivi. C'est bien dommage qu'un sujet aussi neuf, aussi grand, aussi tragique que celui d'Egyptus, ait été manqué.

Le critique mercenaire, qui ne vit que de la pâture qu'il donne à la malignité des autres hommes en satisfaisant la sienne, n'a trouvé que des défauts dans *Egyptus*. Un critique honnête homme en eût peut-être trouvé davantage; mais il eût vu en même temps les beautés d'un pareil sujet, il en eût fait tirer un meilleur parti à Marmontel par ses conseils. Heureusement, en arrachant Marmontel au théâtre Fréron n'a pu priver le public des autres talents de ce *galant homme* (3) ni empêcher qu'on les récompensât. Quoique le Mercure lui soit donné, avec des charges plus onéreuses que n'en supportoit Boissy, j'imagine pourtant qu'il pourra bénéficier dessus d'une dixaine de mille francs par an.

---

(1) Tragédie de Marmontel, jouée en 1752. (*H. B.*)

(2) *Idem*, jouée en 1753. (*H. B.*)

(3) Ce *galant homme* a prouvé depuis, par ses actions, qu'il étoit un vilain homme. Ses vers contre le duc d'Aumont l'ont déshonoré; cette odieuse satire eût dû l'exclure de l'Académie. J'ai su que c'étoit le plus faux et le plus bas des hommes. Flatteur de La Popelinière, fermier général, il l'a comparé à Alexandre, dans ses pesants madrigaux, etc., etc., etc. Il faisoit des plaisanteries de ce publicain quand il se trouvoit dans d'autres sociétés. Mêmes procédés avec ce roué de Bouret! Mêmes procédés avec nombre d'autres! (*Cette note de Collé a été écrite en* 1780; *mais on sait aujourd'hui que les vers contre le duc d'Aumont sont de Cury*. V. les *Mémoires de Marmontel*, t. II, p. 148 et suiv.). (*Note de Barbier.*)

JUIN 1758.

J'ai travaillé pendant tout ce mois et les précédents à ma comédie du *Père défiant*(1); plus j'y travaille et plus je trouve à y travailler. Saurin, à qui je l'ai donnée à examiner, n'est content que du dernier acte; il ne désapprouve pas le premier, qui lui paroît exposer en action autant qu'il est possible le sujet de la pièce, et marcher assez rapidement; mais le second lui semble mauvais : il n'admet point la situation, qui en fait tout le fond (2); et à cet égard je ne suis point de son avis. Je vois bien qu'il est mal arrangé, qu'il faut que je le culbute, que j'y change, et que j'y ajoute bien des choses; mais je ne conviens pas du tout que la situation de cet acte ne soit dans la nature et ne présente un tableau comique et théâtral; tout dépend de la délicatesse avec laquelle cette situation doit être maniée; il faut beaucoup de finesse, de légèreté et d'adresse pour couvrir l'indécence du fond, et pour que Desronais, qui est l'amant, paroisse toujours intéressant, malgré l'infidélité qu'il a faite à sa maîtresse.

Aussi ai-je été au secours pour trouver des ressources, que je chercherois peut-être en vain en moi-même. J'ai

---

(1) Premier titre de la comédie de *Dupuis et Desronais*. (*H. B.*)

(2) Une des plus fortes preuves que je puisse donner de la difficulté de juger une pièce de théâtre sur le papier, c'est que Saurin, le plus excellent des juges, le meilleur esprit, et le plus exercé à la scène, se fût si fort abusé sur la situation de ce second acte, et qu'il ait persisté dans sa manière de voir jusqu'à ce qu'il ait été détrompé par son effet théâtral. Il soutint toujours à ma femme et à moi que cette situation ne pouvoit pas en avoir, et qu'elle feroit tomber la pièce.

Ce qui démontre encore que les gens qui ont même le plus d'usage du théâtre ne peuvent juger d'un ouvrage qu'à la représentation, c'est que d'un autre côté Crébillon le fils et Grandval le comédien répondoient du succès du second acte, et qu'ils pensoient que le troisième, qu'ils qualifioient de plaidoyer, devoit faire tomber la pièce. Accordez cette diversité de jugements! (*Note de Collé, écrite en* 1780.)

donné une copie de ma pièce à M. de Marivaux, qui y travaille et me rend ce service, en revanche d'un petit plaisir que j'ai été à portée de lui faire (je veux dire de faire donner par M. Caze un débit de tabac à un homme pour lequel il s'intéressoit). Pour que M. Marivaux arrangeât ce second acte, je lui ai confié, sous le sceau du secret, que mon dessein seroit, si l'ouvrage pouvoit devenir bon, de le donner aux Français pour y avoir mes entrées. Il y travaille, et compte m'en faire sortir à mon honneur (1).

M. de la Curne de Sainte-Palaye a été élu ce mois-ci à l'Académie françoise, à la place de Boissy. Il avoit pour concurrent unique, ou du moins déclaré, M. Lefranc (2); et comme il a moins de mérite et d'esprit que ce dernier, il lui a été préféré, comme de raison. La Reine, qui s'y connoît, lui avoit accordé une protection déclarée, et l'a fait entrer à l'Académie, contre l'avis de la plus saine partie des Académiciens, et malgré le vœu de

---

(1) Il ne tenoit qu'à moi de m'égarer encore sur les pas de Marivaux, qui m'ouvroit une autre route. Dans ses observations, qu'il me donna par écrit, il ne vouloit point que Désronais eût des remords de son aventure avec la Comtesse. Il trouvoit que c'étoit en faire un fade berger. Il me conseilloit d'en faire un agréable, un sot, qui tournât en plaisanterie, et avec légèreté, son histoire avec cette femme de qualité, bien loin de s'en justifier vis-à-vis de Marianne.

Lorsque Marianne se seroit mise en fureur, il vouloit que Désronais la menaçât d'aller voyager en Italie, etc. Marivaux avoit pourtant un talent qui lui étoit propre, et un genre de comédie qui n'a été qu'à lui; ce n'étoit pas à la vérité le bon genre, mais il avoit réussi, et son théâtre subsiste encore en 1780.

Je suis donc étonné du chemin qu'il vouloit me faire prendre : il eût ôté tout l'intérêt de la pièce. C'étoit cependant un célèbre artiste, et peut-être eût-il réussi en retournant ce sujet à sa manière, qui étoit de faire faire l'amour aux hommes par les femmes; dans ses pièces, ce sont toujours elles qui font les avances. En traitant ce sujet à sa façon, il auroit eu des ressources que je n'eusse jamais trouvées dans la mienne. (*Note de Collé, écrite en* 1780.)

(2) Lefranc de Pompignan, né en 1709, mort en 1784. (*H. B.*)

la nation, qui décidoit tout d'une voix en faveur de
M. Lefranc. Devoit-on, en effet, balancer entre l'auteur
de *Didon*, et de quantité d'autres ouvrages de poésie et
de littérature, qui tous respirent le goût et montrent un
très-grand talent, et le compilateur de vieux mots français, le sec et ennuyeux auteur d'un glossaire, qui peut
être utile, si l'on veut, mais qui n'est point fait pour
donner de la réputation et de la célébrité à un homme ?
C'est vouloir mettre en parallèle Mansard et celui qui
a tiré des carrières les pierres qui ont servi à bâtir
Versailles. Je connois ce M. de Sainte-Palaye (1) ; c'est un
très-galant homme, mais ce n'est qu'un pauvre érudit, et
encore, en cette partie unique qu'il a entreprise, parce
que personne ne vouloit s'en donner la peine ; c'est le
défaut de goût qui lui a fait entreprendre un ouvrage si
rebutant ; ce défaut de goût devoit l'exclure de l'Académie, et y faire entrer son concurrent ; mais M. de
Sainte-Palaye a été du goût de la Reine, et nous respectons son choix comme nous le devons.

Le lundi 26 je fus à la Comédie-Françoise voir la première et dernière représentation de *l'Amant déguisé*, comédie en deux actes et en prose de M. le Chevalier de la
Morlière ; elle étoit si ennuyeuse, que par des claquements de mains ironiques le parterre empêcha qu'elle
ne fût achevée. Comme elle ne sera pas vraisemblablement imprimée, j'en ferois de mémoire un petit extrait si elle en valoit la peine ; mais n'y ayant rien
trouvé de neuf, ni dans les caractères ni dans les situations je me contenterai de dire que c'est une copie de
copies ; que ce sont de vieilles scènes rebattues et cent
fois plus mal présentées qu'elles ne l'ont jamais été. L'amant déguisé, par exemple, est calqué sur l'amant des
Fausses confidences de Marivaux ; le caractère du financier

---

(1) Sainte-Palaye (J. B. de la Curne de), né en 1697, mort en 1781. On a
de lui de précieux et volumineux mss. à la Bibliothèque impériale. (*H. B.*)

est une mauvaise caricature de *Turcaret*. L'auteur avoit eu en vue de jouer Bouret (1), mais la copie n'a pas plu davantage que l'original.

JUILLET 1758.

L'Académie Royale de musique a donné à la fin du mois dernier, ou tout au commencement de celui-ci, *les Fêtes de Paphos*, ballet héroïque en trois actes séparés. La musique est de M. Mondonville; les paroles du premier acte (*Vénus et Adonis*), sont d'un M. Collet, secrétaire de je ne sais quel grand Seigneur; elles sont stupides, c'est un prodige d'imbécillité.

Le second acte (*Bacchus et Erigone*) est de feu M. de la Bruère; il est bien écrit, et très-lyriquement; mais le fond en est froid, peu naturel, et mal tissu.

Enfin, le troisième acte est de l'abbé de Voisenon; le style en est bien inférieur à celui de *Bacchus et Erigone*, mais il est plein de situations et de chaleur théâtrale; aussi a-t-il fait, en dépit de la musique, qui n'en vaut rien, à ce qu'ils disent, le plus grand effet. Comme l'abbé de Voisenon vouloit être ignoré, Mondonville,

---

(1) Bouret est ce fastueux financier qui, pour recevoir Louis XV dans un rendez-vous de chasse, fit bâtir le pavillon de Croix-Fontaine et y dépensa quatre millions. On raconte qu'une femme de la cour, qui avait répondu à ses soupirs par des airs de hauteur, ayant eu besoin quelque temps après de dix mille francs, lui écrivit pour les lui demander, en lui assignant un rendez-vous. Bouret lui répondit : « Ce que je demandais était sans prix ; ce que vous m'offrez est trop cher. » Ce mot n'est ni d'un sot ni d'un homme commun. Aussi est-ce avec surprise que nous avons lu quelque part qu'interrogée au sujet de la maison magnifique de Bouret qu'elle venait de visiter, Mme Geoffrin répondit : « Je n'y trouverais rien à reprendre, si Bouret en
« était le frotteur. » (*H. B.*)

avant la représentation de ce ballet, alloit disant partout qu'il étoit de lui, et paroles et musique; d'un autre côté, M. le Duc de la Vallière, qui a toujours eu la fureur d'avoir fait les ouvrages des autres, dit à M. de Montauban, qui me l'a redit : *Je sais que Mondonville se vante d'être l'auteur des paroles de Psyché; mais s'il continue à débiter cette fable, je dirai partout, moi, que j'en ai fait la musique.*

La musique de ce ballet fut trouvée pitoyable à la première représentation, et il n'en auroit pas eu six sans la circonstance heureuse du jeu d'une jeune actrice, qui n'a paru que cet hiver, et qui en quatre mois de temps est devenue la reine de ce théâtre. Je n'ai point encore vu dans la même actrice rassemblés à la fois plus de grâces, de vérité, de sentiment, de noblesse d'expression, de belles attitudes, d'intelligence et de chaleur; je n'ai point encore vu de plus belles douleurs; toute sa physionomie les peint, en rend toute l'horreur sans que son visage perde les moindres traits de sa beauté. Si la nature lui eût donné les deux tiers de la voix de Mlle Le Maure, elle vaudroit deux fois mieux que cette chanteuse, qui sera célèbre à jamais; je parle de Mlle Arnould, qui n'a pas encore dix-neuf ans, et que malgré cela on ne doit pas espérer de conserver longtemps à l'Opéra : elle n'a point la force nécessaire; les directeurs actuels la tuent et la tueront, et je crains fort qu'elle ne soit pas bien longue à expédier (1).

Le lundi 10 du courant je fus à la première représentation du *Père désabusé*, comédie en un acte et en prose de M. Cérou. Cette petite pièce, qui n'a eu que trois représentations, ne vaut rien : ce qui est bon est pillé; ce qui est de lui n'est pas naturel. On y trouve la scène de Cléanthis et de Strabon, bien inférieure à celle qui est dans *Démocrite;* et celle de Sosie, quand il interroge sa

---

(1) Il s'agit de Sophie Arnould, qui, née en 1740, est morte en 1803. (*H. B.*)

femme, pour savoir s'il n'est pas c..... comme Amphitryon.

Le caractère d'un père, qui hait son fils dès le moment de sa naissance, et sans l'avoir jamais vu depuis, n'est point du tout dans la nature, du moins de la façon dont il l'a présenté. Dès la première scène le dénouement peut se faire; le fils qui est devenu sous un autre nom l'ami de son père, n'a pas plus de raison pour se déclarer à la dernière qu'à la première scène qu'il a vu ce vieux fou. Il y a pourtant dans cette pièce quelque intelligence du théâtre; les acteurs y sont toujours bien en scène, mais ces scènes sont toujours trop longues, traînantes, et plus ressemblantes à la conversation ordinaire qu'au dialogue théâtral, qui doit être serré et précis.

C'est un défaut que j'ai bien remarqué dans *l'Amant auteur et Valet*, pièce en un acte et en prose, que ce même M. Cérou a donnée aux Italiens, qui y a eu un grand succès, et qui est reprise encore très-souvent.

C'est dans le commencement de ce mois, que mon frère est revenu de l'Inde, sur un vaisseau hollandais. Par le hasard du monde le plus heureux, notre frère Mignot, qui jouit depuis nombre d'années d'un emploi de 10,000 liv. de rentes à Marseille, et qui avoit la rage de s'en défaire depuis deux ans, vient d'en traiter avec notre frère l'Indien, comme nous l'appelons (1); ce dernier lui a donné 24,000 liv. une fois payées, et s'oblige de faire à chacune de mes trois sœurs des pensions, et à notre dernier frère, nommé Vigny, aussi pareille pension. Roussel nous a rendu le service d'obtenir l'agrément du contrôleur général sur cet échange; chose que je ne croyois pas si facile, et qui s'est pourtant faite as-

---

(1) Ce frère de Collé se nommait Philippe, et avait été conseiller au conseil supérieur de Pondichéry. C'est lui qui signa l'acte de décès de Collé, conjointement avec son cousin, un sieur Pelliot de la Garde, chevalier et conseiller du roi en sa chambre des comptes. (*H. B.*)

sez aisément. Par-là notre famille se trouve plus arrangée et plus à son aise qu'elle n'a jamais été, indépendamment de la convenance du climat chaud de Marseille, qui va, comme de cire, à notre voyageur, qui revient du climat brûlant de l'Inde.

Je voudrois qu'il me fût possible de peindre, avec des couleurs qui en pussent approcher, la satisfaction et la joie que ma mère a senties au retour de son fils, et à cet arrangement qui en a été la suite ; je peindrois le bonheur même.

AOUT 1758.

J'ai été à la campagne pendant le mois d'août, et je n'ai point vu la première représentation de *l'Ile déserte*, comédie en un acte et en vers de M. Collet, secrétaire des commandements du duc de Parme, auteur de *Vénus et Adonis*, acte du ballet des *Fêtes de Paphos*; cette pièce, qui a eu quelques petits succès, étant interrompue par l'indisposition d'une actrice, j'en parlerai lorsque je l'aurai vue.

L'Académie Royale de musique a aussi donné *les Fêtes d'Euterpe*, paroles de différents auteurs, musique de d'Auvergne. Je ne m'y arrêterai pas ; le souvenir de sa représentation me fait encore bâiller. Musique et paroles, je n'ai jamais rien entendu de si ennuyeux.

Il m'a passé par la tête, pendant que j'étois à la campagne, d'écrire en vers libres ma comédie du *Père défiant*, et j'ai fait, chez Roussel, le dernier acte presque entier. Je sens bien que j'ai commencé par le plus facile, attendu que les deux très-grandes scènes, que j'ai mises en vers, sont les plus vives et celles qui ont le plus de chaleur. Je n'attends, pour continuer, que les remarques de M. de Marivaux, auquel j'ai laissé mon manuscrit, en prose, comme je l'ai déjà dit. Il y a des scènes où il faut nécessairement de la finesse et de la délicatesse de sentiment; et c'est en ce point surtout que M. de Marivaux me sera d'une très-grande utilité, s'il me sert de son mieux, comme il me l'a promis.

A en juger par les vers que j'ai déjà faits, cette comédie gagnera prodigieusement à ne point rester en prose; les vers lui donnent bien une autre force, une autre dignité, une autre chaleur. Quand je devrois employer deux années à écrire cette comédie en vers, je ne les regretterois pas, si je n'y laissois point de fautes à moi connues, soit dans le fond, soit dans les détails.

Le livre de M. Helvétius, intitulé *de l'Esprit*, a paru dans les premiers jours de ce mois; il a fait un bruit de diable, et a causé une peine cruelle à son auteur. Le Roi, la Reine, et surtout le Dauphin, en ont été en fureur; sans Mme Helvétius la mère, M. Helvétius étoit perdu et obligé de s'expatrier. On lui a fait les menaces les plus violentes, pour l'obliger à donner une rétractation des sentimens contenus dans ce livre, imprimé à Paris avec approbation et privilège du Roi. Il a adressé cette rétractation au Père Pleix, jésuite; on ne l'a pas trouvée assez forte à la cour; on lui en a demandé une seconde si humiliante que plusieurs des gens qui connoissent Helvétius ont dit qu'il ne lui manquoit, en la faisant, qu'une torche au poing pour que cette rétractation fût une véritable amende honorable. Il a fait voir plus de philosophie et de fermeté dans son livre que dans ses actions. Plusieurs de mes amis, qui l'ont vu et suivi dans cette bourrasque, m'ont assuré qu'ils n'avoient jamais trouvé d'homme plus pusillanime. Craignant tout, pleurant comme un enfant, parlant de se poignarder, et finissant par donner deux rétractations, dont la dernière est faite la corde au col (1).

---

(1) Il paraît en effet qu'Helvétius fit deux rétractations. « On lui en a fait

Un de ses amis, homme ferme, auquel il demandoit conseil, lui répondit que dans le cas où il se trouvoit on ne devoit prendre avis que de soi-même; qu'il ne pouvoit partir que de ce qu'il sentoit et de ses propres mouvements; que dans tout cela il ne s'agissoit que de perdre sa charge de maître d'hôtel de la Reine, d'être exilé dans sa terre, ou, au pis aller, d'être trois mois à la Bastille; que s'il étoit en sa place il préféreroit ces extrémités à celle de donner un désaveu déshonorant; d'autant plus qu'en se retirant sur-le-champ dans sa terre, et faisant négocier à la cour par sa mère et gagnant du temps, il y avoit à parier qu'aucune de ces choses fâcheuses n'arriveroit, ayant déjà donné une première rétractation, qui le mettoit en quelque sorte à couvert. Mais les larmes de sa mère, et plus encore sa propre foiblesse, lui ont fait prendre un parti qui a été blâmé de tous les gens qui pensent. Plus son livre est hardi et paroît ferme, plus il semble afficher une indépendance philosophique et un amour effréné pour ce qu'il croit la vérité, et plus une conduite foible et de femmelette le couvre de ridicule, et forme un contraste cruel pour lui de ses sentiments et de ses actions : ou il ne falloit pas donner son livre, ou il falloit le soutenir.

La chose la plus singulière, dans son aventure, c'est d'avoir été imprimé avec approbation et privilége du Roi. Un M. Tercier, premier commis des affaires étrangères, étoit son censeur. S'il n'est pas vrai que cet homme soit une bête, comme on l'avoit d'abord assuré, où avoit-il les yeux? car ce n'est point faute d'examen et de l'avoir lu avec une grande attention. Il le possédoit si bien, que le lendemain que cette affaire fit du bruit il

---

« signer une seconde si humiliante, dit Grimm (*Correspondance littéraire,*
« *août* 1758), qu'on ne serait point étonné de voir un homme se sauver
« plutôt chez les Hottentots que de souscrire à de pareils aveux. Voilà bien
« du bruit. » (*H. B.*)

fit sur-le-champ un petit mémoire justificatif de sa conduite, qui contenoit en deux pages un résumé si précis de l'ouvrage, que l'on ne sauroit douter qu'il l'eût bien présent à l'esprit. L'abbé de Bernis a tiré ce M. Tercier d'affaire; on vouloit l'inquiéter, et effectivement tout devoit retomber sur lui.

Une autre singularité, qui est une dépendance de la première, c'est que M. de Malesherbes, fils du chancelier, qui est à la tête de la librairie, fit dire, auparavant que l'on commençât l'impression, à M. Helvétius, que l'on trouvoit des choses bien hardies dans son ouvrage; ce dernier fut le trouver et lui demanda un autre censeur. M. de Malesherbes lui en donna un, dont on ne sait pas le nom; ce second censeur a mis vingt-sept cartons à l'ouvrage; Helvétius s'est soumis à ces vingt-sept cartons. Je demande encore où ces censeurs avoient les yeux? Rien n'est plus extraordinaire que cet aveuglement, si ce n'est celui de l'auteur et son opiniâtreté à vouloir le faire imprimer ici, tandis que tous ses amis l'avoient prié à genoux de ne le faire imprimer qu'en pays étrangers. S'il eût pris ce parti, il auroit pu alors le désavouer honnêtement, sous le prétexte du vol prétendu de son manuscrit, dire que l'on y avoit ajouté, qu'il étoit falsifié, etc. (1).

Ce n'est qu'en conséquence de sa honteuse rétractation qu'il a obtenu un arrêt du conseil pour la suppression de son livre, pour empêcher que le parlement ne le poursuivît. La Sorbonne va le condamner; ce n'est point ce qu'en diront les théologiens, mais ce seront les critiques philosophiques et les sectateurs d'une morale saine qui l'affligeront davantage; je crains bien pour Helvétius que son livre n'empoisonne le reste de ses

---

(1) Ce sont là des capitulations de conscience et des restrictions mentales dont on doit savoir gré à Helvétius de n'avoir pas fait usage, n'en déplaise à notre ami Collé. (*H. B.*)

jours. Il essuiera des critiques de toutes les espèces, parce qu'il a choqué tous les hommes, les prêtres, les ministres d'État, les femmes, les dévots, les beaux esprits, les gens de bon sens, les bêtes; il aura contre lui ceux qui, comme moi, croient à l'amour, à l'amitié, à tous les sentiments humains; il aura révolté contre lui tous les pères de famille, tous ceux qui ont des mœurs, et plus encore ceux qui les affichent sans en avoir : il n'a ménagé l'amour-propre de personne, et il n'y a pas d'apparence que personne ménage le sien. Enfin, en partant d'après son caractère, si la célébrité que son livre a aujourd'hui ne vient que de la défense qui en est faite, et non de la bonté intrinsèque de son ouvrage (ce que je ne suis pas en état de juger), il sera le plus malheureux des hommes. Sa seule passion est de passer pour le plus grand écrivain de son siècle; à peine se contentera-t-il d'une place auprès du président de Montesquieu ; s'il la manque, c'est fait de son bonheur. Il ne trouvera qu'un vide affreux, le reste est un néant pour lui.

Son livre ne sera jugé bien définitivement que lorsque les esprits seront refroidis. Quant à moi, rien dans cet ouvrage ne me paroît neuf, sinon ses extravagances sur l'amour, l'amitié, les sentiments, qu'il attribue entièrement à une sensibilité purement physique; et son système sur l'égalité des esprits, qui est une belle folie. J'y ai d'ailleurs trouvé des morceaux d'éloquence qui m'ont paru comparables à ce que les Fléchier et les Bossuet ont fait de plus beau; mais aussi rien n'est si inégal que son style; et dans beaucoup d'autres endroits il est pesant, froid et ennuyeux (1).

---

(1) Le livre d'Helvétius est oublié. Les philosophes qui s'en souviennent l'estiment peu, malgré leur dépravation naturelle. En horreur aux pères de famille et aux âmes honnêtes de la société, dont il rompt tous les liens, le défunt ne trouveroit pas un *requiescat in pace*, des cœurs tendres auxquels il a nié l'existence de l'amour et de l'amitié. Ce livre affreux n'a dû sa célébrité momentanée et éphémère qu'à ses imprudences et à ses impu-

Enfin, si l'on jugeoit d'un homme par ses écrits, son caractère annoncé dans son livre ne le peindroit que comme le plus orgueilleux des humains et le plus insensible (1). Aussi lorsqu'il parle de sensibilité, je crois entendre un punais qui disserte sur l'odorat. Quand je serois dans l'erreur, je lui demanderois encore : à quelle intention avez-vous fait votre livre, *cui bono?* Les vérités que vous avez découvertes aux hommes les rendent-elles plus heureux? Tout au contraire. J'aime donc mieux mes illusions, je leur préfère mes préjugés, qui me font plaisir, bonheur et honneur; et que le diable emporte tous les philosophes et tous les métaphysiciens qui ne m'éclairent que pour m'affliger!

SEPTEMBRE 1758.

Le jeudi 21 du courant je fus à la première représentation d'*Hypermnestre*, tragédie de M. Lemierre, connu déjà un peu des gens de lettres, pour avoir remporté deux ou trois fois le prix de poésie à l'Académie françoise. Elle a été reçue avec des applaudissements outrés, et elle méritoit tout au plus de l'indulgence, à cause de la jeunesse de l'auteur, et comme son premier ouvrage dramatique.

---

dences. Otez quelques morceaux très-bien écrits, c'est d'ailleurs un ouvrage très-ennuyeux. (*Note de Collé, écrite en* 1780.)

(1) Ainsi que nous l'avons dit, Helvétius se distingua par de nombreux traits de bienfaisance, dans lesquels sa femme, célèbre elle-même par son esprit, le seconda dignement. Plus tard, elle habita Auteuil, où elle avait une petite cour formée des philosophes du temps. Napoléon la visitait souvent et ambitionnait les suffrages de ses amis, qu'il appela depuis des *idéologues*. V. *Versailles ancien et moderne,* par le comte Al. de Laborde; Paris, 1841. Scheneider, 1 vol. in-8°, p. 49 et suiv. (*H. B.*)

Il n'y a nul intérêt dans ce poëme; toutes les scènes n'y sont qu'indiquées; il n'y en a pas une de traitée. Le rôle de Danaüs est cruel jusqu'à en être dégoûtant; ce n'est que par haine pour Egyptus qu'il se détermine à faire assassiner ses cinquante gendres. Il a apparemment cru, ce M. Lemierre, que ce seroit un tour de force de se passer de l'Oracle, qui, suivant la fable, avoit prédit à Danaüs qu'un de ses gendres le feroit périr. Danaüs dit, au contraire, que pour avoir un prétexte de faire mourir et égorger tous ses gendres il a fait rendre un faux oracle par son grand-prêtre, pour persuader au peuple que son salut dépend de cette boucherie; moyennant cette cruelle invention, ce sujet, qui n'est pas vraisemblable par lui-même, devient absolument absurde. En ne se servant point de l'Oracle, il s'est ôté le seul moyen qu'il avoit de fonder ce forfait pour le rendre vraisemblable; le sujet étoit bien d'ailleurs assez intraitable, sans y joindre cette difficulté et cette ânerie de plus.

En effet, cette fable de quarante-neuf maris égorgés par leurs femmes est assez ridicule pour qu'on ne se prête point à l'illusion; le récit en est nécessairement froid, et ne peut pas intéresser. Un défaut bien plus frappant et bien plus essentiel, c'est la façon dont se conduit Lyncée, après la boucherie de messieurs ses frères. Il en est si furieux qu'il dit à Hypermnestre, qui le veut apaiser, que si Danaüs étoit descendu aux Enfers, il iroit l'en retirer pour se venger de lui, et la conclusion de cette scène violente est qu'il va se cacher dans un faubourg d'Argos.

Le quatrième acte est totalement inutile, ainsi qu'une partie du cinquième; et le dénouement, qui a été applaudi à tout rompre, est celui d'une tragédie de collége. Ce dénouement peut aller à toutes les tragédies faites et à faire; c'est un bien beau secret que l'auteur a trouvé là! inventer un dénouement général! Le style de cette pièce et sa versification m'ont paru très-foibles. Je répondrois bien qu'elle ne restera pas au théâtre; elle a eu douze représentations.

Le 30 du courant, j'ai enfin vu *l'Ile déserte*, que j'avois différé de voir, parce qu'elle a toujours été attachée à *Hypermnestre*, que je ne veux voir de ma vie. C'est fort peu de chose que ce petit roman, car ce n'est point une comédie; il n'y a nul art théâtral : on prévoit toutes les scènes et le dénouement dès la troisième ou quatrième scène. Rien de neuf ni de saillant dans le dialogue; tous lieux communs, versification foible et languissante, et dans beaucoup d'endroits très-plate et très-mauvaise : c'est encore un succès éphémère que celui de cette comédie; elle a eu onze représentations.

Elle étoit précédée de *l'École des mères*, qu'ils ont remise et qui est tombée tout à plat à cette reprise; aussi est-ce une froide rapsodie. Mlle Gaussin a été la cause principale des succès passagers que les pièces de La Chaussée ont eus. Il y a plus de vingt-cinq ans que j'ai prédit le sort de tous les ouvrages de La Chaussée; ils n'ont pas cinquante ans à se soutenir. Tous ont été applaudis, et l'on ne reprend plus que *le Préjugé à la mode* et *Mélanide*; et je suis sûr que dans vingt-cinq ans d'ici ils seront oubliés..... *Mediocribus esse poetis non homines, non di, non concessere columnæ.* Son genre de comédie romanesque n'en est pas moins éloigné du vrai comique, et est une cause du changement de goût à cet égard; il faut un génie approchant de Molière pour nous tirer de cette fade espèce de drame. *Et ideo precor.*

OCTOBRE 1758.

Je ne suis occupé que de ma comédie du *Père défiant*, ou plutôt du *Vieux Dupuis*, comme je l'appellerai. J'y ai encore fait des changements dans le plan ; j'ai le premier et le troisième acte faits en vers ; je travaille au deuxième, qui est le plus difficile, et tout mon temps est employé à cet ouvrage.

Le 21 octobre je fus à la première représentation des *Noms changés*, comédie en trois actes et en vers, de M. Brunet (1).

C'est une pièce d'intrigue, où rien n'est fondé, et dans laquelle il y a une ou deux situations comiques, qui auroient produit le plus grand effet si elles eussent été amenées avec quelque vraisemblance et bien établies. Rien n'est motivé, tout est brusque, hors de la nature ; beaucoup de scènes vieilles et rebattues ; nulle connoissance du théâtre et du monde ; lieux communs, nulle saillie, rien de neuf. On m'a dit que ce M. Brunet n'avoit que vingt-un à vingt-deux ans ; en ce cas il y auroit trop de rigueur à le juger incapable de réussir un jour dans le genre dramatique ; sa pièce a eu sept à huit représentations, et ne sera jamais reprise.

NOVEMBRE 1758.

Dans les derniers jours de ce mois, la Comédie-Françoise a fait une perte, par la mort de Mlle Guéant. C'étoit une actrice médiocre, mais de la plus jolie figure ; elle commençoit à se tirer passablement des rôles de première amoureuse dans le comique. Sa beauté et sa naïveté les jouoient pour elles, car elle étoit sans intelligence. Dans la disette où nous sommes à présent d'ac-

---

(1) Brunet (P.-Nic.), Paris, 1733-1771, avait débuté par un poëme intitulé : *Minorque conquise, les faux Devins, la Rentrée des Théâtres, Hippomène et Atalante*, etc., compositions dramatiques. (*H. B.*)

teurs et d'actrices, c'est une perte considérable; on ne la sentira bien que dans deux ou trois ans d'ici, lorsque Gaussin se retirera, ou qu'elle deviendra insoutenable dans les rôles d'amoureuse, à cause de l'âge qui la gagne furieusement. Elle est morte de la petite vérole, cette pauvre petite Guéant, à l'âge de vingt-quatre à vingt-cinq ans; nous allons être réduits au jeu maniéré de la demoiselle Hus, ou aux grâces, un peu surannées, et à la figure épaisse de la Brillant, qui la remplace. Cette dernière est excellente dans les confidentes tragiques; elle a de l'intelligence, mais dans les rôles d'amoureuse comique elle a trop d'embonpoint, n'est point assez jolie, a les yeux un peu bigles; et quand elle joue le sentiment, on le prendroit volontiers pour du tempérament : en revanche, quand elle joue les coquettes, elle a l'air d'une Grâce.

Le 2 du courant, les Comédiens françois donnèrent la première représentation de *l'Épreuve imprudente*, comédie en trois actes et en vers, de M. Mauger, ancien garde du Roi. Elle ennuya tout le monde; sans être détestable, elle est du nombre de ces pièces que Piron disoit qu'il étoit impossible de siffler, parce que l'on bâilloit toujours; elle a eu, je pense, cinq représentations. Les Comédiens l'ont bien servie, ils l'ont toujours mise avec des tragédies qui ont coutume d'attirer, telles que *Mérope*, *Rhadamisthe*, *Bérénice*, etc.

Une chute qui fait bien plus de bruit que celle-ci, est celle du cardinal de Bernis, qui a été exilé le 9 de ce mois-ci. On prétend que c'est pour avoir dit l'année passée au Roi, qui le pressoit de lui dire la vérité sur la cause de la mauvaise situation de nos affaires, que c'étoit uniquement à l'inexpérience de nos généraux, et surtout de M. le maréchal de Soubise, qu'il falloit l'attribuer. L'on ajoute que madame de Pompadour lui déclara dès lors qu'elle ne lui pardonneroit jamais *cette abomination d'aller dire la vérité au Roi*. Il reste avec cent mille écus de dettes; d'autres disent davantage, et il a cent dix ou cent vingt mille livres de revenu; le pauvre homme! Si on quittoit l'ambition comme on quitte sa perruque, avec les ressources qu'il a dans son esprit et dans son talent il ne seroit pas à plaindre; au contraire, ce seroit un poëte agréable qui nous reviendroit au Parnasse; et je pense, comme tout le monde, que l'État n'y perdroit pas un grand ministre (1).

J'oubliois de dire que bien des gens attribuent la cause de sa disgrâce à ses liaisons trop intimes avec la famille royale, et surtout avec Madame Infante. Mais que peut-on savoir sur tout cela? Je l'avois prié, l'année passée, de me rendre service auprès du contrôleur général, pour me faire obtenir un intérêt dans quelque affaire; il s'y est prêté d'abord assez bien; cela est devenu ensuite plus tiède, et quelques mois après totalement froid. Mais, quoique j'aie à m'en plaindre plus qu'à m'en louer, je suis fâché pourtant du malheur qui lui arrive, de telle manière cependant que cela ne passe pas la douleur qu'il auroit éprouvée s'il m'étoit arrivé quelque désastre qui eût culbuté toute ma petite fortune. Indépendamment de son imprudence sur M. de Soubise (comme les fins courtisans l'appellent), on disoit encore ces jours-ci une autre cause de sa culbute. On veut qu'il ait présenté au Roi, sans en parler à la marquise, un mémoire pour se faire premier ministre; que le Roi l'ayant gardé plusieurs jours, sans lui faire de réponse, il se soit

---

(1) « *Évitez de Bernis la stérile abondance.* »
On sait que, pour se venger de ce vers du roi de Prusse, le cardinal de Bernis, appuyé par Mme de Pompadour, qui avait elle-même à se plaindre des mépris de Frédéric, fit conclure un traité d'alliance entre l'Autriche et la France. Par suite de cette intrigue entre le poëte bafoué et la favorite humiliée, la France se vit engagée dans une guerre désastreuse; et c'est pour avoir voulu y mettre un terme, en négociant la paix malgré la marquise de Pompadour, que le cardinal de Bernis fut exilé. — V. le *Journal* de Barbier, décembre 1758, et la *Correspondance littéraire de La Harpe*, t. III, p. 226 et suiv. (*H. B.*)

adressé à cette dame avec copie de ce même mémoire, et qu'il ait même exigé d'elle, pour le bien de l'Etat, ajoutoit-il, qu'elle donneroit ce second mémoire au Roi ; et que la réponse à ce dernier mémoire avoit été son exil. Cette conduite est trop bête pour que cela puisse s'être ainsi passé ; ou si le fait est véritable, il est du nombre rare de ceux qui sont vrais sans être vraisemblables.

Le mardi 12 de ce mois mourut Mme de Graffigny. Un mois, ou environ, après la chute de sa pièce, elle eut une violente attaque de nerfs, où l'on soupçonnoit d'entrer un peu d'épilepsie ; le chagrin et ce qu'elle prenoit sur elle pour le cacher n'ont pas peu contribué à augmenter son mal. L'obstination qu'elle a eue de ne pas se faire saigner a été la cause évidente de sa mort. Étoit-ce un bien pour elle de vivre plus longtemps ? C'est ce que je ne déciderois pas. Elle eût d'abord traîné peut-être une vie languissante et pleine d'infirmités ; et d'ailleurs le mauvais état de ses affaires lui auroit causé bien des tourments. Elle n'avoit point d'ordre ; accoutumée à vivre à la cour du dernier duc de Lorraine, à ne se rien refuser, à la façon des grands, sans s'inquiéter de ce que les choses coûtent, elle imaginoit trouver toujours de nouvelles ressources dans son esprit d'intrigue, qui effectivement lui avoit fait faire souvent de bonnes affaires ; affaires qui eussent été bien meilleures encore si, toujours pressée d'argent, elle avoit pu attendre l'événement. Elle a laissé 42,000 liv. de dettes effectives, et je ne pense pas qu'à beaucoup près sa succession puisse les payer ; elle étoit cruellement volée par ses domestiques, et sa dépense étoit excessive pour elle, sans qu'elle s'en aperçût ; elle alloit toujours. Voilà le seul défaut que je lui connusse, et celui d'avoir de l'humeur avec ses familiers, et surtout avec ses domestiques, pour lesquels elle devoit être insupportable ; du reste, femme d'esprit, dont le tête-à-tête étoit infiniment agréable pour ceux en qui elle avoit confiance; c'étoit l'âme la plus active que j'aie connue pour faire le bien et pour rendre service.

Quant à ses talents, je pense qu'elle ne les connoissoit pas; elle s'en croyoit pour le genre dramatique, et en avoit très-peu ou point; mais elle en avoit un singulier pour faire des romans de sentiment; ses *Letttres péruviennes* en font foi. Mais ceux qui, comme moi, l'ont connue dans la plus grande intimité, sont obligés d'avouer que ses talents n'étoient pas pour le théâtre, car *Cénie* est une pièce de roman, et que je ne regarde point comme une comédie. Et d'ailleurs, sans prétendre dire que *Cénie* n'est point d'elle, je suis sûr que M. de Romgold lui a donné des conseils sur l'arrangement et la distribution du plan de cette pièce, dont elle a profité, et elle a bien fait. Le succès de cette comédie lui avoit fait croire, avec trop de présomption, qu'elle étoit une des personnes du monde qui entendissent le mieux le théâtre; et elle nous le dit à ma femme et à moi, en présence de Monticourt, un mois auparavant la représentation de *la Fille d'Aristide* (ce qui montre bien la foiblesse humaine); il y a plus de deux ans que la pauvre femme m'avoit confié qu'elle vouloit faire une comédie du *Présomptueux*. Sa mort m'a été très-sensible; elle étoit du petit nombre des personnes que je m'étois réservé de voir depuis que je ne vais plus dans le monde.

Comme elle n'avoit aucune connoissance de ses affaires, elle a fait un testament dont les legs ne seront vraisemblablement pas acquittés. Elle a laissé ses manuscrits à un M. de Veaux, que tout le monde connoît sous le sobriquet de *Panpan;* c'est bien le plus sot homme et l'esprit le plus faux qui soit dans la nature, une vraie caillette. Mme de Graffigny avoit vécu beaucoup avec lui en Lorraine, et il avoit été toujours bassement son complaisant, ainsi qu'il l'a toujours été de toutes les femmes de qualité qui l'ont voulu avoir à leur suite comme un animal privé. Il est depuis longtemps le souffre-douleur de Mme la marquise de Boufflers de Lorraine, et est chez elle comme une espèce de val et de chambre bel esprit.

J'oubliois de remarquer une particularité bien singulière dans la maladie de Mme de Graffigny, c'est d'avoir eu un jour un évanouissement qui dura quatre ou cinq grandes minutes, auparavant lequel elle avoit commencé une phrase qu'elle acheva dans le moment qu'elle en revint, et sans s'être aperçue qu'elle s'étoit évanouie.

ANNÉE 1759.

JANVIER ET FÉVRIER 1759.

[Plus je fais de ces journaux, plus je sens et plus je vois qu'ils sont bêtes. Les derniers volumes le sont pourtant moins que les premiers, parce qu'ils contiennent moins de rabâchage que de faits. Dans les commencements je me laissois aller davantage à des espèces de mauvaises dissertations sur la poésie dramatique, et j'étendois infiniment plus les extraits des pièces nouvelles. Aujourd'hui, que je suis distrait par d'autres ouvrages, je suis plus court, et conséquemment moins détestable.

Si j'avois la moindre mémoire, je ne continuerois pas cette besogne-ci. Mais du moins je veux conserver pour ma vieillesse une idée de toutes les pièces de théâtre que l'on donne aux François, et consigner encore ici le souvenir d'autres petits faits que je serai bien aise de me rappeler.]

On n'a rien donné de nouveau aux François dans le mois de janvier. Le début de la demoiselle Camouche a tenu une partie de ce mois et celui de février; cette actrice, qui a paru d'abord dans *Médée*, ensuite dans *Mérope*, et qui a fini par *Phèdre*, annonce le germe du plus grand talent; mais elle a beaucoup à travailler. Elle a tout ce qui ne s'acquiert point, la figure et les entrailles, et même la voix, quoique sur ce dernier article il y ait des contradicteurs.

J'ai fini ma comédie du vieux Dupuis. Le second acte m'a donné beaucoup de peine ; j'ai été neuf semaines à l'arranger et à le mettre en vers ; je compte n'avoir plus que des détails à corriger, et j'y passerai mon été. Telle qu'elle est, on va la jouer à la fin du mois prochain chez Mme de Meaux ; et c'est après cette représentation que, voyant par moi-même l'effet de cette comédie, et profitant des critiques de Crébillon fils et des autres acteurs, je serai en état d'y donner enfin la dernière main.

Les Comédiens italiens ont tenu tout le mois de janvier et février, avec une rapsodie de Favart intitulée *la Soirée des boulevards*. C'est un ramas de vieilles scènes rebattues ; je n'en parle que parce qu'il s'est servi, légèrement et très-imparfaitement, d'un caractère que j'ai traité dans *le Prologue de la lecture*. C'est un abbé, qui ne dit jamais rien, et qui paroît vouloir dire quelque chose ; chez moi, c'est un connoisseur de théâtre, ou du moins qui fait semblant de l'être : Favart l'a travesti en nouvelliste, sous le nom de M. Gobemouche. Cette petite infidélité sera cause que de mes jours je ne lui lirai rien de ce que je ferai, ni à tous ces auteurs qui travaillent pour de l'argent ; c'est une leçon pour moi que ce mince plagiat (1).

Le mercredi des Cendres, 29 février, je fus à la pre-

---

(1) Quoique Favart n'ait fait qu'effleurer le caractère dont je parle ici, mon amour-propre a essuyé le désagrément de lui entendre attribuer l'invention de cette idée, et de me voir traité de copiste ; cela est dur à digérer. Quand on connoît un peu cet amour-propre d'auteur, on sait qu'un pareil plagiat est une blessure ; j'ose dire qu'il ne m'a fait qu'une égratignure. J'en ai été guéri par l'amour-propre même ; j'ai tiré vanité de ce qu'il me pilloit ; et voilà comme la vanité s'arrange ! Pour moi, j'ai toujours eu celle de n'imiter personne, et encore moins de voler les autres. Quand la moindre de mes scènes pouvoit ressembler à d'autres qui n'étoient pas de moi, je l'abandonnois et je cherchois du neuf. (*Note de Collé.*)

mière et unique représentation de *Titus*, tragédie d'un comédien françois dans une troupe qui est en Russie. Cette pièce ne mérite aucune critique; l'auteur ne connoît point du tout le théâtre, ni le jeu des passions; sans la moindre imagination, pour le fond du sujet, il a suivi servilement l'abbé Métastase, qui lui-même a pris presque toutes ses situations dans *Cinna* et dans *Andromaque*.

MARS 1759.

L'Opéra-Comique est le spectacle que l'on a le plus suivi pendant ce carême. *Blaise le savetier*, pièce en un acte, mêlée d'ariettes, de la composition du sieur Philidor, paroles de M. Sedaine (1), m'a paru un fort joli poëme. Ce sujet, tiré d'un conte de La Fontaine, est traité fort comiquement, sans que l'auteur ait donné dans la bassesse; et ce n'est pas une petite adresse que d'avoir su l'éviter. Comme un conte de La Fontaine ne fournit jamais assez de scènes pour faire une comédie, même d'un acte, M. Sedaine a joint à celui du Savetier le *conte des Rhémois;* il a rendu sa pièce fort théâtrale et pleine de situations. Si les détails en étoient mieux travaillés, ce seroit un ouvrage comparable à *Ninette à la Cour;* mais que le style est éloigné de la perfection de celui de Favart dans *Ninette!* quelle différence entre les ariettes! quelle supériorité Favart n'a-t-il pas sur ce M. Sedaine, pour la parodie des airs ! c'est le maître et l'éco-

---

(1) Sedaine (J. Mich.), ancien *maître maçon*, dont il prit d'abord le titre en tête de ses œuvres. Auteur dramatique, de l'Académie française et secrétaire de l'Académie d'Architecture. Paris, 1719-1797. On le regarde comme le créateur de l'opéra-comique. (*H. B.*)

lier. Ils ont un défaut commun : ce sont des répétitions continuelles des mêmes mots, que la musique, dit-on, ou plutôt le musicien, oblige de faire. Tout musicien est une bête, c'est une règle générale à laquelle je n'ai guère vu d'exception; et c'est Rameau, homme de génie dans son art, mais bête brute d'ailleurs, qui le premier a amené en France la mode de sacrifier à la musique l'action d'un poëme, le sens d'un rôle, et même le sens commun. Mais laissons cette sortie contre les musiciens, et revenons à nos moutons.

La musique de Philidor, aux répétitions près, m'a paru agréable, harmonieuse et saisissant bien le comique du sujet; mais les gourmets prétendent qu'il n'y a point de génie dans cette musique, et que Philidor n'ira jamais bien loin dans cet art. Ce Philidor a fait des opéras à Londres, et ils disent qu'ils n'ont point réussi : c'est d'ailleurs le plus grand joueur d'échecs de l'Europe. Il a même donné ici un livre sur ce jeu, et cet ouvrage est, dit-on, le meilleur que l'on ait encore sur cette matière. Sa musique et ses échecs ne l'empêchent pas pourtant d'être une bête à tous autres égards; il est en conséquence d'une suffisance et d'une fatuité révoltantes. Je l'ai vu jouer aux échecs; il étonne, et d'autant plus, comme je l'ai dit, et personne ne m'en dédira, que c'est très-réellement une bête.

La *Parodie au Parnasse*, pièce nouvelle qui a aussi été donnée ce mois-ci sur ce même théâtre, a eu quelques succès. C'est une revue critique de tous les ouvrages dramatiques donnés cette année aux François et aux Italiens; il y a une scène vraiment neuve. On introduit dans cette scène un personnage en long habit de deuil, couvert de crêpes, et qui pleure toujours. La Parodie lui demande son nom, il répond qu'il est le pleureur juré du Parnasse. Il gémit effectivement sur toutes les pièces tombées, sanglote, et répand des larmes à proportion de leur chute plus ou moins grande; il tire à mesure des mouchoirs de ses poches, et ces mouchoirs sont plus ou moins grands suivant le plus ou le moins de succès qu'ont eu les ouvrages. C'est une espèce de nappe, par exemple, qu'il déplie lorsqu'il veut essuyer les pleurs qu'il verse sur la tragédie de *Titus*, qui n'a eu qu'une seule représentation; et c'est à ce sujet qu'il déclame, en sanglotant, ce vers-ci, qu'on m'a rapporté et que je trouve charmant :

> Titus perdit un jour;.... un jour perdit Titus.

On a attribué cette petite pièce à M. le marquis de Chimène; d'autres prétendent qu'elle est de M. l'abbé de Voisenon, qu'ils appellent *l'Archevêque de la Comédie italienne* (1).

Le jeudi 29 mars les Comédiens françois donnèrent, à la cour, la première représentation de la tragédie de *Venceslas*, presque entièrement remise en vers par M. de Marmontel; et il est arrivé à cette représentation une aventure peu vraisemblable, mais très-vraie. Sur les instances, et même les ordres de Mme de Pompadour, à laquelle M. de Marmontel, qui lui doit sa fortune, ne pouvoit rien refuser, ce poëte a voulu rajeunir la pièce de Rotrou. D'abord il ne pensoit pas, ainsi qu'il nous l'a dit, que ce fût une besogne fort considérable; mais à mesure qu'il avançoit, il s'est aperçu que les vers dans le nouveau style formoient un contraste désagréable avec l'ancien jargon, et de politesse en politesse il s'est vu conduit à changer douze cents et tant de vers, c'est-à-dire presque toute la pièce. Les gens du monde, et ceux qui ne connoissent pas la race des comédiens, croient que tout est fait lorsqu'il ne s'agit plus que de la représentation d'une pièce; mais en général un auteur n'est pas encore à la moitié de ses peines : l'arrange-

---

(1) Les *Annales dramatiques* attribuent cette parodie à Favart. (*H. B.*)

ment des rôles et les tracasseries des histrions sont ce qu'il y a de plus difficile (1). Voici le désagrément singulier et inouï que M. de Marmontel vient d'essuyer.

Le Kain a commencé par refuser de jouer son rôle de Ladislas, tel que M. de Marmontel l'avoit refait. Le duc de Duras, gentilhomme de la chambre, a insisté; il s'en est défendu, et même il s'est passé, entre ce gentilhomme et le comédien, une scène de contestation dans les foyers, toujours indécente pour celui qui a l'ordre à donner, vis-à-vis de celui qui a à le recevoir. Le comédien prétendoit que sa mémoire ne pouvoit se plier à apprendre les nouveaux vers de ce rôle; que les anciens lui revenoient malgré lui, qu'on l'exposeroit infailliblement à manquer à tout bout de champ à la représentation, et que ce seroit (ce sont ses expressions) exposer la réputation d'un comédien qui s'en étoit fait une assez grande dans le public. Juste ciel! à quoi nous réduis-tu! c'est un Le Kain, qui se croit un bon acteur! c'est un homme comme celui-là qui refuse un rôle! C'est enfin le plus mauvais, le plus déplaisant, le plus laid et le plus maussade des comédiens qui est notre premier acteur tragique (2)! Le Seigneur nous humilie cruellement; mais revenons. M. Le Kain a continué de feindre qu'il lui étoit impossible d'apprendre son rôle nouveau par cœur; et cela a été au point que M. de Duras lui a permis de le jouer en le lisant. Mais jeudi, jour que la pièce fut jouée à Ver-

---

(1) Après avoir écrit et donné la dernière main à une pièce de théâtre, Voltaire avait l'habitude de dire qu'il n'avait fait que la moitié de son travail, voulant faire entendre par là combien de lenteurs, de démarches et de déboires il lui faudrait subir avant d'arriver au jour de la représentation. Les comédiens n'ont point changé, et, à peu d'exceptions près, les ennuis sont les mêmes aujourd'hui pour les auteurs. L'un d'eux, esprit charmant et ingénieux, qui compte au théâtre vingt succès de bon aloi, nous écrivait récemment ceci: « Quel métier que celui d'auteur, et qu'il vaudrait bien mieux être marchand de bonnets de coton! » (*H. B.*)

(2) Nous ne croyons pas utile de relever ce qu'il y a d'étrange dans le jugement porté par Collé sur le talent de Le Kain. Le lecteur appréciera. (*H. B.*)

sailles, on fut bien étonné, lorsque l'on vit M. Le Kain débiter son rôle de mémoire, sans papier et sans y manquer un mot; il se surpassa même, à ce que prétendent les punais qui trouvent du talent à cet acteur. Quand la pièce fut finie, M. de Duras fut le premier à lui faire des compliments; dans le temps qu'il finissoit ses éloges, arrive Marmontel, auquel il en fait de plus grands sur son ouvrage, et les termine en lui disant qu'il doit être bien content de Le Kain, et qu'il lui doit des remerciements... *Des remercîments!* s'écrie Marmontel, *je viens vous porter les plus grandes plaintes, monsieur le duc; les vers du rôle de monsieur ne sont ni de Rotrou, ni les miens, j'ignore qui les lui a faits.* J'oubliois de dire que M. de Duras avoit vanté les vers de ce rôle plus que tous ceux du rôle de Clairon et du reste de la pièce; et lorsque l'on est venu à l'explication, il s'est trouvé que les vers étoient de la composition de Colardeau; que Le Kain les avoit appris sans en dire mot à personne : il avoit seulement conservé les répliques de M. de Marmontel. A la représentation, Clairon, qui jouoit celui de Cassandre, et à laquelle on disoit des choses qu'elle n'avoit point entendues, pensa manquer deux ou trois fois tout net. Ce qu'il y a de plus étonnant, c'est qu'on ne punit point Le Kain, ce qui donne une forte présomption que cet homme a quelqu'un de caché derrière lui qui le soutient : ce ne peut être que M. le duc d'Aumont, qui depuis quelque temps s'est rendu le despote de la comédie et des comédiens. Le d'Aumont et le Duras sont brouillés, ce qui fortifie encore cette conjecture; sans cela il n'est pas naturel que l'on souffrît cet excès d'injustice et d'impudence dans M. Le Kain.

Colardeau, que l'on veut excuser sur ses liaisons avec Mme Le Kain, est inexcusable. C'est un lâche de se prêter vis-à-vis d'un de ses confrères, d'un homme de lettres aussi considéré que M. de Marmontel, aux menées d'un comédien; voilà comme les gens de lettres s'avilissent et deviennent le jouet des sots qui ne sont faits que pour les respecter.

Les Comédiens françois font travailler à changer la forme de leur salle, pour qu'il n'y ait plus de monde sur le théâtre. Les ouvriers s'en sont emparés samedi, 31 du courant; ils y travaillent jour et nuit. M. le comte de Lauraguais est la cause de cet heureux changement. Il y a quelques mois qu'un architecte, ou un artiste quelconque, lui fit voir un plan pour arranger la salle des François de façon qu'il n'y ait plus de spectateurs sur le théâtre; il le fit communiquer aux Comédiens, qui l'approuvèrent, et lui firent dire que quoiqu'ils perdissent et diminuassent très-fort leur recette par ce nouvel arrangement, ils l'adopteroient pourtant s'ils avoient de quoi faire la dépense nécessaire. M. de Lauraguais a offert la somme de 12,000 liv., à laquelle l'entrepreneur a assuré que cela monteroit tout au plus. On prétend aujourd'hui que cette dépense passera 40,000, et on imagine que cela fera contestation entre M. de Lauraguais et les Comédiens, qui diront qu'ils n'ont consenti à ce changement que sous la condition qu'il ne leur en coûteroit rien; et cela me paroît assez juste. Quoi qu'il en soit, c'est le plus grand service que l'on puisse rendre au théâtre, que de débarrasser la scène de nos insipides spectateurs, qui nous ôtoient toute l'illusion des poëmes dramatiques.

Dans le commencement de ce mois a débuté, au Théâtre François une demoiselle Rosalie, protégée par la marquise de Villeroi et le duc d'Aumont; et comme elle est sans figure, sans voix, et sans talents, il y a apparence qu'elle sera reçue plutôt que Mlle Camouche, qui donne les plus grandes espérances, mais qui n'a point de protection, et qui est déjà enviée par les Comédiennes.

AVRIL 1759.

Le jeudi 5 du courant je vis représenter ma comédie du *Vieux Dupuis*, chez Mme de Meaux. Elle jouoit le rôle de Marianne; M. Coqueley, celui du vieux Depuis; M. de Romgold, celui de Desronais, et M. de Crébillon, celui de Dubois : en général, la pièce n'étoit pas assez bien sue. Mme de Meaux n'a point assez de poitrine, de force, de sentiment et d'intelligence pour rendre le rôle de Marianne : je n'en ai été nullement content; je l'avois été mille fois davantage aux répétitions. De Romgold joua très-bien le sien, autant que sa figure put le lui permettre; il y mit un feu étonnant; il eut peur et manqua de mémoire au premier acte. M. Coqueley rendit dans la dernière perfection le rôle du vieux Dupuis; je n'ai point vu de comédien plus chaud, plus comique et plus naturel. Je crois avoir vu à cette représentation ce qui manque à ma comédie; transposition de quelques scènes au premier acte; de légères mais de très-essentielles fondations; la deuxième scène du second acte entre Dubois et Dupuis à refondre et à mettre plus en action; bien des corrections à faire dans le style; enfin, quoique j'y aie bien aperçu de la besogne, je me flatte qu'en ne me rebutant pas du travail, je pourrai en faire un ouvrage singulier et piquant. Mon dessein est, si je parviens à en être content, de la lire aux Comédiens françois avant l'automne, et de la leur donner, à condition d'avoir mes entrées pour toute ma vie; sans cette condition ils ne l'auront pas, je la brûlerois plutôt.

Toutes les situations de ma comédie sont neuves; le caractère du vieux Dupuis ne l'est pas moins, et j'ose dire encore que ceux des deux amants ne ressemblent point aux amants ordinaires du théâtre : il y a une passion et des sentiments que je ne me rappelle point d'avoir vus dans aucune comédie, excepté peut-être dans *la Mère coquette* de Quinault.

Le lundi 30 du courant je fus voir la salle de la Comédie Françoise, sur le théâtre de laquelle on ne souffrira plus personne; Dieu veuille que cela dure! Cela fait le meilleur effet du monde; je crus même m'apercevoir que l'on entendoit infiniment mieux la voix des acteurs. L'illusion théâtrale est actuellement entière; on ne voit plus César prêt à dépoudrer un fat assis sur le premier rang du théâtre, et Mithridate expirer au milieu de tous gens de notre connoissance; l'ombre de Ninus heurter et coudoyer un fermier général, et Camille tomber morte dans la coulisse sur Marivaux et sur Saint-Foix, qui s'avancent ou se reculent pour se prêter à l'assassinat de cette Romaine par la main d'Horace, son frère, qui fait rejaillir son sang sur ces deux auteurs comiques. Cette nouvelle forme de théâtre ouvre aux tragiques une nouvelle carrière pour jeter du spectacle, de la pompe et plus d'action dans le poëme. Le costume dans les habillements, que Clairon a établi depuis quelques années, en dépit et malgré ses sots camarades, ne contribue pas peu encore à rendre l'illusion complète. Venceslas, retouchée par M. de Marmontel, avoit toujours été jouée avec des habits à la françaíse; je me souviens de l'avoir vue représentée, par Baron et Dufresne, avec des cordons bleus qui ressembloient à l'ordre du Saint-Esprit, et en habits français. Aujourd'hui ce sont des fourrures et des vêtements à la polonaise, ce qui est beaucoup plus dans le vrai. A présent nous avons les habits tragiques dans le costume, et point de Comédiens; au lieu que dans ce temps nous avions d'excellens Comédiens et point ces habits.

J'ai lu et relu la tragédie de Rotrou et les corrections de Marmontel. Avant de me rendre compte de l'ouvrage du reviseur, commençons par lui rendre justice. Il faut avoir bien du courage et un amour véritable pour les lettres, pour entreprendre de rajeunir les ouvrages des grands maîtres; si on y réussit, toute la gloire en reflue sur l'auteur original; si on n'a point de succès, le public en rejette la faute sur la foiblesse du pinceau du barbouilleur, qui a eu la hardiesse de porter la main à ces grands tableaux (1). Cependant quel service n'est-ce pas rendre à cette partie de la littérature, que de redonner une nouvelle vie à ces chefs-d'œuvre, que la langue, qui a vieilli, a presque enterrés? Quel gré les gens de lettres et les amateurs du théâtre n'ont-ils pas dû savoir au poëte Rousseau d'avoir retouché le *Cid*, d'en avoir ôté l'Infante, et d'avoir refait quelques vers de cette belle tragédie? Quelle obligation ne devrions-nous pas avoir aujourd'hui à M. de Marmontel d'avoir presque entièrement refait *Venceslas*? Il se proposoit de travailler à *Don Sanche d'Arragon*, à *Sertorius*, à *Nicomède*, etc.; mais les dégoûts qu'on vient de lui faire essuyer de tous côtés le font renoncer à cette entreprise. Les Comédiens, les gentilshommes de la chambre, ou, pour parler plus correctement, M. le duc d'Aumont, lui jouent des tours cruels; ce dernier autorise Le Kain dans la plus grande insolence que jamais histrion ait faite à un auteur de mérite. On donne sa pièce à la cour, et l'acteur a l'audace d'y substituer dans son rôle des vers de Colardeau; on la donne à la ville, ce même acteur veut bien faire la grâce de ne plus dire ces vers de Colardeau; mais il en conserve de Rotrou qui jurent avec les changements faits par M. de Marmontel; enfin, cet auteur n'a pas le crédit de faire répéter sa pièce aux Comédiens, sous le prétexte que c'est une ancienne pièce; et il ar-

---

(1) Ici, Collé prêche un peu pour sa paroisse : car, ainsi que nous l'avons dit ailleurs, il a *rajeuni* lui-même, à sa manière, plusieurs comédies pour les adapter, disait-il, aux convenances modernes. Ces pièces sont : *Le Menteur*, de P. Corneille; *la Mère Coquette*, de Quinault; *l'Andrienne*, de Baron; *l'Esprit follet*, de Hauteroche; *le Jaloux honteux*, de Dufresny. (*H. B.*)

rive de là que les acteurs la jouent indignement, et surtout ce M. Le Kain. On n'imagine pas à quel excès il a joué son rôle à contre-sens, dans le premier acte. D'un autre côté, Brizard, qui a été chargé du rôle de Venceslas, semble s'être entendu avec ce possédé pour jouer le sien avec autant de froideur et de glace, que l'autre y mettoit de frénésie.

Après ce début, on s'attend bien que le public, qui n'est point au fait de ce qui se passe et de ces tracasseries de tous ces comédiens et gentilshommes de la chambre, leurs complices, n'a pas rendu toute la justice qu'il devoit et qu'il rendra un jour à l'ouvrage de M. de Marmontel.

Quoi qu'il en soit, en voici l'examen à charge et à décharge, et tel que je suis capable de le faire; gens exercés à la critique s'en tireroient mieux que moi, mais ne pourroient pas y mettre plus de bonne foi; ils y jetteroient seulement plus de lumières.

Acte premier. A ce vers de Rotrou, dont l'expression ne rend point l'idée :

> Oyons ces beaux avis qu'un flatteur lui conseille !

Marmontel a substitué celui-ci :

> Voyons quel nouveau piége un fourbe a pu nous tendre !

C'est perdre l'idée, sans nous trop faire gagner par l'expression. L'accusation de flatterie est plus naturelle.

Cette première scène, qui est une des plus belles expositions que je connoisse, et des plus en action, me paroît retouchée avec toute l'adresse et la force possibles.

Je regrette une réplique de Venceslas, que l'on a ôtée :

> Parlez, je gagnerai vaincu plus que vainqueur;
> Convainquez-moi d'erreur, elle me sera chère, etc.

Rotrou fait dire à Ladislas, quand il parle du Duc :

> Je le hais, il est vrai, cet insolent ministre,
> Qui vous est précieux autant qu'il m'est sinistre.

Et Marmontel :

> . . . . je déteste
> Ce Duc qui vous est cher autant qu'il m'est funeste.

Le rôle du Prince n'est déjà que trop emporté par lui-même, sans y rien ajouter, sans en outrer les expressions.
 Il a senti ce que je dis à cet égard dans le couplet suivant, duquel il a retranché le serment que fait Ladislas de punir son frère d'avoir osé le menacer en portant la main sur la garde de son épée. C'est adoucir par-là très-judicieusement le caractère de ce prince.

> Si vous n'obéissez, je vous traite en rebelle.

Vers très-bien substitué à celui de Rotrou, et qui ennoblit et relève le caractère de Venceslas ; mais à la fin de cette même scène Venceslas devoit parler en termes plus durs à son fils, qui lui manque cruellement de respect. Rotrou lui fait dire : *Pensez à votre tête*; il falloit au moins une menace aussi prononcée. L'expression ne pouvoit être trop marquée, et elle est trop foible dans Marmontel ; et par-là Venceslas paroît pusillanime, perd de sa dignité, et n'inspire plus le même intérêt qu'il devoit inspirer.

ACTE DEUXIÈME. La première et la seconde scène sont fort bien. Dans la troisième, qui est on ne peut mieux, Marmontel a supprimé beaucoup de répétitions des mêmes pensées ; il a abrégé, avec raison, le monologue de l'Infante ; il en a ôté le détail de son amour pour le Duc, et il n'a pu conserver ces vers-ci, qui se font presque regretter :

> Ces soupirs dont cent fois la douce violence
> Sortant désavouée a trahi mon silence;

Ses regards, par les miens tant de fois rencontrés,
Les devoirs, les respects, les soins qu'il m'a montrés,
Ont-ils parti d'un cœur qu'un autre objet engage (1)?

ACTE TROISIÈME. Marmontel a retranché sensément le monologue du duc, qui ouvroit le troisième acte dans Rotrou, mais il devoit laisser subsister quelque chose de la scène de l'Infant et du Duc. Elle est nécessaire à l'intelligence et à l'intérêt du sujet. Il falloit, à la vérité, la traiter avec plus de chaleur que ne l'a traitée Rotrou; mais tous les moyens pour y donner plus de vie sont indiqués dans l'auteur ancien; il ne s'agissoit que de les employer avec vigueur. Il devoit aussi donner plus de chaleur à Alexandre, et cette scène pouvoit être très-vive de part et d'autre, et jetoit beaucoup de jour et d'intérêt sur le sujet. Cette omission est une très-grande faute. Les scènes de Théodore et du Duc, de ce dernier et de l'Infant, sont languissantes et sans fondement. Quant à la scène qui suit, elle me paroît dans Marmontel un contre-sens très-marqué. L'Infant propose à Cassandre de l'épouser; celle-ci lui demande s'il a l'aveu de son père; l'Infant répond qu'il ne l'a pas; sur cela Cassandre s'échaffaude sur de grands sentiments pour refuser l'Infant, et finit dans la même scène par se rendre, sans que ce prince lui donne des motifs assez puissants pour changer ainsi subitement du blanc au noir. Rotrou avoit traité cet endroit bien plus adroitement; il ne fait point répondre Cassandre à la pro-

---

(1) Les vers de Racine qui peignent les amours de Roxane et de Bajazet ont quelque ressemblance avec ceux de Rotrou qui expriment de même des amours secrets et mystérieux. Voici ceux de Racine :

Tout conspiroit pour lui, ses soins, sa complaisance,
Ce secret découvert et cette intelligence,
Soupirs d'autant plus doux qu'il fallait les sceller ;
L'embarras irritant de n'oser se parler, etc.

Ce ne seroit pas la seule fois que Racine auroit profité des idées de Rotrou, mais il les rendoit en maître. Voyez *les Frères ennemis* et *Iphigénie*. (*Note de Collé, écrite en* 1780.)

position de l'Infant, et la fait sortir du théâtre par un vers qui ne dit ni oui ni non :

> Quel trouble! quelle alarme! et quels soins me possèdent!

Marmontel a ajouté à cet acte une scène qui prépare très-bien le quatrième. C'est le confident de Ladislas qui vient lui apprendre le projet du mariage secret du Duc et de Cassandre.

Acte quatrième. La scène de l'Infante et de Léonor, qui commence cet acte, est élaguée et bien mieux dans Marmontel; il nous a épargné le songe de la princesse. Ce quatrième acte est un des plus beaux actes de tragédie que je connoisse, et Marmontel l'a parfaitement bien écrit, sans rien changer au fond des idées. Il y a dans cet acte une action, un intérêt, une chaleur et des vers dignes de Corneille : par exemple, lorsque Cassandre montre à Venceslas le poignard sanglant de Ladislas, elle dit au roi :

> Et s'il ne vous émeut, sachez où l'on l'a pris :
> Votre fils l'a tiré du sein de votre fils.

Et dans un autre endroit, lorsque cette même Cassandre dit encore au Roi :

> .... Ecoutez
> Le sang d'un fils qui crie et demande vengeance,

Venceslas répond :

> J'aurai soin de punir et non pas de venger.

Quelle noblesse de sens! quelle grandeur!...

Acte cinquième. C'est avec grande raison que Marmontel a retranché la première scène du cinquième acte entre l'Infante et sa Confidente; scène froide, qui roule sur un intérêt d'amour entre cette princesse et le Duc. Quand l'intérêt principal est en train, tous les autres doivent disparoître. C'est aussi avec une adresse infinie et une précision remarquable qu'il a traité la scène qui suit et qui se passe entre le Duc et l'Infante. Loin de les faire occuper de leur amour, il ne leur en fait parler qu'en passant. Il nous épargne aussi un monologue très-froid du Duc, et fait entrer beaucoup plus tôt Venceslas sur la scène.

La scène de Ladislas et de Venceslas est bien et presque entièrement de Rotrou; les vers en sont bien retouchés, surtout ceux-ci :

> Cet accueil désarmé de haine et de colère
> Est-il l'adieu funeste ou le pardon d'un père?

Mais pourquoi M. de Marmontel a-t-il supprimé ces deux-ci de Rotrou, qui sont si beaux?

> Mais je n'ai point dessein de prolonger mon sort;
> J'ai mon objet à part à qui je dois ma mort.

Et encore ceux-ci?

> Vous la devez au peuple, à mon frère, à vous-même;
> Moi, je la dois, seigneur, à l'ingrate que j'aime.

Cassandre qui se tue pour punir Ladislas a déplu à tout le monde; aussi dès la seconde représentation ne l'a-t-il plus fait revenir.

Fréron vient de faire une critique sanglante de l'ouvrage de Marmontel. Elle est sans honnêteté et sans bonne foi; c'est un acharnement qui ne ressemble à rien; c'est un chien enragé. Il n'a point touché les véritables points qui méritoient sa censure, et l'amertume dont elle est lui ôte d'ailleurs toute croyance. Il prétend qu'il n'y avoit pas plus de cinquante vers à changer dans la tragédie de Rotrou. Je défie qu'en quelque endroit que l'on veuille prendre, on en puisse conserver trois ou cinq de suite en entier, et encore y aura-t-il des mots vieillis, des expressions triviales et des tours de phrase si communs qu'il est impossible de les conserver. Fréron n'a relevé aucune des bonnes corrections, et le véritable critique est celui qui fait apercevoir les beautés et qui montre en même temps les défauts. Mais ce qu'il fait bien voir à découvert, c'est une haine indécente contre Marmontel, qu'il accable de personnalités odieuses, qui ne regardent point l'ouvrage et qu'un malhonnête homme peut seul se permettre; et il finit son extrait par la parodie de deux vers de Marmontel :

> Aux talens d'un auteur quelque prix que l'on doive,
> Il faut que je l'accorde, il faut qu'il le reçoive.

Peut-on voir un amour propre plus impertinent ? Le *vilain* se croit apparemment placé sur le Parnasse par Apollon, pour donner des couronnes de laurier ou les étrivières aux gens de lettres. Eh, mon Dieu! il n'a pas même l'honneur d'être *le bourreau du Parnasse;* car ce dernier ne fait qu'exécuter les criminels, et il y est autorisé par les lois; au lieu que cet infâme assassine les innocents et les coupables pêle-mêle, et sans avoir de mission pour cela.

Il faut que j'avoue, au reste, que peu de personnes sont aussi contentes que moi de l'ouvrage de Marmontel; que la plupart des gens disent qu'ils préfèrent l'original, mais ces mêmes gens ne l'ont sûrement pas relu, et n'ont pas confronté ensemble les deux pièces (1); on ne veut pas, d'ailleurs, faire attention qu'elle a été jouée à faire horreur.

---

(1) Je viens de relire le *Vencelas* de Marmontel; j'ai beaucoup rabattu de mes éloges, et je ne rabats rien de mes critiques. Je ne veux pas me donner la peine inutile d'entrer dans les détails; je me contente de dire, en général, qu'on pourroit tirer parti de la besogne, mais qu'il faudroit en faire une nouvelle encore. La paresse et la mauvaise volonté de ces ignorants et lâches histrions s'opposent toujours à la restauration de nos anciens monuments de la scène françoise; ils sont d'une insouciance de paysan et de manant pour la gloire du théâtre ancien. Quelle race !... (*Note de Collé, écrite en* 1780.)

Qu'il vienne de bons comédiens; qu'on fasse quelques légers changements aux changements mêmes de Marmontel; qu'en les rajeunissant encore on y rétablisse quelques vers de Rotrou négligés par Marmontel, et cette tragédie sera encore représentée dans cent ans; au lieu que je défie qu'on puisse tenir à la vétusté du langage, aux scènes froides et aux longueurs insoutenables qui sont dans Rotrou. Je ne suis point ami de Marmontel, ni ne veux l'être. La dédicace de sa pièce à Mme de Pompadour est seule capable de me dégoûter d'en former la plus légère envie. La flatterie outrée et basse qui règne dans cette épître dédicatoire, d'ailleurs très-mauvaise, me donne la plus méchante idée de ses sentiments, et ne me fait point désirer son amitié; mais je ne puis lui refuser la justice qu'il mérite, et j'ai de la reconnoissance du travail ingrat qu'il a entrepris, du moins pour ma quote-part, et je me soucie peu de ce qu'en pensent les autres.

MAI 1759.

Les Comédiens français donnèrent le 23 du courant la première représentation de *la Suivante généreuse*, comédie en cinq actes et en vers libres, imitée de M. Goldoni (1). Comme Goldoni a pris une partie de son sujet, ou du moins ce qu'il y a de meilleur, et les caractères surtout, dans le *Malade imaginaire* de Molière, il n'est pas étonnant que celui qui nous a voulu donner la pièce de Goldoni ne nous ait rien donné de nouveau, du moins de passable. Il a été obligé, pour éviter de ressem-

---

(1) Goldoni (Ch.), le plus célèbre auteur comique de l'Italie. Né à Venise, 1707, mort à Paris, 1793. Il fut appelé dans cette dernière ville, où la famile royale le combla de faveurs. Ses œuvres forment 26 vol. in-8°, 1809. (*H. B.*)

bler trop cruement à Molière, de faire des changements considérables à la comédie de Goldoni, et notamment au dénouement, qui est exactement celui du *Malade imaginaire*. Si c'est là une des meilleures pièces de cet auteur comique italien, je dirai que M. Goldoni, qui passe pour le plus excellent poëte dramatique qu'on ait encore vu en Italie, est bien éloigné même d'être aussi bon que Montfleury, et qu'il est par conséquent à une distance immense de Molière, auquel bien des gens ici l'ont voulu comparer.

Si ce sont-là les bonnes comédies des Italiens, leur théâtre est à cent cinquante ans du nôtre. Nulle vraisemblance dans l'action, nulle liaison dans les scènes; les acteurs entrent et sortent du théâtre sans raison, sans motifs, et comme si on les y faisoit avancer ou reculer avec des fils d'archal; il y a du mouvement théâtral, mais rien n'est fondé pour l'amener. Les caractères sont outrés; celui du fils de la belle-mère n'a pas le sens commun. Y a-t-il jamais eu, et peut-il se trouver jamais, un jeune homme assez insensé pour former le projet d'enlever une fille dont il sait que sa mère traite le mariage pour lui, et mariage qui doit réussir suivant toutes les apparences? Le caractère du *Malade imaginaire* n'est que celui d'une bête brute menée par sa femme, qui chasse son propre fils de sa maison sans motifs, et qui l'y reçoit à la fin sans avoir eu de raison pour changer de sentiments. Celui de la belle-mère est le mieux soutenu jusqu'au cinquième, mais elle le dément par des remords et par un repentir qui n'est occasionné par rien; celui de la suivante généreuse est un de ces caractères romanesques et impossibles dont le Théâtre de La Chaussée est rempli. Elle est le seul personnage dans la pièce qui ait de l'esprit; tous les autres sont des bêtes, des imbécilles, ou quelque chose d'approchant.

La versification m'en a paru assez aisée, mais on ne peut guère décider de sa valeur qu'à la lecture; je la crois plus forte que celle de *l'Ile déserte*, quoique l'on ait dit que c'étoit l'auteur de cette pièce qui avoit fait celle-ci (1); elle a eu deux représentations. J'ai tout lieu de penser actuellement que cette comédie n'est point de M. Collet, mais de M. Richelet, ci-devant conseiller au Châtelet, qui a fait quelques opéras-comiques et une très-médiocre traduction des tragédies de Métastase. C'est un très-bon et très-honnête garçon, mais qui n'a pas l'apparence du talent. J'ai su aussi depuis que cette comédie avoit été reçue des Comédiens avec admiration ; mais leurs méprises à cet égard sont si fréquentes, que je ne sais pourquoi je prends la peine de remarquer celle-ci.

J'ai parlé, au commencement d'avril, de la nouvelle forme donnée à notre théâtre par les soins et la libéralité du jeune comte de Lauraguais, auquel la nation a cette obligation. Il vouloit lui-même essayer l'effet du théâtre qu'il a nettoyé de ces guêpes de spectateurs, par une pièce de spectacle de sa composition ; son bonheur a voulu que quelques circonstances lui aient fait retirer son ouvrage, que l'on m'a assuré être très-mauvais. J'en suis bien aise pour lui, quoique je ne le connoisse pas ; j'aurois été fâché qu'il lui fût arrivé accident. En mon particulier, j'ai de la reconnoissance du changement qu'il fait à notre scène ; et s'il étoit possible que dans nos différentes positions je pusse la lui marquer essentiellement, je le ferois comme à un bienfaiteur public. La pièce qu'il vouloit donner étoit une *Iphigénie en Tauride*, tragédie en trois actes et en prose, avec des chœurs à la manière des Grecs, beaucoup de pompe et de spectacle théâtral. Le poëte du génie le plus élevé regarderoit, à deux fois, à faire revivre, sur notre théâtre, les chœurs des anciens, que nos Confidens, dans les tragédies, remplacent d'une façon mille fois plus heureuse et plus naturelle. Quelle

---

(1) L'auteur de *la Suivante généreuse* est resté inconnu. (*H. B.*)

différence de voir Phèdre se laisser arracher son secret par OEnone, ou de le lui voir confier à une multitude de femmes, qui forment le chœur, et qui sont toutes dans la monstrueuse confidence? Il en est de même de toutes celles qui révèlent des conspirations, de grands desseins, dont la réussite porte sur la base du plus profond secret. Les anciens n'ont employé les chœurs que parce qu'ils n'avoient point trouvé l'invention des confidents; d'ailleurs, comme l'a remarqué M. de Voltaire, dans sa préface d'*OEdipe*, ces personnages des chœurs sont toujours représentés par les plus mauvais acteurs, souvent par des gagistes mal vêtus et d'une mine ignoble, qui, au lieu d'exciter en vous la terreur, vous font rire par leurs gaucheries et leur impertinente figure. On a donc judicieusement fait de ne conserver les chœurs des anciens que dans nos tragédies-opéras; c'est-là qu'ils font un grand effet, et qu'ils en pourroient faire un plus grand encore, si on les rendoit plus nécessaires à l'action et si on les employoit dans les situations très-intéressantes.

Ce ne seroit pas une moindre hardiesse de vouloir écrire les tragédies en prose. Feu M. de La Motte, qui ne savoit point faire de vers, a fait un *OEdipe* en prose (1); on ne sauroit le lire. Dans la dispute littéraire qu'il eut à ce sujet avec M. de Voltaire, il voulut prouver cette hérésie, et il mit effectivement en prose la première scène de *Mithridate* de M. Racine; il n'est pas possible de soutenir la lecture de cette scène. A peine notre poésie a-t-elle assez de force, de nombre et d'harmonie; comment notre prose pourroit-elle atteindre au style élevé et sublime que demande la tragédie? D'ailleurs, la prose qui

---

(1) **Lamotte-Houdard** savait très-bien faire les vers, ainsi que le prouvent quelques-unes de ses Fables et de ses Odes, et s'il composa une tragédie en prose, c'est par pur esprit de système. Il comparait les versificateurs « à des charlatans qui font passer des grains de millet par le trou d'une aiguille, sans avoir d'autre mérite que celui de la difficulté vaincue. » Cette comparaison n'était peut-être pas du goût de Collé. (*H. B.*)

prendroit ce ton paroîtroit affectée, ambitieuse, enflée, gigantesque, boursouflée; ajoutez à cela que la véritable poésie est bien plus précise que la prose. Je ne parle point de l'habitude que nos oreilles ont contractée de n'entendre ces sortes de poëmes qu'en vers, raison qui, sans paroître la plus philosophique, ne seroit peut-être pas la moins forte pour être assuré de tomber en risquant cette témérité.

Quoi qu'il en soit, M. le comte de Lauraguais ne donnera point son *Iphigénie*. Il a fait encore une autre tragédie (je ne sais si elle est en prose ou en vers), c'est *la Colère d'Achille*. Ces jours-ci, après l'avoir lue à M. le comte du Luc, un des hommes les plus railleurs, les plus mordants de notre siècle, il lui en demandoit son avis. *Convenez*, lui disoit-il, *que j'ai bien suivi Homère dans mon caractère d'Achille; je l'ai fait bien colère.* — *Oui, vraiment*, reprit M. du Luc, *vous l'avez fait colère comme un dindon.* Voilà tout ce que je sais de cette pièce.

M. Gresset a fait imprimer, le 14 de ce mois, une lettre par laquelle il renonce au théâtre. Les gens sensés l'ont blâmé, quelque dévot qu'il pût être, d'avoir marqué cette affectation à publier ses pieuses dispositions; il pouvoit se contenter de ne plus travailler pour le théâtre, sans faire à ce sujet un éclat qui tient toujours à l'orgueil et au fanatisme. S'il est sincère en ce qu'il dit, comme je le crois (j'ai toujours reconnu M. Gresset comme un bon et galant homme, d'une société très-douce, très-aimable, et de mœurs très-pures), je suis bien éloigné de penser, comme certaines gens qui pensent mal de tout le monde, qu'il ait rendu sa lettre publique par des vues d'ambition et l'espérance de pouvoir augmenter sa fortune; sa conduite et la vie qu'il mène à Amiens, dont il ne sort presque jamais, me paroissent une preuve du contraire; il est bien plus simple de penser que, retiré et vivant là-bas avec son Evêque, saint homme, mais un peu bête, et dévot très-chaud et très-zélé, entouré d'ailleurs de nombre d'autres caillettes pieuses, il se soit échauffé lui-même la tête. Il a l'imagination très vive, il est un peu foible; il a été élevé dans de grands sentiments de dévotion, que dans sa jeunesse il avoit déjà poussés très-loin, puisqu'il s'étoit fait jésuite. Qu'a-t-on besoin de supposer à cette âme honnête d'autres motifs? Pourquoi vouloir le juger inhumainement, et lui attribuer des vues intéressées, quand jusqu'ici, par ses mœurs, sa candeur et toute sa conduite, il a fait preuve du contraire? Sa lettre, au reste, est écrite d'un style de prédicant et d'enthousiaste, que l'on ne prend point lorsqu'on n'est point persuadé; on l'imite, mais on ne l'a pas : ce qui prouve encore un coup que c'est un galant homme qui a perdu la tête.

Il a paru à la fin de ce mois deux petites pièces de poésie manuscrites de M. de Voltaire, *l'Ecclésiaste* et *le Cantique des cantiques*. Il y a de la poésie dans la première, elle est même mieux faite que la seconde; mais le ton en est philosophique et triste. Il ne l'a composée que pour montrer que l'auteur de l'Ecclésiaste ne croyoit pas au dogme de l'immortalité de l'âme, et je suis excédé de ces matières-là, sur lesquelles roule à présent tout l'esprit de notre siècle, qui n'a pourtant rien découvert de nouveau dans cette sorte de métaphysique et qui ne fait que nous rabâcher les anciennes idées sur tout cela.

[Du reste, je soupçonnerois volontiers Voltaire de n'avoir composé le *Cantique des cantiques* que pour joûter contre le gentil Bernard, qui en a fait un bien supérieur à celui de ce grand poëte. Celui de Voltaire est l'ouvrage d'un vieillard qui a perdu ses sens; celui de Bernard, d'un jeune homme qui les a dans toute leur force. Rien n'est plus chaud et plus voluptueux.

Bernard ne donne point ses ouvrages. Sans cela, en copiant le sien ici, je n'aurois pas besoin d'avertir auquel de ces deux petits poëmes on doit adjuger le prix.]

JUIN et JUILLET 1759.

Les Comédiens françois ont donné en juin *Brizéis*, tragédie d'un M. Poinsinet, cousin de celui qui est auteur de *l'Impatient*. Ce M. Poinsinet le tragique étoit déjà foiblement connu par une traduction en vers qu'il a donnée des poésies d'Anacréon; cette tragédie a eu un sort bizarre : elle a été prodigieusement applaudie à la première représentation, on a demandé l'auteur, elle a eu tous les symptômes d'un grand succès, et elle a été déserte à la seconde; on m'a assuré qu'elle en avoit eu cinq en tout, et qu'il n'y avoit personne aux trois dernières. L'auteur l'a retirée, et ne l'a point fait imprimer, vraisemblablement pour la faire reprendre à la fin de l'automne. Si elle reparoît sur l'horizon, j'irai l'entendre, et j'en dirai mon mot.

J'ai passé le mois de juillet et une grande partie du mois d'août, à faire des changements et des corrections à ma comédie du *Vieux Dupuis*; à présent je la jugerois en état d'être donnée au théâtre, mais, toutes réflexions faites, je veux encore laisser passer un an dessus, même sans la lire aux Comédiens; ce qui me donnera encore au moins deux bonnes années pour la limer et la porter au point et au degré que mon foible talent peut atteindre. J'aurai pendant tout ce temps-là le loisir d'entendre et de peser les conseils et les critiques que l'on me fera.

AOUT 1759.

Pendant le peu de séjour que j'ai fait à Paris, dans le mois d'août, j'ai vu la première et unique représentation de *l'Indécis*, comédie en cinq actes et en vers, d'un anonyme. On l'a donnée à M. le marquis de Thibouville; mais j'ai des raisons de croire qu'il n'est pas le coupable. Elle a été présentée aux Comédiens par un homme inconnu aux gens de lettres et à tout le monde. Cet homme étoit sourd comme un pot; il est venu aux premières répétitions, et il ne s'est pas contenté de ne rien entendre, il n'a encore rien pu comprendre à tout ce qu'on lui disoit; ce qui, avec les bêtises qu'il disoit à chaque mot qu'il proféroit, a fait décider aux Comédiens que ce n'étoit qu'un prête-nom. Ces grands juges avoient la meilleure opinion du monde de cette comédie; et je n'ai pu trouver sur quoi ils l'avoient si judicieusement fondée. Il n'y a aucune situation, aucune scène; c'est un dialogue plat d'un bout à l'autre. Le caractère de *l'Indécis* est un de ces caractères passifs qui ne peuvent être mis au théâtre; Destouches y avoit déjà échoué : *l'Irrésolu* devoit bien empêcher l'auteur de *l'Indécis* de se briser à cet écueil. J'ai entre mes mains une comédie en manuscrit de *l'Incertain*, qui est, je pense, encore plus mauvaise que les deux autres, quoiqu'elle soit de la main de l'auteur du *Chef-d'OEuvre d'un inconnu*, M. de Saint-Hyacinthe; c'est peut-être même cette comédie qu'il apporta chez Mme de Tencin. Après en avoir lu les trois premiers actes, l s'aperçut qu'un froid mortel avoit gagné ses auditeurs, il s'arrêta tout court, et dit : *Je vois bien, messieurs, que ma comédie vous ennuye; plusieurs de vous bâillent; tout le monde paroît glacé; mon ouvrage ne vaut rien; je n'en achèverai pas la lecture, et il ne verra jamais le jour.* Après avoir prononcé cela du plus grand sang-froid et de la meilleure foi du monde, il remit tranquillement sa comédie dans sa poche et parla d'autre chose. Je ne dirai pas positivement que ce fût *l'Incertain* qu'il lisoit dans cette assemblée, mais je sais bien que c'étoit une comédie; et M. de Burigny, qui m'a fait présent du manuscrit de *l'Incertain*, m'a dit qu'il croyoit que M. de Saint-

Hyacinthe n'avoit jamais fait d'autre comédie que celle-là.

Pour en revenir à *l'Indécis*, cette pièce a paru si mauvaise qu'elle n'a pas été achevée (1).

[Il n'est pas possible d'entrer dans aucuns détails critiques. C'est une comédie sans aucun fond. Rien n'est plus ennuyeux, plus fastidieux que d'entendre pendant cinq actes entiers bourdonner des vers qui ne vous conduisent à rien. Et quels vers encore ! il n'y en a pas un de saillant. Je ne sais si l'auteur osera la faire imprimer.]

C'est dans le commencement de ce mois qu'est mort M. de Maupertuis, de l'Académie françoise, et président de celle de Berlin ; ce fut le mortel le plus malheureux qui ait jamais existé (2). Dévoré d'envie et de la soif de la réputation, il a tout fait, tout sacrifié pendant sa vie pour en usurper une qui n'a pas longtemps duré, et à laquelle il a survécu, quoiqu'il ne soit pas mort fort âgé : il avoit au plus soixante-deux ou trois ans. J'ai entendu dire à de grands géomètres qu'il ne savoit de géométrie que ce que les grands écoliers peuvent en savoir, et qu'il n'avoit jamais rien trouvé ; cependant, au retour de son voyage de Laponie, il s'attribua seul toute la gloire des calculs et des opérations de M. Clairault, qui avoit tout fait ; il se fit graver avec le globe de la terre qu'il aplatissoit. Plein d'intrigue et d'audace, il se louoit lui-même et se faisoit louer par un tas de grimauds subalternes, par un nombre prodigieux de sots, par des femmes de qualité auxquelles il persuada d'apprendre la géométrie, mode qui a duré pendant deux ou trois ans, et à la tête de laquelle se mit Mme d'Aiguillon. Il fut bientôt en horreur à tous les gens de lettres de ce pays,

---

(1) Cette pièce n'a point été imprimée ; l'auteur se nommoit Dufault. (*Note de Barbier.*)

(2) Maupertuis (P.-L. Moreau de), géomètre, membre de l'Académie des sciences et de l'Académie française. Né à Saint-Malo, en 1698, mort à Bâle, en 1759. Fut désigné par Maurepas comme chef de l'expédition envoyée au pôle pour y mesurer un degré. (*H. B.*)

et un objet de pitié pour les honnêtes gens et les gens sensés auxquels un extérieur singulier, des distractions affectées et un ton de maître n'en imposent point. Une petite perruque courte, un habit étranger quand il étoit à Paris, et sans doute un habit françois quand il étoit en pays étranger, n'ont pas produit pour longtemps l'effet qu'il attendoit. Il avoit commencé par être bel esprit; je l'ai vu, dans ma grande jeunesse, suivre M. de Lamotte au café de Gradot, et je lui ai entendu dire, il y a quinze ou seize ans, qu'il n'avoit jamais lu Molière; sa singularité en avoit menti; il ne s'est jeté dans les hautes sciences, et n'a appris la géométrie qu'à plus de trente ans. Né inquiet et envieux, il ne se plaisoit qu'où il n'étoit pas; la réputation des autres lui faisoit douleur. Il ne put rester à Paris, et se fit demander par le roi de Prusse pour être le président de son Académie, et il n'a pas été plus tôt en Prusse qu'il s'y est plus ennuyé mille fois qu'à Paris, où il ne pouvoit revenir, ayant quitté tous ses établissements ici. Par malheur, Voltaire s'y est rencontré, qui n'a pas voulu être le second; de là entre ces deux hommes cette haine déclarée qui a fini par une guerre à toute outrance. Maupertuis a fait chasser Voltaire de Prusse; mais ce dernier a fait contre M. le président une satire qui fera berner ce pauvre Maupertuis chez nos derniers neveux; on voit assez que je parle du docteur *Akakia*, qui est un modèle de la bonne plaisanterie et du sarcasme le plus amer (1). Il n'y avoit pas moyen de lutter contre un athlète si adroit et si fort, aussi ne mit-il pas la plume à la main contre ce grand poëte; mais il lui proposa de se battre. Voltaire ne répondit à son défi que par une lettre que j'ai vue, et qui étoit du plus mauvais ton de plaisanterie et du plus

---

(1) V. *Mes souvenirs de vingt ans de séjour à Berlin*, par Dieudonné Thiébault, t. V, p. 257 et suiv., où la querelle de Voltaire avec Maupertuis est racontée *in extenso*. (*H. B.*)

bas; on ne peut imaginer comment celui qui avoit écrit cette lettre avoit pu faire *Akakia*.

Mais vraisemblablement dans le moment qu'il commença cette épitre il n'étoit pas dans une disposition d'esprit bien libre et avantageuse à la raillerie. Bref, il ne se battit pas, et voilà tout ce qu'il désiroit.

M. de Maupertuis a donné au public des lettres et des ouvrages philosophiques, où il n'y a point de philosophie, à ce que disent les maîtres; mais dans lesquels tout le monde peut voir beaucoup d'idées extravagantes, qui sont ingénieusement relevées dans le docteur *Akakia*. Ses Œuvres quand elles parurent, il y a quelques années, ne firent nulle espèce de sensation. Sa réputation étoit déjà enterrée; et c'est le sort de toutes les réputations usurpées et qui ne posent sur rien.

Auparavant d'être de l'Académie françoise, M. de Maupertuis étoit de celle des sciences; on fut même surpris, dans le temps, de le voir reçu à l'Académie françoise, lui qui n'avoit aucun titre du côté des belles-lettres pour y entrer. On murmura beaucoup de voir confondre ainsi ces deux différentes Académies; on a depuis renouvelé les mêmes plaintes, lorsque MM. de Mairan et d'Alembert y ont été admis; mais toutes ces places sont actuellement données par cabales et par intrigues. Il est des gens qui les méritent encore quelquefois, mais plus on avancera plus cela sera rare.

Maupertuis, dans le commerce, étoit d'un orgueil insoutenable et incommode, d'une singularité affectée et déplaisante, d'un ennui mortel. Voilà tout ce que je puis dire pour son éloge funèbre, en lui rendant néanmoins justice sur la probité; il passoit pour en avoir; cependant, je suis persuadé que lorsque son amour-propre étoit blessé, sa probité n'étoit point si délicate; l'affaire de M. Kœnig (1) seroit une preuve très-con-

---

(1) Savant bibliothécaire, à Hanovre, que Maupertuis fit condamner par

cluante de ce que je dis-là, et qui peut s'étendre à d'autres circonstances de sa vie.

C'est encore au commencement de ce mois que M. le duc d'Aumont, premier gentilhomme de la chambre, et qui se mêle à présent tout seul des comédies et des comédiens, a fait imprimer et distribuer un nouveau règlement à cette occasion. Un des articles de cette pièce d'éloquence portoit : *que les pièces auparavant d'être reçues seroient communiquées d'abord à MM. les gentilshommes de la chambre;* on auroit dû y ajouter, *qui ne savent ni lire ni écrire.* Un autre article : *que messieurs les auteurs n'entreroient plus dans l'orchestre, mais à l'amphithéâtre seulement.* C'étoit les reléguer avec les perruquiers des comédiens; c'étoit les avilir que de leur interdire les places où tous les honnêtes gens se mettent; c'étoit d'ailleurs donner atteinte à un droit incontestable. Aussi M. de Saint-Foix dès que ce règlement parut écrivit-il aux Comédiens pour leur renvoyer ses entrées; M. de la Place dit tout haut, dans les foyers, qu'il ne croyoit pas que ce règlement fût sérieux; mais que s'il étoit réel, il remettroit les siennes, et retireroit les pièces qu'il a données et qui sont entre les mains des Comédiens pour être jouées. Enfin, ces deux messieurs s'assemblèrent et dînèrent ensemble, avec M. Bret et M. Saurin, pour délibérer sur le parti qu'ils avoient à prendre dans cette occasion. Saint-Foix étoit d'avis que l'on présentât à M. le duc d'Aumont un Mémoire qu'il avoit dressé; M. de la Place s'éleva contre cet avis, par la seule raison, dont il n'a jamais voulu se départir, que c'étoit reconnoître la juridiction du gentilhomme de la chambre, et il n'a pas tort. Saint-Foix, qui soutient son sentiment avec violence, voulut l'emporter de force;

---

l'Académie de Berlin comme fabricateur ou fauteur de pièces fausses, et dont Voltaire prit la défense. Voy. *Mes souvenirs de vingt ans,* par Thiébault, t. V, p. 286. (*H. B.*)

la Place lui montra les dents, ils pensèrent avoir une affaire; mais MM. Bret et Saurin, qui étoient de l'avis de Saint-Foix, les empêcherent de s'aigrir davantage : tout fut apaisé. La Place se retira en protestant qu'il persistoit dans son sentiment, et qu'il prioit ces messieurs de ne faire aucune mention de lui dans le mémoire ou dans la parole qu'ils porteroient à M. le duc d'Aumont.

Ces trois messieurs restés seuls arrêtèrent que MM. Bret et Saurin iroient le lendemain en députation chez M. le duc d'Aumont, ce qu'ils ont exécuté. Ce bon seigneur leur a fait la grâce de les recevoir très-poliment; de les assurer *que c'étoit une faute du libraire, qui avoit distribué ce règlement avant que cet article fût réformé; que ce règlement étoit imprimé auparavant le changement du théâtre; qu'alors l'orchestre n'étoit rien; qu'actuellement les auteurs s'y placeroient; que c'étoit leur droit, qu'il étoit bien éloigné de vouloir leur ôter; et qu'enfin il gronderoit très-fort le libraire, qui avoit distribué cet imprimé sans lui en avoir demandé la permission.*

Quant au premier article, il n'a rien relâché; il faudra qu'on lui donne les pièces nouvelles, et messieurs de la députation ont acquiescé. C'est à mon gré une faute que cette députation; les auteurs ne doivent point reconnoître le gentilhomme de la chambre pour supérieur; ils devoient déférer au parlement, qui a la grande police sur ces prétendus règlemens, retirer toutes leurs pièces et se faire faire justice des comédiens.

Il ne faut pas oublier de dire qu'auparavant tous ces mouvements les auteurs qui sont de l'Académie françoise, trouvèrent ce règlement impertinent; mais M. le duc de Nivernois leur assura, de la part de M. le duc d'Aumont, que cela ne regardoit point les auteurs *dignitaires;* c'est le terme dont il se servit, pour désigner ceux d'entre eux qui sont de l'Académie; et messieurs les dignitaires ont été assez indignes pour abandonner leurs confrères, satisfaits bassement de voir que leurs entrées leur étoient conservées.

[L'on m'a donné ces jours-ci les couplets faits par feu madame la duchesse d'Orléans, et qu'avant de mourir elle remit dans un portefeuille fermé à la marquise de Polignac. On jugera par ces horreurs du caractère de cette princesse, qui d'ailleurs est morte en riant et avec la plus grande intrépidité (1).

Cette princesse ne manquoit point d'esprit; mais elle étoit sans âme et sans aucune espèce de sensibilité. Elle n'en avoit pas même pour son amant. Les chansons qu'elle a laissées sont faites sur ses meilleurs amis, ou du moins sur ceux avec lesquels elle vivoit dans la plus grande intimité. Il n'y a dans tout cela que de la malignité, de la noirceur et de la dépravation de cœur, sans esprit et sans grâce. Si ce n'étoit pas une princesse du sang, et à l'article de la mort, qui eût fait ces détestables couplets, on n'y auroit fait aucune attention. Mais cela fait anecdote.

Pendant que je suis en train de parler de mauvais et méchants couplets, je vais transcrire ici ceux qu'on fit l'année passée sur monseigneur le comte de Clermont, à son retour de la campagne de 1758, celle-là même qui fit dire, lorsqu'il eut le commandement de l'armée, que le Roi ne sachant plus quel général opposer au roi de Prusse lui envoyait *le général des bénédictins.*

Air : *Vous m'entendez bien.*

D'où venez-vous, monsieur l'abbé (2)?
Vous avez l'air tout essoufflé.
— Je reviens de la guerre,
Eh, bien!
— Et qu'alliez-vous y faire?
Vous m'entendez bien.

---

(1) V. la note au bas de la p. 116. (*H. B.*)
(2) Le comte de Clermont était abbé de Saint-Germain-des-Prés. (*H. B.*)

Le Roi m'a dit : « Mon cher cousin,
« Votre rabat ne tient à rien.
« Partez pour aller faire,
  » Eh, bien!
« La barbe à l'Angleterre,
« Vous m'entendez bien.

« Vous rendrez tous nos officiers
« Souples comme des écoliers.
« Vous saurez leur apprendre,
  » Eh, bien!
« A plier, à se rendre..»
« Vous m'entendez bien.

« Vous les mettrez, Jarnicoton!
« En peu de temps sur le bon ton.
« Vous avez une mine,
  » Eh, bien!
« Propre à la discipline,
« Vous m'entendez bien. »

— Je suis arrivé : j'ai juré,
J'ai bu, je me suis enivré;
J'ai fait le diable à quatre,
  Eh, bien!
Et me suis laissé battre,
Vous m'entendez bien.

On a pourtant bien combattu.
Brunswick déjà tournait le c..;
Mais j'ai laissé, pour boire,
  Eh, bien!
L'honneur de la victoire.
Vous m'entendez bien.

L'ennemi s'en est aperçu.
Tout de suite il est revenu.
J'ai battu la retraite,
  Eh, bien!
Et ma campagne est faite;
Vous m'entendez bien.

Je reprendrai mon ancien train :
Mon vin, mes amis, ma c....
Nous boirons à Mortagne,
  Eh, bien!

Du bon vin de Champagne.
Vous m'entendez bien.

Excepté le cinquième couplet et les deux derniers vers du septième, ces couplets sont cruellement mauvais. L'on y voit le dessein et la rage, mais non l'art de médire.

Ces vilénies sont faites la plupart par des gens de la cour; il est aisé de le voir par la négligence, les fausses rimes et autres irrégularités dont elles sont remplies. Malgré tous leurs défauts, il y a quelquefois plus d'esprit et plus d'aisance que dans les couplets faits par des gens du métier. La chanson que je viens de transcrire ne pourroit pas servir à prouver cette vérité; elle n'a ni esprit, ni l'air aisé, ni rien de piquant. Elle n'a d'autre mérite que sa cruelle malignité, et, à la honte des hommes, il n'en faut pas davantage : ce mérite seul leur suffit.]

Voici des vers contre Fréron :

Air : *Godard a dans sa famille.*

1er couplet.

Fréron, à *l'An littéraire*
Met son nom, et fait fort bien;
Car il paye pour le faire.
Mais des enfants d'un tel père,
Si chacun reprenoit le sien,
Monsieur Fréron n'auroit plus rien.

2e.

C'est donc à tort qu'on le blâme
D'être mordant comme un chien;
Il peut faire une épigramme,
Mais, demandez-le à sa femme,
Si chacun reprenoit le sien,
Monsieur Fréron n'auroit plus rien.

3e.

Il est logé comme un prince,
Et doit je ne sais combien;

J'ai bien peur qu'on ne le pince :
Car son crédit est si mince,
Que si chacun reprend le sien,
Monsieur Fréron n'aura plus rien.

4ᵉ et dernier.

Ainsi, malgré l'étalage
De ses talents, de son bien,
Et son noble compérage (1);
Tant enfants, meubles qu'ouvrage,
Si chacun reprenoit le sien,
Monsieur Fréron n'auroit plus rien.

SEPTEMBRE ET OCTOBRE 1759.

J'ai employé presque toute cette année à faire des changements et à travailler les détails de ma comédie du vieux *Dupuis*; je veux en porter la correction jusqu'au scrupule, et quoique j'aie beaucoup fait, je ne compte point encore avoir tout fait. J'ai confié mon manuscrit à MM. Saurin, Rémond de Saint-Albine, Romgold et le duc de Nivernois : tous les quatre m'ont donné leur critique par écrit ; les deux derniers, surtout M. Romgold, m'en ont fait de nombreuses et très-judicieuses, dont j'ai profité. Il est à présent entre les mains de M. de Monticourt, qui m'a promis aussi les siennes, et par écrit ; ce que je crains qu'il n'exécute pas. Il passera ensuite dans celles de M. Bernard, dans celles du comédien Lanoue, et je finirai par le faire examiner scrupuleusement par Grandval, duquel je me flatte d'obtenir une critique très-rigoureuse ; j'en ai trouvé

---

(1) Le duc d'Orléans a tenu un de ses enfants. (*Note de Collé.*) Ajoutons que son fils, le fougueux conventionnel, avait pour parrain le roi Stanislas. (*H. B.*)

le moyen : son meilleur ami m'a promis de le faire parler avec la dernière vérité. *C'est,* m'a-t-il ajouté, *le plus galant homme et le plus sûr que je connoisse, et vous pourrez compter autant sur sa sincérité que sur sa discrétion.*

Voilà la dernière épreuve où je mettrai ma comédie, et quand j'aurai fait mes corrections en conséquence, je la lirai tout de suite aux Comédiens.

NOVEMBRE 1759.

Le lundi 12 du courant je fus à la première et dernière représentation de *Namir*, tragédie de M. le marquis de Thibouville (1). Depuis trente-sept ou trente-huit ans que je vais au théâtre je n'ai point vu de chute aussi honteuse; il est vrai qu'au quatrième acte, Le Kain fut assez hardi pour s'avancer au bord du théâtre, et annoncer tout simplement la petite pièce, et le public battit des mains et applaudit à cette annonce qui mettoit fin à son ennui. Il ne convient pas à un comédien de trancher ainsi sur le sort d'une pièce nouvelle; ce qu'il peut faire, lorsque le bruit et le tumulte sont portés à l'excès, c'est de demander au public la permission de continuer ; et c'est alors au public à la lui donner ou à la lui refuser.

Un des plus grands comédiens que nous ayons eus dans le genre comique, à ce que j'ai entendu dire, car il étoit mort avant que je fusse né, Raisin, dis-je, en agit bien autrement, en une occasion à peu près semblable. Dans le premier des *Esopes* de Boursault, il étoit chargé

---

(1) Thibouville (H. Hambert d'Erbigny, marquis de), ancien mestre de camp du régiment de la Reine. (*H. B.*)

du rôle d'Ésope; lorsqu'il eut débité six ou sept fables, le public commença à paroître rassasié de l'uniformité de ces apologues ; le bruit et les huées se faisoient déjà entendre, lorsque Raisin dit au public que si l'impatience le prenoit d'entendre des fables, il étoit inutile de continuer la pièce, qui n'étoit qu'au premier acte, attendu qu'il en avoit encore trente ou quarante à débiter ; que cette comédie n'étoit point du genre ordinaire des autres comédies, et qu'il supplioit le public, auparavant de proscrire ce genre nouveau, de vouloir bien écouter la pièce tout entière. Sur cela le parterre battit des mains, le silence succéda, la pièce eut la plus grande réussite, et s'est si bien soutenue au théâtre, qu'on la joue encore tous les jours. Je laisse à faire les réflexions convenables aux différents procédés du célèbre Raisin et de Le Kain ; je reviens à *Namir*.

C'est le ramas des situations les plus communes et les moins touchantes. Zaïde, de la race des Zégris, a été élevée sur le trône de Grenade, et l'a usurpé sur Namir, le dernier de la race des Abencerrages ; ce Namir a été conservé par Zulma, premier ministre de la reine, qui a fait périr tous les autres Abencerrages. On ne sait pas pourquoi elle lui a laissé la vie, on sait encore moins pourquoi elle lui donne par la suite le commandement de ses armées. Zulma veut se servir de ce prince pour se mettre lui-même sur le trône ; Zaïde au second acte s'aperçoit qu'elle aime à la fureur ce Namir : elle ne s'en doutoit pas au premier ; dans le troisième elle lui en fait la déclaration sans nulle sorte de dignité, et en véritable gourgandine. Au second, nous avions appris que Namir, de son côté, étoit amoureux à la rage de certaine reine de je ne sais où, nommée Léonide, qu'il avoit faite sa prisonnière. Comme cette Léonide ne paroît ni dans le second, ni dans le troisième acte, nous avions cru que M. le marquis avoit fait la faute de ne pas la faire paroître ; nous vîmes donc avec le plus grand étonnement cette Léonide ouvrir le quatrième acte, et nous amuser par une courte exposition des événements qui la regardoient. Un personnage principal, qui ne paroît qu'au quatrième acte, de l'exposition encore dans un quatrième acte, est sans difficulté la plus forte bévue qui jamais ait été présentée à des spectateurs; aussi fut-on universellement révolté; ce furent des huées générales. Léonide, représentée par mademoiselle Hus, ne perdit pas courage, et continua; Namir arrive, lui fait sa déclaration; Léonide lui répond par ce vers qui est partout :

> Prince, n'abusez pas de l'état où je suis.....

L'application de ce vers fut faite sur-le-champ à la pièce même; les ris redoublèrent, les claquements de mains, etc. Namir se jette aux pieds de Léonide pendant ce tumulte; Zaïde paroît, qui surprend Namir aux pieds de sa rivale. Cette situation précipitée et triviale met le comble aux éclats de rire, et c'est dans cet instant que ce Le Kain annonce la petite pièce, et que le public confirme l'arrêt de cet impudent par des applaudissements redoublés. Ce seroit perdre son temps que de critiquer le fond de cette tragédie, qui n'est que de pièces et de morceaux, quant au fond et quant à la versification.

M. le marquis de Thibouville avoit déjà donné en 1739, mais sans se nommer, *Thélamire*, tragédie imprimée dans le recueil de Prault. Cette pièce, qui n'annonce ni génie ni talent, est un chef-d'œuvre en la comparant à cette dernière-ci. Quant au personnel de cet auteur, il n'est malheureusement que trop connu du public; le marquis de Thibouville, en épousant une Rochechouart, obtint l'agrément du régiment de la Reine; la guerre se déclara peu de temps après; il alla jusqu'à Lyon pour joindre son régiment, qui servoit en Italie; la peur le saisit au point de ne pouvoir se déterminer à y passer. On nomma à son régiment, et il revint déshonoré à Paris avec 70,000 livres de rente. Tout méprisé qu'il étoit, il fut reçu partout; il étoit de la cour de feu Mme la duchesse douairière. Malgré un autre vice, dont il ne se cachoit pas, et qui est pour le moins autant haï des femmes que la poltronnerie, il a cependant toujours vécu avec elles et dans la plus haute compagnie, que par mépris on nomme souvent la bonne. Son esprit et son cœur ont fait voir également ses goûts contre nature. Ses écrits n'ont jamais peint la nature, et ses *amours* y ont toujours été *opposés*. Je mets en cet endroit exprès, l'amour au genre masculin. Il a fait il y a quelques années un roman que l'on n'a point lu et qui ne valoit pas la peine de l'être, *la Force de l'amitié*. Il est, dit-on, actuellement ruiné de fond en comble, et on assure qu'il sera bientôt obligé d'écrire pour vivre; si cela est, son talent ne peut le garantir de la mort. *Requiescat in pace*.

[Le théâtre de M. le duc d'Orléans reprendra, m'a-t-on dit, cet hiver. Sa maîtresse (1), ci-devant danseuse de l'Opéra et de laquelle il vient cette année d'avoir un enfant, aime à la fureur à jouer la comédie. Si cela est, je tâcherai de tirer parti de cette circonstance pour entrer, si je puis, dans le prochain bail de la ferme d'Orléans (2).]

DÉCEMBRE 1759.

J'ai toujours été occupé de ma comédie du vieux Dupuis, qu'enfin j'ai lue, le 24 du courant, à Grandval. Il a trouvé

---

(1) Mlle Le Marquis, à laquelle nous reviendrons. (*H. B.*)

(2) Nous l'avons dit ailleurs, Collé ne négligeait aucune occasion de se pousser, d'avancer sa fortune. Il avait de l'habileté, de l'entregent, et savait allier aux goûts les plus frivoles l'esprit le plus positif. (*H. B.*)

quelques longueurs dans le premier acte, surtout dans la scène de Dubois et de Desronais; il croit que le second acte est excellent, et il pense que le troisième est dénué d'action, qu'il dégénère en plaidoyer, et que si on en ôtoit les longueurs, il ne resteroit point assez de matières pour le remplir; il trouve, au reste, cette comédie très-neuve, très-vive, très-chaude, et singulièrement bien écrite; j'oublie, il trouve encore que Dubois tient trop peu au sujet. Après avoir mûrement réfléchi sur ces critiques-là, je me suis dit qu'il avoit en grande partie raison; moyennant quoi, je travaille à refondre le commencement de mon troisième acte. Je crois avoir trouvé un incident qui, en donnant plus d'action, liera Dubois beaucoup davantage au sujet, et adoucira le caractère de Dupuis sans l'altérer ni l'affoiblir. Je le répète encore, je ne me presserai point; je veux donner à ma pièce le degré de perfection dont mon peu de talent est capable, et y employer le travail le plus opiniâtre et une patience coriace.

C'est à la fin de ce mois qu'a éclaté l'affaire de Marmontel; mais il faut reprendre la chose de plus haut. M. de Marmontel, piqué contre M. le duc d'Aumont du procédé cruel qu'il a eu avec lui au sujet du *Venceslas* de Rotrou, ainsi que je l'ai rapporté plus haut (1), en avoit toujours conservé le ressentiment. Cet auteur se trouva, dans le commencement du mois d'octobre, à un souper; il lui vint l'idée, ou à quelqu'un des convives, d'imaginer qu'il seroit plaisant de parodier, sur le duc d'Aumont, M. d'Argental et Le Kain la fameuse scène de *Cinna*, dans laquelle Auguste délibère s'il retiendra ou abdiquera l'empire. Les esprits s'échauffèrent, et dans ce même souper on crayonna cette parodie; (2) chacun fournit son contingent; Marmontel, qui, comme on juge

---

(1) Voyez plus haut, page 169.
(2) Comme nous l'avons indiqué plus haut, cette parodie avait pour au-

bien, ne s'y étoit pas épargné, se chargea de la rédiger et d'y mettre la dernière main, ce que, malheureusement, il n'a exécuté qu'avec trop de succès à tous égards. En effet, quelques jours après, il nous récita cette parodie à un de nos dîners chez Pelletier; et son ressentiment aveugle contre M. le duc d'Aumont l'empêcha de profiter de l'impression générale qu'elle nous fit à dix ou douze qui étions à table; nous prîmes tous à la fois la parole pour l'exhorter à ne point donner de copie, même à ne point réciter cette satire; nous lui en exagérâmes le danger; chacun de nous lui promit le plus profond secret, et je suis persuadé qu'aucun n'y a manqué, aucun ne la voulut prendre par écrit. Je me fis, en mon particulier, violence là-dessus, moi, qui aurois désiré très-fort de l'avoir pour l'insérer dans ce Journal.

Cependant cet auteur, très-auteur, et qui plus est, auteur offensé, étoit beaucoup moins touché de l'intérêt que nous prenions à sa personne, que des louanges que nous donnions à son ouvrage, et au sel piquant de sa satire; il a été, comme un enfant, la promener dans toutes les maisons de Paris, et la déclamer à qui a voulu et qui n'a pas voulu l'entendre. Il n'en a pas, à la vérité, donné de copie; mais cette demi-discrétion lui a fait plus de tort que s'il eût commis l'indiscrétion totale, attendu que nombre de gens, qui ont voulu à toute force avoir cette parodie, y sont parvenus en suivant la scène de Corneille, y cousant ce qu'ils avoient pu retenir en l'entendant réciter, et en y ajoutant des traits durs, piquants et grossiers que l'auteur n'y avoit pas mis. Les ennemis du duc d'Aumont ne se sont pas épargnés à ce dernier égard; ce sont eux qui ont sûrement fait ce vers-ci :

Le mousquetaire altier menace du bâton.

---

teur Cury, ami de Marmontel, qui ne voulut pas le trahir. Le lecteur la trouvera *in extenso* à la fin du présent volume. (*H. B.*)

vers mauvais et méchant qui n'y étoit pas lorsque Marmontel nous récita cette pièce. Ce qui est constant, c'est qu'au commencement de décembre cette parodie, défigurée et noircie des injures les plus atroces, a couru Paris avec une fureur qu'on ne peut attribuer qu'à l'extrême malignité des hommes. Quand cette malignité a été bien rassasiée du côté du duc d'Aumont et de d'Argental, elle s'est retournée bravement contre Marmontel, qu'à son tour le public a traîné dans le ruisseau; il est vrai que ce dernier s'est conduit plus gauchement encore à la fin de cette aventure que dans le commencement de tout ceci.

Le duc d'Aumont lui ayant écrit un billet pour savoir s'il étoit l'auteur d'une satire qui couroit sur lui, il a été assez bête pour lui faire réponse, et pour lui dire dans cette réponse, mêlée de bassesse et d'insolence, que la parodie en question s'étoit faite dans une société, qu'il y avoit mis son mot comme un autre, mais qu'elle n'étoit point telle qu'elle couroit, qu'on y avoit ajouté des invectives et des grossièretés qui n'y étoient pas; il finissoit en conseillant au duc d'Aumont de laisser tomber tout cela. L'on juge bien que ce dernier, armé de cette pièce de conviction, n'a pas différé sa vengeance. Marmontel a été envoyé vers les derniers jours de cette année à la Bastille, où il est resté jusqu'au 7 janvier suivant. En sortant, on lui a déclaré qu'on lui ôtoit *le Mercure*, c'est-à-dire son pain. Cela n'est pourtant pas encore décidé; le duc d'Aumont sollicite pour que cela ne soit pas, du moins me l'a-t-on assuré. Mais enfin, de cette échauffourée, ce qui peut lui arriver de mieux, c'est, à force d'humiliations et de bassesses vis-à-vis des ducs d'Aumont et de Choiseul, d'obtenir une place qu'avant cela il possédoit tranquillement. Au reste, voici quelques lambeaux que j'ai retenus de cette parodie:

Scène entre le duc d'Aumont, Le Kain et d'Argental.

LE DUC D'AUMONT.

Que chacun se retire, et qu'aucun n'entre ici ;
Vous, Le Kain, demeurez; vous, d'Argental, aussi.
Ce pouvoir souverain, que j'ai dans les coulisses,
De chasser les acteurs, d'essayer les actrices ;
Cet empire sans borne, et cet illustre rang
Que j'eusse moins brigué s'il eût coûté du sang,
N'est que . . . .

(*Il manque six vers en cet endroit*).

Molière eut comme moi cet empire suprême ;
Monnet, dans la province en a joui de même ;
D'un œil si différent tous deux l'ont regardé,
Que l'un s'en est démis et l'autre l'a gardé.
Monnet, vain, tracassier, plein d'aigreur et d'envie,
Voit couler en repos le reste de sa vie ;
L'autre, qui méritoit d'occuper ce haut rang,
Est mort sans médecin, d'un crachement de sang.

Marmontel m'a dit que la parodie de ces huit vers-là toit de M. de Cury.

(*Ici, une autre petite lacune*).

Voilà, mes chers amis, ce qui me trouble l'âme ;
Vous qui me tenez lieu *du Merle* (1) et de ma femme,
Prenez sur mon esprit l'empire qu'ils ont eu,
Pour résoudre ce point, avec eux débattu.
Ne considérez point cette grandeur suprême,
Odieuse au public et pesante à moi-même.

---

(1) M. le marquis de Choiseul, cousin du duc de Choiseul, et envoyé par ce dernier en ambassade à Vienne, où il est actuellement. Ce vers, et deux autres qui suivent, et qui plaisantent ce duc d'avoir procuré à d'Argental la place d'envoyé du duc de Parme près le Roi de France, sont les traits de cette satire qui ont fait le plus de tort à l'auteur. Le duc de Choiseul (autrefois marquis de Stainville, à présent ministre des affaires étrangères) est très-haut et très-vindicatif; il vouloit que l'on envoyât Marmontel à Bicêtre ou à Saint-Lazare, et trouvoit que la Bastille n'étoit point faite pour lui. C'est ce duc qui persiste encore à lui faire ôter *le Mercure*. (*Note de Collé.*)

Et, suivant vos avis, je serai cet hiver
Entrepreneur de troupe, ou simple duc et pair.

LE KAIN.

Malgré notre bêtise et mon insuffisance,
Je vous obéirai, Seigneur, sans complaisance.

Le Kain conseille au duc d'Aumont de tenir les Comédiens sous le joug où il les a assujettis.

Vous seul donnez des lois, en dépit du parterre,
Et vous régnez en paix, tandis qu'on fait la guerre.

Le Kain continue de lui persuader de garder le pouvoir souverain sur la Comédie, et de la lui laisser gouverner sous lui, d'empêcher surtout qu'il ne soit reçu de meilleurs comédiens que lui, Le Kain, et il finit par dire :

Et pour vous conserver ce pouvoir sans égal,
Prenez toujours conseil de monsieur d'Argental.

D'ARGENTAL.

Seigneur, j'ose avancer.... Il est vrai que je pense....
L'on pourroit.... cependant, je craindrois.... je balance....
En se déterminant au moyen le plus sûr.......
On ne risqueroit rien.... Oui, mais il seroit dur
De quitter un pouvoir.... Adoucissez l'empire
Qu'au Théâtre François.... Je ne saurois vous dire....

LE KAIN, *l'interrompant.*

Vous ne savez que dire; ah! c'est en dire assez.
Vous en dites toujours plus que vous n'en pensez.

LE DUC D'AUMONT.

D'Argental, je t'entends ; et c'est assez m'en dire.
Le Kain, par vos conseils je retiendrai l'empire ;
Mais je le retiendrai pour vous en faire part.
Je vois trop que vos cœurs n'ont point pour moi de fard.
Vous qui de l'éloquence avez si bien le charme,
D'Argental, je vous fais ambassadeur de Parme.

Mais, voyez la Clairon, continue le duc d'Aumont, son suffrage n'est point à dédaigner; le public

Rend justice aux talents dont cette actrice brille.
Adieu, j'en vais porter la nouvelle à ma fille (1).

L'espoir frivole qu'avoit conservé Marmontel de garder *le Mercure*, n'a fait qu'ajouter à ses peines; on l'a traîné pendant tout ce mois-ci et celui de janvier, et ce n'est guère que le 24 ou le 25 janvier que l'arrangement s'en est fait ainsi qu'il suit :

Le privilége en a été donné à M. l'abbé Barthélemy, prêtre, antiquaire et médailliste, et par toutes ces qualités, hors d'état de faire ce journal convenablement. L'abbé Barthélemy, plus prudent que MM. de Mora et de Beziers, qui ont accepté la marine, sans en avoir jamais entendu parler, n'a pas voulu se mêler de ce qu'il ne pouvoit pas faire, et, se réservant seulement l'utile, il a cédé son privilège à M. de la Place, moyennant 5,000 liv. de pension. Ce dernier se trouve, outre cela, chargé de 3,000 liv. de pension pour Marmontel, et 1,200 liv. pour un M. Parfait, celui qui a travaillé, avec son frère, à l'*Histoire du Théâtre Français;* toutes les autres pensions assignées sur *le Mercure*, subsistant toujours.

---

(1) La marquise de Villeroi, qui tracasse les Comédiens, chasse les acteurs utiles, en fait recevoir de mauvais, qui n'a point de goût, et qui veut décider de tout. (*Note de Collé.*)

ANNÉE 1760.

JANVIER 1760.

J'ai oublié de dire dans le mois dernier que M. le duc d'Orléans reprenoit ses spectacles; il a fait faire un petit théâtre à Bagnolet, où il joua, le jour de Noël, le prologue des *Deux Gilles* et *la Mère Rivale*; il m'a appelé à ses jeux; je lui ai fait des annonces qui ont beaucoup réussi, à ce que l'on m'a dit, car je n'y ai point été. Le 6 du courant, ils jouèrent *le Rendez-vous* et *le Remède à la mode* que je n'ai pas voulu voir non plus. Ils vont apprendre *Joconde*, opéra-comique de ma façon, qui sera précédé de *Nanine*. Je tâcherai de profiter de cette circonstance pour rentrer dans la ferme d'Orléans, mais je ne me flatterai d'y réussir que lorsque l'affaire sera absolument faite; la promesse du prince ne me donnera qu'une légère espérance; il n'a pas tenu celle qu'il m'avoit faite il y a cinq ou six ans. Voici toujours, à bon à-compte, deux vaudevilles que j'ai faits pour insérer dans des annonces, et que je n'eusse pas composés sans cela. Le plaisir que j'ai eu à les faire est toujours quelque chose; je m'attends bien que ce plaisir est le profit le plus clair que je retirerai peut-être de tout ceci.

LE DINDON DE CYTHÈRE. VAUDEVILLE.

Air: *Chansons, chansons.*

1ᵉʳ couplet.

Qu'on voit de Dindons sur la terre!
Les plus beaux sont ceux qu'à Cythère

Nous vous gardons.
Ce seroit une liste à faire :
Abbés, robins et gens d'affaire,
    Dindons, Dindons.

2me.

Jeune amant qui reste à rien faire ;
Vieux galant qui veut contrefaire
    Nos Céladons ;
En amour, celui qui préfère
D'être dupe au plaisir d'en faire ;
    Dindons, Dindons.

3me.

Ce galant séculier qui brûle
De remplacer chez sœur Ursule
    Père Cordon ;
Qui dans ce projet ridicule
Meurt en voulant faire l'Hercule :
    Dindon, Dindon.

4me.

L'amant présentant son offrande,
Qui, timide après, en demande
    Bien des pardons ;
Ou celui qu'une ardeur trop grande
Consume avant qu'on ne se rende ;
    Dindons, Dindons.

5me.

Sur nos amusements comiques
Nous ne craignons point les critiques,
    Ni les lardons ;
Nous nous moquons des satiriques,
Et nous appelons les caustiques
    Dindons, Dindons.

6me.

Les jésuites ont dans ce monde
Des biens dont la source féconde
    Vient de nos dons ;
Et de cet ordre ridicule

Nous n'avons tiré que la Bulle
Et des dindons (1).

VAUDEVILLE DE PARADE.

Air : *Il faut boire plus d'un coup, pour aimer davantage.*

1ᵉʳ couplet.

Tout est parade ici-bas,
Tout paroît ce qu'il n'est pas.
Voyez en haut, voyez en bas;
Autour de vous dans tous états,
Tout est parade,
Tout est parade ici bas ;
Tout est pantalonade.

2ᵉ.

Amant novice en amours,
Croyez-moi : craignez toujours
La masc, masc, masc, la ca, ca, ca,
La mascarade ;
Dans ce temps-ci, les amours
Sont amours de parade (2).

Les Comédiens français donnèrent le lundi 7 du courant la première représentation de *Zulica,* tragédie de M. Dorat, jeune homme de vingt-cinq ou vingt-six ans, qui sort des mousquetaires, et jouit, dit-on, de 8 ou 10,000 liv. de rente (3). Il est déjà un peu connu dans les lettres, par des héroïdes qu'il a fait imprimer, et où il se trouve quelques vers. Cette pièce, que je n'ai pu voir, est tombée à cette première représentation. M. de Marivaux, qui me vint voir le lendemain, me dit qu'il n'y avoit ni génie

---

(1) V. Le *Recueil des Chansons* de Collé.
(2) *Idem.*
(3) Dorat (Cl.-Jos.), poëte, auteur dramatique et romancier. Paris, 1734-1780. On a donné un choix de ses œuvres en 3 vol. in-12; 1786. (*H. B.*) On connoît l'épigramme de Le Brun sur ce poëte :

Phosphore passager, Dorat brille et s'efface ;
C'est le ver luisant du Parnasse.

ni talent dans ce jeune homme pour la tragédie; qu'il n'avoit vu aucune situation neuve, point de caractère, point de plan. Lundi 13 elle fut donnée pour la seconde fois et portée aux nues par une cabale apostée qui demanda l'auteur, et l'auteur fut assez plat pour se laisser traîner sur le théâtre par cinq ou six mousquetaires de ses amis. A propos de cette coutume introduite par Voltaire, je dirai encore que je la trouve indécente pour un homme de lettres; il doit refuser de se présenter : c'est au comédien à monter sur un théâtre public, à l'auteur de refuser de se prostituer ainsi : quand il n'y auroit qu'une modestie raisonnable, il devroit s'en abstenir; un auteur est citoyen comme un autre : eh! quel est le citoyen qui doit au public d'aller ainsi s'exposer à ses regards lorsqu'il le demande?

J'ai oublié de dire que le premier jour de l'année M. le duc d'Aumont reçut de cruelles étrennes, que tout le monde prétend lui avoir été envoyées par les mousquetaires, toujours outrés de ce qu'il leur a ôté leurs entrées aux deux Comédies (1). L'on veut donc que ces messieurs lui aient fait le présent d'une épée dont la lame étoit collée dans le fourreau, sur lequel on lisoit la devise du rideau du théâtre italien, *Sublato jure nocendi.*

FÉVRIER 1760.

Le mardi 12 du courant l'Académie royale de musique donna la première représentation des *Paladins*, ballet héroï-comique, musique de Rameau, les paroles d'un

---

(1) Le duc d'Aumont avoit ôté l'année dernière les entrées aux officiers des mousquetaires. (*Note de Collé.*)

anonyme qui a eu l'esprit de se cacher assez bien jusqu'à présent. On a soupçonné Bernard ; mais ce poëme est si ridiculement détestable, que je n'en crois rien. L'abbé de Voisenon en a été aussi injustement accusé. Enfin, on l'a donné à M. de Tressan, que je n'en crois pas plus auteur que les deux autres. Cette ineptie ne peut sortir que de la main d'un homme qui n'a pas la première notion de l'art dramatique, et qui n'a jamais fait de vers ; enfin je ne craindrai pas d'avancer que feu Cahusac est un second Quinault, en comparaison du polisson qui a gâché les paroles de ce ballet, qui est tombé à ne point s'en relever (1). La musique est d'un ennui insoutenable. Rameau paru radoter, et le public lui a dit qu'il est temps de dételer. Ce génie en musique, très-bête d'ailleurs, a donné dans une très-grande absurdité, de penser que les paroles d'un poëme n'étoient pas nécessaires à sa réussite ; je ne craindrois point de prédire que ses chefs-d'œuvre de musique, dont les poëmes sont mauvais, n'iront point à la postérité, et je parierois que *Platée*, par exemple, qui est, au dire des connoisseurs, le morceau le plus singulier de musique qu'il ait fait, et de la plus belle et de la plus forte, ne se jouera pas encore vingt ans, ou bien il viendra quelque auteur qui fera et calquera un autre poëme sur sa musique, ce qu'il n'y a pas lieu d'espérer ; et voilà ce que c'est que d'avoir eu la présomption de dire qu'*on*

---

(1) Il importe peu d'apprendre, en 1780, que *les Paladins* sont du Gentil-Bernard. *Castor et Pollux* sont le seul ouvrage qui nous reste de ce poëte érotique, J'ose prédire que cet opéra excellent, et par la musique et par les paroles, reprendra faveur, lorsque nous serons revenus de notre engouement ridicule pour les compositions des Gluck, des Piccini et des Italiens. Quand l'*étrangéromanie* sera passée de mode, il faut espérer que le Français voudra bien se rendre justice à lui-même, et croire que les arts agréables se trouvent traités par les Français aussi bien, et mieux peut-être, que par des Allemands, des Italiens, etc. (*Note de Collé.*) Contrairement à l'opinion émise par Collé, qui attribue à Gentil-Bernard l'opéra des *Paladins*, les *Anecdotes* et les *Annales dramatiques* sont d'accord pour dire que cette pièce est restée anonyme. (*H. B.*)

mettra la gazette de Hollande en musique; d'avoir, sans pitié et sans raison, sacrifié comme un stupide le poëte à son orgueil musical; d'avoir réduit le plaisir de l'Opéra à des sons; d'avoir tout mis en ports de mer : de n'avoir voulu que des airs de violon, des chœurs et des fêtes; et jamais des scènes, et jamais des poëmes.

Le mercredi 13 du courant l'on représenta à Bagnolet, chez M. le duc d'Orléans, mon opéra-comique, ou plutôt ma comédie de *Joconde* (1); car j'ai la vanité de croire que cette pièce mérite le nom de comédie; elle me parut faire le plus grand plaisir et avoir tout le succès possible. M. le duc d'Orléans, à quelques négligences et défauts de mémoire près, y joua supérieurement le rôle de Blaise; celui de Thérèse fut rempli avec beaucoup de naturel et de finesse par Mlle Marquise (2), ci-devant danseuse à l'Opéra et maîtresse du marquis de Villeroy, et aujourd'hui la sienne. Cette petite créature a vraiment du talent pour jouer la comédie; et si elle le cultivoit et y étoit forcée

---

(1) Comme le sujet de *Joconde* est pris d'un conte qui manque de vraisemblance, un peu moins peut-être que ceux des Mille et une Nuits, mais dont la fable et les incidents en approchent davantage que de la vérité qui doit faire la base de toute vraie comédie, je pense aujourd'hui que cette pièce doit être classée dans les opéra-comiques, tels que *la Chercheuse d'esprit* de Favart, qui par cette seule raison ne peut pas être mise au rang supérieur de la comédie. J'ai cependant la vanité de croire que ces deux opéras-comiques doivent être distingués des autres, attendu qu'excepté l'invraisemblance du fond, les détails et les caractères y sont traités du ton de la véritable comédie, c'est-à-dire qu'on y a peint les hommes comme ils sont dans la société, sans charge et sans caricature. La petite querelle de Joconde avec son roi est une scène de haut comique qui a de la dignité, de la noblesse, et qui n'a rien d'outré; elle ne seroit point déplacée dans la *Partie de Chasse de Henri IV*, si le sujet eût présenté l'occasion d'une dispute entre Sully et ce prince. Si le fond de ce sujet étoit dans une aussi exacte vérité, je le répète, que celui du *Rossignol*, Joconde alors pourroit être honoré du nom de comédie; mais j'ai eu tort d'élever un pareil conte à ce rang estimable : c'est une prétention injuste que mon premier jugement. (*Note de Collé*, écrite en 1780.)

(2) V. p. 12 de l'*Introduction* de la *Correspondance inédite* de Collé, où nous parlons de Mlle *Le Marquis* (elle signait ainsi), et des enfants qu'elle eut du duc d'Orléans. Nous donnons également plus loin quelques détails à ce sujet. (*H. B.*)

par la nécessité, j'imagine qu'elle pourroit devenir un jour une excellente suivante; mais malheureusement sa jolie figure et la fortune qu'elle fait avec M. le duc d'Orléans, lui firent enfouir ce talent-là. M. le vicomte de la Tour Dupin joua avec beaucoup d'intelligence et de feu le rôle de Joconde, et ajouta même de lui quelques mots qui firent un très-bon effet. M. de la Vaupalière ne remplit pas aussi froidement que je l'avois craint celui d'Astolphe : il est sûr cependant que si ce rôle étoit joué par un bon acteur, par M. le chevalier de Montazet, par exemple, on ne le reconnoîtroit pas. Le rôle enfin de Mme Dutour fut très-bien exécuté par Mlle Gautier (Mme Drouin), comédienne. J'étois à la représentation, et il me parut que cela avoit le plus grand succès : il est possible pourtant qu'indépendamment de l'indulgence que l'on apporte dans les comédies de société, elle n'ait pas réussi autant que je le pense. Les auteurs sont comme les c...., ils sont toujours les derniers à apprendre leur histoire.

Le 14 de ce mois mourut, à l'âge de vingt-neuf ans, M. Guymond de la Touche, auteur de l'*Iphigénie en Tauride*, et qui, selon moi, promettoit à la nation un génie véritablement tragique ; il est tombé malade le dimanche et est mort le jeudi, d'une fluxion de poitrine et d'un crachement de sang que l'on n'a pu arrêter. C'étoit un homme de la complexion la plus vigoureuse ; il a conservé sa connoissance jusqu'au dernier moment. Une heure avant il a composé et dit à un de ses amis deux vers qu'il a faits sur la mort. M. de la Touche avoit les mœurs douces, étoit d'une simplicité et d'une naïveté qui n'appartiennent qu'à l'homme de génie; il n'avoit aucune espèce d'usage du monde, et les élégants, qui ne jugent les hommes que par ce côté, n'auroient pas balancé à décider que c'étoit une bête. Il avoit été jésuite et avoit fait des études excellentes; il possédoit ses poëtes grecs et latins, et il ne connoissoit que très-imparfaitement nos bons auteurs français, ce qui étoit cause que son style n'étoit pas encore formé. Il y travailloit; car on le lui avoit dit, et il aimoit à entendre la vérité. Il me dit, il y a quelques mois, qu'il avoit arrangé le plan d'une tragédie, auquel il travailloit depuis la mort de Mme de Graffigny : il ne m'en a jamais dit le titre ni le sujet; ce qu'il m'a fait entendre, c'est que c'étoit un sujet d'imagination. Ainsi je ne puis penser que ce soit *Régulus*, ainsi que l'on commence à le publier dans le monde; l'on doit, au reste, trouver ce plan dans les manuscrits qu'il laisse. Il m'a répété bien des fois qu'il ne vouloit consulter que ma femme et moi, et Clairon sur cette tragédie. Il me faisoit en vérité plus d'honneur que je n'en mérite; c'est un homme que je regretterai toute ma vie, et pour moi et pour les lettres.

Le mercredi des cendres, 20 du courant, l'on donna aux Français la première représentation de *Spartacus*, tragédie de M. Saurin; je ne pus m'y touver, mais je sus dès le soir même que cet ouvrage avoit été mal reçu et encore plus mal exécuté. Les acteurs, excepté Clairon, ne savoient point leur rôle; Clairon même et Le Kain manquèrent le jeu de théâtre qui fait le dénouement; cependant, malgré le mal que l'on en disoit, je vis le lendemain les sentiments partagés; et beaucoup de gens d'esprit la soutenoient, malgré sa chute. Si elle tomboit, j'eus la consolation du moins d'être sûr qu'elle ne tomboit qu'avec estime de l'ouvrage et de l'auteur.

Ce même jour, qui étoit le jeudi, après avoir vu représenter à Bagnolet *l'Avocat patelin*, dans lequel M. le duc d'Orléans joua le rôle de M. Guillaume, mieux, j'ose le dire, que défunt Duchemin; après avoir vu exécuter mon *Rossignol* par lui et des gens de sa cour, et Marquise sa maîtresse, avec toute la précision et la gaieté possibles, je revins à Paris avec Mlle La Mothe (1), ancienne comé-

---

(1) La Motte (Marie-Hélène des Mottes, connue sous le nom de Mlle), ac-

dienne, qui avoit joué là Mme Patelin; cette fille, qui est au fait de tout ce qui se passe dans ce tripot de la Comédie, me dit qu'elle savoit que depuis la querelle des mousquetaires avec le duc d'Aumont, au sujet des entrées aux Comédies, les deux compagnies avoient arrêté que tant que le duc d'Aumont gouverneroit les spectacles ils siffleroient toutes les nouveautés au Théâtre-Français, ce qu'ils n'ont point manqué d'exécuter jusqu'à présent. J'étois déjà instruit de cette résolution par mon ami M. de Saint-Vaast, qui est aussi l'intime de M. Saurin, pour lequel il a négocié dans cette occasion, et voici ce qui est arrivé de cette négociation : M. de Saint-Vaast, quelques jours avant la représentation de *Spartacus*, engagea Saurin à faire des vers flatteurs pour les mousquetaires. Je les ai vus; ils furent donnés par Saint-Vaast à M. le marquis de Vérac, qui est dans les mousquetaires gris; ceux-ci en furent très-contents et en prirent tous des copies. Malheureusement ils oublièrent ou ne les firent point passer assez tôt à la compagnie des mousquetaires noirs, qui, en conséquence de la convention subsistante, se sont crus obligés de siffler *Spartacus* à sa première représentation. Je suis sûr de ce fait. Saurin m'a dit avoir la certitude d'un autre; c'est que Fréron avait une cabale répandue par lui dans le parterre; que, du premier banc de l'amphithéâtre, il en dirigeoit tous les mouvements, sur des signes dont ils étoient convenus; de-là il applaudissoit à contre-temps, pour empêcher d'entendre les endroits les plus brillants de la pièce; ou bien donnoit le signal de brouhaha dans ceux qui étoient véritablement foibles, et qui auroient pu glisser sur le public. Mais quand j'accorderois que ces deux faits ne sont vrais ni l'un ni l'autre, je serois bien éloigné encore de

---

trice de la Comédie-Française, née en 1704, morte en 1769, s'était retirée du théâtre en 1759. Elle avait débuté par des rôles tragiques, en 1722, et se livra ensuite exclusivement aux rôles comiques. (*H. B*)!

penser que cette tragédie eût mérité le sort qu'elle a eu à cette première représentation.

J'ai vu la seconde, qui fut donnée le samedi 23, et sur le jeu seul de Le Kain je ne suis point surpris que le public, même sans aucune cabale, ait pris le change sur *Spartacus*; je ne trouve point de termes assez forts pour exprimer à quel point d'absurdité, de froideur, de contre-sens, le rôle de Spartacus a été joué par Le Kain; avec quel air ignoble, quelle lenteur, quel défaut d'intelligence, il a rendu des endroits pleins de dignité et de chaleur. Brizard, qui fait le rôle du consul, est une statue de neige, à laquelle il semble que Vaucanson ait donné la parole; et Bellecourt, qui est chargé du rôle de Nauricus, quelque détestable qu'il soit, ne l'a pas été davantage que ces deux premiers acteurs. Il ne reste donc dans cette pièce, pour la jouer, que la seule et unique Clairon, à laquelle, m'a-t-on encore assuré, la tête tourna au cinquième acte, le jour de la première représentation. En de pareilles circonstances, je demande comment l'on peut juger du mérite d'un ouvrage? C'est un peu trop pour un auteur que d'avoir contre soi le jeu détestable des comédiens et les fureurs de différentes cabales.

Cependant, à cette seconde représentation la pièce parut aller aux nues. Les premier, second et troisième actes furent applaudis avec fureur; le quatrième ne le fut point du tout, mais il faut avouer que cet acte est fort dépourvu d'action, et n'est qu'une scène répétée du Consul et de Spartacus dans le troisième; le dernier acte, et surtout le dénouement, qui présente un grand et beau tableau théâtral, mit le comble aux applaudissements, et fit demander à grands cris l'auteur, qui eut la foiblesse de venir faire la révérence au public. Ce succès passager ne sera pas, je le crains bien, de plus longue durée que celui de plusieurs pièces qui ont été jugées aussi sévèrement à la première représentation et battues à la seconde.

Si on l'examine à la rigueur, je pense qu'il seroit difficile d'excuser le défaut de chaleur qui manque à ce poëme. Le caractère de Spartacus est beau, mais il est seul, mais il est fait aux dépens du reste de la pièce. Le Consul n'est point un véritable Romain; ni ce qu'il fait, ni ce qu'il dit, ne présente rien de grand, rien d'héroïque; c'est une ombre très-foible du tableau de Spartacus. Émilie, fille du Consul, fait passer difficilement, dans un sujet de cette nature, l'amour qu'elle a pour Spartacus; si Corneille ou Crébillon eussent mis Spartacus au théâtre, ils n'y auroient point mis d'amour. La scène qu'Émilie a au cinquième acte avec Spartacus est belle; mais elle ne l'est qu'aux dépens de la foiblesse du caractère du Consul. Le personnage de Nauricus est calqué sur celui de Perpenna dans *Sertorius;* excepté que dans la pièce de Saurin il tient bien moins au fond du sujet que Perpenna dans *Sertorius.*

Le style et la versification de cette tragédie sont infiniment au-dessus de ce que Saurin a jamais écrit. Son dessein est de retirer sa pièce avant qu'elle tombe dans les règles, afin de la pouvoir faire reprendre après la Saint-Martin; il se donnera par ce moyen, dit-il, le temps de corriger les défauts de fond, et d'en soigner les vers. Je souhaite qu'il en vienne à bout; mais s'il avoit voulu suivre les conseils de ses meilleurs amis, il auroit gardé sa pièce un an; il eût eu tout le temps pour la perfectionner, et ce ne seroit point *res judicata;* elle a eu six représentations. Les Comédiens ont engagé Saurin à y retravailler pour la reprendre après Pâques, en ajoutant à la troisième ou quatrième représentation sa comédie des *Mœurs du temps,* qui est en deux actes et en prose. Saurin m'a prié d'y faire un divertissement et un vaudeville, et je ne demande pas mieux que de lui rendre ce petit service, si je puis trouver quelque idée.

MARS 1760.

Le lundi 10 mars les Comédiens français donnèrent une marque éclatante de leur reconnoissance pour la mémoire du plus grand de nos poëtes, et je dirai hardiment, du plus grand poëte qui ait jamais été, du grand Corneille. Un de ses petits-neveux, portant le même nom de Corneille, s'est trouvé dans la plus grande misère, et chargé d'une femme et d'une fille; les Comédiens, pénétrés de respect pour l'esprit divin de son oncle, ont demandé qu'il leur fût permis de donner à cet homme le produit entier d'une représentation, sur laquelle ils n'ont pas même prélevé leurs frais; ils ont fait plus, ils ont présenté requête au parlement, comme ayant la grande police, pour que l'on ne retînt pas le quart des pauvres sur cette représentation : leur requête a été favorablement répondue. Le produit en a été exorbitant, il a monté à 5,500 liv.; et j'observerai que depuis la réforme du théâtre les représentations les plus complètes ne donnent pas plus de 3,800 livr., sur lesquelles il faut déduire les frais et le quart des pauvres. Il faut donc qu'indépendamment des petites loges, qui sûrement ont toutes payé ce jour-là, il se soit encore trouvé des spectateurs qui aient payé leurs places 12 francs ou un louis, et que des personnes qui n'ont pu aller ou entrer à ce spectacle y aient envoyé ou laissé leur argent. Il n'y a jamais eu un si grand concours de monde; à quatre heures tout étoit plein, et on a renvoyé une fois plus de monde que la salle n'en pouvoit contenir. Voici quelle étoit l'affiche :

Les comédiens, etc., donneront au profit du petit-neveu

du grand Corneille, Rodogune, *tragédie de son oncle,
et* les Bourgeois de qualité.

En l'absence de Dumesnil, qui est allée jouer en province, Clairon a fait le rôle de Cléopâtre; les premiers acteurs se sont arraché les rôles; on en peut juger par ce trait-ci. Brizard, n'ayant point de rôle dans la grande pièce, et d'ailleurs fort enrhumé ce jour-là, voulut et fit le rôle d'un gagiste, dans *les Bourgeois de qualité*, et vint apporter une lettre.

Ce petit-neveu du grand Corneille étoit dans le foyer de la Comédie, avec sa femme et sa fille. Des gens qui les ont vus ont trouvé à la mère l'air d'une bonne paysanne; la fille est jolie, a l'air spirituel, et ses discours pleins de décence ne démentent point sa physionomie. M. Corneille est, dit-on encore, le comble de la bêtise et de la naïveté; il avouoit ingénuement, à tous ceux qui l'interrogeoient, que la misère dans laquelle il étoit né l'avoit privé de toute espèce d'éducation; il écrit pourtant très-bien, mais il avouoit tout de suite qu'il ne savoit pas un mot d'orthographe. Son nom lui avoit déjà servi, car M. de Virly, homme d'affaires, qui, sans le connoître, lui avoit donné un emploi de cent écus, aussitôt qu'il a pu être certain qu'il étoit de la famille de ce poëte divin, avoit engagé ses associés à porter ses appointements à 600 liv.; mais M. de Savalette de Bucheley veut faire mieux, en qualité de fermier général : il compte engager ses confrères à lui donner le premier entrepôt de tabac qui viendra à vaquer. J'avoue que la chaleur qu'on met à faire du bien à ce pauvre homme, rejeton et portant le nom de ce divin mortel, m'arrache des larmes de joie en écrivant ceci...... (1)

---

(1) On sait qu'à la recommandation de Titon-du-Tillet et du poète Le Brun, la petite-nièce de Corneille fut adoptée par Voltaire, qui, trois ans après, la maria à un M. Dupuits, en lui assurant par contrat quinze cents francs de rente. (*H. B.*)

Feu M. de Fontenelle (Dieu veuille avoir son âme s'il en eut jamais, car je crois qu'il a tout aperçu par l'esprit et qu'il n'avoit point d'âme pour sentir), M. de Fontenelle, dis-je, qui a joui pendant cinquante ans de biens et de revenus considérables pour un homme de lettres, n'a-t-il jamais été informé qu'il avoit des parents qui portoient le nom divin de son oncle? S'il en a été informé, a-t-il eu le cœur assez dur et assez lâche pour les abandonner? Quelle philosophie maudite et inhumaine! Quel détachement pour tout ce qui doit être sacré aux hommes sensibles! Quelle tache enfin à sa mémoire, que cette espèce d'aumône publique demandée par des Comédiens, tandis que ce cœur de rocher, ce cruel philosophe, meurt avec 35,000 liv. de revenu? Il a fait un testament, que ce Corneille-ci vouloit attaquer, par lequel il a donné tout son bien à des parents à leur aise, et qui ne portent pas le nom de Corneille; et il laisse celui-ci mendier honteusement!

Ce même jour fut reçu à l'Académie française le célèbre M. Lefranc, qui se fait nommer à présent M. de Pompignan. Après avoir fait attendre ses confrères cinq mois après sa réception, il s'est enfin déterminé à leur venir faire son discours, dans lequel il ne les a point du tout remerciés; plusieurs Académiciens ont même été choqués d'une phrase où il disoit : *appelé par vos suffrages,* etc. L'Académie n'invite, ne prie, n'appelle personne, disent-ils; elle élit ceux qui ont demandé, qui ont mérité place parmi eux et qui l'ont recherchée. Ce manque d'égard pour un corps aussi respectable n'a pas moins indisposé le public contre lui que les malignes capucinades dont son discours étoit rempli; c'étoit une espèce d'homélie sur la foi, tout-à-fait déplacée dans un discours académique; il s'est élevé contre la nouvelle philosophie, et a désigné, à ne pouvoir les méconnoître, d'Alembert, et surtout Voltaire. Ce sermon ne me paroît pas avoir réussi du tout;

on trouve qu'il ne fait honneur ni à son esprit ni à son cœur; sa morale a paru commune, foible et ridicule même, d'une longueur insoutenable, et dépourvue de logique. Le moraliste, d'un autre côté, ne paroît point être un bon chrétien, vu son manque de charité pour ses frères et confrères; les dévots mêmes ne lui savent pas grand gré de sa malignité chrétienne ou non chrétienne. Il lut, après son discours, son premier livre des *Géorgiques*, qu'il a traduites en vers. M. le duc de Nivernois, juge excellent dans cette matière, en étoit dans l'enthousiasme ; il alla jusqu'à me dire qu'il désireroit que Virgile pût revenir de l'autre monde, pour admirer cet ouvrage. L'on espère qu'il le donnera bientôt au public; en mon particulier, je désire fort que ce soit incessamment, vu le bien qu'on en dit.

Ce fut aussi ce jour-là même, que je remerciai M. le duc d'Orléans d'une pension de 1200 liv. qu'il m'a accordée, dont 600 liv. reversibles à ma femme après ma mort (1). C'est une récompense qu'il me donne pour

---

(1) Cette pension de 1200 liv., comme on verra dans quelque endroit de ce journal, n'a jamais eu lieu. Elle fut convertie, peu de mois après, en une place de lecteur, à laquelle Monseigneur attache 1800 liv. d'appointements. Ces bienfaits n'étoient qu'un *leurre*, pour m'ôter mon intérêt promis pour le bail suivant dans la ferme d'Orléans. Fontaine ne put pas me révéler le secret de son maître, *qui me pipoit*. J'ai composé à ce sujet le correctif dont je joins ici la copie :

« *Correctif particulier et déterminé, aux éloges généraux et indéter-*
« *minés, prodigués avec quelque exagération dans mes épitres dédica-*
« *toires. Les louanges en sont, comme l'on sait, une espèce de réci-*
« *tatif obligé.*

Si Monseigneur le duc d'Orléans, pour me récompenser de l'avoir amusé pendant plus de quatorze ou quinze ans, m'eût continué, seulement pendant un second bail, l'intérêt que j'avois dans sa ferme, et que j'avois acheté 4000 liv. ; si dans d'autres occasions il eût voulu solliciter vivement et emporter les objets que je l'avois mis à même de demander pour moi, je serois riche aujourd'hui comme un financier qui n'a point d'avidité, si l'on peut supposer ce phénomène.

Ce prince m'a fait sûrement plus de bien que je n'en mérite, mais celui qu'il m'eût fait de plus ne lui eût rien coûté ; au contraire, il n'eût pas eu mes

tout ce que j'ai fait pour ses amusements, ne pouvant, m'a-t-il dit, me donner la certitude de me faire entrer dans le prochain bail de ses fermes ; il ne m'en a pour-

---

gages de lecteur à me payer ; je n'en voulois point ; il y eût gagné. Il m'avoit promis cette continuation. M. de Silhouette le força de manquer à sa parole, en faisant dire à la compagnie de ses fermiers, que par chaque sou de faveur que le prince accorderoit ils diminueroient 20,000 liv. par an sur le prix de leur bail, ce qu'il est absurde de croire. Encore même à présent, content de ce que j'ai, et sans regretter ce que je pouvois et devrois avoir, je ne me plaindrois pas de ce prince si, actuellement qu'il n'a plus besoin de moi, il ne me privoit pas petit à petit de ses bontés familières, et s'il ne me faisoit pas sentir tout doucement que je l'ennuie. Peut-être aussi suis-je trop susceptible. Je crois cependant n'être que délicat.

Quoi qu'il en soit, c'est à ces traitements froids que tout homme doit s'attendre de la part des grands, lorsqu'on ne leur est plus bon à rien.

> Nous sommes dans leurs mains un instrument servile,
> Rejeté par dédain quand il est inutile,
> Et brisé sans pitié s'il devient dangereux.

Ces vers de Voltaire, dans *Brutus*, m'avoient confirmé en général dans cette vérité, que je savois comme lui et dont la lecture m'avoit convaincu auparavant qu'il l'eût dite en aussi beaux vers ; mais mon amour-propre me persuadoit que je méritois une exception particulière. Eh ! voilà comme on est un sot, comme on est une dupe ! Il faut en convenir, et prendre cela lestement. Je ne ferai pas du moins une seconde sottise, en m'affligeant d'un accident aussi commun.

J'ai composé sur ce qui m'arrive l'apologue suivant, où l'on trouvera, je crois, plus de gaieté que d'aigreur. Pour l'intelligence de ces petits vers il est nécessaire de savoir qu'outre la promesse de l'intérêt dans ses fermes, Monseigneur m'avoit encore promis un logement au Palais-Royal. M. l'abbé de Breteuil s'est opposé à ce qu'il me donnât 600 liv. en dédommagement de ce logement, que de bonnes raisons m'empêchoient de prendre.

Vers allégoriques et moraux.

> Pendant cinq ou six ans un grand aima son chien :
> (Eh ! qu'on me dise après que les grands n'aiment rien !)
> Il est vrai qu'à l'aimer son chien sut le contraindre ;
> Et Monseigneur l'avouoit bien.
> Le petit épagneul, puisqu'il faut vous le peindre,
> Avoit pour son patron beaucoup d'attachement :
> Une gaîté que rien ne put éteindre.
> Aux plaisirs de son maître, à son amusement,
> Ce chien consuma, sans se plaindre,
> Sa jeunesse et son agrément.
> L'épagneul pendant sa jeunesse
> Ne bougeoit de l'appartement ;
> Mais en perdant sa gentillesse,

tant pas ôté absolument l'espérance ; si j'y entrois, pour lors je lui remettrois ma pension : c'est à ce but que je tends toujours, et je suis bien secondé en cela par M. Fontaine, secrétaire de ses commandements, qui m'a servi pour la pension avec bien de la chaleur, et qui me flatte que cette pension est un acheminement pour obtenir une place dans ses fermes. Au reste, cette pension et ce que j'ai retiré dans le bail où j'ai été intéressé en 1750 font que mes misères (j'entends par-là mes ouvrages) sont vingt fois plus payées que ne l'ont té ceux du grand Corneille.

Le 15 on donna, à Bagnolet, une seconde représentation de *Joconde*, qui a eu encore plus de succès que la première. La plupart des spectateurs préfèrent cette comédie à celle du *Rossignol* ; je suis d'un avis tout contraire. Il y a beaucoup plus de *vis comica* dans *le Rossignol*; j'y trouve plus de chaleur, plus de mouvement théâtral et des tableaux bien plus piquants.

Le 25 on donna *Patelin*, suivi d'*Isabelle précepteur*, parade de moi qui n'eut pas le même succès qu'elle avoit eu lorsque Gaussin y joua. Mais, en revanche, les annonces que j'avois faites eurent une réussite qui m'étonna moi-même ; surtout le vaudeville des *dindons*, que je

---

Aux approches de la vieillesse,
Il n'eut pas au chenil même de logement.
Je dois à ce récit ajouter une chose :
L'ennui qu'il inspira ne fut pas seul la cause
De ce malheureux changement.
Le grand prit du goût pour la chasse,
Du petit chien alors le grand se détachant,
Un autre chien remplit sa place.
Car, malgré la rigueur d'un sort aussi touchant,
Jamais dans sa faveur, et moins dans sa disgrâce,
Notre honnête épagneul n'eut une âme assez basse
Pour être ou pour vouloir faire le chien couchant.

Au reste, ce que j'appelle ici disgrâce n'en est pas une ; c'est une froideur affectée, une froideur de dignité, que Monseigneur met à présent à la place de la familiarité avec laquelle il me pipoit dans les temps qu'il avoit besoin de ma gaieté. (*Notes de Collé, écrites en* 1780.)

chantai moi-même, car je pris encore ce jour-là le béguin de Gilles, et je m'en tirai gaiement (1).

Le samedi 29 se fit la clôture du théâtre de Bagnolet. On donna le *Mari retrouvé*, suivi de *Léandre fou*, parade en trois actes du petit Laujon (2); cette parade n'a point du tout réussi. Le dernier acte, composé presque entièrement d'ariettes dans le goût nouveau, a surtout ennuyé à la mort. Je ne déciderois point de la musique, qui étoit de MM. Dumoutier et de La Borde, et que l'on a trouvée fort commune; mais je dirai hardiment que les paroles étoient plus faites pour rebuter que pour plaire. En effet, les gens les moins délicats ne peuvent soutenir l'idée d'un âne que l'on veut faire entendre qui... Et cette idée, présentée dans une ariette dont la musique oblige à répéter quarante fois les mots qui rendent cette dégoûtante image, ne peut à la fin que faire soulever le cœur. Qu'une ordure trop forte ou mal dite soit prononcée dans une parade sans musique, on la passe, ou l'on n'y prend pas garde, parce qu'elle ne reste pas longtemps sous les yeux ou dans la mémoire du spectateur; mais lorsque la musique nécessite à la redire des trente et quarante fois, que l'on vous assomme et que l'on vous ramène sans cesse à une peinture aussi révoltante, il n'est personne au monde qui y puisse tenir.

Indépendamment de la musique, cette parade étoit très-mauvaise, en ce qu'il n'y avoit pas de fond, et que malgré cela elle est en trois actes. Or, quand il n'y a point d'intrigue et de situations dans une parade, dès là toutes les ordures que l'on y dit deviennent grossières et de mauvais goût, parce que ce n'est point le sujet qui les fait naître. Au lieu que lorsque la fable de la parade

---

(1) Voyez plus haut, page 207.

(2) Laujon (P.), auteur dramatique, chansonnier, de l'Institut. Secrétaire du comte de Clermont et du prince de Condé. Paris, 1727-1811. (*H. B.*)

est telle, que vous ne sauriez la traiter, sans dire les ordures qui en font le fond, alors elles paroissent plaisantes, autant que ce genre, qui est détestable en lui-même, peut le permettre. D'ailleurs, M. Laujon n'est point gai du tout, et sa gravelure est le plus souvent présentée du côté dégoûtant; si l'on jouoit uniquement de ses parades, il feroit ce que le bon goût n'a pu encore faire, il feroit abandonner ce mauvais genre.

Ce ne peut être, au reste, jalousie de métier qui me fait parler et penser mal des talents manqués du petit Laujon; quelque mince opinion que j'aye des miens, je croirois en manquer absolument si je me comparois à lui. C'est un homme sans idées et sans imagination, qui n'est fait que pour arranger assez mal quelque froide et fade bergerie, qui n'a jamais rien trouvé de neuf, et qui ne rend pas bien même ce que les autres ont trouvé (1).

L'on doit donner, à la rentrée, la *reprise de Spartacus*; à la deuxième et troisième représentation, cette tragédie sera suivie de la petite comédie des *Mœurs du temps*. J'ai fait tout ce que j'ai pu pour engager Saurin à ne la pas faire jouer avec *Spartacus*, de peur que sa chute, si elle tomboit, n'influât sur sa tragédie; il n'y a pas eu moyen de lui faire entendre raison. J'ai déjà parlé

---

(1) Je me dédis, aujourd'hui en 1767, de ce que j'ai dit d'injuste et de mal vu sur Laujon (2). (*Note de Collé.*)

(2) Si je me suis dédit en 1767, du faux jugement porté sur le talent de M. Laujon, je me dédis bien davantage en 1780. C'est en 1771, qu'il a donné son *Amoureux de quinze ans*; dans son genre, c'est un chef-d'œuvre. Depuis quarante ans, il n'a point été donné de pièce plus jolie; je ne sais même s'il en existe de plus agréable. Les incidents en sont ingénieux et charmants, le scaractères intéressants, et tous dans un goût gracieux et aimable sans être romanesques : cette petite comédie, parfaite en son genre, passera à la postérité la plus reculée. Quand la gale des pièces à ariettes sera tombée, ce qui doit arriver nécessairement, on arrangera cette comédie pour le Théâtre français, où elle restera éternellement. Il ne faut pas être grand prophète pour faire une pareille prédiction : il ne faut qu'avoir un goût vif et vrai de la bonne comédie. (*Note de Collé.*)

de cette petite comédie, au mois de septembre 1757 ; j'en parlerai encore.

AVRIL 1760.

Le lundi 21 du courant, huit jours après la rentrée du théâtre, les Comédiens ont repris *Spartacus* ; il y avoit très-peu de monde et encore moins d'applaudissements. Elle a eu à cette reprise trois représentations. Saurin m'a dit qu'on la reprendroit cet hiver. Je doute fort que les Comédiens lui tiennent la parole qu'ils lui ont donnée ; en attendant, il la fait imprimer ; il ne compte plus y faire de corrections, et cependant il en auroit pu faire beaucoup plus qu'il n'en a fait, s'il n'étoit pas le plus paresseux des hommes. Mais il auroit fallu changer peut-être entièrement le plan de son sujet, s'il avoit voulu ou pu en ôter le défaut principal, qui consiste dans la manière dont il a défiguré le caractère des Romains. Quoi qu'il en dise dans sa préface, jamais ce peuple altier et insolent n'est descendu jusqu'à proposer à ses ennemis des conditions de paix humiliantes pour lui ; et dans toute l'histoire romaine l'on ne trouve que le trait des Fourches caudines. Dans les plus grandes extrémités, les Romains montroient au contraire la plus grande fierté ; il falloit les peindre d'autant plus insolents, qu'il les mettoit davantage, dans sa tragédie, à la veille de leur perte. Tel qu'il est, cet ouvrage est tombé avec estime ; tout le monde convient que l'auteur est un homme d'esprit ; l'on y trouve de beaux vers et de belles idées ; mais le poëme manque totalement de cette vie, de cette chaleur qui caractérisent le talent ou le génie.

C'est vers ces jours-ci à peu près que M. de Voltaire

a envoyé à M. d'Alembert un très-petit écrit imprimé à Genève, intitulé *les Quand*. A peine en a-t-on eu quelques copies manuscrites à Paris, qu'il y a été imprimé avec *les Si* et *les Pourquoi*. Cet ouvrage satirique contre M. de Pompignan, qui se l'est justement attiré, le met en fureur, et lui fait grand tort à tous égards, non qu'il faille ajouter foi à tout ce qui est dans ce libelle; mais on y a relevé des faits constants, et qui étoient presque oubliés, et l'on ouvre les yeux à bien des gens sur l'appréciation des talents littéraires de M. Le Franc, en les mettant néanmoins au-dessous de leur valeur. Mais comme tout le monde n'est pas équitable, il ne peut que perdre aux nouvelles balances que le public va prendre pour peser de nouveau son mérite. Ce petit écrit a mis M. de Pompignan au désespoir, et Mme Dufort, à présent sa femme, en a encore été plus outrée que lui; il a fait l'impossible pour en arrêter le débit, et ses soins à cet égard n'ont fait qu'en multiplier les éditions. On mesure la fureur où il doit être, par l'orgueil qu'il a; et ceux qui le connoissent, prétendent que sa colère ne doit point avoir de bornes.

Le 30, veille du premier jour de mai, je donnai une très-petite fête, à Bagnolet, à M. le duc d'Orléans. Elle eut un très-grand succès, quoique tout ait été manqué du côté de la décoration. L'idée étoit d'établir une Guinguette sous un beau et large berceau : il auroit pu contenir vingt tables; il n'y en avoit que neuf : ceux qui occupoient ces tables auroient dû être habillés tous différemment et grotesquement; personne n'étoit habillé comme il faut, excepté Laujon, M. de Saint-Martin et moi. L'illumination de la guinguette étoit maigre et mal distribuée; enfin l'on n'avoit fait aucune répétition des lazzis, des scènes et du local : il n'y avoit pas assez de violons; il n'y en avoit que deux et une basse. Le coup-d'œil que cela devoit présenter, le spectacle agréable et vrai qu'une guinguette bien imitée devoit offrir, étoit l'effet le plus sûr que j'eusse attendu de cette fête ; mais la décoration en étoit misérable. Mlle Marquise avoit voulu aller à l'épargne. Elle avoit négligé également de caractériser par les habits et de varier les personnages répandus aux différentes tables. Le tumulte qui doit se trouver parmi les gens qui sont à boire n'y fut point rendu. Cette belle demoiselle ne voulut pas faire la dépense d'avoir des musiciens pour chanter les trois couplets suivants, qui sont un canon à quatre, et que je voulois faire chanter à huit, pour mieux peindre ce désordre et ce tumulte :

Air : *J'aurai une Robe.*

1er couplet.

Point tant d'étalage,
Sers-nous du fromage ;
Hé, garçon ! hé, garçon !
Du fromage, du fromage ;
Ou bien du jambon,
Et buvons du bon.

2e.

Sers la marinade ;
Ote la grillade ;
Prends ces plats, prends ces plats ;
La salade, la salade ;
Elle ne vient pas,
Nous parlons trop bas.

3e. et dernier.

Reprends tes saucisses
Et tes écrevisses,
Marmiton, marmiton ;
Mais les cuisses, mais les cuisses
De ce gros dindon,
Grille-nous les donc.

Le musicien, qui auroit ouvert le canon, eût d'abord commencé par chanter seul, pour être bien entendu, chacun des couplets qui eussent été successivement repris en canon ; ce tapage musical eût donné dès l'instant l'idée véritable et gaie d'une guinguette. Mais n'ayant point de musiciens, on fut obligé de passer et de ne point exécuter ce canon, qui devoit ouvrir cette fête ; elle commença par une harangue de Laujon, fade et plate à mon avis. Il étoit déguisé en M. Ramponeau, qui est un marchand de vin de guinguette, et dont le nom est devenu vaudeville. Après ces fadasseries, vinrent celles de Mlle Marquise, qui étoit en bouquetière, fille dudit Ramponeau, et qui chanta de méchants petits couplets faits par M. son Père. C'étoient des louanges communes et triviales données en face au prince, et mises en couplets communs et mal bâtis.

J'étois, pendant ce temps, à une des tables, vêtu comme le poëte de la guinguette, et je fus annoncé sous ce titre à monseigneur ; j'avois sur ma table des papiers qu'il demanda à voir ; je fis semblant de me défendre de les lui montrer, disant pour mes raisons que ces papiers contenoient tous mes projets poétiques et mes plus secrètes pensées, et que c'étoit me ruiner que de les divulguer ; que si Son Altesse vouloit me faire 24 francs de pension viagère par mois, je les lui communiquerois alors très-volontiers. Le prince me promit ce que je voulus, et je lui lus ce qui suit :

1re FEUILLE.

Ecrivons tout ce qui nous passe par l'esprit. A la fin, cela doit faire de l'esprit ; .... ou, il y auroit bien du malheur....

L'on ne vend plus de chansons, même dans les meilleurs quartiers de Paris ; même aux guinguettes. Messieurs les laquais sont trop retors, et les servantes ne s'en font plus tant donner.

Il faut retourner notre poésie ailleurs. C'est une réflexion que cela.

Si je travaillois pour le théâtre, je serois excommunié ; et cela me porteroit peut-être bonheur. Il faut y penser....Rimes pleines :

        Loulou,   complimenteur,   hermite,
        Poilou.   menteur.   sod mite.

Je n'ai point d'argent; broyons du noir, faisons un Pont-Neuf satirique contre les cochers des seigneurs qui nous éclaboussent, et contre les demoiselles des rues qui en usent toutes les bornes..... Il faut traiter cela avec délicatesse.

IIe FEUILLE.

Idée extraordinaire de ballet, pour la Comédie-Italienne. C'est ..... *les Fredaines du Conclave.*

Pour que cette imagination pleine de génie pût passer à la police, il faudroit prendre les habits des cardinaux de la Chine, ou ceux des cardinaux bonzes; il faut déguiser cette folie spirituelle aux yeux du gouvernement, qui est très-chipotier avec les auteurs. J'arrangerai cela cet hiver.

IIIe FEUILLE.

Les Compères et les Vipères..... C'est cela qui feroit un beau sujet de comédie, en équivoques, dans le goût de *l'École des femmes,* de Jean-Baptiste *Corneille.*

Mais il faudroit avoir le génie des Anglois pour y réussir, et la liberté qu'ils ont de faire paroître des nudités sur leur théâtre; oui, des nudités. Je sais cela de bonne part.

Cependant, je verrai à adoucir ce sujet-là sur le théâtre françois; l'on en peut tirer un grand parti..... J'y penserai ce printemps.

IVe FEUILLE.

Refrains de chansons tout neufs, et dont je pourrai me servir si je fais encore de ces fichaises-là.

Refrain pour le théâtre.

Tout ci, tout ça,
Fichez-vous de ça.

Pour la ville.

Père Mathurin,
C'est une misère
Que votre rosaire;
J'en veux un d'un plus gros grain.

Pour la cour.

A propos de botte,
Parlons de Javote.

Pour la province.

Frappez plus bas;
Monsieur, ma porte est trop étroite;
L'on n'entre pas.

Pour la très-bonne compagnie.

Pour le badinage, passe;
Mais, pour tout de bon, je t'en casse.

Ve FEUILLE.

Les convulsionnaires me fichent malheur. Il y a long-temps que j'ai envie de faire un vaudeville chenu sur ces drôles-là. Pour le rendre agréable, il faut y employer l'allégorie. Je l'intitulerai donc : *le Secours de la langue en amour.* Cela seroit bien ordurier, bien bon. S......é, nous verrons ça.

VIe FEUILLE.

Il faut que je peigne à la turque les philosophes de ce temps-ci. Ces b...-là ont fait tomber la presse de la rue de la Huchette, où l'on imprime nos chansons.

A mon tour, je veux casser le cou à leur Cyclopédie, en faisant une parade sous le titre de *Polichinelle philosophe,* ou *le Philosophe de bois de noyer.* Je m'arrête à ce dernier titre. Diable! il est bien plaisant. Cela fera crever de rire tout Paris.

VIIe FEUILLE ET DERNIÈRE.

J'ai dessein, il y a longtemps, de faire un vaudeville à l'encontre *de ces messieux.*

Ce sont des réprouvés qui sont contre nature, et ce péché-là mériteroit une satire infernale; mais je ne sais comment m'y prendre, pour ne pas blesser la pudeur en les chansonnant.

Je suis bien malheureux qu'il n'y ait point de rime à *b.....*; sans cette difficulté, je ferois contre eux quelque chose de décent.

A tout cela succédoit une scène à l'improviste entre un abbé attablé avec une c... et un garçon perruquier qui veut se mettre de leur écot. La querelle s'échauffe entre l'abbé et le perruquier, qui veut s'asseoir de force à leur table. Après des injures et après s'être chamaillés, l'abbé jette sur les jambes du perruquier l'eau dans laquelle son vin rafraîchissoit, et ce dernier coiffe l'abbé d'un bassin de crème fouettée qui étoit sur la table. Le bassin étoit fait de façon qu'en se séparant de son fond il fît un collier à l'abbé, lorsqu'on le lui eût campé sur la tête. L'abbé s'enfuit en criant; un soldat ivre survient, qui chasse à son tour le perruquier. Le soldat offre à la fille un cervelas ; elle l'accepte, et la scène finit.

Cette fête, cette bagatelle fut enfin terminée par la bouquetière, qui offrit des bouquets à tous ceux qui devoient en présenter au prince. Je restai au souper, et chantai, au fruit, deux rondes que j'avois pour monseigneur; la première est du bon Panard; je n'y ai rajusté que deux couplets ; la seconde est tout entière de ma façon.

PREMIÈRE RONDE DE TABLE.

Air : *M. le Prévôt des Marchands.*

1ᵉʳ couplet.

Messieurs, chantez tous avec moi
Celui qui donne ici la loi.
Quand il sert de ce jus d'automne,
Son plaisir dans ses yeux se voit ;
Il est charmé quand il en donne :
Il est charmant quand il en boit.

2ᵉ.

Quand il sable un nectar si doux,
Et qu'il nous en fait boire à tous,
A ce plaisir il s'abandonne ;
Il en fait prendre, il en reçoit ;
Il est charmé, etc.

3ᵉ.

Il verse de la même main,
Ses bienfaits ainsi que son vin ;
Et sa bonté tendre assaisonne
Les biens, le vin qu'on en reçoit.
Il est charmé, etc.

4ᵉ.

Aux plaisirs de la table il joint
Ceux dont je ne vous parle point.

Au cœur d'une jeune personne
Par ce nectar il va tout droit,
Il est charmé, etc.

5ᵉ et dernier.

Par un salut universel
Célébrons ce digne mortel.
De nous il est temps qu'il reçoive
Le bachique honneur qu'on lui doit.
Il est charmé que l'on en boive,
Il est charmant quand il en boit.

DEUXIÈME RONDE.

Air : *Connoissez-vous Marotte?*

1ᵉʳ couplet.

Le jour de Saint-Philippe
Est la fête à tretin, trety ;
Que chacun participe
A cette fête-ci ;

Refrain en chœur.

C'est la fête à tretin,
C'est la fête à trety,
Tretin, tretin, trety,
Tretin, tretin, tretous ;
C'est la fête à tretous.

2ᵉ.

Célébrons aujourd'hui,
Célébrons tous celui
Qui fait tout pour les autres,
Et ne fait jamais rien pour lui.
Entre les douze Apôtres,
C'est le seul aujourd'hui,
Qu'on prenne pour appui ;
C'est Philippe, c'est lui ;
C'est Philippe, c'est lui.

3ᵉ et dernier.

Le saint qu'on fête ici ;
Le patron que voici,

Différent de Saint-Pierre,
Loin de pleurer a toujours ri.
Sa gaîté familière
Est celle de Henri,
Ce grand roi si chéri,
Dont ce Philippe-ci
Descend droit comme un I.

Sur ce que M. le baron de Buzenval m'avoit dit, qu'il avoit vu pleurer M. le duc d'Orléans, de ce qu'un prince ne pouvoit point avoir d'amis, j'avois fait la petite pièce suivante, que je trouvai moyen de lui donner ce jour-là.

Vers naïfs, et peut-être trop familiers, mais dont la familiarité apparente est sauvée par le sentiment tendre, pur et sincère qui les a inspirés, sans qu'on puisse jamais soupçonner l'auteur d'avoir eu l'intention de s'écarter du très-profond respect qu'il doit à la personne pour laquelle l'auteur les a faits, d'abondance du cœur.

Je connois un homme sensible
Au doux plaisir de l'amitié,
Tendre, généreux, accessible,
Et n'aimant jamais à moitié.
On l'a vu répandre des larmes,
De ne pouvoir goûter les charmes
Qu'éprouvent deux amis, heureux ou malheureux,
Quand ils partagent les alarmes
Ou les plaisirs communs entr'eux.

Chez ce mortel qui les rassemble
Toutes les vertus sont ensemble :
S'il étoit mon égal, j'en ferois mon ami.

Mais, par un destin ennemi,
Je ne suis qu'un bourgeois fort mince,
Et cet homme est un très-grand prince.

Bornons-nous donc sagement aujourd'hui
A l'aimer, à lui plaire, à m'en faire un appui.

MAI 1760.

J'ai oublié de parler de la mort de M. le comte de Montauban, arrivée dans le mois dernier; il me devoit 6000 liv. par deux obligations, auxquelles je pense devoir mettre un *P*. Mais je suis moins sensible à cette perte qu'à celle de l'homme à qui j'ai l'obligation de la plus grande partie de ma fortune; la reconnoissance que je lui dois m'empêchera d'inquiéter ses héritiers et de les poursuivre; je prendrai avec eux tous les arrangements qu'ils dicteront. Feu M. le comte de Montauban avoit de l'amitié pour moi, et m'en avoit donné les plus grandes preuves, en me faisant entrer dans les fermes de feu M. le duc d'Orléans. Je n'ai su que depuis sa mort qu'il étoit mal, depuis plusieurs années, avec M. le duc d'Orléans d'à-présent : on ne m'en a pas même laissé ignorer la raison; et voilà la cause qui a empêché que je fusse continué dans ces mêmes fermes, auxquelles j'aspire aujourd'hui.

Le vendredi 2 du courant les Comédiens françois donnèrent la première représentation des *Philosophes*, comédie en trois actes et en vers de M. Palissot (1). Cette comédie sera une anecdote de théâtre dont on se souviendra toujours; c'est la satire la plus amère, la plus sanglante et la plus cruelle qui ait jamais pu être autorisée. Non-seulement il est sûr qu'il y a eu des ordres supérieurs pour la faire jouer, mais il est encore à présumer

---

(1) Palissot de Montenoy (E.). Littérateur et critique. Nancy 1730, mort en 1814. La comédie des *Philosophes* est une satire dirigée contre les encyclopédistes, et dans laquelle Diderot, Helvétius et J.-J. Rousseau jouent un rôle ridicule. On y fait marcher ce dernier à quatre pattes. C'est par de tels moyens que le parti de la cour croyait enrayer le mouvement des esprits, ou discréditer tout au moins les idées nouvelles. (*H. B.*)

que c'est un ouvrage de commande, et qu'il n'a pas pu entrer dans l'esprit de l'auteur que cette pièce pût supporter la représentation, à moins qu'on ne lui eût dit auparavant qu'on la feroit jouer d'autorité ; ou bien l'auteur n'avoit-il composé ce libelle que pour le faire imprimer furtivement. Un fait bien certain, et qui confirme mes soupçons sur ces deux points, c'est que c'est Fréron qui a présenté et lu cette pièce aux Comédiens, mais avec une audace qui, dans un siècle moins poli, seroit qualifiée d'impudence. Il leur dit qu'il leur apportoit une comédie, sur la réception de laquelle il seroit inutile de délibérer, attendu qu'elle seroit jouée malgré eux. Ce ton impératif et insolent leur en imposa et subjugua leur imbécille et malhonnête assemblée, à laquelle par hasard Clairon ne se trouva pas ; et lorsque ses camarades lui dirent après que c'était cette raison qui les avoit empêchés de refuser cette pièce, elle leur répondit très-bien que ce devoit être au contraire une raison de plus pour ne la point recevoir, et qu'il falloit attendre l'ordre dont M. Fréron les menaçoit. Elle a répété depuis, à qui a voulu l'entendre, qu'il étoit du dernier honteux aux Comédiens de jouer sur leur théâtre des gens de lettres, *ceux qui leur mettoient tous les jours le pain à la main;* ce sont ses expressions. Le jour de la première représentation elle déclama contre la pièce et contre l'auteur, et s'emporta jusqu'à l'extravagance, traita hautement ses camarades de coquins, et dit qu'il ne tenoit à rien qu'elle ne quittât sur le champ ; qu'elle préféreroit de vivre dans les bois, comme Rousseau, à la société des indignes gredins à laquelle elle se trouvoit nécessairement liée malgré elle. Elle en dit....., elle en dit...., elle en dit tant...., que cela devint ridicule.

Dans le fond, il ne peut pas paroître douteux que cette pièce auroit été reçue et jouée malgré les oppositions des Comédiens ; mais leur refus du moins leur eût fait honneur. Quelque méprisable que soit Fréron, l'on ne sauroit supposer qu'il se soit si fort avancé sans la certitude entière d'être soutenu; il avoit l'autorité derrière lui. Mais les Comédiens devoient attendre le coup de cette autorité. M. de Crébillon, censeur des pièces de théâtre, devoit faire plus; et s'il n'étoit pas le plus vil des hommes, il auroit dû refuser, lui, son approbation pour la représentation de cette pièce, quelques ordres supérieurs qu'on eût pu lui donner. Une singularité remarquable encore dans tout ceci, c'est que la protection accordée à cette comédie, et qui ne peut être que très-puissante, n'ose pas se déclarer, qu'elle reste cachée. Avant la représentation, l'on disoit hautement que c'étoit par ordre de monseigneur le dauphin que l'on jouoit cette comédie. Aujourd'hui, ce prince fait dire expressément dans le public qu'il ne connoît point la pièce, et qu'il ne l'a pas lue. M. le Duc de Choiseul, que l'on accusoit pareillement de favoriser Palissot, s'en est excusé de même, comme d'une vilaine action; tous deux se défendent de cette honteuse protection. En attendant que la vérité à cet égard soit connue, il restera toujours pour constant que, quelle que soit la protection, elle ne peut venir que de ce qu'il y a de plus puissant dans le Royaume (1).

---

(1) Ce ne fut point M. le dauphin, mais M. le duc de Choiseul qui fit jouer *les Philosophes*. Il ne fallait pas attaquer les individus, mais le ridicule et les vices de ces beaux messieurs. Le citoyen, quel qu'il soit, ne doit pas être reconnu et joué sur un théâtre; s'il est dangereux ou criminel, c'est aux lois et aux magistrats à sévir contre lui. L'auteur qui le traduit sur la scène manque à la probité. Molière lui-même est très-répréhensible d'y avoir mis l'abbé Cotin et quelques autres citoyens, de façon à y être reconnus; c'est une injustice et une improbité criantes. Aristophane a été regardé des honnêtes gens comme un infâme et un délateur public pour avoir décrié par ses calomnies dramatiques Socrate et Cléon. Quant à M.-Palissot, il ne faut pas s'arrêter à tout ce que je dis ici sur des bruits qui, à la vérité, passent pour des certitudes assez généralement, et peut-être trop légèrement adoptées. Car, enfin, sa comédie des *Philosophes*, ses *Petites Lettres sur de grands philosophes*, et sa *Dunciade* lui ont fait un monde d'ennemis.

J'ai lu depuis dans ses ouvrages des réponses apologétiques qu'il leur fait, et j'ai éclairci nombre d'imputations calomnieuses qui m'ont donné à

Le fond de cette comédie est la satire du livre *de l'Esprit;* Diderot et les autres encyclopédistes n'en sont pour ainsi dire que les accompagnements. Il n'est pas possible de faire la satire de ce livre sans faire celle de l'auteur, et sans l'accuser de manque de mœurs et de probité, surtout lorsque l'on fera envisager cet ouvrage avec malignité, et rien n'est plus aisé. Voilà donc M. Helvétius mis au théâtre avec autant de licence et beaucoup plus de cruauté que Socrate n'y fut représenté à Athènes par Aristophane! Il est sûr que son ouvrage attaque une religion dont nous avons besoin pour notre propre sûreté; qu'il rompt les liens les plus respectables de la société. Quand on lui accorderoit même que tous ces sentiments respectables ne sont que des préjugés (ce que je suis bien éloigné de penser), on diroit encore à M. Helvétius : « Eh! de grâce, monsieur, laissez-nous des » illusions si chères et qui font notre bonheur; ou, par » pitié, donnez-nous à la place des réalités qui puis- » sent nous dédommager des plaisirs illusoires, mais di- » vins, que vous voulez nous ôter. »

Le renversement des mœurs, joint à ce que je viens de dire et à bien d'autres choses que j'omets, fait qu'on ne peut le ridiculiser sans attaquer la probité de son auteur; et voilà ce qui est d'autant plus cruel pour lui que M. Helvétius est foncièrement un très-galant homme, qu'il a et qu'il suit presque tous les préjugés (prétendus) qu'il tâche de détruire. Il est le meilleur des maris et le plus tendre, le père le plus sensible, l'ami le plus généreux; j'en sais un auquel, en se mariant, il a assuré mille écus de pension. Dans ses terres, il donne

---

penser sur cet auteur. Je reviens de quelques préventions, en 1780. Il faudroit examiner encore ce qu'il m'en reste pour juger définitivement. Comme cela m'importe peu, je ne m'en donnerai pas la peine. Je me tiendrai dans le doute où je suis depuis plus de dix ans, que j'ai constamment refusé de me lier le moins du monde avec lui, et d'être son ennemi, quoique j'en sois souvent requis. (*Note de Collé, écrite en* 1780.)

des marques de la plus grande charité à ses paysans ; enfin, son cœur et ses actions ont toujours été en contradiction avec la morale qu'il a écrite ; aussi pourroit-on dire qu'il n'est pas persuadé des principes qu'il a voulu établir dans son livre ; ou du moins, s'il en est à présent persuadé, c'est à force de s'échauffer la tête : c'est un nouveau Pygmalion qui devient amoureux de son ouvrage, qui adore sa statue lorsqu'il l'a faite, et qui demande au ciel que ce soit un être véritable. Il est si vrai qu'il n'avoit pas la pleine conviction de son système, lorsqu'il le bâtissoit, que moi, qui n'aime point la métaphysique, lui reprochant, il y a bien des années, d'abandonner le talent marqué et supérieur qu'il a pour la poésie, pour une science aussi incertaine et aussi bornée que la métaphysique, je me souviens très-bien qu'il me répondit : *Mon ami, la poésie est actuellement passée de mode ; c'est la philosophie seule qui donne aujourd'hui la grande célébrité.* Peut-être n'y avoit-il qu'un seul moyen de mettre au théâtre le livre de M. Helvétius, et de tourner cet ouvrage en ridicule, sans attaquer la probité de son auteur ; c'étoit de lui faire faire de belles actions qui tinssent toutes aux préjugés, en même temps qu'il auroit voulu renverser ces mêmes préjugés dans ses discours et dans ses raisonnements ; de le faire toujours bien agir et mal parler ; de mettre perpétuellement sa conduite en contradiction avec ses principes ; en un mot, de rendre M. Helvétius tel à peu près qu'il est. Au lieu de ce but honnête, l'auteur n'en a point eu d'autre que de faire une satire outrageante contre M. Helvétius, qui ne lui a jamais fait aucun mal, qui, au contraire, l'a accueilli chez lui ; il n'y a pas six ou sept ans que j'ai mangé avec lui chez celui qu'il déchire aujourd'hui impitoyablement, et sur un théâtre. J'ai vu des amis d'Helvétius qui m'ont dit qu'ils croyoient que ce M. Palissot lui devoit même encore de l'argent que ce premier lui avoit prêté ; mais quand ce dernier fait, dont je ne suis pas sûr, et que je n'ai point encore pu vérifier, ne seroit pas vrai, il y a assez d'autres choses sur le compte de cet homme-là sans en aller chercher de nouvelles.

C'est un fait bien constant, par exemple, qu'il avoit déjà fait représenter à Nancy, devant le roi de Pologne, l'œuf de cette comédie des *Philosophes*. Il y jouoit madame la marquise du Châtelet ; et alors il n'étoit question dans le rôle de la femme que de physique et de géométrie. Voltaire y étoit tourné en ridicule comme poète, et Rousseau comme philosophe cynique ; cette pièce n'étoit qu'en un acte. Elle indigna le roi Stanislas et toute sa cour, au point que Palissot fut obligé de s'enfuir et qu'on voulut le chasser de l'Académie de Nancy, dont il est. Une lettre écrite en sa faveur à M. de Tressan, par ce même Rousseau, qu'il avoit déchiré, lui sauva, elle seule, cet affront public ; et la reconnoissance qu'il lui en témoigne dans ce jour, c'est de le remettre sur un plus grand théâtre. Pour faire représenter cette comédie à Nancy, il avoit eu l'adresse de demander et d'obtenir auparavant la grâce de ne point montrer son ouvrage, afin de faire jouir, disoit-il, le roi de Pologne et toute sa cour du plaisir de la surprise. L'on fut surpris effectivement de l'excès de son impudence ; et il vient ici de la pousser encore plus loin. Cette comédie de Nancy n'avoit été vue avant sa représentation que d'un nommé M. Thibaut, juge de police de cette ville, et très-bon juge, comme on le voit.

La comédie de Palissot fait beaucoup d'impression sur la plupart des gens qui la voient (1). Elle réussit

---

(1) « On n'avait peut-être jamais vu à la Comédie-Française un concours de monde aussi prodigieux. C'était une presse, une foule, une fureur dont il n'y avait point eu d'exemples. Les ouvrages des Corneille, des Racine, des Molière, des Crébillon, des Voltaire, n'avaient jamais fait autant de bruit, attiré autant de spectateurs, armé autant de cabales. Voltaire écrivit à Palissot plusieurs lettres, moitié gaies, moitié chagrines, ce qui fit dire que

beaucoup, et il me paroît d'abord que tous les pères de famille l'applaudissent de très-bonne foi, et les honnêtes gens de la robe, en blâmant le gouvernement de permettre de jouer le citoyen, ne sont pas fâchés pourtant de voir que cette satire tombe sur des gens dont les principes, ou plutôt les opinions, vont à tout renverser; beaucoup de gens du monde, qui sans être dévots sont croyants, et que les encyclopédistes, dans leurs ouvrages, ont confondus avec les sots par cette seule raison, se croient vengés par le succès de cette pièce. Le vulgaire des hommes fortifie encore le parti de ces derniers, et pense que l'on défend celui de la vertu, en attaquant les nouveaux philosophes; ils ne sentent pas que le plaisir qu'ils ont à la voir défendre n'est que celui de la malignité que l'on leur fait goûter machinalement; ils n'entrevoient pas les conséquences cruelles, pour eux-mêmes, d'introduire l'usage et de donner la licence de laisser jouer le citoyen.

Je n'entrerai pas dans un fort grand détail sur cette comédie, attendu qu'elle sera généralement connue, quelque degré médiocre d'estime qui puisse lui rester. Premièrement, tout le monde convient que c'est le plan défiguré des *Femmes savantes* de Molière; le nœud en est le même, mais le dénouement en est maladroit et de la plus grande platitude, quoiqu'approchant de celui de la comédie de ce grand homme; chez lui ce dénouement est préparé avec bien plus d'art, et bien autrement amené. L'on ne peut, en cet endroit, se dispenser de renouveler le blâme qu'a encouru Molière, de son temps, pour avoir joué l'abbé Cotin, pour l'avoir nommément couvert de ridicule sur le bel esprit; mais encore davantage, pour l'avoir présenté au théâtre (ce qui n'est jamais permis et qui est un manque de pro-

---

« Voltaire ne pardonnait pas à Palissot d'avoir battu sa *livrée*. » V. *Anecd. dramat.*, t. II, p. 68. (*H. B.*)

bité), comme un homme intéressé et sans délicatesse dans ses mœurs. C'est un reproche que la postérité lui fera d'âge en âge, surtout si l'anecdote du malheur de Cotin, depuis la représentation des *Femmes savantes*, est transmise à nos neveux et ne se perd point à la fin dans la nuit des temps. Il n'est point d'honnête homme qui ne soit saisi d'une juste indignation, quand il sait que cette comédie contraignit Cotin de se retirer en province, où il vécut nombre d'années, malheureux et tellement ignoré, que l'on fut un mois ou six semaines à savoir sa mort à Paris, dont il n'étoit pas fort éloigné; et il étoit nécessaire qu'on la sût, car il étoit de l'Académie françoise.

La comédie doit être le tableau des ridicules et même des vices des hommes, mais elle ne doit jamais être la peinture particulière de tel homme, ou de tels ou tels hommes, qui ne peuvent être en assez grand nombre pour qu'on ne puisse pas les confondre dans la généralité. Or, si c'est avec raison que les honnêtes gens ont blâmé et blâment encore Molière, sur ses personnalités contre l'abbé Cotin, je laisse à tirer les conséquences contre Palissot, qui charge Helvétius des imputations les plus odieuses et les plus noires. Revenons à l'examen de la pièce.

Il n'y a aucun incident ni aucune action, excepté dans le troisième acte. Tout se passe en conversations, mais les caractères des philosophes sont assez bien saisis, surtout celui de la femme sous lequel Helvétius est joué. Il faut avouer qu'ils sont tirés d'après nature, toujours cependant avec la plus noire malignité. La scène du troisième acte qui a frappé tout le monde est pleine d'art et de force; elle expose dans le plus grand jour ces messieurs au ridicule et à l'indignation publique.

Le personnage opposé et fait pour combattre et terrasser les philosophes est foible; c'est un petit raisonneur qui ne fait que de petites déclamations, sans donner des preuves de tout ce qu'il avance ; c'étoit à lui qu'il falloit remettre les armes qui devoient vaincre ces ennemis de la saine morale et de la vraie philosophie. Ses raisons pour dissiper les illusions des métaphysiciens pouvoient être grandes et fortes. Il eût fallu joindre la douceur et l'humanité à la fermeté la plus marquée ; y faire entrer la tendresse pathétique, le sentiment et l'âme de l'homme vertueux, et surtout prendre garde de ne lui faire dire aucune invective.

La mère et la fille ont, dans le premier acte, une scène dans ce goût, qui est totalement manquée. Cette mère refuse à sa fille de lui donner pour époux l'amant qu'elle lui avoit elle-même promis ; c'est avec de grands termes et en jargon philosophiques, qu'elle lui donne des raisons de son refus. C'étoit avec une tendresse vive, naïve, sentie et attendrissante, que sa fille devoit culbuter tous ces raisonnements métaphysiques, prendre le parti de ce que ces messieurs appellent des préjugés, forcer sa mère elle-même à ne pouvoir répondre, et la conduire, malgré elle et ses sophismes, au plus grand attendrissement. Je passe sous silence les rôles grimaçants des deux valets et celui de la soubrette. Ces trois mauvais personnages ne valent pas la peine qu'on les critique, et cela rentre d'ailleurs dans ce que j'ai dit sur la misère du plan de cette comédie. Il ne me reste donc plus qu'à parler du style, qui m'a paru fort naturel. Il a le vers de la comédie, simple et sans prétention ; mais pour en juger encore plus sainement je veux attendre que sa pièce soit imprimée. Terminons tout ce bavardage par quelques mots sur les personnalités dont on s'est plaint avec raison.

Jean-Jacques Rousseau y est ridiculisé nommément ; et Crispin, que l'on suppose avoir été son valet, arrive à quatre pattes sur le théâtre ; on finit pourtant son portrait en disant que quoiqu'il soit fou, c'est un assez bon homme dans le fond. L'on assure même que ce maigre éloge n'a été inséré par Palissot que sur la recommandation de Mme la maréchale de Luxembourg, par qui le philosophe cynique se laisse pourtant protéger. Diderot y est joué sous le nom de *Dorditius*, qui est l'anagramme latine de son nom ; il y est peint comme un pédant et un malhonnête homme, et, qui pis est peut-être pour lui, c'est un personnage subalterne que ce rôle, dont on a retranché un petit endroit, qui regardoit M. le comte de Lauraguais.

Piron a fait contre Palissot deux vers assez petits et assez communs. Les voici :

>Le méchant plut, le méchant plaît ;
>Gresset le fit ; Palissot l'est.

Depuis que je vais à la comédie, je n'y ai jamais vu un concours aussi prodigieux qu'à la première représentation de cette pièce ; elle a eu quatorze représentations presque toutes complètes ; elle n'est point encore tombée dans les règles, et il y a grande apparence que les Comédiens la reprendront après la Toussaint.

M. Panard m'a donné ces jours-ci des vers qui m'ont paru avoir la naïveté et le grand sens de La Fontaine, avec plus de correction, malgré des difficultés de rime auxquelles M. Panard s'est assujetti, et dont maître Jean *n'avoit cure*. Les voici :

>J'aime mieux la foible peinture
>D'un portrait léger et croqué,
>J'aime mieux un morceau brusqué,
>Qui sort des mains de la nature,
>Qu'un grand ouvrage alambiqué,
>Où, par l'effort ou la torture,
>L'on sent que l'esprit est plaqué.

>Tout ornement cesse de l'être
>Dès qu'il ne sort pas du sujet ;
>Jamais ce qu'on appelle un maître
>N'a mis hors de son cadre un trait.

>L'esprit, suivant le bon système,
>   doit jamais être forcé ;

> S'il ne se place de lui-même,
> Il paroît toujours déplacé.

Ces vers sont un précepte de poétique du goût le plus excellent. Il me montra plusieurs couplets de sa façon, que je ne connoissois pas, et je les admirai. M. Panard est sans difficulté le plus grand chansonnier que jamais la France ait eu, et que peut-être jamais l'on verra ; il joint la force à l'élégance; il a la précision et la clarté en même temps ; la gêne des rimes les plus recherchées et les plus riches, sans nuire au naturel et à la naïveté. Dans ses couplets l'esprit vient toujours se placer de lui-même, tandis que les autres chansonniers paroissent courir sans cesse après, et le manquent souvent; chez lui l'épigramme est toujours naïve ; ses peintures sont toujours vraies et piquantes, sans s'éloigner jamais de cette simplicité précieuse qui fait le charme du vaudeville et de la chanson ; c'est une expression originale, c'est le mot propre, un vers serré, point de cheville; enfin, c'est le plus grand talent que j'aie jamais connu. Les Haguenier, les Gallet, les Vadé, les Favart même, sont à une distance bien éloignée de lui pour le vaudeville; il en est le Dieu.

Je le trouvai travaillant à un recueil de poésies dont il fait un choix pour le donner au public. Ce recueil contiendra peu de choses, en comparaison de tout ce qu'il a composé ; entre autres ouvrages, il a fait quatre-vingt-treize opéra-comiques, dont les trois quarts sont perdus par sa négligence ; et il ne donnera que quatre ou cinq petits volumes in-12. Quand son édition sera faite, j'ai dans l'idée de lui proposer de me vendre le reste de ses manuscrits, et je lui en donnerai le prix qu'il m'en demandera.

Je regarde M. Panard comme un des derniers auteurs qui soutiennent encore en France le vaudeville et la gaîté dans les chansons. C'est un genre qui va s'éteindre; l'esprit sérieux et sophistique, l'ennui et le madrigal le plus fade, vont remplacer les loisirs et l'ancienne joie d'une nation qui s'est corrompue et abâtardie. La décence, que l'on pousse dans ce siècle-ci jusqu'à la pédanterie, dans les ouvrages dramatiques et dans ceux de société, ne prouve autre chose, selon moi, que le règne du vice.

JUIN 1760.

J'ai passé le mois de juin entier à La Celle et une grande partie du mois de juillet. J'y ai bien employé mon temps; j'ai refondu en trois actes le *Jaloux Honteux* (1), comédie en cinq actes de M. Dufresny; je la destine au théâtre de M. le duc d'Orléans; et si elle réussissoit, je pourrois bien quelque jour en faire présent aux Comédiens. J'ai tâché que cette pièce restât toujours celle de M. Dufresny et ne devînt pas la mienne; je suis per-

---

(1) *Le Jaloux honteux* a été représenté six fois au plus, à la Comédie-Française, pendant que j'étois à la campagne. Je ne l'ai point vu. Feu Bellecourt et la dame Préville y ont joué leurs rôles sans intelligence, et avec la dernière froideur, à ce que l'on m'a assuré. S'ils eussent daigné me consulter, je leur aurois fait entendre la pièce qu'ils n'ont point comprise. L'idée que j'en ai donnée aux Comédiens du théâtre de monseigneur lui a fait avoir un succès complet, comme on le verra par la suite de ce journal.

Depuis plus de quinze ans, ces grands messieurs ne se donnent plus la peine de répéter les pièces, même les nouvelles, encore moins de demander les avis des auteurs et le point de vue qu'ils ont eu dans leurs compositions. *C'est un fait.* Leur pain assuré par le produit des privilèges les a rendus d'une négligence, d'une paresse et d'une apathie qui fait plaisir à voir, parce qu'elle a l'air d'un petit miracle incroyable. Gil Bas auroit de la peine à croire, en 1780, à l'augmentation de leur insolence; il pensoit au commencement de ce siècle qu'elle étoit si forte, qu'elle ne pouvoit pas aller plus loin : il n'a qu'à revenir! Ces bonnes qualités, jointes à leurs *métalents*, doivent nécessairement, si l'on n'y met pas ordre, amener insensiblement la chute du théâtre, du goût, de la comédie et des comédiens. (*Note de Collé écrite en* 1780.)

suadé que j'ai réussi à cet égard : je ne réponds de rien d'ailleurs.

Un autre ouvrage que j'ai encore composé à la campagne, et avec mille fois plus de plaisir que ce dernier, c'est une comédie en deux actes et en prose, intitulée *le Roi et le Meûnier* (1). C'est une imitation d'une comédie anglaise en un acte, et qui porte ce titre ; M. Dodsley, imprimeur à Londres, en est l'auteur original ; elle a beaucoup réussi à Londres, et est restée au théâtre. Elle a été traduite en français par M. Patu, qui la donna au public en 1756, dans un recueil de traductions d'autres comédies anglaises, qu'il fit débiter par Prault fils, libraire.

En traitant le sujet de M. Dodsley, je n'ai conservé que le fond des meilleures scènes et de l'intrigue, à laquelle pourtant j'ai été obligé de faire des changements, pour la rapprocher de nos mœurs, et ne point présenter un tableau qui paroîtroit dégoûtant à la fois et révoltant pour des Français, je veux dire une fille qu'un lord a enlevée, dont il a joui, et qu'ensuite, malgré cela, un paysan, qui est l'amant de cette beauté séduite, ne fait nulle difficulté d'épouser. J'ai transporté la scène en France, et j'ai choisi une époque qui pût être agréable et piquante ; le sujet me l'offroit tout naturellement, en la prenant dans la fin du règne de notre Roi Henri IV. Dans les détails de cette comédie, non-seulement j'ai été obligé de m'éloigner de l'auteur anglais, mais j'ai même été forcé de prendre une route directement opposée à la sienne, attendu que le but moral de la pièce anglaise est de fronder les vices et les ridicules de la cour ; au lieu que dans la mienne à peine ai-je voulu me permettre le moindre trait de morale ou de critique à cet égard. C'est, au contraire, le tableau, croqué et imparfait à la vérité, mais enfin c'est le petit tableau

---

(1) Premier titre de *la Partie de chasse de Henri IV*. (*H. B.*)

des vertus domestiques de Henri IV, et dans lequel je le peins en déshabillé, si l'on peut s'exprimer ainsi.

Le sujet exige de nécessité que dans cette comédie il y ait un grand seigneur qui ait commis une action vicieuse et violente. En conséquence, j'ai cherché dans l'histoire de ce temps, pour remplir ce personnage, l'homme de la cour le plus décrié et le plus odieux; et j'ai pris le comte d'Auvergne, celui-là même qui entra dans toutes les conspirations contre Henri IV, qui fut condamné comme coupable de haute trahison au premier chef, et auquel ensuite ce roi, trop clément, accorda la grâce. Il ne reste plus personne de cette famille; c'est une attention que j'ai eue, afin de n'offenser personne (1).

Enfin, le dernier ouvrage que j'ai fait à la campagne est le plan, scène par scène, d'un opéra-comique en deux actes. *L'Hermite*, conte de La Fontaine, m'a fourni mon sujet, et je l'ai accommodé à ma manière. Je le commencerai et y travaillerai dans les mois d'août et septembre que je dois passer à Viry, chez Lescarmotier.

JUILLET 1760.

Tout Paris n'a retenti ce mois-ci que de la querelle des encyclopédistes et de leurs adversaires; on n'a vu que des brochures et des injures imprimées. L'abbé Morellet a été mis à la Bastille et y est même encore, pour

---

(1) On verra que j'ai trouvé mieux que le comte d'Auvergne; j'ai substitué l'affreux Conchini, ce vorace étranger, à ce brouillon de comte d'Auvergne, notre compatriote, et l'on m'en a su gré dans mon pays; d'autant plus que dans le temps de la composition de ma comédie il restoit, et je ne sais pas trop s'il ne reste pas encore des femmes de cette famille. Je ne parlerai de cette pièce qu'à son dernier article. (*Note de Collé.*)

avoir fait la *Préface de l'auteur des Philosophes*, libelle contre Palissot, dans lequel ses protecteurs et la princesse de Robec, pour lors mourante, si bien qu'elle est morte huit jours après, étoient attaqués avec beaucoup de malignité. Comme c'est le premier ouvrage de cet abbé, Voltaire a dit que c'étoit un brave officier de l'Encyclopédie, qui étoit fait prisonnier à sa première affaire.

[L'abbé Morellet, auteur de cette prétendue préface, la fit débiter dans l'intervalle de temps que la véritable préface de Palissot était attendue du public et que M. de Malesherbes l'avait arrêtée, à cause des injures grossières qui y étoient vomies contre les philosophes.

Cet abbé est docteur en Sorbonne, dont il a pensé être rayé pour cet écrit-ci. Il était ci-devant précepteur du fils de M. de la Galaizière, chancelier du roi Stanislas. Ce fils de M. de la Galaizière est abbé aussi, mais abbé à meilleur titre que son pédant. Il a l'abbaye de St-Michiel, qui vaut quarante mille livres de rente. Parlez-moi de cela.

L'abbé Morellet, au surplus, a de l'esprit et des connaissances; mais une tête chaude. C'est un fanatique et un martyr de MM. les encyclopédistes. D'ailleurs, garçon sage et de bonnes mœurs, fors la malignité et la noirceur de ce libelle-ci.]

M. de Pompignan, qui s'est déclaré un des chefs du parti anti-encyclopédique, a été et est encore journellement harcelé par le général de l'encyclopédie; je veux dire par Voltaire. Il est vrai que l'insoutenable vanité de M. de Pompignan sert bien ses adversaires. Il a fait un mémoire, adressé au Roi, dans lequel en voulant se justifier il parle de soi-même avec un orgueil et un enthousiasme ridicules. Il vante ses talents, sa naissance (il est petit-fils d'un professeur en droit de Cahors), sa considération personnelle, l'adoration dans laquelle sa province est pour lui; bref, on ne sauroit pousser plus loin le délire et la bêtise; car, d'ailleurs, ce mémoire, qui est pesamment écrit, ne seroit pas avoué d'un avocat médiocre; c'est le style lourd d'un méchant procureur qui plaide quelquefois.

Voltaire, qui s'est vu désigné, tant dans ce mémoire que dans le discours académique de M. Lefranc, ne cesse de faire des vers contre lui et de nous les envoyer ici; ils y sont reçus avec la plus grande avidité : de ce nombre sont *le Russe*, *le Pauvre diable* et *la Vanité*, trois satires dans lesquelles d'autres personnes ont sur les doigts cruellement, surtout le pauvre Gresset, et ce vilain abbé Trublet. Toutes ces pièces sont pleines de longueurs et de négligences, mais on y reconnoît toujours la main du grand maître; l'on y trouve des morceaux de poésie et des vers charmants. Quant à la malignité qui y règne, elle n'est excusable en personne, et devient même encore plus méprisable dans un homme du mérite de M. Voltaire.

C'est la comédie des *Philosophes*, autant que le discours académique de M. de Pompignan, qui a allumé cette guerre littéraire, qui déshonore et avilit aux yeux des sots tous les gens de lettres. A l'une des représentations de cette pièce, les sieurs de Vilmorin et de Mont-Sauge, fermiers généraux, gendres de Bouret, pérorroient dans le foyer de la Comédie, élevoient celle des *philosophes* aux nues, et soutenoient que depuis Molière l'on n'avoit rien vu d'aussi bon. M. de Saint-Foix, ennuyé et impatienté de leur éloquence, leur dit : *Je souscris, messieurs, à tous les éloges que vous donnez aux Philosophes, cependant, vous m'avouerez que Turcaret est encore au-dessus de cette comédie.*

La mort de l'évêque de Rennes (Vauxréal) et celle de M. de Mirabaud, viennent de laisser deux places vacantes à l'Académie françoise. M. de Mirabaud étoit un bon et galant homme, sans génie et sans talent; il a traduit le Tasse et l'Arioste. C'étoit un homme de lettres de la dernière médiocrité. Il avoit été précepteur du duc d'Orléans, fils du Régent, et c'est cette place qui l'avoit conduit à celle de l'Académie, que son mérite personnel ne lui eût jamais fait obtenir.

Le samedi 26 je fus à la première représentation de *l'Écossaise*, comédie en cinq actes et en prose, donnée sous le nom de M. de Voltaire (1). Cette production est si foible, que, malgré les plus fortes apparences, je ne puis croire encore qu'elle soit de ce grand maître. Du moins en lisant attentivement la préface qui précède cette comédie, on doit être forcé d'avouer que ce n'est point là du tout son style. Des phrases longues et enchevêtrées, lui qui réduit toujours ses pensées en deux ou trois lignes, dans lesquelles il se trouve deux ou trois traits; un ton d'éloge et de pédanterie qui ne finit point, lui qui dit si légèrement, avec tant de grâce, et d'une façon si courte, les choses obligeantes qu'il a à dire aux gens qu'il veut louer. Je ne retrouve pas davantage son style dans la comédie même; il me paroît ressembler davantage à celui de Diderot. C'est à peu près la manière dont est dialogué *le Fils naturel* et *le Père de famille*, excepté que les tirades sont moins longues et qu'on y a moins employé le jargon métaphysique. Quoi qu'il en soit, malgré les applaudissements du public, dont je dirai la cause ci-après, cette pièce m'a paru aussi froide à la représentation qu'elle me l'avoit paru à la lecture.

C'est un mauvais roman qui veut être une comédie ; rien n'est si commun et si usé que l'intrigue de cette pièce : une fille qui aime le fils de l'ennemi de sa maison.

---

(1) Cette comédie, qui est une diatribe cruelle dirigée principalement contre Fréron, fut jouée, comme on voit, deux mois après celle des *Philosophes*. En autorisant la représentation de *l'Écossaise*, la cour sacrifia Fréron, l'un de ses défenseurs, et crut donner ainsi une espèce de satisfaction au parti encyclopédique ; car, dit Clément dans ses *Anecdotes dramatiques*, si l'on n'eût pas permis de jouer la comédie des *Philosophes*, on eût sûrement défendu de représenter celle de *l'Écossaise*. (H. B.)

L'auteur n'établit nulle part quelle est la source de la haine entre Montrose et Murray; pourquoi Lindanne est devenue amoureuse du fils de l'ennemi de son père; en quel temps, dans quelle circonstance; pourquoi elle ne se reproche point cet amour, qu'elle doit croire criminel. C'est le même sujet du *Cid*, à bien des égards, mais sans développements; c'est un amas froid et confus d'énigmes et de logogriphes qu'on donne à deviner aux spectateurs, et qu'ils se sont piqués d'entendre, je ne sais pourquoi. Ce manque de fondations ôte, du moins pour moi, l'intérêt foible qu'on auroit pu prendre à ce vieux fond, trivial et rebattu. J'ai resté froid comme une glace. Il n'y a d'ailleurs aucune situation traitée; la reconnoissance de la fille et du père est croquée et manquée; l'on n'est point, après cette scène, plus au fait du détail des malheurs de ce vieillard ennuyeux, que l'on y étoit auparavant. Vous avez l'agrément de sortir de cette pièce sans savoir aucune des particularités des infortunes des personnages que l'on veut qui vous intéressent. Vous apprenez en gros qu'ils sont bien malheureux. La scène du cinquième acte entre l'amant et la maîtresse est totalement ratée; ces gens ne se disent pas un mot de ce qu'ils doivent se dire et se répondre, et l'on n'y apprend rien de ce qu'on seroit curieux de savoir. Le dénouement est une machine pitoyable : l'amant apporte la grâce du père de sa maîtresse : ce sont des lettres de chancellerie.

Comme il n'est jamais dit un mot dans toute la pièce, du fond de l'histoire, l'on ignore de même de quoi ces lettres font mention. Bref, c'est à mon gré le croquis de drame le plus monstrueux que je connoisse. Il faut que les personnes qui ont trouvé de l'intérêt dans cette rapsodie aient composé en eux-mêmes le roman, pour s'attendrir dessus. Il faut avoir l'esprit bien romanesque et bien éloigné de la nature pour applaudir à ce froid larmoyant.

Une situation, ou plutôt un jeu de théâtre bien absurde,

et qui a été battu des mains à toute outrance, c'est lorsqu'au cinquième acte l'amant enfonce son chapeau, met l'épée à la main, fait mine de vouloir se battre contre le père de sa maîtresse; qu'il jette ensuite cette même épée à ses pieds, et tire à la place un morceau de parchemin qui contient ces ingénieuses lettres de chancellerie dont j'ai parlé. Est-ce là le premier mouvement, est-ce là la marche de la nature? L'amant doit jeter son épée, présenter son estomac et s'écrier : *Frappez! monsieur, c'est ainsi que je veux me battre contre le père de celle que j'adore.* Mais se préparer au combat avec emphase, enfoncer son chapeau, se mettre en garde et de là jeter son épée avec une dignité indigne, c'est une action de comédien, ce n'est point là le mouvement de la nature, rien n'y est plus opposé; c'est la caricature de quelqu'un qui joue la comédie, et non d'un véritable personnage de comédie.

La seule et unique chose qui m'ait plu dans cette détestable comédie, c'est le caractère de Fréeport, qui, si l'on veut, est un peu trop en charge, mais qui peut se trouver dans la nature, et qui est tout neuf au théâtre; il ne tient à la pièce que par un fil, mais cela ne fait rien au caractère, qui est bon en soi; et d'ailleurs, comme les autres fils de la pièce ne tiennent pas davantage entr'eux, ce n'est pas là un reproche bien grave à lui faire.

Ce n'est pourtant point ce caractère qui a décidé le succès, c'est celui de Frelon. Les personnalités contre Fréron, que l'on a cru trouver dans ce personnage, l'ont fait applaudir avec fureur dès les premiers traits. Les ennemis de ce journaliste, les amis de Voltaire, les encyclopédistes, beaucoup d'honnêtes gens neutres, mais qui méprisent Fréron, ont battu des mains à chaque injure qui paroissoit le regarder; et ce n'étoit pas dans le parterre seulement, c'étoit des balcons, des loges, de toute la salle entière, que partoient les applaudissements. Je n'ai point à me reprocher de m'y être joint. Dans cette comédie, comme dans celle des *Philosophes*, j'ai été également indigné de la licence scandaleuse qui s'introduit actuellement de jouer le citoyen sur le théâtre ; et personne n'a pourtant un plus froid, un plus profond mépris que moi pour Fréron. Mais enfin, je le répète, il est odieux de personnifier les gens sur la scène, et en particulier d'y voir exposer les gens de lettres comme des bêtes féroces qui combattent pour le divertissement des spectateurs ; je ne ris point de cela, j'en gémis.

L'impudent Fréron étoit à cette représentation, au milieu de l'orchestre. Il soutint, dit-on, assez bien les premières scènes ; mais M. de Malesherbes, qui étoit à côté de lui, le vit ensuite plusieurs fois devenir cramoisi, et puis pâlir, etc. Il avoit placé sa femme au premier rang de l'amphithéâtre ; M. de Marivaux m'a dit qu'elle se trouva mal.

Au reste, c'est une infamie à M. de Voltaire d'avoir fait jouer cette pièce, lui qui blâme si fort la permission qu'on a donnée de jouer *les Philosophes*. La vengeance ne seroit point une excuse. Le mal que font les autres ne nous autorise pas à en faire.

Ai-je mérité, moi, de suivre cet exemple ?

Mais il y a aussi longtemps que ses mœurs sont décriées, que ses grands talents sont connus. Les satires cruelles qu'il a publiées cette année seroient une preuve de sa malignité, de sa noirceur et de sa méchanceté, s'il n'en avoit pas déjà fourni de plus fortes, comme la satire du Docteur *Akakia* (1), qui a fait mourir Maupertuis de chagrin. Dieu préserve tout galant homme, tout homme qui se respecte, de cette sorte d'esprit ; j'aimerois mieux être une bonne bête. Quelques jours avant la représentation de *l'Écossaise*, l'on avoit fait courir en manuscrit la requête de *Jérôme Carré*, qui a été imprimée depuis.

---

(1) Voir la note mise au bas de la p. 189. (*H. B.*)

L'on doute encore, au reste, si *l'Écossaise* est une traduction d'une comédie anglaise, ou si c'est Voltaire qui en est l'auteur original, ou Diderot. M. de Montigny Trudaine a écrit à Londres pour le savoir, et on lui a répondu qu'on ne connoissoit pas cette pièce-là. D'un autre côté, on m'a assuré que M. Gibert, secrétaire de M. de Malesherbes, avoit un exemplaire anglais de cette pièce, sous le titre de *l'Irlandaise*. Je tâcherai de vérifier ces faits. Quoi qu'il en soit, *l'Écossaise* de Voltaire, de Diderot, ou de tout autre, a eu treize représentations.

AOUT 1760.

J'ai commencé, le premier jour de ce mois, à travailler à l'opéra-comique du *Dervis*, dont j'avois ébauché le plan à la fin du mois dernier. Lorsque j'ai été fort avancé dans mon ouvrage; il a fallu culbuter tout ce que j'avois fait et changer presque entièrement mon plan, qui a été encore changé totalement une troisième fois. Je me flatte qu'il sera bien de cette dernière façon; il est prodigieusement difficile, ce damné sujet-là, par deux raisons : d'abord, c'est qu'il est triste par lui-même et désagréable. Les amours d'un moine paillard et scélérat n'ont guère de côté qui tienne à la gaieté, au contraire ; et ce tableau, d'ailleurs, ne présente point d'objets gracieux et séduisants. Secondement, il m'a fallu éviter les impiétés, les allusions que l'on pourroit faire de ce sujet à notre religion, et même les applications malignes que l'on en pouvoit faire à nos moines, qui ne valent pas la peine foncièrement que l'on fasse leur satire, et qui, d'ailleurs, ne sont point de petits ennemis. Et puis, l'on est tombé sur les moines tant de fois et de tant de façons, que prendre ce sujet-là de ce côté, c'eût été traiter un lieu commun.

J'imagine m'être garanti de tous ces écueils, surtout des derniers ; je me suis rejeté, autant que j'ai pu, du côté du spectacle et de l'action théâtrale ; et je serois fort trompé si le dénouement ne faisoit pas, pour le spectacle, l'effet le plus singulier qu'on ait encore vu sur aucun théâtre. J'en suppose cependant l'exécution faite avec la dernière précision, sans quoi, ce même spectacle, de beau et d'effrayant, deviendroit du dernier ridicule. L'on sent assez que j'ai ici en vue la scène où le Dervis parle à ces femmes qu'il a dessein de séduire ; qu'il leur parle, dis-je, à travers les éclats du tonnerre et les éclairs.

J'ai été deux mois et demi entiers à faire ce petit poëme, et je l'ai soigné, tant pour la combinaison de ma fable que pour les détails, autant qu'il a été en moi, et que mon foible talent le comporte ; je remets, au reste, à juger de sa valeur lorsqu'il sera représenté. Je le dirai toujours, ce n'est qu'au théâtre que l'on peut décider d'un ouvrage dramatique : il faut le voir jouer.

Le 15 je fus dès le matin à Bagnolet, où je dînai, après avoir lu à M. le duc d'Orléans, *le Roi et le Meûnier* (1) qui me parut lui faire une grande impression, et lui plaire beaucoup. Il étoit presque déterminé à jouer cette petite comédie cet hiver, lorsque je fus le premier à lui faire observer que, malgré la circonspection la plus minutieuse dont j'avois été en traitant ce sujet, on pourroit cependant faire des comparaisons du temps de Henri IV au temps présent, qui ne seroient sûrement pas à l'avantage de notre siècle. Cette réflexion, et quelques autres que nous fîmes ensuite, ont fait remettre la représentation de cette comédie à la publication de la paix. Un Anglais qui liroit ma comédie du *Roi et du Meûnier*, et qui entendroit

---

(1) Premier titre de la *Partie de chasse de Henri IV.* (H. B.)

les raisons qui font différer de la jouer, diroit bien que nous sommes de vils esclaves, et il n'auroit pas tort.

J'avois lu, quelques jours auparavant, à M. le duc d'Orléans *le Jaloux honteux*, en trois actes, comme je l'ai réduit. Il en a paru aussi très-satisfait. L'abbé de Voisenon, qui étoit présent à la lecture que j'en fis, se répandit en éloges outrés. Il y a à parier qu'il ne pensoit peut-être pas un mot de ce qu'il disoit; mais, qu'il le pensât ou non, ses louanges n'ont pu faire qu'un très-bon effet vis-à-vis du prince, et je lui en sais toujours bon gré.

Je pris ce même jour avec le prince tous les arrangements pour son spectacle de cet hiver. Il veut jouer *la Vérité dans le vin*, *le Galant escroc*, trois ou quatre de mes prologues; remettre *Joconde*; donner le *Vieux Dupuis*, *l'Hermite*, des parades.... Que ne veut-il pas jouer? Et tout cela se réduira, je le parierois, à deux pièces nouvelles au plus, *le Jaloux honteux*, par laquelle, j'imagine, ils ouvriront leur théâtre, et *le Dervis* après. Joignez à ces deux pièces un prologue ou deux et une parade, et voilà tout au plus ce qu'ils mangeront, quelque appétit qu'ils montrent à présent ; et peut-être même n'y aura-t-il rien du tout. Il ne faut qu'un événement auquel on ne s'attend pas pour envoyer tous leurs projets et mes espérances au diable.

M. le duc d'Orléans me parla encore de remettre le prologue de *l'Espérance*, dans lequel il me dit d'insérer quelques éloges pour le prince de Condé, auquel il veut donner cet hiver le divertissement d'une parade. Je n'ai point trouvé mon compte dans ce prologue; mais j'en ai fait un d'un ancien intitulé *Madame Prologue*; il est remis à neuf, à très-peu de choses près. J'ai réussi, je crois à donner les louanges qu'on m'a commandées, et je les donne d'une manière si indirecte et si délicate, que je suis persuadé qu'elles plairont beaucoup.

Malgré ces bêtises-là, ce prologue est d'ailleurs extrêmement vif et gai. Je me suis même amusé à personnifier le madrigal et à le tourner en ridicule d'une façon tout-à-fait neuve. Je laisse dans ce prologue, à M. l'abbé de Voisenon, la besogne d'une chanson madrigalique à la louange du prince de Condé, et à Laujon celle d'un pont-neuf, aussi à la louange de ce jeune *zéro*. Nous verrons comme ils s'en tireront. Ce prologue ne m'a coûté que quatre ou cinq matinées. Je me flatte qu'il ne déplaira pas à M. le duc d'Orléans, et c'est parce que je ne puis, dans le cas où je suis actuellement, lui rien refuser que je me suis prêté à *louailler*, vil métier que je ne puis souffrir; aussi ne l'ai-je guère fait. J'ai peu de couplets de louanges sur ma conscience, peu d'éloges en prose et en vers à me reprocher, et je n'en suis jamais venu à cette dure extrémité que lorsque j'y ai été forcé par les circonstances, le poignard sur la gorge pour ainsi dire :

> .... J'ai peu loué ;
> J'aurois mieux fait encore
> De moins louer..........

Et même de ne point louer du tout. Mais cela m'est arrivé, et je le confesse comme un péché et je m'en repens comme d'une faute. Je suis également éloigné de la satire ; je me la suis permise bien plus rarement que la louange, et jamais je ne l'ai rendue publique. Encore la satire que je me suis permise n'est-elle qu'une critique. Les seules pièces que j'aie faites de ma vie dans ce goût sont : mon *ode sur le genre larmoyant*, et mes vers sur ou contre les encyclopédistes. Je ne les ai données à personne, et je n'attaque dans ces pièces que les comédies de La Chaussée et les ridicules de nos prétendus philosophes. Je ne parle point de mes vers contre feu Mme Lescarmotier ; c'étoit une plaisanterie de société, qui ne devoit jamais en sortir et qu'elle eut l'imprudence de rendre publique (1). Je méprise et je déteste encore plus la

---

(1) Voy. Tom. I, p. 339,

satire que le madrigal. La satire est aisée, et c'est communément l'esprit des sots, sauf quelques exceptions. Les satiriques qui ont eu de l'esprit ont tous manqué d'imagination pour la plupart, et ils étoient furieux contre ceux qui en avoient ; c'est surtout les gens à imagination qu'ils ont attaqués.

Je ne sais pas trop pourquoi j'ai fait cette énorme digression et ce long bavardage ; mais apparemment que j'y ai pris plaisir, puisque je l'ai faite tout d'un jet ; d'ailleurs, je n'ai de compte à rendre à personne, et je parle à mon bonnet (1).

SEPTEMBRE et OCTOBRE 1760.

Ces deux mois ne contiendront pas plus de faits que les précédents. Je les ai passés presque entièrement à Viry, d'où je ne suis revenu que le 23 octobre.

Le 3 septembre, les Français ont donné la première représentation de *Tancrède*, tragédie de M. de Voltaire. Elle a beaucoup réussi, à ce qu'on m'a dit. Elle a été jouée treize fois et retirée pour la reprendre cet hiver ; j'en parlerai lorsque je l'aurai vue.

Dans les derniers jours du mois d'octobre parut la lettre ou le libelle suivant contre Voltaire ; on croit que cette lettre est de Fréron, qui avoit eu même l'impudence de demander la permission de la faire imprimer dans ses feuilles ; ce dernier fait n'est pourtant qu'une forte conjecture, appuyée sur une présomption que j'ai et qui est très-vraisemblable. Quoi qu'il en soit, voici cette lettre,

---

(1) Comme nous l'avons indiqué plus haut, Collé en rédigeant son *Journal* ne parlait pas seulement à son *bonnet*. Il savait parfaitement qu'il aurait à *compter* un jour avec le public. (*H. B.*)

dans laquelle on feint que Crammer écrit à un de ses amis de Paris. On sait que M. de Pompignan a un frère dans les carabiniers ; que ce frère est un crâne, qui, à l'occasion des satires faites contre son aîné par Voltaire a écrit à ce dernier qu'il iroit lui rendre visite aux Délices, et qu'il lui casseroit les bras et les jambes.

Lettre de Crammer, libraire à Genève, à..... libraire à Paris, à l'occasion du bruit qui a couru de la mort de Voltaire.

« J'arrivai, monsieur, aux Délices, à dix heures du
« matin ; je trouvai M. de Voltaire qui lisoit ses papiers
« enfilés (1). Il me dit qu'il m'avoit envoyé chercher
« parce qu'il vouloit faire imprimer un petit discours
« *sur la bravoure.* Il me fit l'honneur de me le lire, et je
« vous avoue que ce morceau m'a paru au-dessus de
« tous ceux qu'il a faits sur la bonté, l'amour de la pa-
« trie, les bonnes mœurs et la probité. Je crois que
« l'homme le moins brave deviendroit un César en le
« lisant.

« Nous parlâmes ensuite de nouvelles. Je lui dis que
« la veille un officier françois qui venoit de Paris était
« venu dans ma boutique et s'étoit beaucoup informé de
« lui. Quelle fut ma surprise de le voir tout d'un coup
« tomber dans un fauteuil ! Les mains et les genoux lui
« trembloient d'une façon effrayante ; j'appelai du se-
« cours. Mme Denis et ses deux valets vinrent. *Qu'on*
« *ferme vite toutes les portes,* s'écria-t-il !

« Tandis qu'ils couroient les fermer : *monsieur Cram-*
« *mer, mon cher monsieur Crammer,* m'a dit M. de Voltaire,
« *retournez vite à Genève, et faites-y courir le bruit que je*
« *viens de mourir subitement.* Il me pressa, me supplia

---

(1) M. de Voltaire, en lisant quelques auteurs, écrit sur de petits morceaux de papier les pensées qui lui plaisent, et il les relit avant de se mettre à travailler.

« avec des instances si fortes que je repartis sur-le-champ
« pour répandre dans cette ville le bruit de sa mort.
« Aussitôt plusieurs personnes envoyèrent aux Délices;
« et comme l'on n'y répondoit qu'au travers de la porte,
« sans vouloir ouvrir ni laisser entrer qui que ce fût, on
« acheva de se persuader que sa belle âme étoit à présent
« devant Dieu. Enfin, le lendemain, une personne que
« Mme Denis avoit envoyée secrètement s'informer de
« l'officier françois rapporta qu'il s'appeloit le chevalier
« de l'Espine, qu'il alloit partir pour Avignon, et que ce
« n'étoit point du tout M. de Pompignan, officier des
« carabiniers, qui avoit fait à M. de Voltaire de si ter-
« ribles menaces.

« Alors M. de Voltaire fit ouvrir les portes du château,
« et reçut des compliments de ses amis sur sa convales-
« cence. Mais il lui reste un tremblement dans les mains
« qu'il aura peut-être toute sa vie, et qui l'obligera de
« se servir d'un secrétaire. Il lui faudroit un homme de
« confiance ; il a jeté les yeux sur l'abbé de la Coste,
« dont il espère obtenir le rappel avec le sien. Je suis,
« etc. »

L'abbé de la Coste est un intrigant, un fripon et même
un scélérat, qui, vu que tous ses crimes n'ont pu être
prouvés, vient seulement d'être envoyé aux galères, après
avoir été fouetté et marqué (1). C'est ce même abbé qui
avoit négocié le mariage de La Popelinière, et qui lui
avoit amené de Toulouse la femme qu'il a actuellement.

Mais pour revenir à cette lettre, l'on voit assez qu'il y
a plus de malignité que d'esprit, et quoique Voltaire,
par ses précédentes satires, qui sont si cruelles, mérite
d'être déchiré à son tour, ce sera toujours avec peine que
les gens de lettres qui ont le cœur honnête verront cet
acharnement dans les deux partis : il n'y aura que les

---

(1) Les *Mémoires secrets*, mai 1762, renferment quelques détails sur cet abbé ; à sa mort, Voltaire composa une épigramme sanglante, dans laquelle il eut le mauvais goût d'envelopper Fréron, qui n'en pouvait mais. (*H. B.*)

sots qui en seront satisfaits et les vilaines âmes qui s'en feront un amusement. Cette guerre n'est pas néanmoins prête à finir, il s'en faut bien.

Le samedi 25 octobre les François donnèrent la première représentation de *l'Épouse à la mode,* comédie en trois actes et en vers de dix syllabes, de M. de Laplace. Je ne pus pas m'y trouver, par la raison que je dirai, et j'en fus bien aise, lorsque j'appris le soir même que la pièce n'avoit pas été jusqu'à la fin. Les deux premiers actes, me dit-on, avoient été assez bien reçus, mais le dernier fut hué. J'en fus plus fâché que je n'en fus surpris. Laplace m'avoit lu cette comédie, et, indépendamment du peu d'action et d'un épisode froid que j'y avois trouvé, les mœurs des femmes angloises qu'il avoit voulu conserver, au lieu d'adapter ce sujet à nos mœurs, devoient seules la faire tomber. Cette comédie est une traduction libre, ou une imitation d'une petite pièce angloise; mais il falloit la tourner selon notre goût et nos usages, et mettre la scène en France. Je le lui avois dit, en sentant bien pourtant que cette entreprise étoit au-dessus de ses forces, puisqu'il se seroit agi de peindre les femmes du très-grand monde : pour cela il auroit fallu en avoir vu et avoir vécu avec elles. Cette besogne étoit même au-dessus des forces de Gresset peut-être. Si Crébillon fils eût voulu entreprendre cette comédie, il étoit seul capable de la traiter, du moins de l'écrire en prose. Ainsi pour le pauvre Laplace, c'est bien là le cas du précepte d'Horace, *Sumite materiam,* etc. Si cette comédie de *l'Épouse à la mode* eût réussi, les Comédiens devoient en jouer une autre du même auteur, en trois actes aussi, mais en vers alexandrins mêlés, intitulée......

C'est encore une traduction ou une imitation libre d'une pièce angloise. Il me l'a encore lue, elle est bien plus mauvaise et plus mal écrite que celle qui a été sifflée. J'ai voulu dans le temps lui faire des critiques; mais Laplace est un homme qui n'en veut entendre aucunes et qui entre en fureur lorsqu'on lui en fait; cela est malheuseux, car je l'ai toujours trouvé un bon et honnête garçon.

Tandis que Laplace tomboit aux François, je tombois, moi, dans les petits cabinets de M. le duc d'Orléans (1). C'étoit à cette heure précisément que je lui lisois mon opéra-comique du *Dervis*, qui est en deux actes, qui m'a coûté près de trois mois de travail. Les analogies de ce sujet avec les mystères de l'annonciation et de l'incarnation l'ont pleinement décidé à ne pas le jouer sur son théâtre. La tristesse foncière ou plutôt du fond de ce conte de La Fontaine n'a pu être sauvée que par tous les détails gaillards que j'y ai semés, et par beaucoup de spectacle que j'y ai jeté. Je ne sais si je suis aveuglé par l'amour-propre, mais je crois ce sujet intraitable, et je parierois contre le plus hardi.

En mettant au théâtre le conte de *l'Hermite*, il n'est pas possible de ne pas parler du petit muphti qui doit naître de la fille séduite par le dervis : c'est le fond du conte; La Fontaine même va bien plus loin, puisqu'il parle d'un petit pape. Cependant, malgré la précaution que j'ai prise de mettre la scène en Turquie, de faire tous mes personnages mahométans; malgré l'attention que j'ai eue de ne rien dire contre la religion en général et contre les moines ou dervis en particulier, je n'ai pu réussir à tourner les vues d'un autre côté; je n'ai pu parvenir à faire envisager le conte purement et simplement, tel que

---

(1) Je saisis ici l'occasion de rendre justice à monseigneur sur son goût sûr et exquis en matière de théâtre : jamais je n'ai rien lu à ce prince qu'il ne mit le doigt d'abord sur les défauts et sur le peu de bonnes choses qui se trouvoient dans mes ouvrages ; je ne l'ai guère vu s'y tromper. Justesse d'esprit, justice de cœur et foiblesse : voilà en trois mots son caractère.

Je ne manquerai pas non plus l'occasion de faire justice de moi sur ce détestable opéra-comique ; jamais ouvrage ne m'a tant coûté à arranger, et jamais je n'ai rien fait d'aussi désagréable et d'aussi mauvais. J'en ai vu une représentation particulière, elle me dégoûta, révolta et glaça. (*Note de Collé écrite en* 1780.)

je l'avois adouci. C'est un malheur pour ceux qui écrivent dans ce siècle-ci, que le penchant que l'on a à trouver des allusions, à chercher à faire des applications de tout. Un auteur est moins jugé sur ce qu'il a dit que sur ce qu'il a pu vouloir dire, ou que sur ce qu'on veut lui faire dire et à quoi il n'a jamais pensé.

Pour égayer ce sujet, qui est triste de lui-même, j'avoue que j'y ai prodigué les ordures le plus que j'ai pu. On les a trouvées un peu trop grosses ; c'est le second motif de réprobation que l'on m'a donné, et à cet égard je passe condamnation. S'il ne s'agissoit que d'adoucir les couplets où la gravelure est un peu trop crue, j'aurois bientôt fait ces corrections ; mais ce n'est pas là le point de la difficulté principale, c'est la conformité prétendue que l'on croit trouver avec les mystères de notre religion, et, de bonne foi, plus je l'ai examiné et plus j'examine ce point délicat, moins je trouve cette conformité ; je ne vois que le conte de Lafontaine et rien autre chose : peut-être, je le répète, suis-je aveuglé sur mon ouvrage. Si le conte de *l'Hermite* n'existoit pas et n'étoit pas connu de tout le monde, j'avoue que les spectateurs pourroient tourner leurs idées d'un autre côté ; mais le conte une fois donné, c'est ce conte que l'on traite et non autre chose.

Quoi qu'il en soit, mon sentiment particulier à ce sujet ne fera sûrement point changer de façon de penser M. le duc d'Orléans ; je serois même fâché que ce fût en conséquence de la mienne qu'il revînt là-dessus, attendu que si je me trompois (ce qui peut fort bien être), je me trouverois alors chargé de l'événement. Il n'est pas possible, au reste, de me marquer plus de bonté que le prince m'en a marqué en me disant que ma pièce n'étoit pas jouable. Il l'a louée plus qu'elle ne le méritoit, et il m'a donné toutes les fiches de consolation possibles. Je vois pourtant dans cet ouvrage bien des longueurs, et de petites corrections à faire, mais je ne m'en donnerai pas la peine; c'est un coup de boule où j'ai fait chou blanc et perdu la partie : tout est dit.

Ce même jour, j'eus encore l'honneur de lire à S. A. un prologue intitulé : *Madame Prologue*, qui m'a paru lui avoir plu beaucoup; j'introduis dans ce prologue M. Vaudeville et M. Madrigal; les couplets en sont soignés, et il y a de la gaîté.

NOVEMBRE 1760.

Le mercredi 12 novembre je fus à la première représentation de *Caliste*, tragédie de M. Colardeau. C'est le sujet de *la belle Pénitente* de M. Rowe, que M. de Laplace a traduite dans son théâtre anglois. Cette pièce avoit déjà été mise à notre théâtre le 27 avril 1750, par M. de Mauprié, gentilhomme poitevin, qui est mort en gardant l'anonyme. M. l'abbé Seran de la Tour l'avoit présentée aux Comédiens, et l'on m'a assuré qu'il s'en disoit l'auteur (1). Je ne crois pourtant pas que ce soit lui qui ait fait cette ânerie ; en tous cas, il n'y auroit pas de quoi en tirer vanité, car il n'est guère possible d'avoir défiguré plus qu'on ne l'a fait l'auteur anglois, tant pour le fond que pour la manière dont la pièce est écrite en françois. Elle est imprimée, et l'on n'a qu'à la lire pour en penser encore plus de mal que je n'en dis. M. Colardeau en voulant s'éloigner de l'auteur original s'est égaré, et a composé une espèce de monstre dramatique, dans lequel on ne trouve plus ni caractères, ni passions, ni nature, ni raison. L'ouvrage de M. de Mauprié n'est que plat, celui-ci est de la dernière extravagance : ses caractères (si l'on

---

(1) Les *Anecdotes dramat.* attribuent cette tragédie à l'abbé Seran de la Tour. (*H. B.*)

peut appeler ainsi des personnages qui se démentent à tout moment) sont révoltants et dégoûtants. Lothario ouvre la scène pour avouer, sans nécessité, à Montalle, son ami, qu'il avoit violé Caliste pendant qu'elle étoit évanouie; et l'on remarquera que c'est à ce Lothario que le spectateur doit prendre une sorte d'intérêt, et sur lequel il devroit rouler en partie, très-subordonnément, cependant, à Caliste, qui est le principal personnage. Celle-ci arrive au deuxième acte l'esprit rempli des horreurs de son viol, dont elle parle sans cesse et d'une façon qui ne fait que l'avilir aux yeux du spectateur.

L'on ne sait si elle aime Lothario, tout en détestant son forfait; il semble pourtant qu'elle a de l'amour pour lui, et que c'est cette raison qui lui fait demander à son père de différer son hymen avec Altamont, qu'elle avoit promis d'épouser, après avoir été violée par Lothario. Il est vrai qu'elle dit avoir fait cette promesse à son père, dans un moment de trouble et où elle ne savoit ce qu'elle disoit; mais ce n'est point là un motif suffisant, et cela est directement opposé à la grandeur, à la dignité et à la fermeté d'un caractère tragique. Après avoir refusé son père, Caliste a avec Lothario une scène de laquelle il seroit difficile de rendre compte, attendu qu'ils ne se disent pas un mot l'un et l'autre de ce qu'ils doivent se dire. Le résultat de cette scène est de se déterminer à obéir, et d'épouser Altamont, ou du moins de se laisser conduire au temple pour lui donner la main. Lothario trouve le moyen d'entrer à main armée dans le temple, de troubler la cérémonie, de mettre en fuite le célébrant, le marié et la mariée, auparavant que le *conjungo* ait pu être prononcé; ce n'est pas pourtant que Sciolto, père de Caliste, ne fasse une belle défense; car ce vieillard prévoyant a fait cacher des soldats dans les souterrains du temple, dans les caves où l'on inhume les morts, et ces soldats (dit l'auteur), au moment du tumulte, soulèvent les pierres et les marbres qui couvrent les tombes,

et viennent du séjour des morts au secours des vivants ;
fiction, comme l'on voit, bien vraisemblable, et qui
d'ailleurs ne sert à rien, puisque Altamont, Sciolto et
Caliste sont obligés de s'enfuir et sont dispersés. Dans
cette bagarre, Lothario rencontre Caliste, lui montre l'amour le plus passionné, le plus violent, le plus furieux ;
Caliste aime aussi, dans ce moment, Lothario à la fureur
et le lui avoue ; cet amant lui propose de retourner au
temple pour l'épouser à la place d'Altamont, et de prendre la fuite ensuite avec elle : Caliste le refuse ; c'est là, ce
me semble, le comble de la déraison ; car enfin, que peut
faire de mieux une fille violée par l'amant qu'elle aime
et qui l'aime, que de l'épouser, et surtout dans une tragédie ? La mort vient à propos, si c'est l'arrangement de
l'auteur ; mais ce n'étoit point celui de M. Colardeau.
Caliste refuse Lothario ; elle est surprise en conversation
avec ce monstre, par son père ; elle lui avoue qu'il l'a
deshonorée, et la façon dont elle lui apprend le crime
de Lothario est encore une machine bien singulière et
contre toute vraisemblance : c'est par une lettre de feu
sa mère, qui a su dans le temps qu'elle avoit été violée,
et qui avant de mourir l'écrit à Sciolto, et le presse
d'unir leur fille à Lothario. Cette lettre, que Sciolto lit
tout bas, le fait frémir ; il tire son épée, veut tuer Lothario, qui se défend ; Caliste se jette entre les combattans, les empêche d'en venir aux mains. Altamont arrive ; Sciolto lui montre cette lettre ridicule ; Altamont
défie Lothario, ils sortent ; Altamont revient avec son
rival, qu'il a tué et qui vient mourir aux pieds de Caliste.
La tragédie est finie là, quoique ce ne soit que la fin du
quatrième acte. Le cinquième est absolument inutile. C'est
pourtant sur ce dernier acte, m'a-t-on assuré, que l'auteur fondoit toute l'espérance de son succès. Pour rendre
la chose plus touchante dans cet acte, le théâtre est entièrement tendu en noir. A l'une des ailes est supposé être le
corps de Lothario étendu sur un lit de parade, environné

d'un rideau de crêpe, une lampe sépulcrale au milieu. Le ministre des fureurs de Sciolto conduit Caliste, et la laisse seule dans ce lieu affreux; elle le parcourt, trouve sur une table du poison dans une coupe : elle se doute que son père veut qu'elle meure ; elle approche du lit où est le cadavre de Lothario ; elle fait des plaintes et des gémissements qui n'attendrissent personne, parce que l'on ne s'est nullement intéressé ni à Lothario ni à Caliste elle-même. Sciolto arrive, Caliste lui demande la mort, qu'elle a, dit-elle, méritée ; elle la trouve plus douce de la main de son père que de la sienne : Sciolto, en froid énergumène, consent de tuer lui-même sa fille ; il essaye deux fois ; il lève le poignard sur elle, le fer lui tombe des mains ; il la quitte en l'assurant de toute sa tendresse, et lui commandant de mourir elle-même. Il laisse son poignard : voilà Caliste bien à son aise, elle a le choix du poison ou du poignard ; elle pérore là-dessus et se détermine enfin à avaler le poison, parce que son père y aura mêlé ses larmes. La voilà empoisonnée ; agonie de quatre-vingts ou cent vers. Arrive sa suivante, qui vient lui conter les malheurs de Gênes, déchirée par les factions, et que son père ne l'a condamnée que parce qu'elle a favorisé celle de Lothario ; car il faut observer que dans ce dernier acte il n'est presque plus question de l'amour de Caliste pour Lothario, de son viol, etc., mais de l'amour de la patrie, que cette fille a trahie. Sciolto arrive, tué, et il a aussi une agonie d'une quarantaine de vers. Comme ce père est encore moins intéressant que les deux principaux personnages, et que d'ailleurs, comme je l'ai dit, l'action est terminée à la fin du quatrième acte, l'on n'imagine pas combien ce cinquième est ennuyeux et révoltant.

M. Colardeau fait bien les vers, et les fera peut-être encore mieux par la suite, s'il quitte le ton un peu boursouflé qu'il a souvent, et s'il cherche davantage le mot propre ; en général, il a de la noblesse et de l'harmonie.

Mais M. Colardeau ne fera jamais de pièces de théâtre; il ne le connoît pas, il ne s'en doute même pas. Il ne connoît pas plus la nature et les passions. Son ouvrage est l'ouvrage d'un écolier qui ne sait faire que des vers; et encore pour juger jusqu'à quel point il peut pousser la versification, faudroit-il l'examiner dans le silence du cabinet. Elle a eu dix représentations, qu'elle ne méritoit pas.

Le dimanche 9 du courant les Comédiens françois annoncèrent qu'ils donneroient le lendemain *Didon* et *le Fat puni*. Le parterre applaudit avec vivacité à cette annonce, qu'il appliqua sur-le-champ à M. de Pompignan, de la manière du monde la plus maligne. L'impression que les Comédiens sentirent que faisoit cette annonce leur fit changer le lendemain la petite pièce, et au lieu du *Fat puni* ils donnèrent le lundi *l'Oracle*, précédé de la tragédie de *Didon*.

Le samedi 29 novembre se fit l'élection de MM. Watelet et La Condamine à l'Académie françoise, que l'on donne pour successeurs à l'évêque de Rennes et à M. de Mirabaud. Ces choix ne paroissent point avoir l'approbation du public.

M. de La Condamine est un géomètre si l'on veut, et un astronome; il est de l'Académie des sciences, *bene sit*; mais il n'a aucun titre pour être de l'Académie françoise, et tout le monde s'accorde à trouver mauvais que l'on confonde les Académies (1).

---

(1) Que dirait Collé s'il voyait la composition actuelle de l'Académie ? Du reste, La Condamine n'était pas dépourvu de titres littéraires, et il avait l'esprit éveillé s'il avait l'oreille sourde. Voici comment Diderot parle de cette dernière infirmité dans sa lettre LV à mademoiselle Voland : « Vous savez que ce pauvre La Condamine a perdu ses oreilles à Quito, en mesurant un angle de l'équateur et du méridien, pour déterminer la figure de la terre. Il court une place vacante à l'Académie françoise, et on lui objecte sa surdité. Ne trouvez-vous pas cela bien cruel ? Il ne lui manquoit qu'à perdre les yeux dans les sables brûlants des bords de la rivière des Amazones, et puis ils auroient dit que cet homme n'était plus bon qu'à noyer. » No-

M. Watelet, receveur général des finances, est un amateur des arts, mais qui dans aucun n'a montré ni un génie ni même un talent décidé. Il sait peindre, il sait graver, il a fait des vers, mais tout cela dans un degré si médiocre, que le moindre des artistes est infiniment au-dessus de lui. Les vers de sa façon, sur lesquels seuls je pourrois peut-être risquer mon jugement, n'ayant nulle notion des autres objets, sont des vers d'un homme d'esprit, qui n'est point poëte, et qui compose avec une difficulté horrible et malgré Minerve. L'on ne trouve dans son poëme de la *Peinture* ni chaleur ni idées vives et neuves, point d'images, en un mot nulle poésie. C'est au reste un très-galant homme, très-aimable, d'une douceur de mœurs singulière, adoré de tous ceux qui le connoissent et qui vivent avec lui, et estimé de ceux qui n'ont pas ce bonheur. Mais ce ne sont pas là non plus des titres pour être de l'Académie.

DÉCEMBRE 1760.

Le samedi 13 du courant les Comédiens françois donnèrent la première représentation de *Pygmalion*, comédie en un acte et en prose, à laquelle je ne fus point, attendu que cette pièce étoit précédée de la dixième et dernière représentation de *Caliste*. L'auteur de cette comédie est M. Poinsinet, auteur de la tragédie de *Briséis* ; il a, m'a-t-on dit, été hué au point que la pièce n'a point été finie, et qu'elle n'a été donnée que cette seule fois.

Le lundi 22 décembre je fus à la première représen-

---

tons, en passant, que Piron disait plaisamment que La Condamine avait été au Pérou pour *donner un coup de pouce à notre Globe*, mais qu'il y avait laissé ses oreilles. (*H. B.*)

tation des *Mœurs du temps,* comédie en un acte et en prose de M. Saurin ; c'est la même pièce que celle dont j'ai parlé année 1757, et sur laquelle je lui ai donné des conseils, et à laquelle même j'ai un peu travaillé ; je l'avois mise en deux actes, et je lui avois donné l'idée d'un caractère de femme (c'étoit Cidalise), qui auroit demandé à être traité avec plus d'étendue. Son sujet, ou plutôt les bornes qu'il a été obligé de donner à son sujet, l'ont empêché d'en faire aucun usage. Il avoit pourtant refait sa comédie, et l'avoit mise en deux actes ; et c'est en cet état qu'il l'envoya à Mlle Dangeville, dans le mois de février 1758, sans se nommer, et avec une lettre que ma femme avoit écrite en s'en disant l'auteur anonyme. Dangeville lut la pièce ; elle fut refusée : Saurin alors se nomma, et la fit recevoir par l'intercession de Saint-D'Argental, auquel ces dieux comiques ne peuvent rien refuser ; ce n'est qu'au commencement de cette année qu'il l'a prodigieusement resserrée et réduite en un acte, et il a très-bien fait ; il y avoit des longueurs insoutenables qu'il a retranchées.

Sa comédie telle qu'elle est a été reçue avec beaucoup d'applaudissements, et elle les mérite. Le dialogue en est vif et serré, semé de traits piquants et neufs ; le caractère du marquis est vu dans le noble et est d'une très-grande vérité ; celui de la femme du monde (la comtesse) n'est pas, à beaucoup près, aussi bien aperçu ; l'amoureuse même a un caractère de naïveté qui eût plu bien davantage et auroit fait un très-grand effet si l'actrice qui l'a jouée n'étoit point par elle-même en opposition avec son rôle : Mlle Hus est si maniérée, a tant d'apprêt, que c'est faire jurer son violon que de le faire jouer sur cette corde-là. Le rôle de Cidalise a été si bien rempli par Mme Préville, qu'il a paru être quelque chose ; et à cette occasion je remarquerai que cette femme deviendra une excellente actrice de comédie si elle continue à travailler ; c'est une prédiction que j'ose faire.

Le rôle du financier est le plus mauvais de la pièce ; heureusement qu'il est fort court, et qu'il a été rendu par Préville, qui en a tiré tout le parti possible. Ce caractère est mal fait, très-inconséquent et très-imbécile.

A cela près, et qu'il n'y a rien de neuf dans le fond de la fable et les situations de cette comédie, c'est une des plus jolies que l'on ait données depuis longtemps au Théâtre-François. Elle est vivement écrite, et même gaiement, ce qui surprend davantage de la part de Saurin ; je ne serois pas éloigné de penser qu'elle restera au théâtre. C'est une véritable comédie ; il y a de la peinture de mœurs : ce n'est point là du romanesque, ni de la féerie, dont on nous assomme si souvent, sorte de poëmes qui veulent usurper le nom de comédies.

Comme auparavant la représentation de la pièce l'on avoit beaucoup dit à Saurin que *les Mœurs du temps* étoient un titre bien vague, et qui même annonçoit beaucoup de prétention, il fit dire à Belcourt quatre mots au public à ce sujet. Il prévenoit qu'il s'étoit borné à une très-légère esquise des mœurs du temps, dont la peinture entière pourroit à peine être présentée dans le cours de cinq actes.

Les spectacles de Bagnolet vont reprendre : j'en parlerai le mois prochain ; l'on doit y jouer *le Tuteur*, comédie en un acte de Dancourt, *Mme Prologue*, de moi, et *le Mariage de convenance,* parade de Laujon, le 7 ou 8 janvier (1).

(1) On sait qu'il s'agit du théâtre que le duc d'Orléans avait à Bagnolet. (*H. B.*)

ANNÉE 1763.

JANVIER 1763 (1).

En parcourant ces jours-ci plusieurs volumes de ce Journal, j'y ai aperçu, non-seulement, comme je l'ai déjà dit plus d'une fois, du bavardage, des bêtises, et une négligence de style qui est une suite nécessaire de la rapidité et du peu de soin que je mets à l'écrire ; mais j'y ai vu encore des contradictions. Je n'en citerai qu'une seule ; c'est au sujet du petit Laujon, que j'ai traité trop mal au mois de Mars 1760. J'avoue que je l'ai jugé trop injustement. Il est vrai qu'il n'a point d'imagination ; mais il a un talent singulier pour tourner la louange, et quoiqu'en général ses couplets soient négligés, quelquefois, aussi, obscurs et entortillés, il faut convenir pourtant que ses idées sont presque toujours galantes, fines, spirituelles et agréables ; que son encens n'est point grossier, et que dans la dernière fête que j'ai donnée à monseigneur, pour Marquise, bien loin d'être fades, ses couplets étaient au contraire très-piquants et très-agréables. Ces contradictions, au reste, viennent de la façon dont on est différemment affecté en des temps différents, et suivant les différentes circonstances ; elles peuvent venir encore, comme dans cette occasion-ci, de ce que

---

(1) Les années 1761 et 1762 composent l'un des volumes qui manquent au Journal que nous imprimons. (*Note de Barbier.*)

l'on a réformé son jugement et mûri davantage ses idées. L'on s'est trompé, et on l'avoue ingénûment (1).

Préville, que j'ai vu ces jours-ci, m'a conté une anecdocte sur Le Grand, le comédien; il jouait les rois et les paysans: passablement les paysans et les rois très-mal. Les Comédiens donnaient Mithridate, à Paris, un jour que les bons acteurs étaient allés jouer une autre tragédie à la cour. Le premier acte fut hué au point que Monime, Xipharès et Pharnace, rentrés dans le foyer, ne vouloient plus reparoître au théâtre et opinoient à rendre l'argent. Le Grand, qui voyoit une bonne recette, ne put s'en détacher, et il leur dit: *Laissez-moi faire, je m'en vais leur parler;* effectivement il s'avança humblement au bord des lampes, et dit au parterre: *Messieurs, Beaubourg, mademoiselle Duclos, Ponteuil et tous nos meilleurs acteurs sont aujourd'hui à Versailles; nous sommes bien mortifiés de n'avoir pu remplir les rôles de la tragédie que nous vous donnons ce soir, que par les plus mauvais qui sont ici; car vous n'avez pas encore tout vu, et je ne vous cacherai point, messieurs, que c'est moi-même qui vais jouer Mithridate.* Là dessus le public d'applaudir, et même les applaudissements ne cessèrent point pendant le cours de cette représentation.

C'est ce même Le Grand qui le jour de la première représentation d'une pièce en un acte, de sa façon, avoit auparavant joué le rôle d'Agamemnon; le parterre n'a-

---

(1) Ce n'était pas seulement dans un endroit de ces Journaux que j'avais porté un jugement trop leste, comme on l'a vu, du talent de M. Laujon; mais j'ai été content de voir que je n'avais pas attendu l'année 1780 pour rendre, dans ces mêmes Journaux, justice à ce charmant auteur. Je n'ai pas eu besoin, pour lui faire réparation, comme on le voit, d'attendre qu'il eût donné son inimitable comédie de *l'Amoureux de quinze ans*, qui restera au théâtre, ainsi que je l'ai dit, tant qu'il y aura des théâtres en France, et qu'on parlera français. Satisfait de mon équité à cet égard, je n'en veux point manquer du côté des critiques que j'ai faites de ses ouvrages. J'y persiste par amour pour les lettres et pour ce que je crois le bon goût. (*Note de Collé, écrite en 1780.*)

voit pas cessé de rire de la manière dont il avoit rendu ce rôle. A la fin de la tragédie, Le Grand vint annoncer pour le lendemain, et ajouta que dans l'instant ils alloient avoir l'honneur de donner la petite pièce dont il étoit l'auteur. *Je souhaite, messieurs*, dit-il en finissant, *de vous faire autant rire dans la comédie que je vous ai fait rire dans la tragédie.*

Puisque je suis en train de mettre ici des anecdotes, j'en veux écrire une que m'a contée ces jours-ci M. le duc d'Orléans. En 1744, le comte de Sade étoit envoyé du roi de France près l'électeur de Cologne; il se trouvoit chez lui beaucoup de grands seigneurs allemands, qui écorchoient notre langue et n'en connoissoient nullement la valeur. Il y avoit entre autres un certain comte de Méternich, chanoine de Cologne, et une fille de très-grande qualité, sa maîtresse, qui se servoient de termes si impropres, et même si malpropres, je veux dire tellement orduriers, que Mme la comtesse de Sade craignoit de recevoir chez elle ces deux personnages. Un jour pourtant qu'ils y étoient, et qu'elle n'avoit point pu leur faire fermer sa porte, le comte abbé jouoit, et jouoit de malheur; sa maîtresse étoit assise à côté de lui; à un coup piquant, il se retourne vers elle et lui dit: *Mam'selle, vous l'y être en péché mortel, vous porter du guignon à moi.* — *Pon! pon!* répond la demoiselle, *vous bâtinez, monsieur l'appé!* Survient un autre coup, encore plus piquant; le comte-abbé, furieux, lui dit: *Qarti! retire-vous, toi, tu apportes le malheur à moi, faut que vous revenir de la b....!* Sa maîtresse se lève alors, sourit, et, lui frappant un petit coup sur la joue, lui dit d'un ton badin : *Il l'est point vrai, petit J.... F....!* Voilà l'usage que faisoient ces deux bons Allemands du peu qu'ils savoient de notre langue, et ils croyoient pourtant en connoître toutes les finesses et la parler dans toute sa pureté.

Le 6 du courant je fis l'ouverture du théâtre de Bagnolet par *l'Avocat patelin*, et la seconde représentation

18.

de mon *Henri IV*. Le jeu et le succès ont passé mon attente; personne ne savoit son rôle l'avant-veille que l'on devoit le donner; malgré cela, jamais cette pièce n'a été si bien jouée, à l'exception pourtant de M. le vicomte de la Tour du Pin, qui n'a point du tout rendu le personnage de Henri IV : il en étoit à cent lieues; sans gaieté, sans noblesse, sans bonhomie, il a été le contraire de tout ce qu'il falloit être. M. de Barbantane s'est tiré très-mal du rôle de Conchini; M. le marquis de Villeroy, de celui de Bellegarde. Mais, hormis ces trois acteurs, les autres ont joué supérieurement, surtout M. le duc d'Orléans, M. Danezan, qui faisoit Sully, et Mlle Marquise; Laujon lui-même s'est surpassé; M. le vicomte de Polignac, Mme Drouin, étoient bien dans leurs rôles et n'ont dérangé personne. Enfin, je puis dire cette fois-ci que la réussite a été complète. M. le prince de Condé a été, ainsi que tous les autres spectateurs, attendri jusqu'aux larmes; ils en ont tous versé à chaque instant; les acteurs étoient obligés de s'interrompre à cause des applaudissements redoublés qui se succédoient continuellement. M. le duc de Choiseul ne s'est point encore trouvé à cette représentation, quoique ce fût lui qui en eût donné le jour à M. le duc d'Orléans. Ma femme soupçonne qu'il y a un dessous de cartes à tout cela, que l'abbé de Voisenon nous expliqueroit bien, s'il le vouloit; il a manœuvré, tracassé, pour faire tomber la pièce la première fois qu'on l'a jouée. Cette seconde fois il y a aussi quelque apparence que c'est lui qui a empêché le duc de Choiseul de venir la voir. Je ne veux entrer à cet égard dans aucuns détails, je mets le mépris à la place des plaintes (1).

L'on devoit donner le 10 du courant la première représentation de ma comédie de *Dupuis et Desronais*; mais Mlle Gaussin ayant été saignée trois fois, le jour des

---

(1) Dans son *Éloge* de Voisenon, Favart dit de ce dernier que « jamais auteur ne fut moins égoïste, et que jamais les serpents de l'envie ne sifflèrent dans son cœur. » (H. B.)

Rois, pour un mal de gorge violent et un gros rhume, la partie fut remise à huitaine.

Dupuis et *Desronais* (1) a donc été donné pour la première fois le 17 janvier ; je me tins chez moi avec ma femme, et je ne fus point à cette première représentation. Ma femme mouroit de peur, et je n'étois pas sans inquiétude ; cependant, pour dire ici franchement la vérité, mon espérance l'emportoit de beaucoup sur ma crainte ; cette dernière n'étoit fondée que sur la généralité de l'opinion véritable où l'on doit être de la difficulté de plaire au public. Mais j'avois fait tout ce qui avoit dépendu de mon foible talent, pour diminuer cette crainte. Depuis le mois d'octobre 1757, que j'avois commencé mon ouvrage, je n'avois rien négligé de tout ce qui pouvoit contribuer à lui donner ce degré de maturité au-delà duquel je ne voyois plus rien à ajouter. J'avois pris les conseils de plusieurs artistes ; et j'ai encore un portefeuille plein de leurs remarques et de leurs critiques, auxquelles j'avois satisfait. J'avois consulté des gens du monde ; j'ai encore des observations écrites de la main même de M. le duc de Nivernois. Ma femme, dont le goût est si sûr et le tact si fin, avoit été, pour le fond et pour les détails de ma pièce, d'une sévérité impitoyable. Enfin, comme il ne reste toujours dans un ouvrage que trop de défauts, que l'on ne connoît pas, je n'en avois pas laissé un seul que je connusse, au point de pouvoir me dire, auparavant que ma pièce fût jouée, que je n'avois pas même un hémistiche sur ma conscience, pas la plus petite chose à me reprocher (2).

---

(1) Comédie en trois actes, en vers libres, et dont le sujet est tiré des *Illustres françaises*, de Challes ; La Haye, 1723 et 1728, 2 vol. in-12, ou 4 vol. même format. Challes était à peu près inconnu avant que M. Champfleury eût mis en relief la physionomie originale de cet *aventurier*, comme il l'appelle à juste titre ; car sa vie, à tous les points de vue possibles, a été une véritable Odyssée. Voyez le *Réalisme*, par M. Champfleury ; Paris, 1857, Michel Lévy, 1 vol. in-12. (*H. B.*)

(2) Cette page et les suivantes, où Collé se livre tour à tour et presque

Loin cependant d'être rassuré par mes amis, leur décision la plus douce étoit : que je ne tomberois pas, mais que ce que je pouvois tout au plus espérer, étoit un succès d'estime; encore étoient-ce ceux qui m'étoient le plus favorables, comme Saurin, Crébillon, Bernard (1), qui pensoient que ma comédie étoit sans intérêt et sans chaleur. La Châtelain, Monticourt et leurs complices étoient bien éloignés d'en avoir une idée aussi avantageuse; ils avoient, je crois, loué une loge pour voir ma chute, qu'ils crurent même très-décidée à la première représentation, attendu que (comme je le dirai ci-après) Gaussin et surtout Brizard avoient ce jour-là perdu la tête, et qu'ils jouèrent leur rôle à faire trembler; et ce camp ennemi, je veux dire la loge de la Châtelain, étoit si convaincu que je n'avois pas réussi, que son valet arlequin (j'entends Monticourt) non-seulement ne vint pas le soir même me faire des compliments sur mon succès; mais qu'au contraire il arriva tout courant le lendemain, pour m'en faire un de condoléance sur ma chute. Comme je n'eus pas l'air de croire du tout à son affliction, il ravala toutes ses consolations, et il se contenta de louer avec exagération le petit Molé, sans me dire un mot de ma pièce; il vouloit, à coup sûr, me faire entendre que cet acteur lui seul avoit empêché qu'on ne me sifflât à double carillon.

Les seuls de mes amis qui ne doutoient point du succès sont d'abord M. de Romgold, qui est aujourd'hui en Angleterre, avec M. le duc de Nivernois (il n'étoit pas à portée de me rassurer); et M. de Laplace, qui étoit tout aussi intrépide que M. de Romgold, et c'est beaucoup

---

en même temps aux sentiments les plus contraires, rappellent le fameux monologue qui ouvre le cinquième acte de *la Métromanie*. Piron n'a rien exagéré, et les admirables vers par lesquels Damis exprime ses alternatives d'espoir et de crainte, au moment où sa pièce va affronter les honneurs périlleux de la représentation, resteront comme un modèle de style et de *psychologie dramatique*, si l'on peut parler ainsi. (*H. B.*)

(1) Gentil-Bernard. (*H. B.*)

dire. Quelques jours avant la première représentation, pour me guérir des frayeurs que me donnoient sans cesse les personnes dont je viens de parler, M. de Laplace me disoit : *votre succès est infaillible ; laissez dire ces beaux esprits, ils sont tous blasés sur le sentiment et sur le naturel ;* et il avoit raison.

Ces messieurs, qui ne goûtoient point mon ouvrage, avoient tellement parlé dans le public sur ce ton, qu'on en avoit la plus mauvaise opinion du monde. Les Comédiens eux-mêmes, qui l'année passée avoient reçu ma pièce avec acclamation, ne comptoient plus du tout sur mon succès, même médiocre. Il n'a pas moins fallu que la protection déclarée de M. le duc d'Orléans pour les obliger à la jouer ; ils vouloient faire passer auparavant une comédie en cinq actes, que Préville leur avoit lue ; et ce même Préville dit, en gémissant sur leur sort dans une de leurs assemblées : que la protection de M. le duc d'Orléans leur feroit manquer leur hiver et leur coûteroit mille louis. Il est bien vrai qu'enragés de n'avoir point eu le rôle du vieux Dupuis, Bellecourt, celui de Desronais, Lahus celui de Mariane, ces messieurs-là manœuvroient tant qu'ils pouvoient en dessous, et qu'on ne doit point leur imputer à faute si, par leurs cabales aux trois premières représentations, ils n'ont pas fait siffler ma comédie. Quoi qu'il en soit, le peu d'opinion que l'on avoit de ma pièce lui a mille fois plus servi qu'il ne lui a nui. Comme je n'étois point à la première représentation, ainsi que je l'ai déjà dit, voici ce qui m'en a été rapporté :

M. Pelletier, mon beau-frère, avoit fait tenir son carrosse à l'entrée de la rue Saint-André-des-Arcs ; il sortit des premiers de la Comédie, fut à pied prendre sa voiture, et arriva le premier chez moi. *Mon ami,* me dit-il en entrant, *Plein... plein suc..., plein succès !* Des larmes de joie et des sanglots lui coupèrent alors la parole, et il nous embrassa tendrement ma femme et moi. Cinq ou six minutes après arriva M. de Montigny Trudaine, qui vint à pied (il geloit ce jour-là à pierre fendre) ; et il étoit tellement en sueur, que je fus obligé de lui faire donner un verre de vin. Delaplace, Saurin, Crébillon, Bernard, le suivirent de bien près; et après toutes les accolades et les compliments sincères qu'ils me firent, et qui me touchèrent sensiblement, ils me dirent que la pièce avoit été entendue avec beaucoup d'attention ; que Molé avoit joué divinement, Mlle Gaussin fort mal, et Brizard détestablement et avec un froid glacial ; cet acteur avoit effectivement perdu la tête, comme il l'avoua le soir lui-même à Dutartre. Préville étoit venu, par malignité pure, lui brouiller la cervelle, au moment même qu'il étoit prêt à monter sur le théâtre. Il lui dit de ne pas s'aviser de jouer le dernier acte en pathétique, à moins qu'il ne voulût se faire siffler. Ce comédien, qui est, à ce que l'on dit, un très-honnête homme, mais qui n'a pas beaucoup d'esprit, fut si troublé de ce propos déplacé et malin, qu'il perdit absolument la tramontane. Au second acte, il dit un vers avant un autre ; quand il le répéta ensuite, il fut hué, ou plutôt je le fus. Le parterre injuste m'imputa cette répétition, et c'est à cette huée que mes amis reconnurent et me dirent tous qu'il étoit démontré qu'il y avoit une cabale apostée par les acteurs et actrices qui n'avoient pas eu dans ma comédie les rôles qu'ils désiroient. S'il se fût trouvé, après ce petit incident, quelques bagatelles dans mon ouvrage sur lesquelles la cabale eût trouvé à mordre raisonnablement, je tombois sans ressource. Ce contre-temps même fit un effet si grand, que ce soir même ceux de mes amis qui pensoient le plus avantageusement de mon succès sur cette première représentation ne le jugèrent que d'*estime*, et ne croyoient pas que cela pût aller plus loin que neuf représentations. A la seconde, je me jugeai moi-même avec plus de rigueur encore ; je crus que cela n'iroit qu'à six. Je pris cette opinion par la manière gauche et froide dont Brizard joua encore ce jour-là son rôle, et je fus convaincu par mes yeux que j'avois l'obligation de n'être pas tombé tout à plat au seul Molé. Mlle Gaussin n'y étoit pas, elle était encore toute désorientée ; il est vrai qu'à cette seconde et même à la troisième représentation il paroissoit y avoir encore dans le parterre beaucoup de gens de mauvaise volonté, qui ne cessoient de moucher et de cracher, et d'interrompre les acteurs. Une seule chose me laissoit un rayon d'espérance, c'est qu'à la première, aussi bien qu'à ces deux représentations, tous les applaudissements n'étoient partis que des loges et du parquet ; le parterre ne l'entendoit pas encore. Je me flattois d'ailleurs que Gaussin et surtout Brizard viendroient à la fin à jouer comme ils avoient fait à la dernière répétition, dont j'avois été on ne peut pas plus content. C'est ce qui est arrivé ; à la quatrième, et surtout à la cinquième représentation, Brizard et Gaussin ne m'ont rien laissé à désirer ; moyennant cela, le rôle de Dupuis, ou plutôt le caractère de Dupuis, qui avoit paru trop dur à quelques gens, leur a semblé être dans la nature, quand il a été joué dans le sens que je l'ai fait, et avec chaleur et passion : car je l'ai très-peu adouci en y supprimant cinq ou six vers qui avoient cabré des gens délicats et des hypocrites de probité ; les voici :

Lorsque Dupuis dit à Clénard qu'il n'a pas encore rencontré d'honnêtes gens : *mais*, continue-t-il :

Cela viendra, je n'ai que soixante-douze ans.

Clénard reprend :

Vous plaisantez, monsieur, vous en êtes le maître.
Mais croyez-vous aussi qu'on ne puisse pas l'être ?
N'êtes-vous pas, monsieur, vous, un honnête homme ?

DUPUIS.

Oui
Je le suis ; mais après ce que j'ai vu paroître,
Et me jugeant aussi sévèrement qu'autrui,
Je dirois volontiers : je le suis aujourd'hui ;
Demain je puis bien ne plus l'être.

CLÉNARD.

Oh! mieux que vous, monsieur, je sais donc vous connoître :
Vous êtes honnête homme, et le serez toujours ;
Et je vous le soutiens.

DUPUIS, *en riant.*

Finissons ce discours.

CLÉNARD, *fâché.*

Non, là-dessus rien ne m'arrête ;
Vous y voulez donner en vain un tour honnête ;
Et vous ne paroissez ici douter de vous
Qu'afin d'avoir le droit de mieux douter de nous.

Et pour en finir sur le peu de retranchements que j'ai faits, je vais mettre encore ici cinq vers que j'ai ôtés, et qui avoient choqué les femmes : ils étoient dans la bouche de Desronais après....... ou jamais femme n'y croira.

Encore à votre sexe est-ce faire une injure,
D'honorer du nom de rupture
Le congé que l'on donne à ces espèces là,
Qui sont sans frein, sans mœurs, sans principes, sans âmes,
Qu'un tendre amour jamais n'anima de ses flammes.

Voilà les seuls et uniques changements que j'aie faits à la seconde représentation. Ce n'est donc point à ces légers retranchements que je dois la réussite de ma pièce, qui a augmenté chaque fois qu'elle a été jouée et mieux jouée. Je pense que le public a balancé longtems sur la singularité de ce drame, que d'abord il n'a pu classer dans aucun genre de comédie connu. Ma pièce n'est point dans celui de La Chaussée, il n'y a point d'intrigues ni d'incidents; tous les événements sont dans l'ordre le plus possible et le plus simple; les caractères sont dans la nature, et la vertu n'y est ni romanesque ni gigantesque. Elle n'est point non plus dans le genre des pièces de Marivaux; il y a du sentiment, mais il y a beaucoup plus de passion,

Elle n'est pas non plus dans le goût des comédies de Regnard et de Dufresny ; elle tiendroit davantage à *la Mère coquette* de Quinault, mais il y a plus d'incidents, d'intrigue et de complication dans *la Mère coquette;* il y a beaucoup de sentiment, de finesse et de délicatesse. Ma pièce, au contraire, est d'une simplicité, tant pour la fable que pour le style, dont il n'y a, je crois, aucun exemple au théâtre, et j'oserai dire que les passions sont traitées avec une chaleur que je n'ai vue dans aucune autre comédie.

C'est cette espèce de singularité, hasarderai-je, cette originalité, qui a tenu le public en suspens quelques jours, et qui en même temps a décidé son succès, qui, je m'en flatte, ne sera point éphémère ; car, j'en fais l'aveu sincère, si cette comédie ne reste point au théâtre, je croirai n'être point tombé ; mais je ne penserai pas avoir réussi.

Quoi qu'il en soit, j'ai déjà obtenu par ce succès actuel la meilleure partie de ce que j'ai toujours désiré, qui étoit de me montrer au public par un ouvrage dans le grand genre, et de lui prouver que j'aurois été capable de faire des comédies tout comme un autre, si je fusse entré plutôt dans cette carrière. Je réponds par cette pièce à ceux qui me jetoient sans cesse aux jambes mes chansons, mes parades et même mes amphigouris. Ils voient malgré eux, à présent, que je contenois quelque chose de mieux. Mais je n'avois de mes jours pensé à être auteur ; le plaisir et la gaieté m'avoient toujours conduit dans tout ce que j'avois composé dans ma jeunesse. Lorsque ma fortune a été un peu arrangée, et que les passions ont commencé à se ralentir chez moi, ce qui est arrivé de bonne heure, n'étant pas né très-fort, c'est dans ce temps-là que j'ai cherché dans mon cabinet des ressources contre l'ennui.

Ce furent ces motifs qui me firent faire, en 1747, ma première comédie, *la Vérité dans le vin*, qui est peut-être la meilleure pièce que j'aie faite. Je vivois alors dans des sociétés qui n'en sentirent pas le prix. Les Monticourt, les Châtelain, etc. me découragèrent entièrement, au lieu d'y démêler le talent qui y étoit; et je fus assez modeste, ou assez sot, pour croire que ces punais pouvoient décider sur l'odorat. Je dois ici (sans flatterie) rendre justice à M. le duc d'Orléans sur son tact pour mes petits ouvrages ; lui, ma femme et Mlle Quinault (1) sont les seuls qui aient été vivement saisis de ce que je faisois ; mais c'est surtout ma femme qui m'a inspiré, je dirois presque malgré moi, cette confiance que les bons esprits dont j'étois environné ne cessoient de m'ôter, par le peu de cas qu'ils paroissoient faire de mes petits ouvrages. Cela alloit, de la part de Monticourt et de la Châtelain, jusqu'à n'en pas désirer la lecture, peut-être même jusqu'à l'éviter.

C'est donc à ma femme, qui m'encourageoit et en même temps me critiquoit et ne me passoit rien, c'est à son amour et à son goût sûr que je suis redevable du développement de mon peu de talent pour le théâtre. Le premier ouvrage que j'ai fait après *la Vérité dans le vin*, c'est, en 1751, l'opéra comique ou plutôt la comédie en vaudeville du *Rossignol*. Il n'y a point de scène, je dirois presque point de couplet sur lequel elle ne m'ait fait ses observations critiques et judicieuses. Ce fut elle qui m'enhardit à faire une comédie du sujet de *Nicaise*, dont je ne voulois faire qu'une parade, et toujours par la suite de la défiance qu'on m'avoit inspirée de moi-même. Je ne mis pas plus d'un mois à composer ce petit drame, qui a bien encore un caractère de singularité; je l'achevai en octobre 1753; je passai de là tout de suite au sujet du *galant Escroc*, dont

---

(1) En semblable matière, le goût de Mlle Quinault était une autorité. On sait que Voltaire consultait souvent sur le mérite de ses compositions dramatiques cette *charmante* et *sage critique*, comme il l'appelle dans les lettres que Renouard a publiées en 1822. 1 vol. in-8°. (*H. B.*)

j'avois l'idée remplie. Une scène de sentiment, de pur sentiment, qu'il étoit nécessaire que je traitasse dans cette pièce, pensa me la faire abandonner. Il fallut à ma femme toutes les ressources de son éloquence, pour me persuader d'essayer d'écrire cette scène. Ce fut après la plus belle résistance du monde, après lui avoir dit que j'en étois incapable, que je n'avois jamais travaillé que dans un genre de gaieté et de polissonnerie bien opposé à celui du sentiment; enfin, je puis dire que ce fut presque malgré moi que j'entrepris de *tâter* cette scène de sentiment, dont je pensois de bonne foi ne pouvoir jamais venir à bout. J'y réussis pourtant, et mille fois au-delà de mes espérances.

Je n'ai fait tout ce détail que pour dire que c'est uniquement cette scène de sentiment qui a donné naissance à *la Veuve philosophe*, comédie purement de sentiment, que je fis en 1755, et, par une conséquence naturelle, qui m'a enhardi à tenter, en 1757, ma comédie de *Dupuis et Desronais*, que j'ai d'abord faite en prose, et avec toutes les libertés permises dans les pièces de société; car alors je ne pensois guère à la donner au théâtre.

Ce ne fut qu'en l'année 1758 que l'idée me vint de la mettre en vers, et de la réduire à ce ton de décence que l'entière corruption de nos mœurs a fait pousser, dans ce siècle-ci, jusqu'à la pédanterie. Je me suis pourtant mis encore à mon aise à cet égard, plus qu'aucun auteur de ce temps; l'amour, ou plutôt la passade de Desronais avec la comtesse, est une de ces libertés que bien des poëtes n'auroient osé risquer au théâtre aujourd'hui, et que j'ai hasardée en y mettant tout l'art qui pouvoit diminuer la force de cet incident, sans trop l'affoiblir. C'est sans difficulté celle qui m'a coûté le plus dans ma comédie. J'ai mis à ce dernier ouvrage, en différents temps, la valeur au moins de dix-huit mois de travail, à compter sept ou huit heures par matinée. Je ne plains pas la peine que j'y ai prise; cela, au contraire, a été un grand amusement pour moi, et encore suis-je récompensé de m'être amusé, par le succès très-singulier que cette pièce a eu, à en juger seulement par le nombre de dix-sept représentations consécutives, et dont les trois quarts ont donné une très-forte recette, quoique les Comédiens ne m'aient point bien servi en petites pièces, et qu'ils m'aient fait à cet égard et à bien d'autres toutes les niches dont ils ont pu s'aviser, et que je passe sous silence par le profond mépris que j'ai pour eux. Je ne conçois pas, au reste, comment font les auteurs qui n'ont pas une protection déclarée, puisqu'avec celle de M. le duc d'Orléans, et la plus décidée, ils m'ont fait sept ou huit tracasseries plus ridicules les unes que les autres (1). Peut-être les ai-je révoltés contre moi en ne rendant visite à aucun d'eux, pas même à Clairon, qui règne actuellement; je n'ai vu exactement que les quatre acteurs qui jouoient dans ma pièce; de ceux-là je n'ai eu qu'à m'en louer, et encore dans les commencements me fallut-il parler ferme et river le clou du petit Molé, qui est un peu fat déjà, mais qui le deviendra davantage dans la suite. Il faut pourtant rendre justice à Préville; il est encore plus vain et plus extasié de son mérite que Molé, et il joint à cela d'être le plus faux, le plus tracassier et le plus menteur des hommes, je crois même des comédiens.

Le samedi 22 M. l'abbé de Voisenon fut reçu à l'Académie françoise (2); son discours est surchargé d'esprit,

---

(1) Helas! il faut le reconnaître, MM. les comédiens du Théâtre-Français n'ont pas changé. Ils se montrent toujours très-réfractaires à la réception des pièces qu'on leur présente, et ce n'est pas constamment le bon goût qui dicte leurs arrêts. Ils ont souvent refusé des ouvrages qui ont été joués avec éclat sur d'autres scènes; et, pour comble de dérision, — on dirait d'humiliation si d'aussi grands seigneurs pouvaient être humiliés —, ils ont été amenés à les jouer ensuite eux-mêmes de *seconde main*. (*H. B.*)

(2) La crainte que cet abbé a eue, et dont je n'ai pu le guérir, que je ne prétendisse à l'Académie, et que je ne lui fusse préféré, a été probablement la cause de toutes les petites noirceurs qu'il m'a faites, et des manœuvres

et n'a ni suite ni liaison ; une espèce de poésie déplacée, et qui n'est point du tout dans le genre de l'éloquence oratoire; de vieilles idées rajeunies par des tours nouveaux; des phrases coupées; nulle étendue dans le style, nulle rondeur, point d'harmonie; des traits courts et brillants, ou qui veulent l'être; le vrai ton de Sénèque dans la décadence du goût chez les Romains, avec beaucoup moins d'esprit pourtant. A tout prendre cependant, son discours est bien moins plat et bien moins ennuyeux que les discours ordinaires de ces messieurs. Il fit même assez d'effet lorsqu'il le prononça ; il mit dans le débit du feu et de la grâce, et il plut assez généralement aux gens du monde. Les gens de lettres, qu'il pinçoit légèrement dans quelques endroits, l'ont un peu tourné en ridicule, et n'ont point approuvé l'architecture de ses deux vieux temples de *la Gloire* et de *la fausse Gloire*, idée qu'il n'a prise dans *Télémaque* que pour la plus maltraiter, comme de raison.

qu'il a tramées contre ma comédie de *Henri IV*. Il y avoit plus d'un an que je lui avois pourtant déclaré que je n'aspirois point à cette place, que j'estime, et que je n'ai jamais cru ni ne crois pas encore mériter. Pour en être digne, il faut avoir un fonds de littérature qui me manque. Soldat de fortune dans les lettres, je me suis jugé incapable d'y remplir les fonctions d'officier général. Une autre raison, qui m'est personnelle, m'ôtoit d'ailleurs le désir d'être de l'Académie. Je suis né susceptible, et j'eusse eu tous les jours des sujets de chagrin avec quelques-uns de mes confrères, que j'étois bien loin d'estimer.

Il y avoit plus d'un an que je m'étois décidé à n'en pas être, et que j'avois répondu à feu Duclos et à M. le duc de Nivernois, qui me *tâtèrent* là-dessus, que je n'en étois pas digne, lorsque ce mauvais prêtre de Voisenon eut de moi la même réponse ; mais, faux comme il étoit, et jugeant de moi par lui, il n'ajouta pas foi à ma réponse, et il crut plus sûr de me jouer toutes sortes de mauvais tours, pour me fermer l'entrée de l'Académie.

J'ose assurer ici que la porte m'en étoit ouverte, et que je lui eusse passé sur le corps si je l'avois voulu, et si je ne m'étois pas jugé sévèrement, mais avec justice cependant.

Je ne voulois pas qu'on dise de moi : *Pourquoi est-il de l'Académie?* J'ai mieux aimé qu'on dise : *Pourquoi n'en est-il pas?* si on l'a dit. (*Note de Collé.*)

FÉVRIER 1763.

Le vendredi 11 février mourut M. de Marivaux, qui laisse une place vacante à l'Académie françoise. Il avoit soixante-quinze ans, et n'en paroissoit pas avoir cinquante-huit : c'étoit un homme de beaucoup d'esprit et de mœurs très-pures ; il étoit foncièrement un très-galant homme, mais sa grande facilité et une excessive négligence dans ses affaires l'avoient conduit à recevoir des bienfaits de gens dont il n'eût dû jamais en accepter. On n'a découvert qu'à sa mort que Mme de Pompadour lui faisoit une pension de mille écus ; si j'en dois croire même une vieille demoiselle Saint-Jean, avec laquelle il demeuroit depuis plus de trente ans, elle l'avoit soutenu pendant plusieurs années, et il avoit vécu à ses dépens ; et indépendamment de ce que je ne crois pas que cette bonne fille mente, la dépense que Marivaux faisoit et aimoit à faire me persuade aisément qu'elle n'avance rien à cet égard qui ne soit vrai. Marivaux étoit curieux en linge et en habits ; il étoit friand et aimoit les bons morceaux, il étoit très-difficile à nourrir ; et tous ces faits sont vrais. Voilà pourtant des bassesses auxquelles est mené tout doucement, et par une pente insensible, un homme né vertueux, mais qui ne sait pas régler sa dépense, et qui est un dissipateur à raison de sa médiocre fortune. Quoi qu'il en soit, je n'ai point connu à tous autres égards de plus honnête homme, ou du moins qui aimât plus la probité et l'honneur. Il ne s'est peut-être pas aperçu lui-même que son dérangement l'a fait souvent déroger à ses principes.

En ne le considérant que comme homme de lettres, c'est un auteur de mérite ; ses romans et ses comédies prouvent qu'il connoissoit bien le cœur humain ; surtout l'amour-propre, et particulièrement celui des femmes. Il étoit rempli d'amour-propre lui-même; et je n'ai vu de mes jours à cet égard personne d'aussi chatouilleux que lui. Il falloit le louer et le caresser continuellement comme une jolie femme (1).

Il a eu un genre de comédie à lui, sans action et sans incidents; il a trouvé le moyen de plaire, par la chaleur et le sentiment seul qu'il met dans ses pièces, où l'on aperçoit plus de délicatesse que de force, plus de choses finement senties que de passion. A la rigueur, ses comédies étoient plutôt faites toutes pour être traitées en roman qu'en dramatique. Ses *Surprises de l'Amour*, son *Jeu de l'Amour et du Hasard*, ses *Fausses Confidences*, etc , au lieu de vingt-quatre heures accordées à l'action d'une comédie, exigeroient, pour la vraisemblance, le temps, au moins, d'un an, de dix-huit mois. Il avoit un art merveilleux pour rapprocher ces temps, en faisant, pour ainsi dire, passer le cœur par tous les différents mouvements, en deux ou trois scènes, qu'il n'auroit dû éprouver qu'en deux ou trois ans. Ce n'est point un genre de comédie vrai et dans la nature; il faut trop se prêter à l'illusion. J'excepterai pourtant de ses autres comédies *la Mère confidente*, et surtout *l'Epreuve*, qui est son chef-d'œuvre : elles se passent à peu près dans le temps prescrit par la règle; et ce sont deux bonnes comédies, au style près, cependant. Ses acteurs, dans ses pièces, ont tous celui de l'auteur : les valets, les suivantes, jusqu'aux paysans mêmes, ont l'empreinte du style *précieux* que l'on lui a reproché avec tant de raison et dans ses romans et dans ses comédies. Ce style précieux, et qui tient beaucoup à la finesse des idées de M. de Marivaux et aux nuan-

---

(1) « Marivaux était honnête homme, mais d'un caractère ombrageux. Il entendait finesse à tout; les mots les plus innocents le blessaient, et il supposait volontiers qu'on cherchait à le mortifier : ce qui l'a rendu malheureux et son commerce épineux et insupportable. » — Grimm, *Corresp. litt.*, février 1763. — (*H. B.*)

ces délicates avec lesquelles il peignoit le sentiment, n'est pas, à mon avis, un aussi grand défaut, surtout dans ses romans, que celui de ressasser trop la même idée, de l'épuiser, et de ne la point quitter qu'il ne l'eût quelquefois gâtée à force de la répéter et de la rabâcher. A ces deux défauts près, M. de Marivaux est un écrivain estimable, et qui a peint l'homme d'après le nu. Je crois que son vrai talent, son talent décidé, étoit celui du roman.

Le mardi 22 l'on donna à Bagnolet *les Folies Amoureuses* et *la Vérité dans le Vin*, qui eut encore cette fois-là un succès prodigieux.

MARS 1763.

Le mercredi 2 mars les Comédiens français donnèrent la première et la dernière représentation de *Théagène et Chariclée*, tragédie de M. Dorat, sifflée.

Le lundi 7 du courant se fit l'élection de M. l'abbé de Radonvilliers, sous-précepteur de M. le duc de Berry (1). C'est un homme peu ou point connu dans la littérature, que l'intrigue, dit-on, plutôt que le mérite, a élevé à cette place, si c'est là s'élever. Tout ce qu'on sait de lui, c'est qu'il a été un ci-devant soi-disant jésuite; c'est à la prière, ou plutôt par ordre de M. le Dauphin, que s'est faite cette élection, où il s'est passé quelque chose de singulier que je vais écrire. M. l'abbé de Radonvilliers n'avoit nullement le vœu des gens de lettres. Les encyclopédistes surtout, ou les philosophes, comme on

---

(1) Radonvilliers (Cl.-Fr. Lisarde de), littérateur, philologue, 1709-1789. On lui doit *les Talens inutiles*, comédie, et un livre intitulé : *De la manière d'apprendre les langues*. La Harpe dit que ce dernier ouvrage prouva que si l'abbé de Radonvilliers n'était pas un Dumarsais, il n'était pourtant pas, comme grammairien, déplacé à l'Académie. Voy. *Corresp. litt.*, t. V, p. 373. (*H. B.*)

les appelle, vouloient porter Marmontel à l'Académie ; et dans le fond, quant au mérite littéraire, personne n'est plus digne de cette place que lui dans tout le royaume ; mais ses ennemis et les fautes qu'il a faites l'en ont éloigné et l'en éloigneront encore longtemps ; je suis très-persuadé qu'il n'en sera point tant que MM. de Choiseul seront dans le ministère. Quoi qu'il en soit, ces messieurs les philosophes, craignant que l'on ne les accusât d'avoir donné des boules noires audit abbé de Radonvilliers, les principaux d'entre eux ont pris la précaution de garder chacun la leur ; et il s'est trouvé qu'effectivement ce cher abbé a été accueilli dans son élection de quatre boules noires. MM. D'Alembert, Duclos, Saurin et un athlète, qui ne les avoient pas remises dans la boîte (en quoi ils ont contrevenu à un des statuts de leur Académie), les jetèrent sur la table, pour démontrer que ce n'étoit point de leur part que les coups étoient partis. Voilà ce qui s'est passé. Ils disent, pour leur défense, qu'ils se doutoient que l'on feroit cette infamie, afin qu'elle leur fût imputée, comme partisans de Marmontel ; et qu'ils ont mieux aimé enfreindre les lois de l'Académie que de rester chargés de pareils soupçons. Le fait les justifie, en quelque manière, de leur procédé illégal ; et je n'oserois les blâmer absolument. L'on sait que ce n'est point une chose sans conséquence que de donner une boule noire contre un candidat. On n'a d'ordinaire recours à ce moyen extrême que pour des gens tarés. C'est attaquer l'honneur d'un homme ; et cela est si vrai que celui à l'élection duquel il se trouveroit le tiers des boules noires est exclu pour jamais de l'Académie, suivant ses réglements. L'abbé de Radonvilliers en a eu quatre ; il n'y a point d'exemple qu'il s'en soit trouvé autant contre quelqu'un : l'on cite M. le duc de Villars, qui à son élection en eut trois (1).

---

(1) V. les *Mémoires* de Favart, t. II, p. 246. (*H. B.*)

Le lundi 14 les Comédiens françois donnèrent la première représentation de *l'Anglais à Bordeaux*, comémédie en un acte et en vers libres, par M. Favart (1). Elle a été reçue avec des applaudissements singuliers; elle les mérite par les détails brillants et l'esprit qui y est semé avec profusion, mais ce n'est point une bonne comédie; au contraire, rien n'y est fondé; l'amour de la marquise et de mylord Brumpton surtout n'y est nullement établi : il ne se trouve dans cette pièce aucune situation ni comique ni attendrissante; je n'y vois qu'une seule scène, qui est celle de la jeune Anglaise et du Français son amant : le reste est une pure conversation pleine de traits, à la vérité, et bien versifiée; ce sont des dissertations très-spirituelles, si l'on veut, dans lesquelles on répète et l'on rabâche en trente manières, différentes seulement par les tours et non par le fond des idées, *que les François sont amusans et pleins d'esprit, et que les Anglois sont penseurs et pleins de sens.* Cette pensée retournée fait toute la pièce, dont l'intrigue est d'ailleurs très-mauvaise; des sentences sur la reconnoissance, sur les bienfaits, etc., toutes ces vieilleries rajeunies, mais mises en vers élégants, saillants et brillantés, ont fait leur effet, *bene sit;* mais Dieu me préserve d'être jamais applaudi pour des choses qui sont aussi contraires au bon goût de la véritable comédie. Le public veut à toute force que cet ouvrage soit de l'abbé de Voisenon, et je pencherois assez, par l'estime que j'ai pour le talent de Favart, à croire aussi qu'il y a eu la plus grande part. Ce dernier a toujours mieux imaginé et arrangé ses fonds; et ses détails, dans tous ses opéra-comiques, sont plus naturels et plus naïfs, l'esprit les gâte rarement. L'abbé, au contraire, ne sait ce que c'est que de faire un plan de comédie; il n'a même de ses jours bien fait une scène, l'esprit l'égare toujours; des por-

---

(1) Cette comédie avait été composée à l'occasion de la paix de 1763. (*H.B.*)

traits, des saillies, des traits, des ornemens ambitieux de toutes les sortes, tiennent toujours dans ses scènes la place de ce qui y devroit être dit, du *debentia dici,* et il ne peut pas faire autrement. Comme il n'a point ce que l'on entend par le *vis comica,* son sujet, si sujet il y a, ne peut lui rien fournir : il est conséquemment obligé de chercher de l'esprit étranger à la chose, et, quelque esprit qu'ait cet esprit d'apport (comme je le nommerois), cet esprit-là est toujours bête, du moins pour moi ; mais à coup sûr il est froid pour tout le monde.

Quoi qu'il en soit, *l'Anglais à Bordeaux* a eu quatre représentations dans la semaine qui a précédé celle de la Passion. On la reprendra, dit-on, au mois de mai, lorsque l'on fera des réjouissances pour la paix ou l'inauguration de la statue du roi. Je doute qu'elle soit fort suivie, cette reprise-là, attendu la malheureuse retraite de Mlle Dangeville, qui vient de quitter le théâtre. C'est la perte la plus cruelle que la Comédie puisse faire, et surtout dans les circonstances présentes. La Comédie-Françoise n'a plus de comédiens de marque que Clairon et Préville, et si l'on veut encore, Brizard et Molé ; le reste ne mérite pas d'être nommé. Clairon a été attaquée si vivement ce carême de son flux de sang hémorroïdal, qu'elle ne sera en état de jouer qu'au mois d'octobre prochain, et, malheureusement encore, ne peut-on pas se flatter qu'elle puisse rester au théâtre plus de trois ou quatre ans. Le Kain devient si puissant, qu'il faudra bientôt qu'il se mette aux rôles de tyrans pour toute nourriture. Molé n'a ni voix ni poitrine, il ne peut jamais devenir un grand acteur de tragique ; il est d'ailleurs libertin et menacé d'être pulmonique. La pauvre Comédie-Françoise n'a jamais été dans un aussi pitoyable état. Gaussin vient de se retirer, en même temps que Dangeville ; elle n'est pas regrettée : elle s'est retirée trop tard.

L'on me disoit ces jours-ci que M. Lebrun, secrétaire

des commandements du prince de Conti, auteur d'une ode adressée à l'occasion de M{{lle}} Corneille, ayant été critiqué par Fréron, avoit passé chez ce dernier et lui avoit laissé le billet suivant : *M. Lebrun a eu l'honneur de passer chez M. Fréron, pour lui donner quelque chose* (1).

Le samedi 21 la clôture du théâtre de Bagnolet devoit se faire par *l'Heureux Échange*, comédie en prose de M. le vicomte de Polignac; *la Chercheuse d'esprit*, *le Compliment de clôture*, que j'avois fait, et *les Accidents, ou les abbés*, comédie en prose et en un acte, de ma façon. Le vendredi veille de la représentation il prit une extinction de voix totale à M. le duc d'Orléans; ni lui ni Marquise, d'ailleurs, ne savoient pas un mot de leur rôle : la partie fut donc remise au lundi. Je ne fus point le dimanche à leur répétition, où je n'étois point nécessaire, et je ne fus pas peu surpris lorsqu'à quatre heures on vint me prendre pour aller à Bagnolet. Au lieu du spectacle qu'ils préparoient, et qu'ils ne pouvoient donner, parce qu'ils n'avoient pas eu le temps d'apprendre (car l'extinction de voix étoit dissipée), on me faisoit venir pour trouver l'expédient de substituer une parade à la place de ce spectacle : je ne pus et il étoit impossible de rien imaginer à cet égard, ces acteurs n'étant point accoutumés à jouer de tête et en impromptu. Laujon proposa une parade de sa façon ; il en savoit, disoit-il, le rôle d'Isabelle, et M. Danézan celui de Léandre. M. de Tourenpré se chargea du rôle de Gilles, et M{{lle}} Drouin, de celui de Cassandre. L'on ne devoit donner que cette drogue, et le compliment de clôture; mais le soir même l'on se ravisa, et l'on décida que l'on feroit précéder la parade de la comédie du vicomte.

En effet, le lundi 28 ce spectacle-là a été donné après le souper, ce qui m'a empêché d'y assister; mais voici ce

---

(1) Fréron n'est pas le seul qui ait critiqué l'ode en question. Grimm la trouvait *assez mauvaise*. Du reste, Féron écrivit au poëte Lebrun une lettre ferme et digne, qui est consignée dans les *Mémoires* de Favart, t. II, p. 374. (*B. H.*)

que Marquise m'en a dit : *l'Heureux Échange*, en deux actes, fut applaudi à tout rompre ; l'on fit la plaisanterie de demander l'auteur à grands cris ; les acteurs, de leur côté, firent celle de faire paroître Lambert, tailleur de leur théâtre : c'est une figure indigne ; il vint sur le bord des lampes, remercier et faire de profondes inclinations aux spectateurs. Malgré ces applaudissements, que l'on avoit grande envie de donner, Marquise m'a fait entendre que cette pièce étoit de peu d'effet, qu'il y a quelques jolis tableaux, mais qu'elle est froide. Quant aux dernières scènes, nous étions déjà convenus aux répétitions, qu'elles étoient mauvaises, et le dénouement surtout. Mais il y a du remède, si l'auteur veut retoucher sa pièce : au reste, le vicomte de Polignac croit fermement qu'elle a été aux nues : on le laissera probablement dans cette douce erreur, et l'on fera bien. C'est un homme plein d'honneur et un très-galant homme ; quoiqu'il soit homme de grande qualité, il a des mœurs. Marquise m'a dit (et je l'avois déjà vu) qu'il est auteur, mais auteur jusqu'au fond de l'âme ; il met un amour propre du diable à tout cela.

La parade de Laujon a fait capot, quoique après souper ; aussi étoit-elle bien mauvaise, sans action, sans aucune situation neuve ; des choses dégoûtantes ; le dialogue pris ou imité de mes parades ou de mes annonces ; des scènes qui n'en sont point, qui ne sont que des conversations de vieilleries, et rien d'original enfin, ni pour le fond ni dans les détails.

AVRIL 1763.

Le mercredi 6 avril, à huit heures du matin, et peut-être plus tôt, le feu étoit à l'Opéra ; les uns disent que ce sont des ouvriers en décorations qui l'y avoient mis, et qui, pour couvrir leur faute, n'ont appelé du secours que lorsqu'il n'étoit plus temps; d'autres veulent que ce soit le concierge des appartements de M. le duc d'Orléans, lequel a soin de sa loge, qui y avoit laissé du feu dans un poêle, pour faire sécher la peinture. Quoi qu'il en soit, la salle de l'Opéra est brûlée rez pied, rez terre : il n'y a point d'exagération à dire qu'elle a été consumée en cinq quarts d'heure ou une heure et demie au plus, et cela n'est point étonnant, vu les matières sèches et combustibles auxquelles le feu avoit à se prendre (1). Ce feu terrible n'avoit point heureusement de solidité, mais le coup d'œil en étoit effrayant. La flamme se communiqua aux toits de l'aile d'un palais mitoyen de l'Opéra, gagna jusqu'à l'horloge, dans la cour, et presque jusqu'à la porte, du côté de la place. L'on fit des coupures, le feu fut arrêté, et l'on en fut totalement le maître vers les cinq à six heures du soir. Il n'y a donc eu d'endommagé au Palais-Royal que les toits dont je viens de parler, et la coupole du grand escalier, qui s'abîma dessous ; mais les murs de pierre ont tous résisté à ce feu, qui avoit plus d'éclat que de consistance ; et lorsque la salle fut une fois consumée en aussi peu de temps que j'ai dit, elle s'écroula entièrement sur elle-même, et la flamme ne portant plus en haut, l'on parvint aisément à empêcher les suites affreuses que le commencement de cet embrasement sembloit annoncer ; l'on en a été quitte pour quelques combles brûlés et quelques appartements pratiqués dans ces combles ; les planchers du premier étage n'ont pas même souffert ; il n'y avoit dans ces parties de bâtiments ni tableaux ni meubles précieux ; c'est l'antichambre des valets de pied, l'escalier, une galerie et les logements au-dessus de tout cela, qui ont été très-maltraités par le feu. Avec moins de cent mille francs on fera les réparations de tout cela, bien entendu que je ne

---

(1) « On dit qu'il est péri quinze personnes dans cet affreux désastre; cela n'est pas vrai : nous en sommes quittes pour un Récollet et un capucin. » V. *Mémoires* de Favart, t. 11, p. 90. (*H. B.*)

comprends point là-dedans le terrain de la salle de l'Opéra qui appartient au prince, et dont l'on ne sait pas encore comment l'on disposera.

Robbé est devenu dévot, et même de très-bonne foi, à ce que l'on assure. Sur le bruit qui s'est répandu qu'il alloit entreprendre un poëme sur la religion, l'abbé Leblanc a eu le malheur ou l'indiscrétion de dire que tout ce que Robbé pourroit composer en faveur de la religion seroit toujours contre elle à tous égards. Le nouveau chrétien, qui ne l'est pas encore assez pour pardonner les offenses, a fait une grosse épigramme contre cet abbé, auquel il reproche une chose dont on n'est pas le maître, sa naissance. L'on prétend qu'il est fils du geôlier de Dijon; je ne sais si ce fait est bien constant, mais, en le supposant, il est inhumain d'attaquer un homme de ce côté-là (1). Quoi qu'il en soit, voici l'épigramme pour ce qu'elle vaut :

> Les trente-neuf sur leur bureau tapis
> Pour balotter un récipiendaire,
> L'abbé Leblanc, cet aigle littéraire,
> Par le Buffon fut mis sur le tapis.
> Il alléguoit ses immortelles lettres,
> Et de Nason les tristes pentamètres,
> Par lui traduits ; ses talents, son savoir,
> Ses vers mogols, enfin tout son avoir.
> Au bruit ronflant de ce mérite unique,
> Chacun lâchoit sa fève académique,
> Quand un quidam, noble et bouffi d'orgueil,
> Leur dit : » Messieurs, encor que la naissance
> « Ne donne droit au sublime fauteuil,
> « Si dans le choix faut-il quelque décence.
> « Quoi ! parmi nous un geôlier être inscrit ?
> « Eh ! qui ne voit qu'en faisant cette emplette,

---

(1) En effet, l'abbé Le Blanc était fils du concierge d'une prison ; et, craignant que la « honteuse profession de son père ne nuisît à son avancement dans le monde, » il supplia le président Bouhier « de répondre aux personnes qui l'interrogeraient sur sa famille qu'il était fils *d'un commis-greffier au parlement* ». Voy. *Œuvres inédites* de Piron, p. 247-248. (*H. B.*)

« Pour l'avenir ce seroit planche faite
« S'il se trouvoit un bourreau bel esprit ! »

Le lundi 18 du courant les Comédiens françois donnèrent la première représentation du *Bienfait rendu, ou le négociant*, comédie en cinq actes et en vers. C'est cette comédie que les Comédiens, contre tout droit et toute raison, vouloient injustement faire passer avant la mienne, celle-là même dont ils avoient une opinion si avantageuse, après avoir rabattu de celle qu'ils avoient d'abord eue de *Dupuis et Desronais;* c'est celle-là. . . . . . .

> Que poussoit des acteurs le sot aréopage
> A disputer du pas le frivole avantage
> A son aîné naïf, au simple *Desronais,*
> Que n'avoient point senti ces histrions punais.

Je ne crois point me tromper lorsque j'ose assurer que c'est une mauvaise comédie, et, qui plus est, que ce n'est point une comédie. Il n'y a point de sujet, il n'y a point de fond ; un négociant, auquel un homme de qualité doit cent mille écus, veut marier son neveu, qui n'est qu'un bourgeois et un négociant comme lui, à la fille de ce seigneur ; cette seule scène, qui se répète sans aucuns incidents pendant cinq actes, est l'unique pivot sur lequel roule tout cet ouvrage ; un épisode mal cousu d'un père et d'une fille, et qui n'est qu'une très-froide imitation du père et de la sœur du *Glorieux*, ne produit pas plus d'événements que le sujet principal. Voilà peut-être la première comédie que l'on ait faite sans aucune situation, sans aucune scène, car il n'y en a réellement pas ; ce sont des dialogues enchaînés les uns avec les autres, qui composent ce drame monstrueux et plein d'ennui. L'auteur, sans nulle connoissance du théâtre, manque encore de celle du monde; il fait parler aux gens de qualité qu'il a voulu mettre sur la scène une langue qui n'est point la leur ; ils sont durs et méprisent le commun des hommes, mais ils ne s'expriment point avec dureté et avec grossièreté ; il y a longtemps que l'on a dit qu'ils ressembloient à du marbre : qu'ils étoient durs et polis. Son négociant et les autres caractères de sa pièce ne sont pas plus marqués ; ce n'est point par des traits qui échappent à ses personnages qu'ils se peignent eux-mêmes, c'est par des tirades, c'est par des tableaux, des déclamations toujours froides, que ses acteurs disent que les gens de qualité sont de telle ou telle façon, qu'un commerçant est estimable à tels ou tels égards. Or ce n'est point là la comédie ; il faut que chaque homme s'y peigne lui-même sans y penser, sans qu'il s'en aperçoive. Sans chercher des exemples de ce que je dis là dans Molière, dont le génie ôte plutôt le courage qu'il n'en inspire ; sans, dis-je, aller prendre un exemple dans ce sublime auteur, la plus mauvaise comédie de M. Destouches en présente un à mon esprit, et je vais le citer.

L'Irrésolu, après avoir donné sa parole d'épouser Julie, et avoir balancé pendant toute la pièce entre elle et Célimène, dit, après que tout est conclu et décidé :

J'aurais mieux fait, je crois, d'épouser Célimène.

C'est le dernier vers de cette comédie. L'on voit par là que, sans que cet homme y pense, il se peint lui-même comme un homme irrésolu. Les tirades les plus spirituelles, les tableaux les plus brillants, que d'autres personnages de la pièce nous feroient de l'irrésolution de celui-ci, approcheroient-ils de ce trait sublime qui vient du caractère même ? Et c'est cela qui constitue la bonne comédie, partout ailleurs on nous abuse.

C'est ce que fait l'auteur du *Bienfait rendu,* il nous abuse, ou plutôt il s'est abusé lui-même ; il ne fera jamais de comédie ; il n'a point d'imagination pour inventer un sujet, pour trouver des situations ou comiques ou intéressantes ; il ne se doute pas de ce que c'est que de traiter un caractère. La seule partie dramatique qu'il est juste de reconnoître en lui, c'est le vers (1). Si la lecture ne me détrompe pas, il m'a paru, à la représentation, qu'il avoit le vers de comédie. Son dialogue est aisé, naturel ; il s'élève et s'abaisse quand il faut, il a du nerf et de la force, du moins à ce qu'il m'a semblé à l'entendre. En attendant que l'auteur se déclare, je déclare, moi, que cette pièce, quelqu'anonyme qu'elle soit, n'aura pas plus de six ou neuf représentations (2).

Je viens d'apprendre dans l'instant que l'auteur de la pièce nouvelle se nomme M. Dampierre, munitionnaire général des vivres, qui a été commis de M. Paris du Verney. C'est un homme de trente-cinq à trente-six ans, qui doit avoir une fortune assez considérable ; il est dans l'âge véritable où l'on peut commencer à faire des comédies, parce que l'on connoît les hommes ; mais il faudroit qu'il tâchât de les voir dans la haute compagnie, s'il veut les peindre. Je crains bien pourtant que ces observations ne lui soient inutiles, attendu qu'il n'a point le *vis comica*, j'entends l'invention des scènes et des situations comiques et l'art de faire agir et parler des caractères ; que tout cela ne s'acquiert point, et que c'est en quoi consiste le génie de la comédie. Si je ne me suis point trompé à sa versification, M. Dampierre pourroit faire de bonnes satires.

Le 30 avril je donnai encore, avec Laujon (3), une fête à M. le duc d'Orléans, la veille de Saint-Philippe. Laujon, qui avoit cru en avoir imaginé le fond, en avoit pris l'idée tout entière dans une pièce de Dufresny, intitulée *l'Opéra de campagne*, que l'on trouve dans l'ancien théâtre de Gherardi, volume 4e. C'est la peinture

---

(1) Cette comédie a quelques vers naturels, quelques-uns assez heureux, mais en général elle est mal écrite. (*Note de Collé*.)

(2) Elle en a eu neuf, dont six mauvaises, et les trois autres assez maigres. (*Note de Collé*.)

(3) Dans les *Œuvres choisies* de Laujon, 1811, 4 vol. in-8°, on trouve la description des *fêtes littéraires* qu'il a données chez le duc d'Orléans et chez le comte de Clermont, soit seul, soit en société avec Collé. (*H. B.*)

en action d'une trompe de Comédiens de province, qui viennent débarquer dans un château. Les actrices, en capotes et en mantelets d'indienne, devoient être jetées et se grouper sur une charrette remplie de décorations, de machines, de cordages, de vieux habits de théâtre pleins de clinquants, de casques, de bonnets garnis de vieilles plumes, un vieux trône, dont l'or est tout effacé, etc. La charrette devoit être précédée du charretier, de l'afficheur, du décorateur et de tous les acteurs, les uns à pied, les autres sur des ânes, six musiciens jouant de leurs instruments, ayant tous leurs parties attachées sur le dos les uns des autres. Tous ces acteurs et musiciens étoient en habits de théâtre, et le plus ridiculement ajustés qu'il est possible ; mais une pluie continue qu'il fit ce jour-là dérangea l'ordre, la marche et la cérémonie du tableau que Laujon vouloit présenter, et il fut réduit à faire entrer seulement les acteurs montés sur leurs ânes, dans la galerie où est établi ordinairement le théâtre. Les musiciens et le reste de la troupe y furent aussi introduits avec une confusion qui avoit bien son mérite. Il faut avouer pourtant que les ânes récalcitrants firent rire plus que toutes les meilleures plaisanteries. M. de Vierville, que son âne avoit déjà jeté à terre, avoit la frayeur peinte sur le visage, et j'ai toujours sa figure présente ; je n'ai de mes jours vu rien d'aussi comique que cette figure-là.

Après les harangues, la revue de la troupe et les couplets de Laujon, qui étoient la plupart très-jolis, l'on afficha que l'on donneroit, pour faire essayer aux dames les talents des acteurs, quelques scènes dans le goût de l'ancien théâtre françois, quelques scènes dans le goût de l'ancien théâtre de la foire, et quelques scènes dans le goût de l'ancien théâtre italien de Ghérardi.

Celles du théâtre françois sont des scènes de *la Joueuse* de Dufresny, dans lesquelles un maître à chanter, qui revient de l'enterrement de sa femme, est amené par amour-propre à chanter une cantatille très-gaie de sa composition. Cela eut la réussite la plus complète, mais je dis la plus complète.

Les scènes d'opéra-comique, qui sont de mon invention, tombèrent tout à plat; j'en sais la raison : rien n'est plus aisé que de les rendre saillantes et de les faire *resservir* et applaudir.

La petite comédie du *Monde renversé*, que j'ai arrangée, je l'ai prise en entier dans un opéra-comique qui porte ce titre, et qui est de M. Lesage. Elle a fait aussi beaucoup d'effet au théâtre; mais pas autant à beaucoup près que les scènes du maître à chanter. Je pourrai bien, si l'on joue encore la comédie cet hiver à Bagnolet, composer de tout cela un spectacle piquant pour le mardi gras, et je terminerai ce spectacle par la petite comédie de *la Tête à perruque*; nous verrons.

Quant à cette fête-ci, qui, comme l'on voit, n'a pas été aussi originale que celle que j'ai donnée à la fin de l'année dernière, elle a paru pourtant amuser beaucoup. Laujon est inépuisable, il a fait des couplets charmants, délicats, agréables, et avec une profusion qui m'étonne toujours. J'ai surtout remarqué une chanson sur le printemps, qui m'a paru de la poésie la plus anacréontique; c'est une petite idylle qui n'a pas sa pareille. Laujon tira parti de la pluie qu'il fit ce jour-là, pour faire une ronde sur le mai, qui fut un mai de fleurs que l'on apporta dans le salon, et autour duquel l'on dansa. Cette ronde, quoique négligée et bien éloignée de la régularité de sa chanson du *Printemps*, est pourtant assez plaisante et assez jolie, sans compter le mérite de l'à-propos, qui n'est pas peu de chose en société.

MAI 1763.

Le mardi 3 mai le sieur Delorme, peintre copiste de M. le duc d'Orléans, m'apporta de sa part la copie du tableau de Henri IV, dont ce prince m'a fait présent. C'est une galanterie qu'il ma faite à l'occasion de ma comédie de *Henri IV et le Meûnier*. Cette copie est tirée d'après le tableau original de ce grand roi, qui a été peint d'après lui, deux ou trois mois auparavant que ce héros-monarque ait été assassiné. Je fus remercier le lendemain M. le duc d'Orléans, qui me dit que cette copie étoit si bien faite, qu'en la mettant auprès du tableau, l'on ne pouvoit distinguer l'original.

Ces jours-ci a débuté aux François de la façon la plus brillante une jeune fille de quinze ans et demi, qui se fait appeler Mlle Doligni. Son emploi sera les rôles de première amoureuse dans le comique, que jouoit Mlle Gaussin, qui s'est retirée cette année. Il faut que cette jeune enfant ait bien du talent pour avoir fait déjà dire à tout Paris, après trois ou quatre rôles qu'elle a joués seulement, qu'elle iroit plus loin que cette inimitable actrice, que nous regrettons encore. Je l'ai vue, et en effet elle promet beaucoup ; elle a un talent supérieur, mais il faut qu'elle travaille, le cultive et l'étende. Sans être jolie, elle a une physionomie intéressante ; sa voix est nette sans être forte ; elle a une belle prononciation, pas un ton faux, pas un geste faux, des grâces même. Elle est très-bien faite, elle a de la naïveté et de la chaleur ; il ne s'agit plus que d'avoir plus d'ensemble, et c'est ce que l'habitude seule du théâtre peut donner. En un mot, il m'a paru qu'elle avoit tous les dons que l'on ne peut tenir que de la nature, et qu'il ne lui manquoit que les agréments et les perfections que l'art et l'expérience peuvent et doivent faire acquérir bien vite, pour peu qu'on étudie son métier. Je n'ai point vu de début aussi brillant, depuis que je vais au théâtre, excepté celui d'Armand.

Celui d'Auger, qui menace de le remplacer, n'a pas été à beaucoup près aussi éclatant que celui de cette aimable enfant, quoique ce nouveau valet ait été fort accueilli du public, et que même il ait tout de suite été reçu aux grands appointements. C'est un jeune homme de vingt-trois à vingt-quatre ans, très-bien fait, d'une jolie figure, ayant de l'intelligence et de la finesse. Il seroit à désirer peut-être qu'il eût un peu plus de chaleur, quoiqu'il n'en manque pas absolument. Il a de la gaieté, et je pense que c'est encore là une très-bonne acquisition que fait le Théâtre-François. Ces jours-ci il doit y débuter une soubrette qui est jeune et jolie.

L'on vient de me conter que Mme de Boufflers de Lorraine, la nièce du jeune abbé de Boufflers, actuellement chevalier de Malte, si fort connu par la vivacité de son esprit; l'on m'a conté, dis-je, que cette ci-devant belle et honnête dame, qui a toujours été fort galante et qui touche à présent à sa soixantaine, disoit à son fils : « qu'elle avoit beau faire, qu'elle ne pouvoit devenir « dévote, qu'elle ne concevoit pas même comment l'on « pouvoit aimer Dieu, aimer un être que l'on ne con- « noissoit point. » *Oh! non*, disoit-elle, *je n'aimerai ja-* « *mais Dieu.* — *Ne répondez de rien*, lui répliqua vive- « ment son fils, *si Dieu se faisoit homme une seconde fois,* « *vous l'aimeriez sûrement.* »

Le lundi 9 du courant je fus à la première représentation de *la Mort de Socrate*, tragédie en trois actes, de M. de Sauvigny, garde-du-corps du roi Stanislas (1). Je n'ai point encore vu de pièce moins pièce que celle-là ; c'est

---

(1) Sauvigny est aussi l'auteur des *Illinois*, tragédie, et du *Persifleur*, comédie. (*H. B.*)

exactement l'histoire de la mort de Socrate mise en vers, et non une action, ou du moins il n'y en a précisément que ce que l'histoire lui a présenté, et qu'il n'a pas pu ôter. J'aime mieux la lire, et elle m'attendrit davantage dans M. Rollin, qui ne l'a point défigurée. La seule et unique invention de M. de Sauvigny, c'est de nous avoir peint Xantipe comme la plus tendre des femmes, la plus vertueuse et la plus attachée à son mari, elle qui est consignée dans l'histoire comme la plus méchante b..... de la Grèce. La versification m'a paru très-bien. Je ne sais si je penserai de même quand la pièce sera imprimée ; en attendant, je dirai que l'auteur n'a rien inventé pour le fond ni pour les détails de son poëme; toutes les pensées qu'il a employées sont dans Plutarque, dans Platon et dans tous les autres auteurs qui ont parlé de Socrate ou qui l'ont fait parler. Il a mis en vers ce qu'ont dit les autres.

Cette pièce, qui est sans mérite, excepté celui de la versification, ne laisse pas, malgré cela, d'avoir un demi-succès, qui ne vient que de l'engouement où l'on est encore de la métaphysique, de la philosophie et de l'irréligion. Cette drogue a eu neuf représentations très-maigres.

Le mercredi, à Bagnolet, l'on me conta un trait de financier qui se placeroit très-bien dans une comédie. L'on parloit devant M. Fribois, fermier général et beau-père de feu M. Berrier, le garde des sceaux, d'une charge de maître d'hôtel de M. le duc d'Orléans : *Eh, mais! quest-ce que cela?* (dit ce vieux Turcaret) *c'est une misère.* — *Pardonnez-moi*, lui répondit-on, *c'est une charge comme il faut.* — *Eh non!* reprit-il : *il n'y a point de charge honnête dans la maison de M. le duc d'Orléans.* — *Que dites-vous là? Et celle de premier gentilhomme de la chambre, de premier écuyer, de ses chambellans, toutes ces places remplies par des gens de la plus grande qualité? — Oui, oui,* dit-il, *par de pauvre noblesse; ma foi, messieurs, je ne connois de place honnête chez ce prince-là que celle de fermier.*

JUIN 1763.

Le premier juin je fus à la première représentation de *la Manie des arts ou la matinée à la mode,* comédie en un acte et en prose de M. Rochon, celui-là même qui nous a donné, dans le mois de novembre dernier, la petite comédie d'*Heureusement,* et qui n'a, je crois, fait ni l'une ni l'autre. Elles sont, je pense, toutes les deux de l'abbé de Voisenon. M. Rochon est trop jeune pour avoir la connoissance et quelquefois le ton du monde que l'on trouve dans ces deux petites pièces. On y trouve également les défauts de l'abbé, nul art théâtral, très-mauvaise exposition du sujet, pas même un arrangement de scène. Cette pièce est encore plus défectueuse qu'*Heureusement,* c'est une *pesle-meslis* de scènes épisodiques qui ne sont point liées : cela est d'un décousu dont je n'ai point encore vu d'exemple. Il y a pourtant de l'esprit et des traits heureux, des choses qu'il n'y a qu'un homme qui a beaucoup vécu en bonne compagnie qui ait pu les apercevoir. Il y en a à la vérité un beaucoup plus grand nombre de communes, de mauvaises et de basses ; et c'est ce qui suspendroit mon jugement sur cette pièce encore plus que sur l'autre, pour décider formellement que l'abbé de Voisenon soit l'auteur de ces deux drogues-là.

Il y a de la malignité dans cette dernière : j'appelle malignité, de mettre dans une comédie des traits ou choses marquées dans les caractères qui ne peuvent convenir qu'à une ou deux personnes ; par exemple, l'amateur ridicule des arts donne la dernière main à une tragédie qu'il a composée la veille dans une seule soirée, et il veut mettre et faire jouer cette tragédie sous le nom d'un véritable auteur de tragédies, qu'il veut prendre pour secrétaire (1).

Le premier de ces traits ne peut être qu'une personnalité contre M. le marquis de Chimène ; l'on sait qu'il offrit, il y a quelques années, de parier deux cents louis qu'il feroit et versifieroit une tragédie en trente-six heures. Le second en est une autre contre M. le comte de Lauraguais. Tous les gens au fait des anecdotes littéraires savent aussi qu'il prit, il y a quelques années, pour secrétaire un auteur tragique comme-ça (2), et l'on a vu depuis une *Électre*, imprimée, dont lui comte de Lauraguais se disoit l'auteur ; et même avant que cette pièce parût, il disoit à qui vouloit l'entendre que nous n'a-

---

(1) Cette *Manie des arts* est de M. Rochon de Chabannes, et les plagiats, ainsi que les méchancetés sont sûrement du défunt abbé de Voisenon, qui ne vivoit que de ces vilenies-là. M. Rochon avoit déjà composé *Heureusement*, qui est un petit rien assez agréable ; c'est un assemblage de quelques scènes légèrement écrites, mais qui ne méritent pourtant pas le nom de comédie, pas même celui de petite pièce. Je me garderai bien de juger ainsi ses *Amants généreux* ; cette jolie comédie imitée de l'allemand, et qu'il a donnée en 1774, le confirme véritablement auteur dramatique. On y trouve un vrai talent. Les *Valets maîtres*, où il s'en trouve aussi, ne sont pas, à beaucoup près, aussi bien, quoique dans cette farce il y ait quelque comique de situation ; mais dans les *Amants généreux*, c'est de la vraie comédie ; outre le *vis comica*, on y voit des caractères et la peinture des hommes.

Je ne sais pourquoi je n'ai pas mis au nombre des petites malices que jai reprises dans sa *Manie des arts*, celle qui nous regardoit, M. Laujon et moi. Nous nous aperçûmes pourtant très-bien que nous y étions désignés l'un et l'autre par des traits lancés contre un poëte qui compose *pour un Grand qui bâille en allant à Versailles*, etc., etc.

C'étoit encore du Voisenon. Il a fait ce métier-là plus que nous ! (*Note de Collé, écrite en* 1780.)

(2) *Comme ça* est une expression familière à Collé, qui l'emploie assez souvent dans le présent *Journal* et ailleurs, sans qu'on puisse toujours en préciser le sens. Tantôt il y met de l'ironie, de l'insouciance, tantôt de l'intention et du sérieux, comme il semble l'avoir fait au cas particulier. (*H. B.*).

vions pas de tragédie en France, mais que l'on verroit la sienne.

Au reste, je pourrois crier au voleur sur une scène qu'ils m'ont prise, et qui est dans le prologue de *Mme Prologue;* c'est celle d'un placet en vers, puis chanté et enfin dansé. Il faut pourtant avouer qu'il se peut aussi que ce ne soit pas larcin, attendu que ce n'est point moi qui ai imaginé cette scène, mais que l'on me l'a donnée comme une anecdote arrivée du temps du Régent, et que j'ai rapportée dans ce Journal (1). Si l'auteur savoit cette anecdote, il a pu en faire une scène, ainsi que moi, et sans que j'aye droit de m'en plaindre; mais M. Rochon voit souvent la Drouin, qui a joué dans mon prologue à Bagnolet; et si c'est l'abbé de Voisenon qui est l'auteur, il en a vu la représentation; c'est pourquoi j'ai cru pouvoir me permettre au moins le soupçon. Qui que ce soit des deux, ils en ont fait une scène froide, au lieu qu'elle n'est rien moins que cela dans mon prologue. Je n'entrerai point dans un autre détail de cette pièce, qui ne mérite pas que l'on s'y arrête; je dirai seulement que je ne conçois pas pourquoi M. Rochon ou l'abbé, qui font tous deux des vers très-facilement, ont eu la paresse de ne point faire cette comédie en vers; le vers est de l'essence de toute pièce épisodique. S'ils eussent pris ce parti, cela auroit pu avoir une espèce de succès; au lieu que cela n'a eu que cinq représentations, seul; trois avec Manco-Capac, tragédie dont je vais parler, enfin une neuvième et dernière, seul.

Le lundi 13 du courant je fus à la première représentation de *Manco-Capac,* tragédie de M. Le Blanc, Marseillois (2), ex-oratorien. Le sujet de cette tragénie, effleuré

---

(1) Voyez tome 1, p 237.

(2) Bachaumont s'égaye sur cette tragédie, qui renfermait ce vers que l'auteur supprima à l'impression :

Crois-tu d'un tel forfait Manco-Capac capable?

Voy. aux *Mémoires secrets,* 13 juin 1763, la note de M. Ravenel. (*H. B.*)

par Voltaire dans *Alzire*, restoit encore à traiter; M. Le Blanc l'a presque atteint dans la partie principale, qui est celle du caractère; rien n'est plus soutenu et mieux fait que celui de l'homme sauvage opposé à l'homme civilisé; mais rien n'est plus misérable à tous les autres égards que ce poëme : nulle invention; situations prises de toutes les tragédies; une action qui ne marche point; des scènes de tendresse, qui ne sont que du galimatias; des couplets de cent cinquante vers; des longueurs si énormes, qu'à la seconde représentation les comédiens ont retranché trois cent soixante et tant de vers, sans qu'il y ait paru, et qu'il y en auroit peut-être encore autant à retrancher. J'imaginerois que ce M. Le Blanc, qui a passé les premières années de sa vie à l'Oratoire, les a perdues à la théologie, et ne s'est avisé de faire des tragédies qu'après avoir senti le néant de la scolastique. Je parierois presque que cet homme n'a pas été vingt fois à nos théâtres, et qu'il a plus étudié ceux des Grecs que les nôtres. Il fait très-bien des vers; les siens ont de la force et du naturel; mais il ne fera jamais de tragédie : il n'a point la grande partie, qui est l'invention de fond, cette partie que le divin Corneille possédoit au dernier degré de perfection, et qu'il a portée jusqu'au sublime. La peinture de certains caractères forts ne lui manqueroit point; son Homme sauvage, je le répète, est vigoureusement présenté; il y a aussi quelques belles choses dans le caractère de Manco-Capac : mais dans tout le reste, cet auteur ne connoît point assez la nature; l'amour surtout m'a paru un grimoire pour lui ; c'est un écolier de sixième. Sa pièce ne réussit point à la première représentation, mais l'on pourroit lui appliquer ces vers de Corneille :

Il est vrai qu'il tomba, mais tout couvert de gloire,
Que sa chute valoit la plus haute victoire,

du moins à mon avis. Ses vers et son caractère de sauvage valent mieux, à mon gré, que les *Oreste*, les *Tan-*

crède, les *Olympie* et les *Écossaise* de M. de Voltaire ; il y a plus de génie et de beautés dans ce seul rôle, que dans tous ces derniers radotages de notre vieux illustre, qui devroit bien laisser en paix son cheval vieillissant. Les homélies de cet archevêque de la littérature baissent cruellement depuis bien du temps.

Manco-Capac a été joué à Choisy, devant le Roi et toute sa cour ; c'est une chose singulière, vu les choses hardies qu'il contient contre les rois et pour la liberté de l'homme. Cette pièce a eu cinq représentations.

Le lundi 27 l'on a repris *l'Anglais à Bordeaux*. Mlle Dangeville, malgré sa retraite du théâtre, y joue le rôle qu'elle y avoit déjà joué, et cette singularité jointe à un ballet qui a été donné à la Cour, et qui est exécuté par les acteurs de l'Opéra, y attire une affluence prodigieuse de monde. Toutes les chambrées équivalent à des premières représentations d'hiver ; toutes les loges, premières et secondes, sont louées, et à trois heures l'on ne trouve plus de billets de parterre. Les Comédiens ont voulu payer les danseurs de l'Opéra, qui n'ont voulu rien prendre. Les premiers leur ont donné un grand repas et un bal chez Ruel, où ils étoient quatre-vingt-dix. Mlle Clairon a fait les honneurs de cette fête ; elle a donné, de la part de sa troupe, un nœud d'épée à chaque danseur, et un bouquet de fleurs d'Italie à chaque danseuse. Le nombre des représentations de cette reprise est de douze, qui valent dix-huit d'une recette ordinaire.

JUILLET 1763.

Je viens de finir à la campagne, où je suis, une comédie en deux actes et en prose, intitulée *l'Amour d'autrefois, ou l'Amour véritable*. C'est une pièce faite pour la société, et qui ne peut pas être donnée au Théâtre-Français ; j'y ai mis un intendant de province, que la police ne passeroit certainement pas. Eh ! pourquoi?.... Par la raison du despotisme qui s'établit depuis longtemps, et qui prend tous les jours en France de nouveaux accroissements. En bonne règle, il devroit être permis d'exposer sur la scène le ridicule de tous les états, quels qu'ils soient, pourvu et à condition de ne jouer jamais le citoyen, ce qui est d'un malhonnête homme, et ce que le gouvernement ne doit point permettre. Mais l'on devroit souffrir et même souhaiter, pour la correction des mœurs, que l'on mît au théâtre et que l'on chargeât de ridicule des hommes insolents et injustes, et qui abusent du pouvoir que leur donnent leurs places pour opprimer les autres; à condition, je le répète, de généraliser tellement les traits de ces mêmes caractères, qu'ils ne puissent désigner personne en particulier. Molière a joué les marquis de son temps, qui étoient bien d'aussi bonne maison que les intendants de nos provinces ; il étoit un trop excellent peintre pour que ses tableaux ne ressemblassent pas trait pour trait aux originaux qu'il avoit en vue; mais cette ressemblance étoit pour tous les marquis, et non pas pour le marquis un tel. Pourquoi donc n'est-il pas permis aujourd'hui de faire paroître sur la scène le caractère des intendants, pourvu que ce ne soit pas un tel intendant ? L'esprit d'asservissement et d'avilissement, qui est une suite du despotisme, ne souffre point dans ce temps-ci cette honnête liberté dans ceux qui seroient les maîtres de la donner, et les auteurs n'osent la prendre, puisqu'on ne la leur passeroit pas; le luxe d'ailleurs et la considération réelle que donne et que ne devroit point donner l'argent sont cause encore que les grands et les petits courent à la fortune, et qu'ils craignent tous de faire la moindre démarche qui puisse y être contraire, ce qui étouffe la liberté, depuis le ministre d'État jusqu'à l'auteur.

[Cette crainte puérile, minutieuse et servile, va même si loin en matière de théâtre, qu'il y a telle pièce qu'on ne laisse pas jouer, de peur qu'elle ne prête à des applications malignes, à des allusions odieuses et à des interprétations auxquelles l'auteur n'a pu ni n'a dû penser, et qu'il s'est fait même un devoir d'éviter.

Cette inquisition théâtrale a fait prendre fin chez les François à ce qui s'appelle la *véritable comédie*, qui est la peinture des hommes. C'est ce qui a forcé d'avoir recours au genre *larmoyant*, à ce que l'on appelle des comédies intéressantes, dans lesquelles on ne trouve point le *vrai* ni la *nature* ; le vrai, en ce que les fables de ces poëmes sont absurdes, les événements incroyables et presque toujours physiquement et moralement impossibles ; la nature, en ce que les caractères en sont romanesques, que l'on y peint même la vertu au-delà de ce qu'elle est, et qu'on n'y voit jamais l'homme en chair et en os. D'ailleurs, la véritable comédie est moins faite pour peindre la vertu que pour tomber sur les ridicules et en donner au vice. Je dis est moins faite, car je ne prétends point exclure les caractères vertueux des comédies. J'y voudrois pourtant toujours un petit coin de ridicule, attendu que l'homme le plus vertueux et le plus sage a quelque petit côté faible. Le Misanthrope de Molière est un homme bien estimable, et cependant il est présenté quelquefois d'un côté ridicule. Il tient à l'humanité, et voilà l'homme, voilà la nature. Ce n'est point là du roman.

Ajoutez à cela qu'un caractère tout-à-fait raisonnable, sans passions et tout-à-fait sage, est froid au théâtre ; et il n'est froid, je crois, que parce qu'il n'est point dans la vérité et que l'on vous met à sa place un fantôme idéal qui n'a d'existence que dans des abstractions métaphysiques.]

Je ne crois pas que je travaille davantage pour le grand théâtre ; j'ai mes coudées franches dans celui de société, et je m'y tiendrai. D'ailleurs, comme je l'ai dit dans une préface particulière de *Desronais,* les comédiens dégoûtent de faire des comédies.

Bougainville vient de mourir ces jours-ci, et laisse une place vacante à l'Académie françoise ; c'étoit un homme sans aucune espèce de génie ou de talent (1). Il pouvoit très-bien être de l'université, et même recteur, mais il n'eût jamais dû être de l'Académie; tout son avoir étoit de savoir le grec et le latin. Il avoit de la mémoire. Mme de Pompadour, à la sollicitation du seigneur d'Arboulin, dont il étoit neveu, lui avoit fait avoir cette place d'académicien que Piron demandoit et devoit obtenir. L'on prétend même, comme un fait certain, que ce fut Bougainville qui fit parvenir à M. Boyer, l'Evêque de Mirepoix, l'ode de Piron, que ce sot prélat lut au roi, et qui fit donner l'exclusion à l'auteur de *la Métromanie,* pour placer ce faible littérateur. Bougainville étoit un homme d'intrigue et très-faux; du reste, c'étoit un pédant assez ignoré ; mais il étoit, en revanche, méprisé de ceux qui le connoissoient bien. Il avoit aussi obtenu, par son esprit de manége, une place de secrétaire ordinaire de M. le duc d'Orléans. L'abbé de Breteuil vient de la faire donner à un roué sans mérite, à un abbé Marquet, qui n'a jamais fait aucun ouvrage, homme sans mœurs, et qui n'est connu de quelques sociétés, notamment de l'abbé de Breteuil, que par ses noirceurs, ses perfidies et des tracasseries infâmes.

J'avois demandé et je demande encore une de ces places ; la première est promise à M. l'abbé Foucher, de l'Académie des inscriptions, un savant en *us.* M. le duc

---

(1) M. de Bougainville l'avait emporté sur Piron à l'Académie française, bien que ses titres littéraires fussent à peu près nuls. Il était d'une mauvaise santé, et comme ses amis faisaient valoir cette raison pour l'admettre à l'Académie, *parce qu'il n'en jouirait pas longtemps,* « Eh, sacrebleu ! s'écria Duclos, l'Académie n'a pas été faite pour donner l'extrême-onction. » (*H. B.*)

d'Orléans m'en a promis une, mais quand viendra-t-elle? Ces places de secrétaire n'ont jamais été remplies que par des gens de lettres du premier mérite, et M. l'abbé Marquet est la première tache qui y soit imprimée. Il m'a paru que M. l'abbé de Breteuil vouloit, après l'abbé Foucher, faire encore passer avant moi M. Duclos; mais ce dernier jure et proteste qu'il n'acceptera point la place que l'on lui offrira, qu'auparavant je n'en aye une. Nous disputons d'honnêteté à cet égard. Ce qui me la fait désirer, c'est que ces charges sont très-honorables, que M. de Fontenelle en avoit une, et que les secrétaires des Académies françoise et des sciences, et tous les écrivains de quelque réputation les ont possédées. Ce n'est que cette espèce de célébrité que leur ont donnée les gens illustres qui les ont eues qui fait rechercher ces places; car d'ailleurs elles ne rapportent que 400 francs.

AOUT 1763.

Jamais les Comédiens n'ont donné autant de nouveautés après la rentrée; ils ont apparemment nombre de pièces d'auteurs médiocres qu'ils veulent dépêcher. Lundi Ier du courant encore ils donnèrent et je fus voir la première et la dernière représentation de *la Présomption à la mode*, comédie en cinq actes et en vers de M......., de la ville de Carcassonne.

C'est, m'a-t-on dit, un jeune homme de vingt à vingt-deux ans; d'autres veulent qu'il en ait trente. Quoi qu'il en soit, sa comédie est du dernier mauvais; c'est une comédie calquée sur toutes les comédies; c'est dans un endroit *les Dehors trompeurs*, dans un autre *la Métromanie* ; ici c'est *le Légataire*, là vous trouverez des lueurs de scènes du *Curieux impertinent*, des *Philosophes*, etc. : il n'y a pas une seule scène qui soit de l'invention de l'auteur. Il n'y a aucune connoissance du théâtre, du cœur humain ni du monde ; à ce dernier égard même, l'on voit que ce jeune homme n'a vécu que dans les auberges et au café. Malgré le mauvais ton, il y a pourtant de l'esprit dans les détails, de la facilité et de la gaieté dans le style, et même quelques vers très-heureux.

Si cet auteur n'avoit effectivement que vingt-deux ans, peut-être ne faudroit-il pas désespérer de son talent pour la comédie ; mais pour en composer il seroit nécessaire qu'il attendît encore dix-huit ou vingt ans, et qu'il vît le monde. Il est possible de faire une bonne tragédie dans l'extrême jeunesse ; Voltaire a donné son *OEdipe* qu'il n'avoit pas encore vingt ans ; il suffit à un auteur tragique de bien connoître en général les passions et de pouvoir les rendre fortement. Mais à cette connoissance l'auteur comique doit joindre encore celle du cœur humain d'une façon plus particulière, les tours et les détours de l'amour-propre, les usages du monde, le style ou le langage de chaque caractère ; et ce n'est qu'après avoir observé et étudié ses modèles, que ce peintre peut faire des tableaux. Ce n'est que dans le monde, et en voyant depuis le prince du sang jusqu'au savetier, qu'il trouvera ses toiles et ses couleurs, s'il a reçu de la nature le génie de la comédie. Molière lui-même, ce dieu de la comédie, n'a commencé à faire de bonnes, de véritables comédies qu'à quarante et un ans passés. Quand il arriva à Paris, il avoit fait *l'Étourdi*, pièce dans le genre de celles de Térence ; *le Dépit amoureux*, comédie d'intrigue dans le goût de celles des Espagnols, et quelques farces ; mais ce ne fut que quand il eut étudié et connu la Cour et la ville, que son divin génie s'éleva à *l'École des maris*, à *celle des femmes*, au *Misanthrope*, aux *Femmes savantes*, au *Tartuffe,* ces chefs-d'œuvre au-delà desquels l'esprit humain ne pourra peut-être jamais aller.

Je n'ai pu savoir encore le nom de l'auteur de *la Présomption à la mode ;* je l'ai demandé à trois comédiens, qui m'ont tous trois répondu que ce nom étoit si difficile à prononcer qu'ils n'avoient pu le retenir. Cette affectation de ne point le nommer, jointe à quelques autres circonstances, m'ont donné des soupçons que ce jeune Toulousain-là pourroit bien être un fantôme que l'on présente à la place de M. Dampierre, auteur du *Bienfait rendu,* qui veut se cacher cette fois-ci mieux qu'il n'a fait l'autre. Ce M. Dampierre avoit voulu d'abord garder *l'incognito,* qu'une légère apparence de succès lui fit bien vite abandonner. Auparavant qu'il fût connu, l'on avoit débité que l'auteur anonyme du *Bienfait rendu* avoit donné à Préville cinq ou six comédies. La Drouin, quelques jours après la première représentation de cette pièce, me dit à Bagnolet, que l'on alloit en donner une de ce même auteur. La fable du jeune homme de Toulouse peut donc très-bien avoir été substituée à celle que Préville distribuoit auparavant dans le public, qu'il avoit eu et qu'il tenoit ces cinq ou six comédies d'un homme plus que sexagénaire, qui s'étoit retiré du monde. M. Dampierre s'étant nommé, cette belle histoire n'a pu se soutenir, et il a été obligé d'offrir à la curiosité du public un homme de paille qui jouât le rôle de l'auteur ; et effectivement l'on m'a assuré qu'aux répétitions ce petit garçon avoit paru un véritable mannequin, qu'il n'entendoit rien aux légères corrections qu'on lui demandoit, et qu'à peine savoit-il écrire. Ces faits constants donnent beaucoup de force aux conjectures que l'on en peut tirer, d'autant plus que le style de *la Présomption à la mode* ressemble à celui du *Bienfait rendu,* qu'il n'y a pas plus de connoissance du théâtre dans l'un que dans l'autre. Il faut convenir cependant, pour être juste, que *le Bienfait rendu* est infiniment moins mauvais ; ce n'est pas un ton ignoble comme celui qui règne partout dans *la Présomption à la mode*, et qui, comme je l'ai dit, est celui des auberges et des cafés. Mais il y a dans le style de ces deux pièces en général un air de famille ; je ne serois nullement surpris que l'auteur de l'une fût l'auteur de l'autre, mais je dirois que la *Présomption à la mode* est le premier ouvrage et essai de la jeunesse de l'auteur du *Bienfait rendu*, qui, plus il est examiné, plus il est trouvé mauvais (1).

M. le comte de Lauraguais, qui a été envoyé le mois dernier à la citadelle de Metz, pour une folie qu'il a faite (disgrace que les suites de sa passion pour l'inoculation lui ont attirée) a écrit, m'a dit M. de Montamy, qu'il étoit très-content du lieutenant du Roi qui le garde, parce que c'est un homme dur, et qu'il le traite mal ; il prétend que c'est là faire son devoir. A l'occasion de cela, M. le duc d'Orléans nous dit que lorsque l'exempt porta la lettre de cachet à ce charmant seigneur, il lui demanda où étoit le Roi, et que l'exempt lui ayant répondu qu'il étoit à Saint-Hubert, et ayant eu la bêtise d'ajouter que la veille il avoit manqué trois cerfs, M. le comte de Lauraguais lui dit : *Eh ! que ne les faisoit-il arrêter par lettre de cachet !*

L'on me disoit ces jours-ci que l'on contoit devant feu Mme la duchesse d'Orléans l'histoire d'une femme de Toulouse qui avoit été grosse pendant vingt ans ; son enfant s'étoit pétrifié, et quand on ouvrit cette femme, à sa mort, cet enfant pétrifié avoit l'air âgé, et même de la barbe. La princesse devant laquelle on détailloit ce fait, et qui ne saisissoit les objets que du côté plaisant, dit, *que si pareille aventure lui étoit arrivée, pour ne point laisser son enfant sans éducation, elle n'auroit pas manqué d'avaler un précepteur.*

---

(1) L'auteur de *la Présomption à la mode* est M. Cailhava. (*Note de Barbier*.)

SEPTEMBRE 1763.

Dans tout le commencement de ce mois l'on a donné *Hérode et Mariamne*, de M. de Voltaire ; cela n'a point fait sensation. Les changements qu'il y a faits n'ont rien changé, m'a-t-on dit, au peu d'intérêt de cette tragédie si l'on peut appeler ainsi des tracasseries de ménage mises en action. Voltaire a eu beau ôter le rôle impertinent de Varus, Sosime, qui a pris sa place, n'en a pas moins ennuyé les spectateurs. Cette drogue a été donnée trois fois à Paris, et sera jouée le mois prochain à Fontainebleau.

L'on doit y donner la première représentation d'*Idoménée*, tragédie de M. Lemierre, qui se fait protéger par M. le duc de Duras, ce qui marque une grande vocation à être protégé. Comme, au moyen de ce qu'il est joué à la Cour, M. Lemierre auroit pu prétendre passer à la ville auparavant M. Saurin, qui a une tragédie dont c'est le tour, en donnant pour raison que sa pièce étoit sue des Comédiens, M. Saurin s'est cru obligé, pour ne point céder son rang, de faire apprendre dès ce moment même les rôles de la sienne aux Comédiens ; elle va être jouée trois fois à la fin de ce mois-ci, qui est celui de l'année le plus défavorable. Dans le cas d'un succès, on la reprendroit après la Toussaint, avant de donner l'Idoménée de M. Lemierre.

Le 26 septembre, les Comédiens françois donnèrent la première représentation de *Blanche et Guiscard*, tragédie de M. Saurin. C'est une traduction libre de la tragédie anglaise de *Tancrède et Sigismonde*, de M. Tompson, qui en a tiré le sujet d'une Nouvelle espagnole contée par M. Le Sage dans son Gil Blas. Cette pièce n'a point eu de succès sur notre théâtre ; elle fut entendue d'un bout à l'autre avec un froid silence; point de huées, peu d'applaudissements; il sembloit que le public fût engourdi. Il y eut deux ou trois mouvements d'improbation, et l'on battit des mains légèrement une douzaine de fois. Voilà tout le récit des faits d'armes de cette journée, dont la suite cependant a fait voir à l'auteur qu'il ne pouvoit pas s'en attribuer l'avantage. La pièce, au contraire, a été jugée si mauvaise, que le soir même, dans les foyers, il n'en étoit plus question; une demi-heure après sa représentation, l'on n'en parloit pas plus que si elle n'eût jamais existé. Je ne crois pas ce sujet traitable sur notre théâtre, et s'il a réussi sur celui de Londres, c'est une raison de plus pour me confirmer, moi et bien d'autre gens de lettres, dans la persuasion que les Anglois sont à cent cinquante ans de nous en toute espèce dramatique. Ils sont encore bien loin de la perfection à laquelle nous avons presque atteint.

A la troisième représentation, cette tragédie a pourtant été encore mieux reçue qu'à la seconde, elle emportera l'estime pour son auteur; mais, tout mon ami qu'il est, je ne lui crois point le génie ou même le talent qu'il faut pour faire des tragédies; c'est un homme de beaucoup d'esprit, mais il n'a point l'âme et la chaleur nécessaires pour composer des ouvrages dans lesquels il faudra peindre et faire agir les passions. Cette pièce a donc été jouée trois fois; si elle est reprise cet hiver, et que Saurin y ait fait quelques changements, j'en parlerai.

Un abbé qui arrive de Rome contoit hier une pasquinade qu'on y a faite nouvellement contre les jésuites.

Ces religieux ont dans cette ville une très-belle apothicairerie, au-dessus de la porte de laquelle est l'inscription suivante: *Il guarisco di tutti li mali.* L'on y a ajouté, depuis l'expulsion des jésuites de France: *Essepto il mal' francese.*

M. Bret vient, m'a-t-on dit, de lire aux Comédiens une comédie en cinq actes et en vers. L'aréopage comique l'a reçue avec de grands applaudissements ; elle sera jouée cet hiver.

NOVEMBRE 1763.

Le lundi 7 du courant je fus à la première représentation du *Comte de Warvick*, tragédie de M. de Laharpe. C'est un jeune homme de vingt-trois ans, duquel on conte déjà un très-vilain trait. On assure que le principal du collége d'Harcourt lui a fait faire ses études, l'a nourri et entretenu à ses dépens, pendant leur cours, et qu'à la fin, pour lui en marquer sa reconnoissance, M. de Laharpe s'est brouillé avec son bienfaiteur, et a fait contre lui une satire sanglante. Cette petite horreur m'a déjà été confirmée par deux ou trois personnes, et je n'ai encore vu qui que ce soit qui ait contredit ou nié ce fait.

Quoi qu'il en soit, ce M. de Laharpe est un auteur qui paroît donner de grandes espérances du côté de la poésie, s'il en donne d'affreuses du côté de ses mœurs : ses vers m'ont paru très-bien faits ; il y règne une aisance et une simplicité nobles ; point de maximes, de sentences, d'esprit déplacé ni de faux-brillant ; c'est un style sans enflure, un style uni, et pourtant élégant. Son caractère de Warvick est bien pris et traité avec chaleur ; il le soutient jusqu'à la fin du quatrième acte, qu'il m'a paru absolument le démentir, pour lui donner des sentiments romanesques. Voici le fait : le comte de Warvick a mis Édouard sur le trône, après en avoir chassé Henri, son concurrent. Édouard, qui lui a les plus grandes obligations, l'envoie à la cour de France, pour faire la paix avec Louis et lui demander sa sœur en mariage.

Warvick, au second acte, arrive de la cour de Louis, avec le traité signé; la princesse, qu'on lui a accordée pour Édouard, doit le suivre incessamment. Ce dernier, qui, pendant l'absence de Warvick, est devenu éperdument amoureux de la maîtresse du comte, lui déclare nettement qu'il a changé de pensée, et qu'il ne veut plus épouser la sœur de Louis. Sur cela, emportement de Warvick, qui, comme ministre, trouve son honneur compromis dans le refus que le roi fait de cette alliance, qu'il n'a signée que par ses ordres. Édouard le quitte en lui disant que tantôt il lui expliquera ses desseins. Cette sortie est une faute théâtrale d'abord, Édouard n'ayant point d'autre raison de cette réticence que le besoin qu'a l'auteur de se ménager au troisième acte une scène entre ces deux mêmes personnages. Mais le grand défaut dont je veux parler, c'est que Warvick apprenant l'amour du roi et qu'il veut épouser sa maîtresse à lui, ce qui le rend furieux, comme de raison, ait, au troisième acte, cette scène qu'il n'a pas achevée au second; il est vis-à-vis du roi d'une violence terrible; il le brave, le menace; le roi le fait arrêter. Au quatrième acte, Warvick, qui est dans toute la pièce du caractère le plus emporté, qui paroît dans sa prison ne respirer que la vengeance, qui est partout inflexible, voit briser ses fers et se trouve armé par ses amis, qui le délivrent, et tout d'un coup, quand il est prêt à sortir de la tour à la tête des séditieux, il fait une réflexion, et se dit à lui-même : *Warvick, arrête........ où cours-tu? Plonger le poignard dans le cœur de ton ami?...... Détrôner un roi que toi-même tu as couronné,.. etc.? Non... faisons mieux, volons à la défense de ce monarque*, et il y va effectivement. Est-il rien de plus absurdement romanesque que ce faux héroïsme? D'ailleurs, indépendamment de ce retour inopiné de vertu, qui n'est préparé d'aucune manière, de qui Warvick va-t-il défendre le roi? contre qui va-t-il combattre? Contre ses amis et tout un peuple qui n'a pris les armes que pour le tirer de sa prison ; il sort pour échiner les gens qui ont exposé leur vie pour défendre la sienne et le tirer du danger imminent où il est de la perdre. Eh ! pour qui va-t-il sacrifier tous ses partisans ? Pour un tyran qui lui enlève sa maîtresse, qui le met aux fers quand il l'a mis sur le trône, et qui paye tous ses services de la plus noire et de la plus détestable ingratitude. C'est pourtant cette espèce de transport au cerveau qui a fait tout le petit succès de cette tragédie. Quand j'entendis applaudir par toute la salle cette absurdité, les bras me tombèrent, et je ne reviens point encore de ma surprise.

Il n'y a au reste, dans cette pièce, rien qui annonce dans l'auteur la grande invention, l'invention du fond ; il n'y a aucune situation nouvelle, nuls coups de théâtre qui soient neufs ; c'est la marche triviale de toutes les tragédies. M. de Laharpe manque même, en beaucoup d'endroits, d'une connoissance suffisante du théâtre ; ses acteurs paroissent et se retirent sans en avoir de raison. Marguerite d'Anjou, qui devroit être dans un cul de basse-fosse, va et vient comme il lui plaît ; et d'ailleurs, c'est une espèce de hors-d'œuvre dans ce drame que cette illustre femme, qui devoit n'être point employée, à moins d'en faire un des principaux personnages du poëme. Le cinquième acte et le dénouement ne sont pas bons à laver les pieds du cheval Pégase.

Ce n'est donc uniquement que cette extravagance que je viens de rapporter qui a fait la petite fortune de cette drogue. Avec le bien que j'ai dit des vers et du dialogue, il faut encore ajouter qu'il y a de temps en temps de la chaleur de sentiment, mais qui n'est que momentanée ; ce n'est point le fond du sujet qui la produit. Il n'y a nul intérêt dans cette tragédie ; la fable est trop mal fagotée, pour que l'on puisse y en trouver. Cependant, vu l'extrême jeunesse de l'auteur, il seroit injuste de le juger définitivement ; il faut attendre son second ouvrage : l'on

peut dire même qu'il donne des espérances par celui-ci ;
quoique mauvais, *Warvick* a eu quinze représentations.

Le jeudi 10 du courant *Dupuis et Desronais* fut joué
à Fontainebleau, suivi des *Trois Cousines* (1). Ma comédie
avoit déjà été représentée à Versailles, le mardi 25 janvier dernier, et elle y avoit réussi. Elle a encore eu
un plus grand succès cette fois-ci, quoique Mlle Préville n'ait pas encore rendu le rôle de Mariane aussi
bien et d'une façon aussi intéressante que Mlle Gaussin ; mais elle y viendra, j'ai tout lieu de m'en flatter par les répétitions que je lui en ai vu faire ; elle a
eu à cette première fois une timidité que par la suite
elle doit perdre nécessairement ; elle a très-bien saisi ce
rôle ; elle a la plus grande envie d'y briller, et elle est
d'un âge et d'une figure qui y ressortissent fort bien.

Après elle, M. le duc d'Orléans m'a dit qu'il n'avoit
pas été content de la Préville, qui l'étoit encore moins
d'elle-même ; au reste, ce prince a trouvé que Brizard
s'étoit surpassé ainsi que Molé. *Pour votre comédie*, a-t-il eu la bonté de me dire, *l'on ne sauroit exprimer le plaisir qu'elle a fait : toute la salle étoit transportée ;* LES TROIS
COUSINES, *qui est une très-jolie pièce et que l'on donnoit à la
suite de la vôtre, parut froide, quoique Jeliotte, et Mlle Arnould chantassent dans les divertissements.* En disant ces
choses flatteuses, et plus encore que je n'en dis là, ce prince
étoit dans la plus grande joie d'avoir à me les dire, et
en vérité à l'intérêt qu'il y prenoit on auroit pensé
presque que c'étoit lui-même qui étoit l'auteur de *Dupuis
et Desronais* ; il en avoit l'air plus affecté que moi-même (2).

---

(1) Comédie de Dancourt. (*H.B.*)

(2) Dans une des lettres piquantes qu'il a adressées d'Italie à Mme d'Epinay, l'abbé Galiani lui rend compte des pièces françaises qui étaient jouées
sur le théâtre de Naples. *L'Enfant prodigue* (de Voltaire) est tombé à plat,
la Jeune Indienne (de Champfort) a paru plus détestable encore ; mais

A l'occasion des levées de boucliers de quelques parlements, une personne disoit, ces jours-ci : *Sa Majesté le Parlement de Paris n'a pas des manières trop aisées, mais l'on ne sauroit tenir à celles de Son Altesse Royale le Parlement de Rouen.*

Je puis joindre à cette fine plaisanterie, pour faire contraste, le gros bon mot du comédien Bouret, qui fait les rôles de niais, et même assez bien. Mlle Luzy sa camarade, qui n'a pas le sens d'une oie, disoit, assez haut pour qu'il l'entendît, *qu'il jouoit fort bien les rôles bêtes... Oui, mademoiselle,* reprit Bouret, *et votre suffrage sur cela est bien flatteur; vous devez vous y connoître, monsieur votre père en faisoit.*

M. le comte de Bissy soupoit la semaine dernière avec le roi; il fut question de l'académicien qu'on devoit élire, et le duc de la Vallière dit que l'on croyoit que ce seroit le comte de Bissy. — *Quelle mauvaise plaisanterie!* reprit ce dernier, *n'ai-je pas ma place à l'Académie, donc?* — *Eh, monsieur!* lui répondit de la Vallière, *un homme de votre mérite en doit avoir deux.* La conversation continua, et l'on assura que ce seroit *Marmontel qui seroit* élu. — *Mais cependant,* dit le duc de la Vallière, *M. Thomas se présente.* — *Il ne se présente point,* interrompit M. de Bissy, *il me seroit venu rendre sa visite, et je ne l'ai point vu.* — *Bon!* lui repartit le duc de la Vallière, *il ne sait peut-être pas que vous êtes de l'Académie* (1)!

On vient de me dire, à la décharge de M. de Laharpe, que ce n'étoit point contre M. Asselin, ancien proviseur

---

Dupuis et Desronais, « cette pièce charmante, dit l'abbé, fut jouée à ravir et fort applaudie. » Voyez *Correspondance inédite* de l'abbé Galiani avec Mme d'Épinay; Paris, Dentu, 1818. 2 vol, in 8°. (Lettre du 27 février 1773.) (*H. B.*)

(1) Bachaumont attribue ce dernier *bon mot* à Louis XV. Voy. les *Mémoires secrets,* 27 novembre 1772. Dans tous les cas, Bachaumont aurait pris son temps pour rendre au Roi ce qui lui appartenait, car un intervalle de neuf années s'est écoulé entre la version de Collé et la sienne. (*H. B.*)

d'Harcourt et son bienfaiteur, qu'il avoit fait des couplets, mais contre le successeur de ce dernier et tous les professeurs de son collége. Cela diminue un peu ses torts ; mais c'en est un toujours très-grand que d'être satirique ; cela n'annonce pas de bonté de cœur.

DÉCEMBRE 1763.

Au commencement de ce mois est mort le célèbre abbé Prévost, auteur de *Cléveland*, de *Manon l'Escaut* et d'un nombre prodigieux d'autres ouvrages ; car jamais homme n'a autant écrit. Mais il n'écrivoit que pour gagner de l'argent, et il n'a jamais pensé à sa réputation. C'est un malheureux qui a toujours vécu dans la débauche la plus crapuleuse. Il brochoit le matin une feuille dans son lit, une fille à sa gauche et une écritoire à sa droite, et il envoyoit cette feuille à son imprimeur, qui lui en donnoit un louis sur-le-champ ; il buvoit le reste du jour ; c'étoit-là sa vie commune : il n'a jamais rien revu, rien corrigé. Aussi, malgré la beauté de son imagination, qu'il avoit un peu noire, et la chaleur vive et brûlante que l'on trouve dans son *Cléveland* et dans ses *Mémoires d'un Homme de qualité*, l'extrême négligence qui y règne, tant dans le plan que dans le style, empêchera ces ouvrages de passer à la postérité la plus reculée, comme ils y seroient parvenus si l'amour de la gloire, et non du gain les lui avoit fait plus travailler, avec le génie qu'il avoit reçu de la nature. Prévost avoit été bénédictin, et n'est arrivé dans la société qu'à l'âge de quarante ans ; aussi a-t-il été toute sa vie l'homme d'esprit le plus gauche, le plus lourd et le moins fait pour le commerce ordinaire ; il y étoit ennuyeux, et c'est vraisemblablement cette raison, qu'il sentoit intérieurement, qui l'a fait vivre dans la mauvaise compagnie. Il se rendoit justice sans doute, et savoit qu'il n'étoit pas fait pour vivre avec d'honnêtes gens.

[Il étoit depuis plusieurs années aumônier de M le prince de Conti : c'étoit être le *Barbier de l'Infante*, je veux dire une place sans fonctions et peut-être sans appointements. Je n'en sais rien, du reste ; mais ce que j'assurerois bien, c'est qu'il y a eu des temps où, s'il avoit des appointements, ils ne lui étoient pas bien régulièrement payés. A la fin de ses jours il avoit obtenu un petit bénéfice ; il les a abrégés en voulant se faire passer la goutte. Il s'appliqua un topique qui l'en délivra effectivement ; mais en le faisant mourir subitement.]

Le 22 de ce mois l'Académie françoise a reçu M. de Marmontel. Je n'ai cru à son élection que lorsque je l'ai vue faite ; non que Marmontel ne soit un sujet vraiment académique, et peut-être le meilleur que l'on pût proposer actuellement, mais je n'aurois jamais pensé que du règne de MM. de Choiseul dans le ministère la Cour ne se fût pas opposée à son entrée à l'Académie. J'eusse parié cent louis qu'il n'en eût pas été tant que ces gens là resteroient en place. Cependant ils n'ont fait qu'une foible résistance. Le duc de Praslin a voulu engager M. Thomas à se présenter. Ce dernier, qui est son secrétaire, et qui attend sa fortune de ce duc, a eu le courage et la noblesse de refuser de se prêter à ses vues à cet égard. Il avoit, dit-on, quelque légère obligation à Marmontel, et il l'a reconnue en ne se présentant point, avec la certitude presque démontrée qu'en se présentant il eût été élu ; rien n'est plus honnête et plus rare qu'un pareil procédé parmi les gens de lettres de ce temps-ci, et peut-être de tous les temps (1). Mais ce qui ajoute en-

---

(1) C'est par de tels actes que les hommes de lettres se montrent dignes de leur profession et la font respecter. Mais trop souvent, hélas! ç'a été parmi eux une course au clocher pour savoir qui arriverait plus vite à la fortune

core à la beauté de cette action, c'est qu'en s'excusant vis-à-vis du duc de Praslin il couroit risque de perdre son protecteur, dont il a refusé de servir le ressentiment contre Marmontel. Pour celui-ci, ce n'a été qu'à force d'intrigues, de manége, et je ne risquerois rien de dire de bassesses, qu'il a ravi le royaume des cieux ; cette place à l'Académie l'étoit pour lui, *et violenti rapiunt illud*. Il y a effectivement mis une violence ;..... il en avoit la fureur. Il se flatte, ainsi que ses amis, que cet honneur efface entièrement des esprits l'idée que l'on a dû avoir de lui, qu'il étoit un auteur satirique et un homme dangereux. Mais il a tort ; sa réputation à cet égard est faite pour jamais ; on le connoît. C'est un homme faux avec maladresse, flatteur outré, satirique cruel, et le plus bas comme le plus orgueilleux des hommes. On a vu de lui des couplets à la louange des fermiers généraux Bouret et de la Popelinière, dans lesquels il les comparoit à Alexandre le Grand ; et l'on a les soupçons les plus violents que, depuis sa parodie contre le duc d'Aumont et d'Argental, c'est lui qui a fait un vaudeville mordant et déshonorant contre Favart, sa femme et l'abbé de Voisenon, parce qu'il avoit pris de l'humeur contre Favart d'avoir traité *Annette et Lubin*, qui est un sujet de ses *contes moraux* (1). L'on n'a point, à la vérité, de preuves de ce fait ; mais outre sa réputation de satirique, l'on reconnoît sa manière dans ce vaudeville ; et d'ailleurs on sait qu'il est sans principes et sans morale, et de cette société de prétendus philosophes qui, lorsque leur amour-propre est le moins du monde égratigné, se permettent la vengeance et font les blessures les plus cruelles à ceux

---

ou aux honneurs. Et l'on se plaint du discrédit dans lequel la littérature est tombée, quand ce sont les écrivains eux-mêmes qui l'ont faite ce qu'elle est. (*H. B.*)

(1) En 1761 et 1771, Marmontel a écrit à Favart pour le remercier d'avoir mis au théâtre deux autres de ses *Contes moraux*, en exprimant le désir que Favart trouve des imitateurs. V. les *Mémoires* de ce dernier, t. III, p. 44 et 46. (*H. B.*)

dont ils s'imaginent avoir à se plaindre. M. de Marmontel, au reste, est un homme né avec du talent ; il a négligé et peut-être perdu ce qu'il en avoit pour avoir été jeté au commencement de sa carrière littéraire dans des sociétés sans goût et sans bonne critique, et où on l'a étouffé sous les louanges ; M. de la Popelinière et ses complices l'ont noyé (1). C'est un homme fort instruit, qui a des lumières; une grande facilité de travail, une mémoire prodigieuse et beaucoup d'esprit ; mais il manque d'une partie essentielle au poëte, et surtout au poëte dramatique : il n'a pas reçu de la nature cette chaleur d'âme et de sentiment qui donne aux objets cette vérité que l'on ne trouve jamais dans les personnages des tragédies de M. de Marmontel. Il met toujours de l'esprit à la place du sentiment; il tourne en maximes et en sentences ce que l'âme et le cœur devoient prononcer tout seuls; l'on aperçoit sans cesse l'auteur et rarement la nature.

Ce qu'il a fait de mieux, ce sont ses *contes moraux*, et souvent encore cette même nature y est-elle sacrifiée à l'esprit. Sa *Poétique*, qui est son dernier ouvrage, est tout au plus un essai de poétique. Il nous l'a donnée fastueusement comme un chef-d'œuvre, et ses petits partisans vouloient qu'on se mît à genoux devant elle auparavant qu'elle fût imprimée. L'impression a bien culbuté toutes ces petites prétentions-là. L'on n'a trouvé dans cet ouvrage que la collection informe et mal digérée des articles qu'il avoit mis dans le dictionnaire de l'*Encyclopédie*. C'est un croquis qui n'apprend rien ou fort peu de chose. Il n'a point embrassé sa matière, à

---

(1) Palissot reproche à Marmontel « d'avoir été un des premiers qui aient compromis la dignité de l'homme de lettres en se mettant aux pieds des hommes de finance chez lesquels il était admis, et en leur prodiguant des adulations qu'on ne se serait pas permises dans leur antichambre. « *Nous l'avons vu*, dit-il, distribuer lui-même des rafraîchissements dans la salle de spectacle du fastueux La Popelinière. » (*H. B.*)

peine l'a-t-il effleurée; et il a eu, malgré cela, la maladresse d'y mettre des longueurs. L'on en trouve dans les exemples qu'il rapporte, et dans son article de la Prosodie, qui, d'ailleurs, a un petit coin de pédanterie; il règne aussi dans sa façon de juger un air décisif et orgueilleux qui ne convient à aucun écrivain. Il est vrai qu'il tâche de réparer ce tort-là par un autre plus grand, par l'affectation et la bassesse qu'il a de ne citer presque jamais que Voltaire et des auteurs vivants, qu'il loue tant qu'il a de forces, en les proposant dans les exemples qu'il donne. Sa *Poétique*, enfin, me paroît un livre qui n'est ni utile ni agréable.

Je le répète pourtant, c'est un homme très-distingué dans les lettres, et que l'on a bien fait de recevoir à l'Académie, aux mœurs près; quant à moi, je ne le lirai guère, et je ne le recevrai jamais chez moi. On dit que son discours étoit fort beau; il faut le voir imprimé, l'on en jugera; mais il est déjà tout jugé que le discours de M. Bignon, qui lui a répondu, est d'une extrême médiocrité; je ne sais si c'est lui-même qui l'a composé.

Le 25 je fus à Bagnolet y faire exécuter une petite fête avec Laujon, par ordre de M. le duc d'Orléans, pour sa maîtresse. Elle avoit fait cet été un voyage en Hollande, pendant celui que monseigneur faisoit à Villers-Cotterets avec M. le duc de Chartres et des femmes de sa cour. Ce voyage aux Pays-Bas a été le sujet de ma fête. J'ai donné, à l'ordinaire, un canevas à Laujon, qui l'a rempli avec toute la gentillesse et les grâces possibles; il a fait des madrigaux et une espèce d'idylle ou chanson sur l'hiver, qui est un des choses les plus agréables qu'il ait faites. Il faut pourtant l'avouer, cette fête est de beaucoup inférieure à celle que je donnai l'année passée, le même jour de Noël. La comédie de *la Tête à Perruque*, qui amenoit nécessairement un feu d'artifice à la fête que l'on donnoit, est une de ces inventions les plus heureuses que jamais peut-être on puisse trouver pour une fête. Celle-ci a été terminée par la parade des *Belles Manières*, qui étoit précédée d'une annonce en vaudeville, qui m'a paru si singulière que je vais la placer ici :

VAUDEVILLE SUR LES PAYS-BAS.

Air : *Dindons, dindons.*

Des marchands que le diable berce,
Vont au Mexique, vont en Perse,
  Porter leur pas.
Amants, sans faire de traverse,
Tenez-vous-en au doux commerce
  Des Pays-Bas.

2ᵉ.

Ce n'est point ses épiceries,
Son tabac, ni ses broderies,
  Dont on fait cas ;
Mais chemise fine et de Frise
Donne goût pour la marchandise
  Des Pays-Bas (1).

Le jeudi 29 du courant les Comédiens français devaient donner la première représentation de *la Confiance trahie*, comédie en cinq actes et en vers de M. Bret. Toutes les répétitions en étoient faites lorsque des raisons que l'on ne sait pas l'ont fait arrêter par la police. Celles que l'on dit tout haut, c'est qu'il y a un financier odieux ; et que dans ce moment critique où *l'Anti-financier*, livre que l'on a défendu, a animé tous les états contre les gens de finances, on risqueroit de leur faire perdre entièrement leur crédit, si l'on permettoit la représentation de cette comédie. On ajoute que M. de Sartines, lieutenant de police, a dit à M. Bret qu'une députation des

---

(1) Voyez la suite dans le *Recueil des Chansons de Collé*.

fermiers généraux l'avoit prié d'interposer son autorité pour empêcher qu'on ne jouât sa pièce. Les comédiens, pour se venger de la députation vraie ou fictive de la ferme générale, donnent demain vendredi *Turcaret*. L'on avoit, il y a déjà trois semaines, fait quelques chicanes à l'auteur sur ce prétendu rôle de financier ; je dis *prétendu*, car Bret avoit ôté ce mot et cet état au personnage de sa pièce qui avoit choqué la police et les Turcarets ; il avoit fait de lui simplement un homme riche sans état. Ce palliatif n'a point paru suffisant sans doute pour guérir le mal qu'on craignoit, en cas que ce soit là le véritable motif, ce dont à bon droit le lecteur peut douter (1). Que ce soit, au reste, cette raison ou d'autres qui aient fait interdire cette comédie, l'on ne peut point se cacher que de petits intérêts particuliers, des considérations puériles et qui arrivent actuellement tous les jours, et qui ne font même qu'augmenter à mesure que le despotisme

---

(1) Voici la véritable raison qui a empêché la représentation de la comédie de Bret. Il y a quelques années que le fermier général Bouret, cet homme si haut et si bas, si connu par ses profusions, ses impertinences et ses vices, prêta cinquante louis au poëte Robbé, et lui donna un emploi de douze cents liv. Ce dernier revint chez lui douze ou quinze fois, pour s'acquitter, sans pouvoir trouver Bouret ; ayant pourtant, un jour, pénétré jusqu'à son trône sublime, il se plaignoit amèrement à lui de ce qu'on lui avoit si constamment refusé la porte. *C'est que vous êtes un nigaud*, lui répondit Bouret, *il falloit dire à mon portier que vous êtes à moi.* — *Par Dieu*, lui répliqua Robbé, *je n'appartiens à personne, voici votre argent que je vous rapporte, et je ne veux plus de votre emploi.* Ce mot précieux du financier hautain étoit employé dans la pièce de Bret ; et Bouret, accompagné de son frère d'Erigny et de son gendre Vilmorin, qui sont tous deux fermiers généraux comme lui, a été chez M. de Sartines, pour empêcher la représentation de la comédie dans laquelle on le jouoit ; et c'est cette visite que vraisemblablement M. le lieutenant de police a appelée *députation de la ferme générale ;* car il est certain à présent qu'il n'y en a point eu d'autre.

Quant à M. Bret, qui m'a avoué lui-même qu'il savoit cette anecdote, c'est un vilain de l'avoir employée ; ce n'est plus là de la comédie, c'est de la satire. Pour mettre un trait connu de tout le monde, et le faire passer au théâtre, il faut attendre que les gens à qui une aventure est arrivée soient morts, ou la déguiser tellement qu'il soit impossible de le reconnoître ; sans cela, il n'est point de satire plus sanglante et plus odieuse que celle du théâtre. (*Note de Collé.*)

augmente, feront que nous ne devons plus espérer d'avoir de véritables comédies en France, je veux dire la peinture générale des hommes tels qu'ils sont. L'on ne peut avoir de bonnes comédies que dans les républiques, ou sous un roi comme Louis XIV, qui avoit la main ferme, qui tenoit en respect le plus grand comme le moindre de ses sujets, et qui s'étoit déclaré le protecteur des arts et des artistes. Molière n'auroit pas si beau jeu aujourd'hui, et ce grand génie, cet homme divin seroit bien embarrassé de composer des comédies.

Les Comédiens vont donner le 9 janvier la reprise de *Blanche et Guiscard*, que Saurin a retouchée ; après quoi viendra la reprise de *Dupuis et Desronais*. Ce sera mon tour, mince consolation de la peine que je ressens à voir les spectacles de Bagnolet finis. M. le duc d'Orléans ne veut plus jouer la comédie, et voilà un grand plaisir de moins pour moi.

ANNÉE 1764.

JANVIER 1764.

Pour me consoler de la cessation des spectacles de Bagnolet, j'ai le projet de faire imprimer les meilleures pièces que j'ai composées pour ce théâtre de société. Je commencerai par *la Veuve philosophe*, que je ferai paroître à la fin de ce mois. Cette comédie, que j'ai lue et qui est reçue des Comédiens, avoit été tellement *honnestée* par moi pour la leur faire représenter, que jesuis persuadé et convaincu que cette extrême décence que j'y avois mise auroit nui à la clarté du sujet.

Comme on ne suppose jamais au théâtre qu'une femme vive avec un homme, à moins qu'on ne le prononce, l'on n'auroit pas entendu sûrement le sens de cette pièce; et l'on auroit dit, du caractère de la Veuve, qu'il n'étoit point dans la nature; on n'auroit su ce que c'étoit qu'une femme qui aime son amant à la fureur, et qui refuse obstinément de l'épouser; cela n'est ni vrai ni vraisemblable. C'est ce motif qui me fait déterminer à faire imprimer d'abord cette comédie. Je la donne telle que je l'avois faite pour la société. J'espère que l'on verra clairement que cette honnête veuve couche avec celui dont elle ne veut point pour mari, mais seulement pour amant; on le verra, dis-je, quoique j'aie pris les tours les plus décents et les plus délicatts pour établir ce fait, que j'ai gazé le plus honnêtement qu'il ma été possible. Par ce moyen, s'il me prend envie par la suite de laisser jouer cette comédie, le public saura le dessous des cartes ; et d'ailleurs en la jugeant lui-même lorsqu'elle va paroître imprimée, ce même public me décidera sur sa représentation, et il prononcera si je la dois donner ou la garder. Je ferai suivre cette comédie par *le Rossignol*, et successivement par les autres petites comédies que j'ai faites, dont je ferai un choix, et qui pourront bien fournir deux volumes de pièces que je recueillerai sous le titre de *Théâtre de société*.

Ma première idée avoit toujours été que ces bagatelles ne fussent imprimées qu'après ma mort. Mais, outre que mes héritiers, fort honnêtes gens d'ailleurs, mais fort dévots, jetteroient au feu sans doute ce qui m'a donné tant de peines, je ne suis pas fâché, si ces petits ouvrages peuvent me donner quelque réputation, d'en jouir moi-même de mon vivant. Cet amour-propre, cette vanité comme on voudra l'appeler, est le but de tout homme qui écrit.

Le samedi 14 du courant les Comédiens remirent *Dupuis et Desronais*, qui n'a eu que quatre représentations. Ces messieurs ont soutenu avec moi leur charmants procédés jusqu'à la fin ; ils ont joint à ma pièce les vieilleries qui pouvoient la faire tomber le plus vite dans les règles ; ils sont contents, la pièce est à eux. Je le suis, moi, de son succès au-delà de toute espérance ; je ne me flatte point, je crois, quand je vois qu'elle a obtenu l'estime générale, et que c'est une pièce qui restera au théâtre. C'étoit là toute mon ambition, et je suis actuellement convaincu qu'elle sera remplie.

L'on n'a repris ma pièce auparavant *Blanche et Guiscard*, qui va être remise à lundi 23, que par les mauvais procédés de Le Kain. Après *Warvick*, il a feint d'être indisposé ; quatre jours après il a joué le rôle de Mahomet, et sans la fermeté et l'honnêteté de l'âme de Mlle Clairon Saurin n'auroit pas été repris.

A l'occasion des différends des parlements avec la cour, une femme de beaucoup d'esprit disputoit ces jours-ci contre M. le président Portail, et elle lui soutenoit que l'affaire de M. le duc de Fitzjames avoit été fort mal décidée par le parlement de Paris (1). Soit qu'elle en donnât de si bonnes raisons, qu'il n'y avoit point de réponses, soit politesse de la part de M. Portail, ce dernier crut terminer la dispute en lui disant, *qu'il n'y a si bon cheval qui ne bronche.* Mais la dame lui répliqua vivement : *pour un cheval passe; mais toute une écurie, ma foi, cela est trop fort!*

Voici un trait de caractère qui peut-être vaut bien le bon mot de cette dame. Quelqu'un, un peu indisposé, se plaignoit ces jours derniers à M. Thierry, qui est un médecin comme M. Purgon, d'une pituite qu'il lui détailloit ainsi : *C'est, monsieur,* disoit-il, *une fonte très-considérable, une eau âcre;....* — *Bon!* disoit le Médecin,..... — *Claire comme si on la passoit à l'alambic..* — *A merveille.* — *Mordante presque comme de l'eau forte...* — *De mieux en mieux,* interrompit ce docteur, *c'est précisément la pituite vitrée des anciens, que nous avions perdue,* pituita vitrea et rupea, *suivant nos meilleurs auteurs.*

Le lundi 23 du courant les Comédiens ont repris *Blanche et Guiscard.* Les deux derniers actes sont moins mal qu'ils n'étoient, mais ils ne sont pas bien encore :

---

(1) Cette affaire se rattache à la suppression des parlements qui refusaient l'enregistrement des édits royaux. Le duc de Fitz-James, porteur des ordres du Roi, s'était rendu à Toulouse pour empêcher le parlement de s'assembler, et MM. du parlement répondirent à cette injonction en décrétant le noble duc de prise de corps. Princes du sang et ducs et pairs s'en émurent, se plaignirent, et, par arrêt du 30 décembre 1763, le parlement de Paris déclara nul le dit décret; mais il parut vouloir s'attribuer le privilége de juger les pairs, à l'exclusion des autres parlements, et cette prétention ne contenta personne. — V. *Journal de Barbier*, mois d'octobre et décembre 1763. (*H. B.*)

en général, l'intérêt de cette tragédie ne peut être fort grand, parce que l'héroïne n'est malheureuse que par une résolution de se marier qu'elle prend trop précipitamment, et qui n'est point dans la nature ; un dépit momentané ne doit et ne peut la conduire si promptement à une pareille extrémité ; d'ailleurs la chaleur des passions ne couvre point ce défaut et tant d'autres qui sont inhérens à ce sujet. Il eût fallu peut-être tout le feu du génie de Crébillon, dans son bon temps, pour faire disparoître les manques de vraisemblance qui se rencontrent à chaque pas dans la fable de cette tragédie. Le 30 de ce mois l'on doit l'étayer d'une petite comédie en deux actes et en vers, intitulée *l'Épreuve indiscrète*, de M. Bret.

Le mardi 24 du courant l'Académie royale de musique a fait l'ouverture de son théâtre des Tuileries par *Castor et Pollux*. M. Soufflot, architecte de la salle, n'a pas réussi, et tout le monde en dit du mal ; elle est sourde, dit-on, l'orchestre et les voix n'y paroissent rien ; les premières et surtout les secondes loges sont trop élevées, l'on n'y distingue pas les acteurs, qui paroissent des pygmées ; au paradis, comme l'on croit bien, c'est encore pis ; les balcons des seigneurs sont masqués par les petites loges qui sont sur le théâtre, en sorte que les trois quarts de ceux qui auroient la bonté d'y prendre des places n'y verroient rien. Le parterre est aussi masqué par les loges des prince de Conti, duc d'Aumont et du valet Bontemps, de manière que les jours où il y auroit des flots dans le parterre, il y auroit plus de trente personnes à chacun des coins, à qui il seroit impossible de ne rien voir du spectacle.

Quant à l'opéra en lui-même, il n'a pas eu la grande réussite qu'il devoit avoir ; plusieurs raisons le feront tomber, à ce que je crois : le décri général de la salle nouvelle, le peu d'effet qu'y fait l'orchestre, les voix qui n'en font pas davantage, M. Pilot qui est un acteur affreux, M. Gelin qui beugle, Mlle Chevalier qui crie (l'on n'a entendu que Mlle Arnould, à cause de sa belle prononciation); que l'on joigne à cela la fureur épidémique qui a gagné les trois quarts du public pour la musique d'ariettes, en voilà plus qu'il n'en faut pour culbuter les meilleurs ouvrages du monde. Je n'ai point, au reste, encore été à l'Opéra; c'est le sentiment et la voix du peuple que je rapporte ici.

Le vendredi 27 du courant Duchesne, libraire, a commencé à faire paroître et débiter *la Veuve*, comédie en un acte et en prose, de moi; c'est la Veuve philosophe, ou anglaise, à laquelle je n'ai laissé que ce titre; je l'ai fait imprimer à mes dépens, chez Ballard; elle semble réussir et prendre assez dans le public. En la faisant imprimer avec approbation et privilége, j'y ai laissé toutes les libertés que je m'étois permises dans une comédie de société, et qui font entendre clairement le fond du sujet; en sorte que si lorsqu'on la jouera on en retranchoit quelques-unes, j'aurois mis d'avance le public au fait de la *coucherie* de la veuve, dont sans cette circonstance chatouilleuse le caractère ne seroit point dans la nature.

Le lundi 30 du courant je fus à la première représentation de *l'Epreuve indiscrète*, comédie en vers et en deux actes, de M. Bret. Elle a été trouvée très-ennuyeuse; l'auteur avoit trop de matières pour deux actes, en sorte que presque toute la pièce n'est qu'une exposition; c'est le sujet du *Trinummus* de Plaute, que feu M. Destouches avoit déjà traité sans succès, sous le titre du *Trésor caché*.

Ces incidents fabuleux de l'ancienne comédie ne sont plus faits pour réussir à présent; la vraie comédie est celle qui nous fait illusion, en nous mettant sous les yeux des faits de la plus grande vraisemblance, et en nous présentant des caractères de la plus grande vérité; sans ces deux points, il n'y a point de véritable comédie, ce ne sont que les grimaces de la nature. *L'Epreuve indiscrète* a eu quatre représentations.

FÉVRIER 1764.

Le lundi 6 du courant Grandval est rentré à la Comédie; il a débuté par *le Misanthrope*, et a été fort accueilli du public : cela le dédommage un peu des dégoûts cruels que lui ont fait essuyer ses camarades, surtout Bellecourt, dont il a pris quelques rôles. Grandval s'est pourtant destiné à ceux de père dans le haut comique. On lui en donne encore quelques autres, comme *le Philosophe marié, le faux Damis*, etc. Sa retraite avoit été faite trop légèrement ; il n'avoit point assez compté avec lui-même, et moins encore avec ses créanciers. Elle avoit été l'effet du dépit violent que lui avoit causé le jeune duc de Fronsac, fils du maréchal de Richelieu. Ce petit homme avoit traité Grandval comme un nègre, pour une bagatelle qui ne méritoit pas même une réprimande légère.

Les Comédiens, par leur mauvaise conduite et le délabrement de leurs affaires, ont été forcés de recourir aux gentilshommes de la chambre, et se sont mis par là sous le plus cruel despotisme ; au point que ces tyrans se sont acquis actuellement le droit de renvoyer des Comédiens au bout de vingt ans, vingt-cinq ans de service, sans qu'ils puissent appeler de cet arrêt. Ils n'étoient point autrefois dans ce servile assujettissement ; ils se gouvernoient eux-mêmes d'une façon républicaine ; personne ne mettoit le nez dans les affaires de la troupe ; ils ne dépendoient des premiers gentilshommes qu'en ce qui regardoit le service de la cour. Je ne plains point les Comédiens, il faudroit avoir de la pitié de reste pour en conserver pour de pareils hommes ; mais le public souffre de ce cruel despotisme. Ce sont ces grands messieurs qui, pour en jouir avec plus de sûreté, ont établi une garde tyrannique qui gêne les suffrages et la liberté publique ; ils font, moyennant cela, recevoir les acteurs et les actrices qui leur plaisent. Mais c'est en vain que l'on crie contre cet abus et tant d'autres que le pouvoir sans bornes entraîne après lui : un de ses moindres effets sera de perdre le goût et les arts et de mener le peuple à l'abrutissement. C'est où la postérité se voit conduite en douceur, et à des maux peut-être plus grands, qui sont une suite nécessaire de ce despotisme des ministres et des gens en place. Dieu veuille que je sois mauvais prophète! et qu'on me passe d'ailleurs cette courte jérémiade. On peut bien me pardonner de faire pleurer une fois, j'ai fait rire tant d'autres ! »

Le lundi 13 du courant je ne pus point aller à la première représentation d'*Idoménée*, tragédie de M. Lemierre ; je n'ai vu que la seconde (1). L'auteur avoit fait beaucoup de retranchements, à ce qu'on m'a dit, et je n'ai point été aussi mécontent que l'on m'avoit assuré que je le serois.

Après avoir blâmé M. Lemierre d'avoir été choisir un sujet dont la fable est aussi absurde et ne fournit jamais que la même scène, qui se reproduit toujours sous une autre forme, l'on ne peut s'empêcher de le louer d'avoir tiré parti d'un sujet aussi simple. Les trois premiers actes ont un mérite très-réel, et s'il eût voulu réduire sa tragédie à trois actes, je ne fais aucun doute qu'elle eût eu un très-grand succès ; mais le grand prêtre et la peste qui arrivent au quatrième acte commencent à découvrir à nu l'absurdité du fond de ce sujet ; le cinquième acte, où l'on n'entend que les répétitions de tout ce qui a été dit dans les premiers, le dénouement, qui est vicieux, commun, et auquel on s'attend, détruisent toutes les beautés qui sont dans les trois premiers actes.

---

(1) « Les trois premiers actes de cette tragédie furent applaudis ; mais le grand-prêtre et la peste qui arrivent au quatrième acte nuisirent beaucoup au succès de la pièce. » *Anecd. dram.*, t. I, p. 439. (*H. B.*)

Telle qu'elle est, elle lui fait beaucoup d'honneur, et elle aura un succès d'estime aux yeux des gens de lettres qui ne seront point envieux. J'ai vu ou j'ai cru voir dans les trois premiers actes de cette pièce de l'invention, de l'imagination et des ressources vraiment dramatiques que je ne soupçonnois pas dans M. Lemierre ; son *Hypermnestre* ne m'avoit pas donné, à beaucoup près, de cet auteur, l'idée que j'en ai actuellement. Je suis convaincu que s'il traitoit un sujet aussi heureux que celui-ci est absurde, il est capable de faire une tragédie au-dessus du médiocre. Il connoît le théâtre, sait créer, a de la chaleur et du nerf, et sa versification m'a paru assez bonne ; il a fait des progrès à cet égard. *Idoménée*, à la représentation, m'a paru infiniment mieux écrit qu'*Hypermnestre*. *Idoménée* a eu six représentations.

Voici une anecdote assez plaisante arrivée à l'occasion d'*Idoménée*, qu'aux premières représentations l'on avoit affiché par un Y. Mlle Clairon, dans une assemblée de Comédiens, fait venir l'imprimeur à la barre de sa cour, et lui reproche son ignorance ; l'imprimeur dit que c'est le semainier qui lui a fait mettre Ydoménée, par un Y. — *Cela ne se peut pas*, interrompt dignement Mlle Clairon, *il n'y a pas un comédien entre nous qui ne sache orthographer*. — *Pardonnez-moi, mademoiselle*, lui réplique l'imprimeur, *l'on dit orthographier*.

Le lundi 18 Duchesne a commencé à débiter *le Rossignol*, que j'ai fait imprimer. A la tête de cette édition, j'ai mis le titre de *Théâtre de Société*, et j'en fais espérer la continuation si *le Rossignol* reçoit du public un accueil favorable, ce dont à bon droit le lecteur peut douter, par deux raisons ; la première, que le vaudeville est actuellement tombé en France ; la seconde est que cette pièce ne peut être jugée et goûtée qu'à la représentation. Je ne connois point d'effet théâtral plus vif et plus piquant que l'action de la comédie du *Rossignol*.

MARS 1764.

Le samedi 3 mars je fus à la première représentation de *l'Amateur*, comédie en un acte et en vers libres de M. Barthe ; c'est un jeune homme qui n'a pas trente ans : aussi ne connoît-il pas assez les hommes et les usages pour faire une véritable comédie ; la sienne est un drame sans action et sans caractère. Un père veut marier sa fille à un jeune homme qui est fou des arts, et surtout de la sculpture : ce père a fait faire la statue de sa fille, qu'il fait vendre pour une antique à ce jeune amateur, qui devient amoureux de la statue, et subitement de son original, qu'il ne connoissoit point, parceque la fille a été retirée du couvent le jour même et qu'il ne la voit qu'après qu'il est engoué de son marbre. Est-ce là de la comédie ? est-ce là la nature ? existe-t-il des hommes comme cela ? Et l'indécence du père qui jette sa fille à la tête ! qui se sert de cette belle finesse pour rendre amoureux l'amateur ! Et sa fille, qui ne fait qu'entrevoir de loin celui qu'elle aime avec passion ! Et l'amateur, dont l'amour est fondé sur la ressemblance de son amante avec son antique, et qui n'établit la vérité de sa passion que sur la fable de Pygmalion (1) !

---

(1) J'avois bien jugé par *l'Amateur* du peu de talent du seigneur Barthe ; il ne sera jamais qu'un faiseur d'esprit, pour tout potage, et non un faiseur de pièces. On ne peut guère écrire mieux qu'il écrit ; ses vers sont frappés, sont jolis ; on en trouve même d'excellents : j'irai plus loin, je risquerai de dire qu'il a le véritable dialogue de la comédie, mais passé cela il n'a rien. Il manque par le *vis comica* ; ces deux mots, latins que je rabâche si souvent, sont nécessaires à ramener dans le jugement des auteurs dramatiques. On peut réduire toutes les poétiques du théâtre au *vis comica* et au *vis tragica* ; point de vraies comédies sans situations comiques, point de tragédies sans situations tragiques : ajoutez à ce premier point, dans la comédie comme dans la tragédie, celui des caractères ; la peinture des hommes, en les faisant agir et parler comme ils agiroient et comme ils parleroient

Toutes ces imaginations creuses et qui n'ont rien de vrai peuvent tout au plus faire le fond d'une comédie de collége. Je ne sais si je me trompe, et, pour mon intérêt, je désirerois fort me tromper ; mais je pense que M. Barthe ne fera jamais de comédie, il manque d'invention, il n'a nul *vis comica;* il n'y a pas une seule scène dans sa pièce qui en fasse entrevoir une lueur : si j'en eusse aperçu l'ombre, j'aurois tout rejeté sur sa jeunesse, attendu que je suis convaincu que, quoique né avec le génie ou du talent pour la comédie, l'on ne peut cependant être en état d'en faire une véritable qu'à trente-cinq ou quarante ans. Je n'ai vu qu'un seul et unique exemple du contraire, c'est la comédie en trois actes et en prose du *Jaloux puni,* par M. Trudaine de

---

eux-mêmes dans les situations où vous les placez : voilà en raccourci ce qui constitue le talent ou le génie de l'auteur dramatique. Si vous n'êtes pas né avec ces deux qualités, l'invention et l'imitation, vous aurez beau petiller d'esprit, vous ne ferez au théâtre que des bêtises, témoin Barthe, témoin Dorat.

Les Fausses infidélités du premier, qui sont restées au théâtre, et qui y resteront, ne prouvent point contre mon sentiment, elles l'appuient, au contraire; on n'y aperçoit qu'un comique forcé et les hommes mal peints; de l'esprit, un dialogue très-vif et le jeu contrasté des acteurs, font tout le mérite de cette petite pièce, écrite d'ailleurs du meilleur ton. Cette comédie d'un acte, cette bluette, est une démonstration pour les connoisseurs du théâtre, que Barthe ne sait ni inventer, ni peindre les hommes tels qu'ils sont. La suite de ces journaux aura beau démentir le jugement que je porte en 1780, sur cet auteur; son dernier ouvrage, *l'Homme personnel,* m'a convaincu que je m'étois lourdement trompé sur le compte de cette bête d'esprit. Sa *Mère jalouse,* quoique tombée, ne m'avoit pas encore éclairci la vue; j'y avois trouvé quelque invention et quelques petits caractères; j'ai même un peu défendu cette comédie et son auteur, à la tête de l'exemplaire que j'en ai. Je me dédis de tout, je reconnois mon aveuglement, et ce n'est point d'aujourd'hui; c'est depuis la lecture qu'il me fit de cette mortelle comédie en cinq actes et en vers, bien auparavant qu'elle fût représentée, que j'ai vu clairement que le cheval de cet homme-là n'étoit qu'une bête au théâtre ; définir et disserter perpétuellement sur un caractère, ne peut pas s'appeler traiter un caractère. A peine trouve-t-on dans toute la pièce deux ou trois scènes très-courtes où l'Homme personnel soit en situation, et quelques traits qui lui échappent et où il se peigne lui-même.

Réforme presque entière, entière même, de mes jugements précipités sur ce gaillard-là ! (*Note de Collé, écrite en* 1780.)

Montigny, qui l'avait composée à l'âge de vingt-six ans. Je regarde cette pièce, faite à cet âge, comme un phénomène et un miracle en matière de comédie; tous les caractères en sont dans la nature, finement et profondément aperçus; ce sont des hommes et des femmes en chair et en os. Le dialogue est d'un naturel et d'une vérité que Molière lui-même ne désavoueroit pas; l'intrigue en est bien liée, les scènes bien enchaînées et filées avec un art admirable, et, ce qui est étonnant dans un jeune homme, il n'y a pas la plus légère prétention à l'esprit; mais l'esprit de la chose règne d'un bout à l'autre dans cette comédie. Si M. de Montigny n'avoit pas une place distinguée et des occupations sérieuses, et qu'il eût été dans le cas de se livrer tout entier à faire des comédies, j'ose dire ici qu'il auroit eu un rang bien proche de celui de Molière, s'il ne lui eût pas disputé le sien quelquefois. M. Barthe est bien éloigné de lui ressembler. *L'Amateur* a eu cinq représentations, et n'en aura sûrement plus (1).

Le lundi 12 mars l'on a donné, sans que je l'aye demandé, *Dupuis et Desronais*, avec *la Surprise de l'Amour*.

Le samedi 17 du courant je fus à la première représentation d'*Olympie*, tragédie de M. de Voltaire. Cette pièce, qu'il avoit fait imprimer il y a plus d'un an, avoit déjà été jugée un ouvrage de la caducité de Voltaire. La représentation de ce drame insipide n'a fait que confirmer dans cette idée. Les amis et les fanatiques de cet homme

---

(1) Je crains d'avoir porté trop loin mon enthousiasme pour cette comédie de M. Montigny; mais il est constant qu'elle déceloit un grand talent; je répète encore aujourd'hui que c'étoit un prodige dans un homme de vingt-six ans. Les premières comédies de Molière annonçoient son génie et son abondance, mais elles ne peignoient pas encore les hommes; il avoit plus de quarante ans quand il composa celles où il développa le cœur humain avec tant de profondeur, et qu'il fit des hommes des portraits si ressemblants. Il n'eut point pour ses dernières comédies de modèle chez les anciens, et il en servira toujours aux siècles à venir. (*Note de Collé, écrite en 1780.*)

sont bien aveugles de lui avoir laissé donner cette misérable rapsodie ; ils ont eu beau vouloir la relever par une nouvelle décoration et des habits neufs et brillants, y jeter la pompe et le spectacle le plus riche, cela n'a point dissipé l'ennui mortel et général que cette tragédie a inspiré. Une fable mal faite et impossible, des caractères froids et sans vraisemblance, des situations forcées, manquées, et qu'on trouve partout, des coups de théâtre petits et puérils, un quatrième et un cinquième acte vides d'action et de sens commun, une versification d'une platitude si singulière, que l'on a de la peine à se persuader que c'est Voltaire qui ait rimaillé cette pièce ; voilà l'effet qu'elle a fait sur moi et sur beaucoup de gens de lettres qui n'osent le dire tout haut, parce qu'ils craignent les traits de satire de ce vilain homme. Les Comédiens la traîneront et l'étayeront par de petites pièces qui pourront peut-être la conduire jusqu'à la clôture du théâtre ; ils donnent *l'Amateur;* ils ont *la Magie de l'Amour*, pièce qui n'a pas été jouée depuis vingt ans, et dans laquelle la divine petite Doligny jouera le premier rôle : ils sont prêts encore, à ce que l'on m'assure, à donner une comédie en un acte intitulée *la jeune Indienne;* tout cela pourra faire aller cette tragédie, qui n'en restera pas moins une pièce misérable aux yeux de tout le monde. Quoique les Comédiens aient fait beaucoup de dépenses pour cette tragédie, ils n'en ont cependant point encore fait assez. Il falloit une décoration de place publique au cinquième acte, car il est hors de toute vraisemblance que le bûcher où l'on brûle Statira, et dans lequel Olympie se jette et est aussi brûlée, puisse s'établir au beau milieu du temple, et je défie aux prêtres, aux parents et au peuple d'y rester dix minutes sans étouffer de fumée ; aussi cette cérémonie paroît-elle puérile et absurde, mais la tragédie l'est encore davantage. Toute cette pompe théâtrale, au reste, est bien ridicule quand la pièce est mauvaise ; l'on veut parler aux yeux, et c'est au cœur qu'il faut parler; toutes ces pièces de spectacle, toutes ces lanternes magiques-là annoncent le défaut de génie, la pauvreté d'esprit et la décadence du goût. *Olympie* a eu dix représentations et a été jusqu'à la clôture du théâtre, par je ne sais quel vertige; la cabale et les fanatiques de Voltaire, l'étalage d'un vain spectacle et le mauvais goût de la nation, qui commence à se faire voir à tant d'autres égards, d'une manière sensible, sont, je crois, les causes honteuses du succès incroyable et inattendu de cette rapsodie, qui a repris à la seconde représentation avec une fureur dont tous les connoisseurs et les gens sages ne sont point encore revenus.

M. le duc d'Orléans, qui est à Villers-Cotterets, m'en ayant fait demander des nouvelles, voici le fragment d'une lettre qui a dû lui être montrée. Après avoir parlé d'une bagatelle qui m'avoit fait plaisir, je dis : « Ce n'est
« pas pourtant que je manque de chagrin. Indépendam-
« ment du départ des bons pères jésuites, qui me fait une
« très-vive impression, je suis dans la plus grande dou-
« leur de n'avoir pu, à cause du mauvais temps, faire mes
« observations dramatiques sur *L'Éclipse* (1). L'on a bien
« voulu, pour me consoler, me faire entendre qu'à cause
« de la pluie la première représentation de cette même
« éclipse avoit été remise à quinzaine, par le crédit et la
« science de MM. les auteurs de la *Gazette de France* ; mais
« un savant comme moi ne donne point dans ce panneau-
« là, et je suis bien sûr que l'éclipse ne reviendra pas,
« par exemple. Cependant, puisque *Olympie* est reparue
« et que ses représentations sont suivies avec tant de vi-
« vacité et de courage, l'on ne doit plus désespérer de
« rien; voilà encore une source de chagrin pour moi :

---

(1) D'après une note consignée par Collé dans sa *Correspondance inédite*, p. 347, les rédacteurs de la *Gazette de France* s'étant maladroitement mêlés d'astronomie, commirent une balourdise qui fit rire tout Paris. (*H. B.*)

« le badaud aime à la folie à voir officier monseigneur
« l'archevêque d'Éphèse, parce que celui de Paris est à
« la Trappe. C'est là sans doute une des causes de la
« réussite de ce catafalque de tragédie; joignez à cela
« la pompe des processions du clergé du temple d'É-
« phèse et des chastes religieuses qui les accompa-
« gnent..., et ces reconnoissances horribles, risibles,
« terribles, incompréhensibles et impossibles!.... et le
« doux et innocent passe-temps de voir de ses yeux
« brûler vive une femme, au milieu de papiers trans-
« parents!... et l'ordre et la marche du convoi et enter-
« rement de la reine Statira, qui précède cette situation
« de feu!.... et son oraison funeste, faite par mademoi-
« selle sa fille, se disant ci-devant petite cordelière dans
« le grand couvent d'Éphèse!.... Toutes ces choses
« pieuses et théâtrales enlèvent l'admiration et jettent
« dans l'extase le badaudois, comme je vous l'ai dit, et
« me fait, moi, pleurer sur Jérusalem.

« Ce n'est pas que je ne convienne de bonne foi à
« l'égard du bûcher que vu la froideur de tous les per-
« sonnages de la pièce elle avoit besoin d'être réchauffée
« par un feu purement physique, l'auteur n'ayant pu
« nous en faire sentir un autre enflammant notre âme
« et notre esprit. Mais aussi il faudra que l'on m'ac-
« corde qu'il est bien fort de vouloir faire prendre au
« public des jeux de grandes marionnettes pour des res-
« sorts de tragédie, et de la prose rimée pour des vers;
« de mettre sur la scène deux capitaines d'Alexandre,
« et que l'un soit froid, plat et sot, c'est Antigone; et
« que l'autre, qui est le héros du poème, soit un Cas-
« sandre, dont le caractère est d'être devenu dévot : en-
« core n'a-t-il que l'attrition. Si du moins il avait la con-
« trition parfaite, passe, rien ne seroit plus naturel.
« L'on voit dans tous les historiens qu'après la mort
« d'Alexandre ses lieutenants, qui se partagèrent le
« monde, n'étoient occupés que d'initiations, ne pen-

« soient qu'à se bien confesser aux prêtres d'Éphèse et
« à se convertir ; je ne sais même pas si S. Paul, dans
« une épître aux Éphésiens, ne rapporte pas sur cela
« quelques faits relatifs à ce caractère distinctif des ca-
« pitaines d'Alexandre. Il me semble qu'il dit qu'une
« conscience timorée, des remords et de la dévotion,
« c'étoit là généralement parlant, ce qui constituoit
« le caractère de ces hommes célèbres qui aidèrent
« Alexandre à faire la conquête de l'Asie.

« Mais que Cassandre n'ait que l'attrition, c'est ce qui
« me révolte, quelque partisan que je sois des opinions
« des jésuites ; ce n'est pas là l'idée que Quinte-Curce
« et les autres m'en ont donnée, et n'y eût-il que ce dé-
« faut de vraisemblance dans le caractère, on ne me
« fera jamais prendre cette vessie de tragédie pour une
« lanterne, quelque magique qu'elle soit. Je n'ai vu
« enfin, dans le dénoûment, que le bûcher de Voltaire
« et la pompe funèbre du goût des Français qui l'applau-
« dissent. Je crains bien de mourir de désespoir de ce
« succès très-singulier ; j'entrevois les suites cruelles
« qu'il peut avoir pour moi : messieurs les tragédiens
« partiront de là pour suivre en jolis moutons l'exemple
« de monsieur leur syndic, et nous n'aurons à l'avenir
« que des pantomimes à feu et à sang, au lieu de bonnes
« tragédies ; ce sont là des chagrins mortels. Je vais
« pourtant tâcher de prendre sur moi et de mettre tou-
« tes ces tribulations-là au pied de la croix, etc...»
O l'impie ! s'écrie M. d'Argental.

Il y a déjà quelques jours que Mme de Pompadour est
tombée malade, et dangereusement. Voici un petit conte
que l'on débite à cette occasion ; l'on disait qu'une de
ses femmes de chambre l'avoit assurée qu'elle ne mour-
roit point de cette maladie, parce qu'elle avoit fait pour
sa chère maîtresse une neuvaine à sainte Geneviève ; que
ces propos ayant échauffé la tête de Mme de Pompadour,
animée d'ailleurs par une fièvre ardente, elle avoit fait le

rêve suivant. Sainte Geneviève lui étoit apparue en songe, l'avoit consolée, lui avoit promis de la rendre à la vie ; *mais à une condition*, avoit ajouté la patronne de Paris, *c'est que vous m'imiterez, si vous en revenez, et que vous ne vous mêlerez plus à l'avenir que de la pluie et du beau temps.*

AVRIL 1764.

Le dimanche des Rameaux, 15 du courant, mourut, à sept heures du soir, à Versailles, la femme singulière dont je viens de parler; elle a montré le plus grand sang-froid et le plus grand courage dans ses derniers moments (1). L'on prétend qu'elle avoit des chagrins qui l'ont aidée à faire voir autant de fermeté, et qui lui ont fait quitter la vie sans aucun regret ; l'on a dit que sur la fin de sa maladie le Roi lui avoit marqué très-peu de sensibilité, et l'avoit même pressée de recevoir les sacrements, avec la vivacité qu'auroit pu y mettre le dévot le plus zélé et le moins tendre. Quoi qu'il en soit, voilà son rôle joué ; c'est une actrice médiocre, pour ne pas dire plus, que les spectateurs français ont cruellement payée : j'en parle avec impartialité, elle ne m'a jamais fait

---

(1) Mme de Pompadour mourut à quarante-quatre ans. Le jour même où elle attendait sa dernière heure, le curé de la Madeleine, dont elle était paroissienne, vint l'exhorter à mourir. Comme il prenait congé d'elle : « Un moment, monsieur le curé, lui dit la marquise, nous nous en irons ensemble. » *Mélanges de Boisjourdain*, t. III, p. 452. Du reste, comme on va voir, Collé se montre très-sévère envers Mme de Pompadour. Nous n'aurions pas voulu le compter parmi les admirateurs enthousiastes de cette femme ; mais il n'est pas à sa place dans les rangs de ses détracteurs. Il n'aurait pas dû oublier que si elle a eu de grandes fautes à se reprocher, elle se servit du moins de son crédit pour protéger les lettres et les arts. (*H. B.*)

ni bien ni mal. Cette femme avoit, à ce que je crois, prodigieusement de manége et d'intrigue, et fort peu d'esprit; elle n'étoit ni méchante ni vindicative, témoin le chevalier de Rassiguier, qui avoit fait des vers sanglants contre elle, qu'elle fit sortir de prison et à qui par la suite elle a rendu service; mais elle étoit née avec une ambition si démesurée pour gouverner, qu'elle égaloit presque son incapacité; de là tous nos malheurs publics et le mépris dans lequel notre nation est tombée dans l'Europe entière; de là, depuis douze ans, les ministres incapables et les voleurs publics qu'elle a mis en place, les Séchelles, les Moras, les Silhouette, les Boullogne, le mauvais choix de nos généraux, le comte de Clermont et ses complices, le maréchal de Richelieu, le prince de Soubise et tant d'autres commandants en sous-ordre. L'on n'obtenoit rien que par elle et en lui faisant servilement la cour; tout étoit enlevé par de bons courtisans, et, si j'ose me servir de cette expression, par les videurs de pots-de-chambre. Tout ne se donnoit pas: la plupart des choses se vendoient ou s'achetoient; d'où il suit nécessairement qu'il s'est répandu dans tous les états une âpreté et une avidité effroyables pour l'argent, et que l'argent paroît seul aujourd'hui donner de la considération (1). Elle a même rendu toute la cour financière: les gens de la plus grande qualité n'ont point dédaigné, n'ont pas regardé comme une bassesse d'avoir des intérêts dans les affaires et des croupes dans les fermes générales. A cet égard et à beaucoup d'autres elle a porté le dernier coup aux mœurs; elle en a porté à l'autorité du Roi, en faisant des entreprises hasardées et mal concertées qu'elle n'avoit pas la fermeté de soutenir jusqu'au bout. De là tous les mouvements des parlements et l'espèce d'anarchie

---

(1) Des documents authentiques portent à trente-six millions et demi les dépenses faites par Mme de Pompadour, pendant les dix-neuf années de son règne. V. *Curiosités historiques*, par M. Le Roi, p. 209. (*H. B.*).

où nous sommes tombés, et qui peut tôt ou tard entraîner les plus grands malheurs.

Qui jamais eût pu penser que ce seroit une petite tête, un cerveau comme celui de Mme d'Étioles, qui influeroit sur les affaires générales de l'Europe? C'est pourtant cette femme qui, ayant rempli les cours étrangères de nos ambassadeurs ignorants et ineptes, nous ayant brouillés avec le roi de Prusse, notre allié naturel, et enfin nous ayant fait faire l'étonnant traité de Vienne avec l'impératrice, a été la cause de la guerre et de la paix déshonorantes que nous venons de faire, d'une guerre où la mollesse du gouvernement a souffert les intrigues les plus odieuses contre les généraux d'armée, a dégoûté les meilleurs officiers qui pouvoient nous commander; où l'on n'a cherché qu'à cabaler et à s'enrichir par toutes sortes de brigandages; où l'on a laissé régner l'insubordination, l'indiscipline et l'impunité; guerre où les capitaines de vaisseau et les chefs d'escadre ont fait le commerce au lieu de se battre; où nous avons perdu le Canada par les fautes détestables que M. Bigot, intendant de cette colonie, a commises et fait commettre, dans la seule vue de revenir jouir ici d'une fortune éclatante; où enfin un Lally, Irlandais inconnu, n'a été commander dans l'Inde que pour vendre Pondichéry aux Anglais (1).

Depuis l'établissement de la monarchie, jamais maîtresse de roi n'a fait autant de mal à ce royaume : cependant, à Paris et à la cour on en est venu à un tel point de bassesse et d'avilissement, que vous entendez regretter cette femme : je ne pense pas que ce lâche sentiment

---

(1) Collé parle de cette malheureuse affaire de Pondichéry en homme prévenu et en s'inspirant des passions du moment. Lally (Théod.-Arthur, comte de), baron de Tollendal, né à Romans, en Dauphiné, en 1702, fut accusé d'avoir trahi les intérêts du roi dans l'Inde. On l'enferma à la Bastille, et il fut condamné à mort, sans avoir pu obtenir la permission de se justifier. Voltaire publia un éloquent *factum* en sa faveur, et en 1778 Louis XVI fit réviser ce jugement inique et réhabiliter la mémoire de Lally. (*H. B.*)

ait gagné nos provinces. Comme cette femme étoit le canal de toutes les grâces, grandes et petites, on voit, on rencontre ici des gens qui font son oraison funèbre, et qui sont fâchés de sa mort. Les gens de lettres surtout, qui se sont laissé protéger par elle et auxquels effectivement elle a rendu service autant qu'elle a pu, ne cessent de la défendre et de la préconiser. Il y a eu quelques jours, pendant sa maladie, où on la croyoit hors d'affaire ; les plus pressés de ces messieurs avoient déjà chanté des couplets sur sa convalescence ; et je sais même des triolets de quelqu'un qui n'étoit pas fait pour donner de ces vilenies-là, et encore moins dans la société où ils ont été donnés. J'avoue bonnement que cela fait mal au cœur. Il se trouve aussi des gens sans aucun intérêt particulier, qui croient bonnement que l'intérêt général étoit que cette femme vécût. Il seroit bien plus sûr de dire que pour le bien public il eût été à souhaiter qu'elle n'eût jamais vécu. Elle a fait un testament qui ne respire qu'une vanité petite et méprisable ; elle n'y parle que de son ami le prince de Soubise, de la maréchale de Mirepoix, des grands auxquels elle fait des legs. A l'exception de son frère, qu'elle fait son légataire universel, elle n'y prononce le nom d'aucun bourgeois, d'aucun de ses petits amis, d'aucun de ses petits parents ; c'est un testament de la plus grande *noblesse* et de la plus grande *bassesse*.

Ce qui prouveroit les regrets que l'on a ici en général de la mort de cette femme, s'il étoit besoin de preuves, c'est que je n'ai point vu d'épitaphes épigrammatiques contre elle (1) ; je n'en ai vu qu'une, qui est plutôt galante et fade que méchante. La voici : l'on avertit auparavant que le tombeau représente le buste de Mme de Pompadour ; à droite et à gauche sont l'Hymen et l'Amour en pleurs, leurs flambeaux renversés.

---

(1) Collé n'était pas suffisamment renseigné. Lors de la mort de Mme de Pompadour, un assez grand nombre d'épitaphes *épigrammatiques* coururent. Le tome IV de la *Vie privée de Louis* XV, p. 287, en contient deux : l'une en latin, l'autre en français. Cette dernière est sanglante. (*H. B.*).

> Ci-gît d'Étiole et Pompadour,
> Qui charma la ville et la cour;
> Femme infidèle et maîtresse accomplie :
> L'Hymen et l'Amour sont d'accord,
> Le premier, pour pleurer sa vie,
> Le second, pour pleurer sa mort.

En considérant, au reste, la conduite de cette femme du côté des mœurs et de la probité, elle est plus criminelle qu'une autre d'avoir méprisé ses devoirs. Elle étoit fille de Mme Poisson, qui étoit entretenue publiquement par M. de Tournehem, oncle de M. d'Étioles. Ce vilain oncle, bravant toutes les bienséances et l'honnêteté publique, fit faire ce mariage révoltant à son neveu. Mlle Poisson, tirée de son état honteux, et élevée, comme dit Molière, au rang d'honorable bourgeoise, n'en est que plus coupable d'avoir manqué à son mari, et d'une manière aussi éclatante. A quelques plaisirs près, et quelques moments d'ivresse qu'a pu lui procurer son ambition déréglée, je suis convaincu qu'elle n'a point été aussi heureuse qu'elle aurait pu l'être, si elle se fût contentée de la fortune de son mari, et si elle eût vécu avec ses égaux, avec la considération personnelle que lui eussent attirée une conduite sage et des mœurs pures. Je suis certain que si l'on avoit le choix, en commençant sa carrière, du vice ou de la vertu, tout bien pesé, l'on ne balanceroit pas un instant de choisir la vertu, comme la route unique du bonheur.

De son côté, M. d'Étioles ou M. le Normand, son mari, auroit pu, si c'eût été un homme estimable, jouer un très-beau rôle pour un simple particulier, lorsque le Roi prit sa femme. Sans mettre de vanité ni de faste dans sa conduite, il devoit, dans l'instant, remercier de la place de fermier général qui lui avoit été donnée quelque temps auparavant qu'il sût quelle étoit la cause de cette grâce. Il devoit, par le moyen de ses amis, et sans aucun crédit de la cour, tâcher de rentrer dans quelques sous-fermes s'il n'en avoit pu avoir, demander un emploi aux fermiers généraux, du nombre desquels il se retiroit; il eût trouvé immanquablement des gens qui fussent venus à son secours; rejeter en un mot tous ceux qui pouvoient lui venir de sa femme, et rompre avec elle sans retour. Il ne falloit que vivre dans la médiocrité, l'obscurité, et dans un silence noble et respectueux. Cette conduite lui eût assuré une place bien honorable dans l'histoire; c'est une occasion qu'ont rarement des particuliers.

L'on sait au contraire comme il en a agi; il a reçu, il a fatigué sa femme à force de lui demander et d'obtenir des grâces; il avoit toujours le nom et le crédit de Mme de Pompadour à la bouche; enfin, il s'est conduit vis-à-vis du public et avec elle de façon qu'il abusoit du mépris que tout le monde a pour lui.

Le lundi 30 du courant je donnai, à Bagnolet, une petite fête à M. le duc d'Orléans, la veille de Saint-Philippe; elle étoit composée d'un prologue, d'une comédie en deux actes, intitulée *l'Amour d'autrefois*, que j'ai faite l'été dernier à la campagne, et terminée par une seconde représentation de *la Tête à perruque*, qui avoit été donnée en 1762, à la fête de Marquise (1). Comme cette fête arrive le premier jour de mai, et que c'est ce même jour que Clémence Isaure a fixé la tenue des Jeux floraux, Laujon trouva que cette fête pouvoit très-bien nous servir pour la fête de monseigneur, et il avoit raison. Voici comme je l'ai arrangée en prologue : j'avois fait peindre une toile qui représentoit le tombeau de Clémence Isaure; on voyoit cette femme illustre assise sur son tombeau, le dos appuyé contre une pyramide, sur laquelle étoit jeté le cheval Pégase s'élevant dans un nuage, au-dessus de la tête d'Isaure; à ses pieds, sur sa

---

(1) Il s'agit de Mlle Le Marquis, danseuse de la Comédie-Italienne et maîtresse du duc d'Orléans, sur laquelle nous fournissons plus loin des renseignemens détaillés. (*H. B.*)

droite, étoit le petit génie de la comédie, se jouant avec le masque de Thalie ; à gauche, aussi à ses pieds, étoit un autre petit génie, avec les attributs des différents arts, de la musique, de la poésie et de la peinture, etc. Cette toile ou rideau, qui formoit la décoration, étoit très-avancée, et je l'avois fait poster immédiatement avant la première coulisse.

Lorsque la toile ordinaire qui ferme le théâtre eut été levée, pour laisser voir la décoration du tombeau, nous entrâmes, Laujon et moi, en habits de ville, sous nos noms et sans chapeaux, et nous fîmes la scène que je vais copier.

SCÈNE PREMIÈRE.

M. LAUJON, M. COLLÉ.

M. COLLÉ.

Je vous dis, mon cher Laujon, que l'on va se moquer de nous.

M. LAUJON.

Eh ! je vous dis moi, mon cher Collé, que ma fête est fort ingénieuse.

M. COLLÉ.

Oui, fort ingénieuse. Ajoutez aussi fort gaillarde. Le théâtre représente un tombeau.

M. LAUJON.

Eh mais sans ce tombeau pourrois-je faire des miracles ? Je vais ressusciter des morts et.....

M. COLLÉ *l'interrompant*.

Et endormir les vivants, voilà un beau fichu miracle!

M. LAUJON.

Un moment donc, ... monsieur ......; cette plaisanterie-là n'est point dans votre rôle, et vous ne me donnez point ma réplique.

M. COLLÉ.

Comment ! votre réplique ! Eh mais ! n'étions-nous pas convenus que, vu mon défaut total de mémoire, je répliquerois, moi, tout ce qui me passeroit par la tête ?

M. LAUJON.

Oh ! doucement, s'il vous plaît ; j'aime bien mieux que vous lisiez votre rôle, que de me dérouter ainsi.

M. COLLÉ, *tirant son rôle*.

Oh! pardi ! je l'aime bien mieux aussi ; voyons, voyons où nous en étions.

M. LAUJON.

Nous en étions à ce que je disois, que je ne présente un tombeau que parce que dans cette fête je prétends faire des miracles ; j'y veux ressusciter des morts.

M. COLLÉ, *tirant son rôle*.

Bon ! j'y suis ; voici ce que je réponds, moi ; des morts?... Eh ! avec quoi ressusciterez-vous des morts?

M. LAUJON.

Avec un magicien ; je suis convenu de cela avec lui : toute ma résurrection est arrangée au moyen de la magie.

M. COLLÉ.

La peste ! de la magie ! cela va paroître tout neuf à nos spectateurs ; nous allons leur prouver par là que nous sommes de grands sorciers.

M. LAUJON.

Eh ! mais, nous ne mettons point de prétention à tout cela, nous n'y mettons que du zèle, l'on nous en saura gré ; écoutez-moi jusqu'à *amen*.

M. COLLÉ.

Ainsi soit-il ; je ne vous interromps plus.

M. LAUJON.

Or sus, vous savez bien que je vous ai dit que comme la fête de monseigneur se trouvoit être le premier de mai, il se trouvoit aussi justement que c'étoit le premier Jour de mai que Clémence Isaure avoit institué les Jeux floraux , vous savez tout cela ?

M. COLLÉ.

Mais si je sais tout cela, pourquoi me le répéter ?

M. LAUJON.

Eh ! mais, c'est pour faire l'exposition de mon sujet ; comme dans tous les drames du monde, où l'on apprend à l'auteur tout ce qu'il

sait déjà, afin d'instruire le spectateur de ce qu'il ne sait pas encore :
c'est une finesse qui est dans toutes les tragédies.

M. COLLÉ.

Si c'est une finesse, pourquoi le dites-vous ? Ces messieurs ne s'en
seroient peut-être pas aperçus, vu l'adresse que vous y mettez, mon
cher Laujon.

M. LAUJON.

Mais je n'y veux point mettre d'autre adresse, moi, que celle qui
me servira à établir que d'abord je vais ressusciter Clémence Isaure ;...
que, par le moyen de la magie, je la mettrai au ton et au langage
d'à présent;..... que cette femme illustre et les poëtes de ces Jeux
floraux me fourniront peut-être quelques bagatelles agréables qui
pourront former un petit spectacle pour la fête de monseigneur ; et
qu'enfin ce prologue-ci ne sera pas plus ridicule que tous les autres
prologues faits et à faire

M. COLLÉ.

Non, mais pourvu qu'il soit aussi ridicule, nous devons être contens,
n'est-ce pas ?

M. LAUJON.

Oh ! bien ! raillez toujours ! finissons ; tenez, il est temps que vous
alliez vous habiller, pour vous mettre en rang d'oignons parmi les
auteurs des Jeux floraux, et.....

M. COLLÉ, *l'interrompant*.

Oh ! je m'en vais, je m'en vais ; il n'est pas besoin de me presser
beaucoup pour cela. Je sens que je suis mauvais acteur, que c'est toujours
avec plaisir que je quitte la scène, et je n'y rentrerai qu'en tremblant
des pieds à la tête.

M. LAUJON.

Écoutez donc : mon cher ami, si vous rencontrez mon magicien,
dites-lui qu'il ne manque pas son entrée. Mais bon, c'est lui ! la voilà
manquée ! il entre trop tôt.

SCÈNE DEUXIÈME.

M. LAUJON, LE MAGICIEN.

M. LAUJON.

Par la sandieu ! monsieur le Magicien, vous êtes bien pressé !....
et encore oubliez-vous de m'effrayer ! vous me faites rater ma peur !
comment voulez-vous que j'y revienne ?

LE MAGICIEN.

Allez, allez, monsieur, cela reviendra, et si vous n'avez pas une peur de diable pendant mes incantations, il faut que vous soyez né bien intrépide. (*Il fait des cercles avec sa baguette, des lazzis et des grimaces en prononçant ce qui suit* : Azaël, Faribroth, Rapalus, Asmodée, Leviathan, Griboury, Griboury, Griboury!

M. LAUJON, *feignant la peur.*

Aïe! aïe! aïe! monsieur, qu'ils ne paroissent pas, je mourrois de frayeur.

LE MAGICIEN.

Ne craignez rien, remettez-vous et venons au fait; j'y suis d'abord de l'objet de votre demande, mais permettez moi, auparavant que de faire sortir de son tombeau Clémence Isaure et ses complices, permettez moi, dis-je, d'égayer ma besogne par une évocation infernale dans le goût des nouvelles ariettes.

M. LAUJON.

Oh! c'est tout ce que je désire, sorcier de mon âme.

LE MAGICIEN *chantant.*

De vos antres profonds,
De vos gouffres sans fonds,
Esprits, démons, écoutez tous.
Mon art a recours à vous.
Vous savez quel est mon but,
Behémot, Béelzébuth!
Je vois Impuribel
Animer Cunni-Babel, Burgibel.
Des mains d'Engloutifer
Griffifer prend le sceptre de fer de Lucifer;
Le fier Bigotifer, Impifer, Jésuitifer,
Inquisitionnitifer, Papifer, tout l'enfer,
Me répond du fond du noir manoir.

CHŒUR D'OMBRES.	LE MAGICIEN.
Tu vas être obéi.	J'ai bien ouï.
CHŒUR D'OMBRES.	Ouï.

CLÉMENCE ISAURE *derrière le rideau, chante.*

Levez donc.

LE MAGICIEN.

Le rideau.

CLÉMENCE.

Ouvrez donc.

LE MAGICIEN.

Le tombeau.

ENSEMBLE.

CLÉMENCE : Ouvrez donc! manque-t-on mon tombeau ?
LE MAGICIEN : Ah! pardon! manque-t-on son tombeau ?

CLÉMENCE.

Mais, j'attends !

LE MAGICIEN.

Je t'entends.

CLÉMENCE.

Mais, j'attends!

ENSEMBLE.

Levez donc le rideau !
Manque-t-on mon tombeau ?

LE MAGICIEN *à la coulisse.*

Eh! le rideau donc! ne vous avoit-on pas dit de le lever aussitôt que les dames seroient placées ? c'est à vous à conduire votre machine.

SCÈNE TROISIÈME.

« On lève le rideau, et l'on voit Clémence Isaure avec plusieurs
« poëtes, tant hommes que femmes; ils sont tous assis vis-à-vis
« d'une table longue, couverte d'un tapis vert, et sur laquelle sont
« des écritoires garnies de plumes ; de distance en distance, des pa-
« piers et des ouvrages jetés çà et là sur cette table ; Clémence Isaure
« et les femmes sont habillées en vieilles ; j'étois, moi, en abbé, sous
« le nom de Guillaume Pingon, archidiacre d'Orange.

CLÉMENCE, LA DAME RIXANDE DE PUIVERT, LA DAME DE CLUMANE,
L'ARCHIDIACRE ET LAUJON.

CLÉMENCE *avec le Chœur de vieilles.*

Air : *Or, voilà la vie, la vie.*

Tu nous rends la vie, la vie, la vie;
Tu nous rends la vie, mais bien lentement.

LA DAME DE PUIVERT, *même air.*

L'on étoit servie
Bien différemment.

LA DAME DE CLUMANE.

Avec la magie,
Manquer le moment!

CLÉMENCE ET LES DEUX DAMES *en chœur*.

C'est rendre la vie, la vie, la vie,
C'est rendre la vie,
Mais bien lentement.

LE MAGICIEN.

C'est-à-dire, mesdames, qu'il ne suffit pas de faire des miracles pour vous, il faut encore les faire à la minute; je suis votre valet très-humble. (Il sort.)

CLÉMENCE.

Laissons aller monsieur le Magicien ; nous n'en avons plus besoin... (*à M. Laujon*) : Vous, notre ami, mettez-vous là et prenez séance à nos Jeux floraux. (*M. Laujon s'assied.*) Eh bien! avez-vous fait votre exposition ?

M. LAUJON.

Eh ! mais, elle se fait d'elle-même dans ce moment, avec ce que nous avons dit.

Ainsi que nous d'un air gai,
Jadis vous fêtiez le mai.

LES DEUX DAMES.

Voilà la ressemblance.

LA DAME DE CLUMANÉ.

Chez nous l'ardeur s'en éteint.

L'ARCHIDIACRE ET M. LAUJON *ensemble*.

Le zèle ici la soutient.

LES TROIS DAMES *ensemble*.

Voilà la différence.

M. LAUJON, air : *l'occasion fait le larron*.

J'ai dit qu'Isaure eut, avec un cœur tendre,
De vrais talents, du goût, de la gaîté.

L'ARCHIDIACRE ET M. LAUJON,

s'adressant ensemble à Marquise, représentant Clémence Isaure :

En vous voyant, il est aisé de prendre
L'ombre pour la réalité.

CLÉMENCE.

Ah ! messieurs, des compliments à notre âge !
(*En chantant*). Rappelons la souvenance
  Du bon temps passé.
  Le goût n'étoit pas blasé,
  L'esprit avoit moins d'assurance ;
  Mais pour éclairer l'ignorance
  Le cœur étoit assez rusé.

LES DAMES *en chœur*.

  Rappelons la souvenance
  Du bon temps passé.

CLÉMENCE.

  Un auteur à plaire empressé
  Donnoit ses vers un mois d'avance ;
  Il causoit moins d'impatience ;
  Il en paroissoit moins glacé.
(*A Laujon.*) Rappelez la souvenance
  Du bon temps passé.

M. LAUJON *à Clémence*.

  La rime alors à l'A, B, C,
  Aux vers donnoit bien plus d'aisance ;
  Dans le sein de la médisance
  Son fiel restoit encor glacé.
  Rappelez la souvenance
  Du bon temps passé.

Mais c'est assez parler du temps passé, occupons-nous un peu du moment présent, et voyons ce que nos acteurs des Jeux floraux pourront nous fournir pour notre fête.

CLÉMENCE.

Vous avez raison, ouvrons chacun les paquets que nous avons devant nous.

Clémence chanta ensuite une ronde faite par Laujon, dont voici le refrain :

  Rions avec la jeunesse,
  Suivons le plaisir qui la suit ;
  C'est un bien pour la vieillesse
  D'amuser le temps qui s'enfuit.

Les couplets et l'air en sont très-jolis; après cette ronde, Douce de Monestier, dame de Clumane, se leva et lut la pièce suivante :

Gaillard sonnet gaulois, mis en lumière par Douce Monestier, dame de Clumane.

> Ne passons à l'amant pièces de fantaisie,
> L'ombre, le seul penser d'une infidélité;
> L'indulgence en amour est damnable hérésie :
> L'on n'y peut apporter trop de rigidité.
>
> L'amour tendre va-t-il sans tendre jalousie ?
> Je croirois mon amant plein de déloyauté,
> Si son geste, un regard, la moindre courtoisie,
> Déceloient pour une autre un air de privauté.
>
> Si je rends à l'amour, je veux qu'amour me rende.
> Bref, à mon doux ami, jalouse, je demande
> Tout son bien amoureux ...., et sens..., et sentimens.
>
> Ce n'est du premier point que je sois moult friande;
> Mais, tenez, bonnes gens, n'ai pas l'âme assez grande
> Pour me contenter, moi, de son cœur seulement.

La dame Rixande de Puivert chanta ensuite le vaudeville de *Dagobert en France*, sur l'air de *Jean de Vert en France*.

Ce vaudeville et la façon dont il fut chanté par Mme Montalais parurent faire plaisir.

A ce vaudeville succéda un gentil rondeau.

Après le rondeau, Clémence chanta *le Calendrier de Vénus*, petite romance où Laujon amenoit adroitement le nom de M. le duc d'Orléans et de feu M. le Régent. L'on applaudit beaucoup cette romance.

Elle fut suivie de quatre couplets sur l'air *des Trembleurs*. Ils étoient encore de Laujon, qui les chanta, et ils prirent. C'est pourtant de ce qu'il avoit composé pour cette fête ce qui m'avoit paru le plus foible; ils sont obscurs, entortillés. Le monorime auquel il s'étoit assujetti dans chaque couplet l'avoit aussi par trop gêné.

Immédiatement après ces couplets, je récitai une ode imprimée. Je m'étois bien flatté, jusqu'à un certain point, du succès qu'elle devoit avoir vis-à-vis de M. le duc d'Orléans et des gens de la Cour, mais je n'aurois jamais imaginé qu'elle fît une sensation aussi grande; six ou sept personnes qui l'avoient entendue me dirent qu'elles en avoient été émues et attendries jusqu'à verser des larmes; aussi fut-elle applaudie à diverses reprises, et avec fureur.

Après l'ode, arriva M. Danezan, habillé en beau Léandre, qui tira parti d'un mauvais discours de parade que je lui avois fait. A la fin de cette espèce de scène, Clémence Isaure, après avoir congédié le beau Léandre, s'adressa aux spectateurs, et leur dit :

Il est parti, tant mieux ; je suis certaine, messieurs, moi, que vous ne le regrettez pas plus que moi ; et je me flatte qu'au lieu de parades qu'il venoit nous offrir, vous ne serez point fâchés que je vous donne la représentation d'une comédie nouvelle intitulée *l'Amour véritable* ; la voici. Tenez, M. l'Archidiacre, donnez-en le manuscrit au souffleur ; au moyen de la magie, nous sommes en état de la jouer à l'instant. Nous desirerions bien en même temps que la magie allât jusqu'à vous fasciner les yeux sur ses défauts. Quoi qu'il en soit, nous allons nous habiller, et nous verrons jusqu'où s'étendra son pouvoir.

(*Elle veut s'en aller.*)

L'ARCHIDIACRE *l'arrêtant :*

Un moment, charmante Isaure : il faut que je chante, auparavant que nous nous retirions, le vaudeville du mois de mai, que j'ai fait pour terminer ce prologue-ci.

CLÉMENCE.

Cela est trop juste, chantez-nous votre vaudeville, monsieur l'Archidiacre.

L'ARCHIDIACRE.

VAUDEVILLE DU MOIS DE MAI.

Sur l'air : *Eh! ziste! eh! zeste! eh! point de chagrin!*

1er COUPLET.

Aux propos sucrés, dans ce temps,
Le sexe s'affriole (1) ;

---

(1) Voy. ce Vaudeville dans le *Recueil des Chansons de Collé.*

La comédie du *Véritable Amour* suivit ce prologue ; il m'a paru qu'elle avoit fait très-grand plaisir : on a trouvé seulement que le dénouement tournoit trop court. Je compte la reprendre un jour pour en faire une comédie en cinq actes ou en trois actes au moins, pour la Comédie-Française : ce seroit le dernier grand ouvrage que je ferois, car je ne veux pas travailler dans ma vieillesse : ce seroit là ma dernière homélie. Je ne veux point tomber dans le ridicule de l'archevêque de Grenade, dont parle Gilblas. J'ai continuellement devant les yeux le vers d'Horace : *Solve senescentem mature*, etc. Je mettrai à cette besogne, par laquelle je prendrai congé de la compagnie, trois, quatre, cinq ans, s'il le faut ; je suis encore indécis si je l'écrirai en prose ou en vers libres comme *Dupuis;* je penche pourtant beaucoup pour les vers, attendu que la peine que l'on est forcé de prendre en faisant des vers fait nécessairement que l'on écrit mieux et que l'on est plus serré.

La petite comédie de *la Tête à perruque*, au milieu de laquelle se tira, comme de raison, un très-joli feu d'artifice chinois, termina cette fête, dont M. le duc d'Orléans a paru plus content que d'aucune que nous avons donnée.

J'ai oublié de dire que *le Véritable Amour* a été très-bien su et très-bien joué. Marquise a bien joué le rôle d'Angélique. J'eusse désiré un peu plus de chaleur dans M. de Vaudreuil, qui faisoit le chevalier. M. Danézan jouoit l'intendant, et à moins que d'être comédien de profession, l'on ne pouvoit pas mieux s'en tirer. M. de Tourempré a été supérieur dans le rôle du commandeur ; ceux de la comtesse et de la baronne ont été bien remplis par la Bognoli et la Drouin ; la Bognoli surtout étoit une véritable comtesse ; cette femme est une comédienne dont on ne connoît pas assez le talent.

MAI 1764.

Le mercredi 2 du courant je fus à la seconde représentation de *la Jeune Indienne,* comédie en un acte et en vers de M. Chamfort, jeune homme de vingt-un ans. Cette pièce fut fort applaudie à la première représentation, qui eut lieu le 30 du mois précédent; l'on demanda l'auteur à grands cris, et pendant vingt minutes au moins M. Duclos eut à combattre les sentimens des comédiens, de M. le duc de Duras et de M. d'Argental, gens pleins de raison et de délicatesse. Il y eut dans le corridor et dans les foyers de la Comédie une dispute assez vive entre eux et Duclos, qui les poussa et l'emporta. Le petit Chamfort suivit le conseil de l'académicien, et le préféra à ceux des histrions, du duc et du conseiller honoraire au parlement. Il est fort à souhaiter, pour les gens de lettres, que cet exemple fasse planche, et que les auteurs dramatiques ne regardent plus comme une gloire cette basse et humiliante présentation.

M. Chamfort a eu (sans le sentir sûrement) plus de raison qu'un autre, de ne point céder à ce vil usage, attendu que la pièce n'a guère réussi, quoiqu'elle ait été fort applaudie. Ce n'est point une pièce; il n'y a ni obstacles ni nœud; cette comédie pouvait finir à la première scène tout aussi bien qu'à la dernière. Cet auteur paroît n'avoir aucune imagination. Son sujet est pris d'une historiette rapportée dans *le Spectateur* anglais, et sans rien ajouter au fond il l'a seulement gâté en l'altérant. M. Chamfort n'a point d'idée de ce que c'est que théâtre; son extrême jeunesse lui en donne encore moins de ce que sont les hommes; il ne les connoît pas et ne peut pas encore les connoître. Qu'il aille dans le monde, qu'il étudie la cour et la ville pendant douze ou quinze ans, et il pourra alors faire des comédies, s'il en a le talent; mais j'ai peur qu'il n'en ait jamais. La grande partie de la poésie est l'*invention*, et ce petit bonhomme m'en paroît radicalement dépourvu. Je ne perdrois pas l'espérance si j'avois vu dans sa pièce des situations choquantes, de la dernière extravagance même, mais neuves; au contraire, l'on n'y voit rien d'imaginé, rien de créé. Il fera je crois des vers, mais je doute très-fort qu'il fasse jamais des pièces, et surtout de véritables comédies (1).

Le jeudi 17 du courant les Comédiens donnèrent la première représentation du *Jeune homme*, comédie en cinq actes et en vers de M. de La Bastide. Le commencement du premier acte fut fort applaudi; la dernière scène de cet acte fut huée. On continua au second à bafouer l'auteur encore plus vivement; et à la seconde scène du troisième acte, un dialogue grossier et révoltant ayant choqué toute la salle, un homme, placé au paradis, s'avisa dans cet instant même d'éternuer exprès comiquement; les ris et les huées redoublèrent. Mme Préville fit la révérence au public, et la pièce n'alla pas plus loin que cette seconde scène du troisième acte. Depuis que je vais au théâtre, je ne me souviens point d'avoir vu une chute aussi ignominieuse.

Ce M. de La Bastide est un homme qui écrit bassement, et comme le public juge mieux les expressions que le fond des choses, il n'est point étonnant qu'il ait été hué; mais il est rare de l'être autant et si tôt. Cet auteur comique, qui ne l'est point et qui ne le sera jamais, étoit connu en mal par quelques mauvais romans, un *Spectateur français* et quelques autres ouvrages ignorés (2).

---

(1) La *Jeune Indienne* a eu neuf représentations. (*Note de Collé.*)
(2) Bastide (J. Fr. de), né à Marseille, en 1724, était petit neveu de l'abbé Pellegrin, et a composé plusieurs autres pièces de théâtre. (*H. B.*)

Mme Préville pour s'excuser, elle et ses camarades, et mettre à couvert l'honneur du jugement de l'aréopage comique sur cette mauvaise comédie, et se disculper de l'avoir reçue, m'a fait une histoire à laquelle on ajoutera la foi que l'on voudra. C'est que, lorsqu'on leur en fit la lecture, on leur dit que l'auteur de cette comédie étoit un jeune homme de vingt-trois ans, et quoiqu'ils la trouvassent extrêmement mauvaise, les Comédiens l'on reçue pour encourager le jeune homme, qui s'est trouvé être M. de La Bastide.

JUIN 1764.

[Le jeudi 7 juin les Comédiens ont donné la première représentation de *Cromwel*; tragédie de M. Duclairon. Je suis à La Celle (1), chez M. Roussel. Je ne l'ai point vue. On nous a dit qu'elle avait été trouvée très-froide et qu'elle n'avait été ni applaudie ni sifflée.

La seule observation que je puisse faire sur cette tragédie, c'est qu'il est bien singulier que l'on fasse une tragédie de *Cromwel*, et que ce ne soit point la mort de Charles Ier que l'on traite. Cela n'a pas de bon sens. Il est superflu d'en dire les raisons. On les sent de reste.]

J'ai fait à la campagne où je suis un premier acte de *Henri IV*; en arrivant à Paris, j'en essayerai l'effet sur des connoisseurs et je verrai ce que je dois penser de cette besogne, que jusqu'ici je trouve bien faite, sauf corrections et critiques (2).

---

(1) *La Celle*, terre de feu notre cousin le banqueroutier. — (*Note de Collé*.)

(2) J'avois senti, auparavant qu'on les lît, et même auparavant que de faire ce premier acte de *Henri IV*, les critiques qu'on en devoit faire; mais je pensai que j'étois dans le cas (très-rare) où l'on peut se mettre au-dessus

JUILLET 1764.

Ce mois-ci ne sera pas long ; je n'ai pas mis le pied à Paris, je l'ai passé à Grignon, où j'ai fait un petit prologue en prose et en vers, intitulé *le Bouquet de Thalie*. Je destine ce prologue à la fête de décembre, et je voudrois qu'il amenât la représentation de *Henri IV* en trois actes. Le premier acte que j'ai fait a fait pleurer M. le duc d'Orléans et tous ceux à qui je l'ai lu. Il ne s'agit plus que de voir son effet au théâtre, et si sa couleur ne tranchera pas trop avec les deux derniers actes. Cette pièce, au reste, est d'une constitution si ingulière, que les critiques que l'on en feroit pourroient être justes et fondées sans que cela pût nuire néanmoins en aucune façon à l'effet qu'elle feroit et qu'elle doit faire au théâtre.

Je voudrois qu'elle fût jouée cet hiver à Bagnolet, et c'est dans ce dessein que j'ai composé le prologue en ques-

---

des règles. Personne n'en a été plus l'esclave que moi ; j'ose dire que j'en ai presque toujours poussé l'observation jusqu'à la pédanterie. Comme j'ai toujours aimé l'art pour l'art en lui-même, et que je ne songeois guère à me faire une réputation, et encore moins' à gagner de l'argent, j'étois, dans mes compositions, soit chansons ou autres breloques, d'une sévérité à moi-même qui étonneroit si on pouvoit savoir jusqu'où je l'ai portée. N'ayant eu que très-tard l'idée de rendre mes ouvrages publics, je n'écrivois que pour moi, pour me contenter, et je ne me trouvais jamais content de ce que j'avois fait ; mais dans cette occasion-ci deux puissantes raisons m'ont fait franchir les règles, et m'ont déterminé à pécher contre elles le sachant bien.

La première est que dans la pièce, lorsqu'elle étoit en deux actes, il s'y trouvoit un défaut énorme, celui de faire l'exposition de l'intrigue de Conchini et d'Agathe pendant le temps que Bellegarde et Conchini étoient égarés la nuit dans la forêt, et qu'il étoit impossible de la placer ailleurs que dans cet endroit et dans ce moment. Cette exposition, à présent, est comme il faut qu'elle soit. La seconde raison est que la scène entre Henri et Sully jette un intérêt prodigieux sur eux, quand on les voit perdus dans la forêt. J'ai d'ailleurs donné à ma pièce le titre de *la Partie de chasse de Henri IV*; mais cela n'est qu'une excuse. (*Note de Collé, écrite en* 1780.)

tion et arrangé ma fête en conséquence. A mon retour à Paris, je proposerai mon idée à M. le duc d'Orléans; et comme il n'est plus, ou qu'il ne se croit plus dans le cas de jouer la comédie, à cause de son fils, je ne sais s'il adoptera le plan que je dois lui montrer, et qui amène la représentation de *Henri IV*. Nous verrons.

Les François ont donné, ce mois-ci, pendant que j'étois à la campagne, une tragédie qui n'a été jouée qu'une seule et unique fois, *les Triumvirs* : elle est d'un auteur anonyme; beaucoup de gens croient qu'elle est de M. le marquis de Chimène; d'autres la donnent à M. Portelance, auteur d'*Antipater*; le plus grand nombre cependant veulent que ce terrible ouvrage soit du marquis : ce qui m'en feroit douter, c'est que, quelque mauvais qu'il soit, il ne l'a point avoué. S'il en était l'auteur, il le déclareroit, même après sa chute, et soutiendroit que le public s'est trompé (1).

AOUT 1764.

Le mercredi premier jour du mois d'août je fus à la première représentation de *Timoléon*, tragédie de M. de Laharpe; elle fut écoutée, jugée et condamnée par le public, avec beaucoup de tranquillité. Il y eut deux ou trois endroits applaudis de la salle entière avec beaucoup de vivacité; le troisième acte surtout le méritoit.

J'ai cru voir plus de germe de talent que dans toute sa tragédie de *Warvick*. Je désire très-fort de ne m'être pas trompé, mais je n'ai point vu dans *Timoléon*, non

---

(1) Cette pièce est celle que Voltaire intitula ensuite *le Triumvirat*. (*Note de Barbier.*)

plus que dans son premier ouvrage, le génie de l'invention de fond, et il y a tout lieu de craindre que cet auteur ne puisse jamais créer un grand ensemble. *Infelix operis summa, quia ponere totum nesciet.* Il est d'ailleurs de la plus grande maladresse dans l'arrangement de sa fable et de ses scènes ; il ne connoît point encore le théâtre ni le cœur humain. Il n'a que vingt-trois ans ; il acquerra par l'usage, ses chutes et ses réflexions, ces deux dernières connoissances ; mais le génie ne s'acquiert point, la nature seule le donne, et je doute fort qu'elle lui en ait donné. Vu sa grande jeunesse, on peut encore se tromper peut-être en lui refusant entièrement le génie : il se pourroit qu'il ne fût pas encore développé ; il est plus prudent de suspendre son jugement, et plus doux pour nous de ne point encore désespérer de cet auteur ; mais quant à présent tout son talent se réduit à sa versification, qui est très-naturelle, à faire dire à ses personnages ce qu'ils doivent se dire et se répondre, à chercher et à trouver quelquefois les sentiments vrais de la nature, et à les exprimer avec une assez noble simplicité.

Quant à ses vers, j'ai cru apercevoir, autant que la rapidité de la représentation peut le permettre, qu'ils étoient moins simples que ceux de son *Warvick*, qu'il y en avoit de boursouflés, et qu'il avoit semé beaucoup de maximes et de sentences dans son dialogue, ce qui en ôte la vérité et est de mauvais goût. Ce dernier défaut, si je m'en souviens bien, n'étoit pas aussi remarquable et aussi fort dans sa première tragédie.

L'on avoit annoncé *Timoléon* pour la seconde fois, samedi, mais il est interrompu, à cause de l'indisposition d'une actrice. Il y a plus d'apparence que c'est à cause de l'indisposition du public. M. de Laharpe veut y faire quelques changements ; mais ces changements ne changeront rien au fond du sujet, qui est sans imagination.

Je viens d'apprendre que c'est en effet une entorse

que s'est donnée Le Kain, qui a fait suspendre les représentations de *Timoléon*; et par une rencontre assez singulière, il s'est donné cette entorse dans la rue de *la Harpe*.

SEPTEMBRE 1764.

J'ai lu à M. le duc d'Orléans le Prologue dont j'ai parlé et que j'ai composé dans le mois de juillet dernier (1); il l'a goûté, et il veut qu'il soit joué en décembre pour la fête de Marquise, avec *la Partie de chasse de Henri IV*, en trois actes; c'est ainsi que j'intitule actuellement cette comédie.

Dans les premiers jours de ce mois, j'ai retouché *le Bouquet de Thalie*; j'y ai ajouté plusieurs scènes qui, je crois, seront très-piquantes: je les ai faites d'après une première idée que m'a donnée M. Duclos, qui me contoit qu'il y a près d'un an que Garrick, ce célèbre comédien anglais, lui avoit fait le récit d'une scène d'ivrogne singulière; c'est un mari pris de vin, qui rentre chez lui bien avant dans la nuit, qui réveille sa femme, lui fait de la morale, et s'endort lui-même en la prêchant. Voilà tout le fond de cette scène; je l'ai ennobli autant que je l'ai pu, et j'ai pris, pour cet effet, mon texte dans M. Duclos lui-même; c'est une situation que l'on trouvera

---

(1) Ce Prologue, qui est imprimé dans mon *Théâtre de société*, est à mon gré une des plus piquantes bagatelles et des plus neuves que j'aye faites. Il n'a point les défauts des prologues ordinaires; il n'est pas froid. Je ne crois pas d'ailleurs qu'on puisse rien mettre de plus hardi sur la scène. quoique les représentations de Bagnolet fussent très-libres, il ne faut pas croire que dans son indécence il ne fallût pas observer de la décence jusqu'à un certain point; mes spectateurs étoient, je puis l'assurer, aussi blasés qu'ils étoient délicats, et c'est tout dire. (*Note de Collé.*)

dans la seconde partie de ses *Mémoires sur les Mœurs*, page 11 *et suivantes*, édition de 1751.

J'ai imité, arrangé et tourné dramatiquement, à ma manière, cette situation, et je l'ai tellement changée, que l'on ne la reconnoîtroit peut-être pas si je n'étois pas le premier à indiquer cette idée motrice. Je ne sais si les scènes qu'elle m'a occasionnées auront beaucoup de succès; si j'en juge par le plaisir que j'ai eu à les composer, et par l'impression plaisante qu'elles m'ont faite, elles doivent en avoir un très-brillant, et surtout devant des spectateurs qui sont tous gens du grand monde et dont je peins les mœurs corrompues, dans le vrai et d'une façon agréable et comique. J'ai d'ailleurs dans madame Bognoli, qui y jouera le principal rôle, une excellente comédienne qui le rendra très-bien, et dans M. Danezan un acteur supérieur pour les rôles d'ivrogne.

Dans le mois dernier, j'ai oublié de parler d'un ouvrage contre Voltaire, que j'ai fait, et qui m'a coûté tout ce mois entier; il m'a mené beaucoup plus loin que je ne le pensois.

Son envieux et perfide Commentaire sur le grand Corneille, ce détestable ouvrage, à tous égards et en tous sens, m'avoit mis dans une colère dont l'excès me paroît un peu ridicule, actuellement que je suis refroidi. Ce Commentaire et les décisions insolentes et absurdes contenues dans son dernier volume de *Guillaume Vadé* m'avoient donné la plus violente envie d'écrire contre cet homme forcené d'amour-propre; j'avois eu, je l'avoue, la plus violente démangeaison de faire une brochure sous le titre de *Commentaire sur Olympie, envoyé par Corneille, des Champs Élysées*. C'est la première fois de ma vie qu'il m'est venu dans l'idée de faire imprimer une critique; j'y ai résisté même dans la plus grande chaleur de mon indignation contre Voltaire; cela est trop contre mes principes, et ce que je crois qu'un galant homme se doit à soi-même.

Mais je n'ai pu m'empêcher de faire une critique sommaire des ouvrages de cet orgueilleux satyre, et je l'ai fait relier avec ce dernier volume de *Guillaume Vadé*, qui est le fruit de la caducité de ce vieux poëte (1). Je me suis en quelque sorte satisfait par là, et je me reproche pourtant d'y avoir perdu trop de temps.

Dans les premiers jours de ce mois, les Comédiens français ont donné la première représentation du *Souper à la mode,* comédie en un acte, et je crois en prose, de M. Poinsinet, auteur de *l'Impatient.* L'on m'a assuré qu'elle avoit un très-grand succès, et qu'elle le méritoit. Je suis à Viry jusqu'à la fin de septembre; si on la joue encore à mon retour, je la verrai et j'en parlerai dans ce Journal. L'on m'a déjà dit ici que le bruit couroit à Paris que cette pièce n'étoit point de Poinsinet, mais de Palissot. Il est presque impossible, en effet, que cette comédie soit du petit Poinsinet, si l'on trouve, comme son sujet l'exige, le ton des gens du grand monde dans le dialogue de cette pièce. Palissot les a vus, un peu davantage, et c'est tout ce qu'il pourroit faire d'approcher un peu de l'imitation de ce ton, qui ne peut être saisi que par ceux qui vivent habituellement dans la meilleure compagnie, ou qui la voient quelquefois et passent le reste de leur temps éloignés de la mauvaise, et presque dans la solitude.

Le mardi onze du courant mourut le célèbre Rameau, le plus grand génie en musique qui ait encore paru en France, et plus estimé encore des étrangers que de nous (2);

---

(1) Cette critique, restée manuscrite, forme deux volumes in-4°. *V.* la Notice des Ouvrages de Collé, en tête du premier volume de ce Journal. (*Note de Barbier.*) Dans la *Correspondance inédite de Collé*, nous avons publié, pour la première fois, quelques fragments curieux des *Commentaires* qu'avait laissés notre chansonnier sur les tragédies de Voltaire. (*H. B.*)

(2) Collé semble oublier ici, — peut-être le fait-il à dessein, — que J. J. Rousseau a rendu un éclatant hommage au génie musical de Rameau, dans une lettre adressée à Grimm et que Gœthe a reproduite en entier dans *les Hommes célèbres de France au XVIIIme siècle;* Paris, Renouard, 1823, 1 vol. in-8°. (*H. B.*)

car notre manie pour les étrangers est poussée, dans ce siècle, au plus haut degré d'absurdité. Rien ne nous paroît bon et excellent de ce qui vient dans notre pays, à commencer par nos vins ; ceux de Bourgogne et de Champagne surtout ne sont plus à la mode, on leur préfère ceux de Malaga, de Chérès, de Syracuse, et une quantité d'autres qui ne valent sûrement pas le Champagne ; pourvu que ces vins aient un nom étranger, le badaud les trouve délicieux, supérieurs, de l'ambroisie. Il en est de même des romans : s'ils ne sont pas traduits de l'anglais, on ne les lit point. Il semble que notre partialité et notre folie pour cette nation se soient accrues encore depuis la dernière guerre, dans laquelle ce peuple féroce et avare a traité avec la dernière inhumanité nos soldats prisonniers, et surtout nos matelots. Nos tragédiens prennent leur sujet dans le théâtre anglais, et quoiqu'ils soient toujours sifflés ils ne se rebutent point. *Venise sauvée* est la seule tragédie d'eux qui ait réussi chez nous, et encore *Manlius*, qui est je crois l'original de la tragédie d'Otway, lui est infiniment préférable par le plan, les caractères et l'intérêt.

Cependant, tout préjugé national à part, il n'est point de juge qui, sentant ce que c'est que le génie et le goût, ne doive nous accorder une prodigieuse supériorité sur messieurs les Anglais, en matière de belles-lettres.

Leur *Clarisse* est un roman où il y a de grandes beautés, mais ce sont des longueurs intolérables ; l'on réduiroit en trois volumes ce que Richardson a mis en sept ; le caractère de Lovelace n'est point dans la nature ; il y a mille autres défauts qu'il seroit trop long de détailler.

Leurs tragédies et leurs comédies ont quelques scènes où l'on rencontre des traits de génie et d'esprit ; mais il n'y en a aucune qui forme un tout et un ensemble qui puisse être approuvé par le jugement ; ils sont à cet égard à cent cinquante ans des Français : leur théâtre est encore dans son enfance.

En général, ils ont de bonnes choses dans leurs livres, mais ils n'ont pas un bon livre ; ils sont encore bien loin d'avoir cet esprit de méthode que l'on voit dans nos moindres ouvrages. Leur docteur Swift, qui est le plaisant de l'Angleterre, est un homme dépourvu de goût, et que nous sifflerions s'il étoit français ; je n'en veux pour preuve que son ouvrage le plus renommé, son conte du *Tonneau*. Pour tourner en ridicule les auteurs de sa nation qui font des digressions, Swift coupe la narration de son conte par des digressions si énormes, qu'il est d'un ennui insupportable, et il montre dans tout cet ouvrage un manque de goût rebutant, fastidieux et révoltant. L'on rencontre de temps en temps des plaisanteries excellentes, mais elles sont souvent à côté d'images dégoûtantes et basses ; ils ne font aucun choix de leurs images, ils peindront de la m..... avec autant de plaisir que de l'ambroisie, tout leur est bon, et sur cela ils prétendent rendre mieux la nature que nous, parce qu'ils en représentent les côtés hideux avec autant de complaisance que les côtés agréables et gracieux. Ce peuple est encore à cent cinquante ans de nous pour le goût.

Malgré cela, l'anglomanie est une maladie si généralement répandue parmi nous, qu'elle égale presque l'épidémie qui a saisi les Français pour la musique prétendue italienne. Les pièces à ariettes sont à présent ce que nous trouvons de plus beau. L'imitation en musique des bruits d'un maréchal qui forge, d'un chien qui jappe, d'un cocher qui crie gare, d'un chat qui miaule, d'une femme qui crie, etc., etc., etc., toutes ces imitations ignobles nous ravissent, en dépit même des poëmes exécrables où elles se trouvent. Nous abandonnons pour ce petit genre, ramassé dans le ruisseau, les grandes peintures du Raphaël de la musique, du grand Rameau, qui vient de mourir. Il faut avouer que nous sommes une nation bien inconstante et bien légère : il faut espérer que notre inconstance même nous ramènera bientôt au bon goût, *amen!*

Rameau, au reste, est mort fort âgé : il passoit quatre-vingts ans; c'étoit un homme dur et très-désagréable à vivre, d'une personnalité aussi bête qu'injuste. Dans ses ouvrages il n'a jamais regardé que lui directement, et non le but où l'opéra doit tendre. Il vouloit faire de la musique, et pour cet effet il a tout mis en ballets, en danses et en airs de violon; il a tout mis en ports de mer; il ne pouvoit souffrir les scènes.

Tous ceux qui ont travaillé avec lui étoient obligés d'étrangler leurs sujets, de manquer leurs poëmes, de les défigurer, afin de lui amener des divertissements, il ne vouloit que de cela. Il brusquoit les auteurs à un point qu'un galant homme ne pouvoit pas soutenir de travailler une seconde fois avec lui; il n'y a eu que le Cahuzac qui y ait tenu; il en avoit fait une espèce de valet de chambre parolier; la bassesse d'âme de ce dernier l'avoit plié à tout ce qu'il avoit voulu. La patience et l'esprit souple de Bernard lui ont aussi donné les forces de composer trois fois avec lui; mais je crois que si on lui demandoit ce qu'il a souffert, il en feroit de bons contes, pourvu qu'il voulût être vrai et nous parler en conscience.

Sa personnalité étoit encore plus cruelle dans sa famille; il avoit déclaré à sa fille qu'il ne vouloit point la marier, et qu'elle se marieroit après sa mort. Il étoit d'une avarice sordide, et il ne vouloit point se dessaisir : aussi dit-il à M. de Monticourt, après avoir été voir Dupuis et Desnorais : *Je suis Dupuis, moi, à l'exception que je ne me laisserai jamais attendrir par ma fille, et qu'elle ne sera point mariée de mon vivant;* ce sont ses propres termes. C'étoit d'ailleurs le mortel le plus impoli, le plus grossier et le plus insociable de son temps; voilà son oraison funèbre (1).

---

(1) Rameau avait obtenu du Roi des lettres de noblesse qu'il ne fit point

Le samedi 29 du courant je fus voir *la Soirée à la mode, ou le Cercle.* Elle est imprimée; je l'ai achetée. C'est une mauvaise pièce, malgré la réussite qu'elle a eue. C'est un joli sujet manqué. Le tableau en est agréable et théâtral, et c'est ce qui a fait son succès.

Il étoit inutile de jeter une intrigue dans cette petite comédie, qui ne devoit être qu'une pièce à tiroirs; mais, en se décidant à l'intriguer, il falloit au moins avoir quelque ombre de sens commun dans le nœud, et surtout dans le dénouement, qui n'en est pas un. Le défaut d'idées et d'invention dans l'intrigue de cette pièce est trop visible pour que l'on s'appesantisse à en montrer tout le vide, la maladresse, l'ineptie, et même la bêtise. Quoique cette dernière expression soit un peu grosse, il n'est pas possible cependant de se la refuser; je n'en veux pour juge que le lecteur de cette comédie lui-même, lorsqu'il fera attention, même légèrement, à la conduite et au dénouement de cette platitude.

[Si M. Poinsinet se fût borné, comme son sujet l'exigeait, à ne donner que des scènes épisodiques qu'il aurait fait finir quand il aurait voulu, en finissant le souper il aurait épargné à ses spectateurs les cinq énormes et mortelles premières scènes, qui sont d'une pesanteur et d'un ennui à périr. Il n'eût pas eu besoin, non plus, d'un dénouement qu'il eut pu rendre un peu moins absurde cependant s'il y avait tâché : car il y a des degrés dans le mauvais, et il semble qu'il ait choisi le pire.

En supprimant les scènes qui forment et fondent sa très-pitoyable intrigue, M. Poinsinet les eût remplacées par d'autres scènes épisodiques où il eût fait paraître

---

enregistrer, dit-on, par avarice. Du reste, sur les derniers temps de sa vie, il avait vu commencer la popularité des virtuoses italiens, ce qui, au dire de Diderot, « le rendait sombre, triste et hargneux ». On prétend qu'il répondit au curé qui à son lit de mort voulait le confesser : « Que diable voulez-vous me chanter, monsieur le curé? Vous avez la voix fausse. » (*H. B.*)

quelques petits caractères piquants qu'il eût esquissés.]

Au total, pour traiter ce petit sujet il ne falloit pas être M. Poinsinet; il falloit connoître le monde, et le grand monde, et, comme l'a dit Mme la comtesse de Rochefort, *cet auteur n'a vu le monde qu'à la porte*.

En effet, croit-il peindre les femmes qui y vivent dans les trois caillettes qu'il présente? A-t-on jamais reçu et écouté dans le monde un auteur qui vient lire une tragédie de la façon dont il peint cet incident? Rien n'est là dans la nature, et d'ailleurs c'est s'avilir soi-même que de faire voir les gens de lettres du mauvais côté, même quand il seroit aussi vrai que celui-là l'est peu. Je sais bon gré à M. Duclos d'avoir dit à cette occasion, en plein foyer, que la peinture de l'auteur qui vient lire sa tragédie n'étoit ni vraie ni vraisemblable, et qu'il ne pouvoit y avoir que M. Poinsinet lui seul à qui l'on eût jamais pu faire une réception pareille à celle que l'on trouve dans la *Soirée à la mode*.

Le tableau que présente *le Cercle*, et qui a un mouvement théâtral et une action pour plaire, est une idée heureuse, mais qui n'appartient pas à M. Poinsinet; elle est d'un M. de Carmontelle, lecteur de M. le duc de Chartres; car les lecteurs font aujourd'hui des comédies. Il y a déjà plus de trois ou quatre ans que M. de Carmontelle a lu dans différentes sociétés de Paris, et même y a fait représenter une fois la comédie du *Souper*, qui est en deux actes. C'est exactement pour le fond le même sujet que celui de la *la Soirée à la mode*; c'est sûrement d'après les connoissances que M. Poinsinet a eues de la comédie de M. Carmontelle que ce premier a maçonné la sienne, celle du dernier ayant fait le sujet de la conversation de Paris, du moins de tous les amateurs du théâtre pendant tout un hiver. Toute foible donc qu'en est l'invention, M. Poinsinet n'en a pas le mérite : c'est le petit bien d'un autre.

Quant aux détails, je n'y ai rien trouvé de bien merveilleux et de bien piquant. Il règne dans le style du dialogue un ton gauche et quelquefois bas, qui n'est pas celui du monde : c'est souvent celui d'une antichambre. Le marquis est un petit maître de la rue Saint-Denis, il en a les propos et le jargon. Son style n'est point celui d'un homme de la cour; il a bien quelques mots qu'il a attrapés à la volée dans les foyers et dans les antichambres où il a été admis; mais son Fat est des plus subalternes et mal peint; c'est pourtant ce qu'il y a de moins ennuyeux dans cette pièce, qu'il seroit difficile de revoir deux fois (1).

M. Poinsinet a dédié sa pièce à M. Papillon de la Ferté, intendant des Menus; au style de sa dédicace, l'on imagineroit que ce n'est point à M. Papillon de la Ferté, mais au duc de la Ferté (s'il y en avoit un encore), que cette vile épître est adressée. Quelqu'un de mauvaise humeur, que la bassesse du protégé et la fatuité du protecteur ont révolté, s'est égayé aux dépens de l'un et de l'autre par le couplet suivant :

Air : *Vous qui du Vulgaire stupide.*

C'est bien à tort que l'on s'irrite
De voir encenser un butor.
On vit le peuple israélite
Jadis adorer un veau d'or.
Un auteur fait (sans être cruche)
Un Mécène dans la Ferté;
C'est un sculpteur qui d'une buche
A fait une Divinité.

Ces petites fleurettes apprendront à M. Poinsinet à dédier, et à M. de la Ferté à se laisser dédier des comédies; ils n'ont que ce qu'ils méritent. Je ne sais point quel est le petit brutal qui a fait ce couplet, qui est très-bien tourné, à l'exception du cinquième vers.

---

(1) Elle a eu seize représentations, et très-complètes. C'est un fait singulier. (*Note de Collé.*)

OCTOBRE 1764.

L'on vient de me conter un fait assez singulier sur ces Papillons. Le cousin du la Ferté que l'on appeloit Papillon de Fondpertuis étoit venu à Paris avec rien pour y faire fortune. De l'audace et de l'intrigue lui avoient fait obtenir une place de fermier général, qui ne l'a point empêché de faire banqueroute il y a un an ou deux; il n'avoit pu s'en dispenser, attendu qu'il vivoit avec le faste insoutenable des gens de finance, sans avoir de quoi faire les mêmes impertinences. On ne devineroit pas ce que ce Fondpertuis avoit à lui dans les douze cent mille livres de fonds que chaque fermier général est obligé de faire; il lui en appartenoit trois cent trente-trois livres six sols huit deniers. Voilà le fait rare que j'avois à annoncer, et qui m'a été certifié par des gens dignes de foi (1).

L'on a remis et mal remis ces jours-ci l'opéra de *Tancrède,* qui n'a eu aucun succès. La fureur des pièces à ariettes et les couches de Mlle Arnould, qui n'a pas pu jouer Herminie, en sont la cause, mais surtout le goût du public pour cette musique nouvelle, qui fait tomber notre opéra. La comédie italienne ne désemplit pas; leurs moindres recettes depuis la réunion de l'Opéra-comique à leur troupe sont de mille écus. Le fanatisme pour les ariettes augmente de jour en jour.

Ce n'est point Goldoni, qu'ils ont ici à leurs gages, qui

---

(1) Il est probable que Collé parle ici de Denis-Pierre-Jean Papillon de la Ferté, auteur de l'*Extrait des différens ouvrages sur la vie des peintres,* Paris 1777, 2 vol. in-8°., qui a péri sous la guillotine, âgé de soixante-sept ans, le 19 messidor an 2; et de Nicolas-Jacques Papillon, dit d'Auteroche, ancien fermier général, qui a également péri sous la guillotine, à l'âge de soixante-quatre ans, le 19 floréal an 2. (*Note de Barbier.*)

fait la fortune de ces comédiens ; au contraire, ils lui donnent plus qu'il ne leur rapporte.

Les pièces de cet auteur n'ont fait ici aucune sensation ; il a même perdu, depuis qu'il est en France, de la célébrité qu'il avoit apportée d'Italie. En effet, quoique M. Goldoni ait une assez belle imagination pour inventer des fables de comédie, qu'il saisisse assez bien la nature dans ces petits caractères qu'il traite, et qu'au dire des gens qui entendent l'italien son dialogue soit aisé et naturel, cependant les partisans les plus outrés de cet auteur seront forcés d'avouer que les plans de ses pièces manquent pour la plupart de vraisemblance et de régularité. Ils conviendront que ses caractères sont pris dans une nature commune, basse, et aisée à peindre. Quant à son dialogue, les comédiens n'en usent pas : ils ont la rage de vouloir jouer de tête, ce qui rend leurs scènes d'une longueur, et d'une langueur mortelles, indépendamment des platitudes d'arlequin et de scapin, qui veulent être plaisants, quoiqu'ils soient nés l'un et l'autre lourds, bêtes et froids. Je ne connois point tous les drames de M. Goldoni, et je n'entends point l'italien, ainsi je ne puis être à portée raisonnable de décider de la valeur de ce comique ; mais si j'en jugeois par quelques traductions de ses meilleures pièces que j'ai lues, je dirois, je crois avec quelque fondement, que cet auteur n'atteint point au mérite de la troisième ou quatrième classe de nos faiseurs de comédies. Dans ses plans il se permet continuellement de choquer la vraisemblance ; l'on paroît alors avoir de l'imagination, et l'on en a à bon marché lorsque l'on franchit cette borne-là. En n'observant aucune espèce d'unité de lieu, en changeant le lieu de la scène à toutes les scènes, il est aussi très-facile de multiplier les événements et les situations, et de paroître avoir de l'imagination que l'on montre encore à fort bon compte. Dans les caractères communs et le plus souvent bas qu'il traite, il ne faut que connoître la nature superficiellement pour en marquer les traits ; ce n'est point là cette profondeur de génie de Molière et de nos grands comiques, qui ont sondé le cœur de l'homme jusques dans ses plus secrets replis, et qui nous l'ont développé avec tant de pénétration. Molière surtout est un dieu à cet égard. Cet homme supérieur, ce comique sublime n'a point eu d'égaux chez les anciens et chez les modernes, et je doute fort que jamais il en ait. Il est lui seul dans une sphère aussi élevée au-dessus de celle des meilleurs comiques, qu'Homère et Virgile, le Tasse et Milton sont au-dessus de tous les poëtes épiques.

Le 27 ou 28 de ce mois est mort le poëte Roi, âgé de soixante-dix-sept ans sept mois cinq ou six jours (1). Il m'a dit, il y a plus de vingt ans, qu'il avoit été baptisé à la paroisse Saint-Louis en l'Ile, le jour même que Philippe Quinault y fut enterré. Il tiroit vanité de cette époque et de cette rencontre singulière ; il eût dit volontiers qu'il avoit remplacé cet homme de génie dans la carrière des opéras qu'il a courue après lui, et il n'eût fait aucune difficulté de s'appliquer, pour cette circonstance, ces vers de Virgile si connus :

> . . . . . . *Uno avulso, non deficit alter*
> *Aureus et simili frondescit virga metallo.*

S'il n'a point remplacé le célèbre Quinault, homme unique dans le genre de l'opéra qu'il a créé et perfectionné, qui a toujours parlé au cœur, qui est tout âme et tout sentiment, il faut convenir du moins que dans ce même théâtre Roy s'est ouvert une route nouvelle. Si le premier a été le poëte du sentiment, Roy a été le poëte de la galanterie ; et il a poussé ce dernier genre

---

(1) Voy. la note au bas de la page 205 du t. I. (*H. B.*)

au plus haut degré de perfection. Mais rien ne peut tenir la place de la vérité, et Quinault sera autant supérieur à Roy que la nature est au-dessus de l'art.

Roy a eu un art très-estimable dans ses tragédies et dans ses ballets-opéra. *Callirhoé* est un beau poëme, très-intéressant, divinement conduit, et dénoué avec une force et une adresse merveilleuses.

Il ne manque à cette belle tragédie que le ton du sentiment dans le dialogue; l'esprit et la galanterie qui y règnent ne peuvent dédommager du vrai qui y manque, et que Quinault n'a jamais manqué.

Le prologue des *Eléments* est regardé, avec raison, comme un morceau de sublime; il est fâcheux qu'il se soit cru obligé de gâter cette grande idée, pour remplir celle qu'il avoit de donner des louanges au Roi dans ce même prologue; et la statue de S. M. figure mal avec la création et le débrouillement du chaos. Les quatre actes de ce ballet sont ce que nous avons de mieux en ce genre, en exceptant toujours sa façon de dialoguer, qui tient plus à la galanterie qu'au sentiment. Je répète cette critique, parce que je crois que c'est la seule bien fondée qui soit à faire des ouvrages de Roy, qui à tous autres égards a eu un talent supérieur.

Rien en effet n'est plus agréable et plus galant que l'acte de Vertumne; et rien n'est plus hardi et en même temps plus adroit que celui d'Ixion. Faire pour ainsi dire violer une femme sur la scène est une situation que peu de poëtes auroient osé risquer et auroient été en état de traiter.

J'en dis autant de sa *Philomèle*, sujet que tout autre qu'un homme de génie comme lui n'eût jamais eu la témérité de mettre sur la scène.

Son acte de la Vue, dans *les Sens* est encore un chef-d'œuvre en son genre, toujours au dialogue près.

Enfin, dans tous les autres ballets de ce grand maître, qui n'ont pas réussi, peut-être à cause de la musique, on trouve des actes ou au moins des scènes qui ont le sceau du talent.

Sa réputation poétique n'est pas aussi étendue qu'elle mérite de l'être, soit que, renfermé et circonscrit dans ce cercle d'opéra, Roy n'ait été connu que de ceux qui aiment ce spectacle, soit que les François depuis trente ans faisant plus de cas de la musique que des paroles, et Roy ayant toujours eu le malheur d'avoir travaillé avec de foibles musiciens, ce grand poëte lyrique soit oublié et même ignoré de nos jours.

Il étoit encore dans toute sa force et dans son bon temps, lorsque le célèbre Rameau commença à faire des opéras; mais Roy, à l'instigation de Mouret, son musicien, fit une satire cruelle contre Rameau, qui ne la lui a jamais pardonnée, et qui a toujours refusé constamment de travailler avec celui qui l'avoit déchiré.

Cette humeur satirique, les mœurs dépravées et basses de Roy, ont peut-être aussi influé en quelque chose pour le priver de la réputation qu'il auroit dû avoir. En effet, on ne veut point voir un homme qu'on hait ou qu'on méprise; et celui qui se voit banni du commerce des honnêtes gens l'est facilement de la mémoire de tout le monde; c'est un passage qui se fait très-aisément.

Il est sûr que, son talent à part, Roy étoit le plus vil et le plus méprisable des hommes, et le plus désagréable dans la société. Plein d'un gros amour-propre, aveugle et maladroit, sa conversation ne rouloit jamais que sur deux points : son éloge personnel et une satire cruelle des autres. Né envieux, toute réussite étoit pour lui un objet de chagrin, chagrin qu'il ne renfermoit pas, mais qu'il exhaloit souvent dans des épigrammes au feu d'enfer, qui lui ont attiré plus d'une fois des coups de bâton. Moncrif lui en a donné il y a environ trente-cinq ans, et M. le comte de Clermont l'en a fait rouer, il y a quelques années, pour le punir de vers qu'il avoit faits contre lui, lorsque ce prince fut reçu à l'Académie françoise.

A sa bile noire et à sa poltronnerie Roy joignoit encore l'avarice la plus sordide, qui l'avoit conduit à être le m... de sa femme, ou du moins à être c... volontaire; et à souffrir que de sa connoissance, et à n'en pouvoir douter, elle fût entretenue publiquement par un manant de financier, un M. Le Riche, qui avoit fait une fortune au système, étant garçon épicier.

Le lundi 29 du courant les Comédiens français donnèrent la première représentation de *l'Homme singulier*, comédie imprimée, de feu M. Destouches, qui ne l'avoit pas voulu faire jouer, et il avoit eu raison. C'est une mauvaise pièce, triste et froide; tous les traits de singularité sont mal choisis, ne sont point assez comiques et ne produisent aucune situation plaisante. Le caractère de son *Homme singulier* rentre souvent dans celui du *Misanthrope*, quoique dans sa préface il nous assure le contraire. Il y a dans cette pièce un personnage de père absolument hors de la nature, et qui n'observe aucune bienséance. La fille de ce père-là est encore plus indécente que lui; c'est elle qui fait l'amour et toutes les avances à *l'Homme singulier*, de la façon du monde la moins naturelle et la plus malhonnête.

Il y avoit un rôle de baron, qu'ils ont supprimé, ainsi que le travestissement d'un valet; et ils ont bien fait, cela est du dernier mauvais. C'est d'un gros comique, usé, grimaçant, et qui à coup sûr auroit été hué. Ce qu'ils ont laissé de comique dans cette pièce est déjà assez forcé pour qu'ils en retranchassent d'ailleurs le plus qu'il leur a été possible. Malgré ces retranchements, cette comédie est encore ennuyeuse de reste; l'on y voit cependant quelquefois des touches de grand maître, mais elles sont rares. Elle a eu six représentations.

NOVEMBRE 1764.

Il y a eu ce mois-ci aux François, un début de comédien qui eût étonné davantage et excité plus d'indignation autrefois. Le sieur Hacher, avocat au parlement et substitut de M. le procureur général aux requêtes de l'Hôtel, a débuté dans le rôle de Phocas, et s'est déshonoré en pure perte en débutant. Cet homme ne sera jamais qu'un froid comédien; il raisonne assez bien un rôle, mais c'est un acteur sans entrailles et sans chaleur, tout est dit. Les François n'en ont point voulu, et mon vilain vient de s'engager pour Bordeaux, à 4000 liv. d'appointements. On prétend que son début à la Comédie Françoise étoit ignoré de sa femme; qu'elle étoit en couches et même en danger ce jour-là même. Voilà, comme l'on voit, l'infamie la mieux conditionnée que l'on puisse imaginer; rien n'y manque.

La maladie du sieur Lekain, dont on nous faisoit espérer la fin finale, a empêché les Comédiens de donner ce mois-ci les nouveautés qu'ils ont. Les oisifs, qui les attendent avec la plus vive impatience, ont été réduits à lire et à parler du *Dictionnaire philosophique portatif* de M. de Voltaire, qui n'est qu'une répétition et un rabâchage des impiétés qu'il avoit dites et fait imprimer tant de fois.

DÉCEMBRE 1764.

Le 10 du courant, les Comédiens françois ont redonné *Timoléon*, qui avoit été interrompue, comme je l'ai dit; elle n'a eu que trois représentations à cette reprise. Je pensois que cette tragédie en auroit six au moins, et c'est une injustice de nos histrions de ne l'avoir pas laissée aller, puisque le dernier jour qu'ils la donnèrent il y avoit beaucoup de monde, et qu'elle n'étoit tombée dans les règles qu'une seule fois, et encore à vingt francs près (1). Ces règles qui ont été portées à 1200 livres en hiver, et à 1000 livres en été, sont (pour le dire ici en passant) une vexation des comédiens vis-à-vis des gens de lettres qui sont assez malheureux pour être forcés de vivre de leurs ouvrages. Ces règles étoient jadis 1000 liv. en hiver et 800 liv. en été. Il est vrai que l'on ne prenoit pas, comme à présent, le tiers en sus de plus, mais aussi il n'y avoit point alors de petites loges à la comédie, ce qui cause à ces pauvres diables un tort beaucoup plus considérable que l'augmentation du prix ne leur fait de profit.

M. de Laharpe, qui est un des auteurs les plus mal à l'aise, a été la victime des comédiens dans cette occasion-ci; ces messieurs l'ont sacrifié à l'intérêt qu'ils avoient de faire débuter promptement un nouvel acteur dont ils ont besoin pour jouer dans *le Siége de Calais*, tragédie de M. de Belloy, qu'ils vont donner incessamment. Le pauvre Laharpe (que je plains pourtant comme ça) se trouvoit cependant dans une circonstance à avoir besoin de toutes ses pièces, car il vient de faire un sot mariage; il y a quelques mois qu'il a épousé la fille d'un limonadier, et je crois qu'il n'a guère eu pour dot qu'un enfant dont la demoiselle étoit grosse, et qu'il lui avoit fait auparavant que d'en venir aux extrémités du sacrement. Ce mariage-là peut faire le malheur de toute

---

(1) Nous avons expliqué ailleurs que lorsqu'une pièce cessait de produire deux fois de suite une recette d'un certain chiffre, elle était déclarée *tombée dans les règles*, et dès lors elle appartenait aux comédiens. C'était là un véritable nid à conflits, une cause incessante de récriminations entre ces derniers et les auteurs. (*H. B.*)

sa vie, qui doit être longue, puisqu'il n'a pas plus de vingt-quatre ou vingt-cinq ans, à ce que l'on dit.

Ce sont ses affaires, et si tout ce qu'on a dit de ce jeune homme n'est point faux et calomnieux, il ne mérite pas d'être heureux. En faisant imprimer *Timoléon*, il s'est justifié, ou plutôt il a nié les faits dont on l'accusoit, et dont j'ai fait quelque mention, lorsque j'ai parlé de *Warvick*. Tous vilains cas sont reniables, comme l'on dit; cependant il seroit injuste de le condamner sans avoir vérifié les faits, et c'est une peine que je ne me donnerai pas, mais j'aurai l'équité de suspendre mon jugement. Quant à sa tragédie, où il a fait (dit-il dans une affiche) les changements jugés convenables, elle m'a paru à cette reprise aussi dépourvue d'action et d'intérêt qu'avant les corrections. M. de Laharpe n'a point d'imagination; l'invention, cette première partie du poëte, lui manque totalement; il n'a pas davantage la seconde, les caractères : tous ceux de sa pièce sont foibles et ne sont point frappés au coin du génie; je doute fort qu'il fasse jamais de tragédies qui passent à la postérité; j'oserois dire que j'en suis sûr. Ce n'est point par le style seul, qui est la troisième et la dernière partie dans un auteur dramatique, que l'on fait des ouvrages immortels. Il ne restera au théâtre qu'un petit nombre de pièces de M. de Voltaire lui-même, qui a eu un style si éblouissant, et encore celles qui demeureront seront les drames, dont il a pris le fond dans des auteurs ses devanciers; aucune des tragédies dont il a imaginé lui-même la fable ne subsistera, à l'exception de *Mahomet*, de *Zaïre* et d'*Alzire*; et l'on observera, en passant, que tous les gens de lettres contemporains de *Zaïre* savent que le plan de cette pièce étoit tout entier d'un certain abbé Macarti (1). Celui d'*Alzire* est pris, dit-on,

---

(1) Voy. dans la *Correspondance inédite* de Collé, la note de la page 434, où il est expliqué comment les ennemis de Voltaire, lorsque *Zaïre*

d'une pièce angloise, mais je n'en ai aucune preuve.

Le style de M. de Laharpe, qui a occasionné cette petite digression, est sûrement bien inférieur à celui de M. de Voltaire; j'avoue cependant que dans les tragédies je l'aime mieux que le style de M. de Voltaire; il est plus propre au dramatique, il a plus de simplicité et de naturel; le dialogue de ce jeune auteur est d'ailleurs toujours juste : c'est là sa partie brillante, mais c'est la seule qu'il ait. Quand, par hasard, il rencontre une scène comme celle de la mère dans *Timoléon*, cet auteur est fort au-dessus du médiocre, mais il n'a pas de force pour créer, traiter et soutenir un caractère; aussi disoit-il ces jours-ci chez M. de Chimène que Crébillon n'avoit jamais su présenter de caractères de tragédie. Tout homme qui pense et parle ainsi est un punais, et n'ira jamais loin dans le genre tragique; le public, d'ailleurs, l'accuse unanimement d'être cruellement présomptueux, autre symptôme de médiocrité.

L'acteur qui vient de débuter dans le rôle de Pharasimane ne valoit pas la peine que les comédiens fissent une injustice, en sa faveur, à M. de Laharpe. C'est un homme sans chaleur, et l'on ne fait rien sans chaleur; c'est la première partie d'un comédien. Il a d'ailleurs une belle voix et une belle figure; on l'avoit fort prôné auparavant qu'il parût; l'on ne le faisoit, disoit-on, débuter dans les Rois que pour ne point donner d'ombrage à M. Le Kain, auquel on vouloit le faire succéder dans les premiers rôles tragiques. Ces idées et ces espérances-là sont actuellement bien loin : à peine est-il bon à présent pour les confidents; il ne joue point mal pourtant les rôles de paysan; il se fait nommer Marsan, et

---

parut, répandirent le bruit que l'abbé Macarti, qui plus tard alla se faire circoncire à Constantinople, lui en avait vendu le manuscrit en prose, moyennant cent pistoles. C'était une honnête petite calomnie qui n'a pu faire son chemin jusqu'à nous. (*H. B.*)

l'on dit qu'il étoit ci devant lieutenant de cavalerie : le voilà roi, son ambition doit être remplie.

Le mardi 25 décembre l'on donna à Bagnolet, pour la fête de la maîtresse de M. le duc d'Orléans, le spectacle dont je crois avoir déjà parlé, et que j'ai préparé cet été; il consistoit en un prologue intitulé *le Bouquet de Thalie*, et *la Partie de chasse de Henri IV*, comédie en trois actes, à laquelle j'ai ajouté le premier acte, que j'ai fait au mois de juin dernier, car cette pièce n'étoit d'abord qu'en deux actes.

Le Bouquet de Thalie, dans lequel je tournois en ridicule la tragédie, la comédie larmoyante, la comédie de société et celle à ariettes, me parut faire un grand effet, et mettre toute la salle en gaieté. Il y avoit dans ce prologue deux couplets de Laujon, qui furent fort applaudis; il en avoit fait quatre.

Mais *Henri IV* fit la sensation la plus grande; je ne puis comparer le prodigieux succès que cette pièce a eu qu'à celui de *la Vérité dans le vin*, avec cette différence pourtant, que dans cette dernière les spectateurs sembloient être dans l'ivresse de la gaieté, et que, dans celle-ci on étoit pénétré du plus grand intérêt et dans le plus grand attendrissement. Le maréchal de Richelieu me dit à ce sujet, en me faisant des compliments, *qu'il y avoit pleuré de très-bonne foi, et que les larmes qu'il avoit répandues ne ressembloient point à celles qu'il avoit versées à des tragédies; que ce n'étoit point là des larmes d'emprunt.* Le duc de Choiseul, quelque âme de courtisan et de ministre qu'il ait, y a aussi pleuré. Il est fort question de jouer ma pièce devant le Roi, et ensuite à la comédie; les gentilshommes de la chambre en ont la plus grande envie : il reste à savoir s'il ne se rencontrera pas des obstacles; je désire passionnément qu'on puisse les surmonter; j'en apprendrai des nouvelles ces jours-ci peut-être, et je ne finirai point cette année sans les dire dans ce journal. J'imagine qu'auparavant qu'elle soit jouée (si elle est jouée) il y aura bien des *oui* et des *non;* je me flatte, peut-être sans raison, que la principale difficulté a été aplanie par la mort de Mme de Pompadour, qui a empêché elle seule, il y a deux ans, que cette comédie fût alors représentée; si elle l'est à présent, elle m'auroit rendu, sans le vouloir, un très-grand service, car il n'y a point de comparaison de ma pièce, telle qu'elle est aujourd'hui, avec le premier acte et les autres changements que j'y ai faits, avec ce qu'elle étoit au commencement de 1762, qu'elle s'opposa à sa représentation.

Laujon avoit composé, pour le souper de ce jour-là, une petite idylle en chanson, intitulée *la Naissance de l'Amour;* ce sont des tableaux dans le genre gracieux; il y avoit trois ou quatre couplets très-jolis, à ce qu'il m'a paru. Pour faire le contraste de cette idylle, j'avois composé, de mon côté, un vaudeville; le voici :

VAUDEVILLE BOUFFON

Sur la naissance, les voyages et les amours de Bacchus, par un bel esprit suisse.

Air : Lampons, camarades, lampons.

1er COUPLET.

Pour Sémèle et Jupiter,
Bacchus fut un fruit amer;
Car Sémèle en avorta,
Et Jupiter le porta
Pendant neuf mois dans sa cuisse,
Puis fut accoucher en Suisse.
 Chantons, chantons
Le Dieu des treize Cantons.

2e.

De Suisse en Franche-Comté,
Dans son dix-huitième été,
D'abord ce Dieu s'en alla,
Mais il ne resta pas là;

Il s'enfuit droit en Bourgogne,
Faire de bonne besogne.
　　Chantons, *etc.*

3ᵉ.

En faveur des Allemands,
Il eut quelques bons moments;
Le jour qu'il fut le plus gai,
Il fit le vin de Tokay;
De loin, maudissant la Brie,
Il bénissoit la Hongrie.
　　Chantons, *etc.* (1).

Il me semble que le théâtre de Bagnolet est fermé pour cette année, et que M. le duc d'Orléans ne jouera pas la comédie jusqu'à ce que son fils soit marié, ou plutôt qu'il ne la jouera plus du tout; c'est un acteur à la pension : c'est dommage, il a été supérieur dans le rôle de Michau; en général, c'est le plus excellent acteur et le plus vrai que j'aie vu.

Le 31 décembre, il est décidé et très-décidé que l'on ne laissera point jouer *Henri IV*, ni à la cour ni à la ville (2). M. le duc d'Orléans vient de me dire que le

---

(1) V. le *Recueil de Chansons* de Collé.

(2) Nous croyons devoir rapporter la note suivante, qui est extraite de quelques feuillets séparés du manuscrit original, et dans laquelle Collé a résumé l'*historique* de *la Partie de chasse de Henri IV*. Du reste, les feuillets en question ne sont pas de la main de notre chansonnier, qui paroît avoir fait copier par un tiers cette partie additionnelle de son *Journal*, laquelle est inédite :

L'intérêt national a été la cause du succès prodigieux qu'eut *la Partie de chasse de Henri IV* à l'impression, succès plus rare et plus singulier que celui de la représentation.

Sur cette réussite presque unique en son genre, on me fit des ouvertures pour que je demandasse l'Académie françoise. Je résistai au désir extrême que j'avois d'y entrer, par la considération de ma tranquillité, pour ne pas éveiller l'envie, par la crainte des médisances en montrant cette prétention, et plus encore par la justice que je devois me rendre que, n'étant dans les lettres qu'un soldat de fortune, je manquois des qualités essentielles et fondamentales qui constituent le véritable académicien.

ÉPIGRAMME D'UN ANONYME.

La Partie de chasse de Henri IV parut imprimée en 1766. Je tentai tous

Roi s'en étoit expliqué, et avoit dit *que cela étoit trop près, que l'on ne pouvoit point mettre Henri IV sur un théâtre public, mais seulement sur des théâtres de société.* Cette décision, qui ne lui a été inspirée que par feu Mme de Pompadour, m'a fait beaucoup de peine; je suis pourtant dédommagé du chagrin qu'elle me cause, par le succès singulier qu'a eu cette pièce, par le bruit et la sensation étonnante qu'elle fait, et surtout par les consolations et les marques de bonté que m'a données M. le duc d'Orléans dans cette occasion; il n'est pas possible de les pousser plus loin.

---

les moyens de la faire représenter. MM. les gentilshommes de la chambre firent aussi de vains efforts pour y réussir. Louis XV en défendit la représentation, à Paris, tandis qu'il la laissoit jouer sur tous les autres théâtres du royaume, sur celui qu'il a au château de Saint-Germain, sur celui de la ville de Versailles, et enfin jusque dans l'appartement de son petit-fils le Dauphin, aujourd'hui notre Roi. On n'a jamais su et l'on ignore encore quels ont été ses motifs pour se décider à cette défense. La pièce n'a été donnée sur le théâtre de Paris qu'après sa mort. Je forçai les Comédiens d'attendre la fin de son deuil. Ils l'eussent jouée après qu'il fut à Saint-Denis, si je ne les eusse arrêtés.

Un de mes meilleurs amis (1), la veille de la première représentation, qui eut lieu le 14 octobre 1774, m'envoya l'épigramme suivante :

> Ce bon roi, patriote, adoré dans Luciennes (2),
> Sans doute eut des raisons pour défendre à Paris
> De voir représenter le plus grand des Henris.
> Nous pourrions supposer des raisons citoyennes
> A ce roi citoyen. Mais d'honneur, nous n'osons...
> Quoi qu'il en soit pourtant, ce prince eut ses raisons...
> Polichinelle a bien les siennes!]

(1) Nous inclinons à croire que cet ami est Collé lui-même. (H. B.)
(2) Maison de campagne de la du Barry. (*Note de Collé.*)

SCÈNE

ENTRE LE DUC D'AUMONT, LE KAIN ET LE COMTE D'ARGENTAL.

PARODIE DE CINNA,

Par Cury, intendant des Menus-Plaisirs,

attribuée à Marmontel, dans le temps où elle parut (1).

LE DUC.

Que chacun se retire, et qu'aucun n'entre ici:
Vous, Le Kain, demeurez; vous, d'Argental, aussi.
Cet empire absolu que j'ai dans les coulisses,
De chasser les acteurs et choisir les actrices;
Cette grandeur sans borne et cet illustre rang
Que j'eusse moins brigué, s'il eût coûté du sang;
Enfin tout ce qu'adore en ma haute fortune
Du vil comédien la bassesse importune,
N'est que de ces beautés dont l'éclat éblouit
Et qu'on cesse d'aimer sitôt qu'on en jouit.
Dans sa possession, j'ai trouvé pour tous charmes
D'effroyables soucis, d'éternelles alarmes.
Le mousquetaire altier m'a montré le bâton,
Le public insolent m'accable de lardon.
Molière eut comme moi cet empire suprême;
Monet dans la Province en a joui de même.
D'un œil si différent tous deux l'ont regardé,
Que l'un s'en est démis et l'autre l'a gardé.
Monet, vain, tracassier, plein d'aigreur et d'envie,
Voit en repos couler le reste de sa vie;
Et l'autre, qu'on devoit placer au plus haut rang,
Est mort, sans médecin, d'un crachement de sang.
Ces exemples récents suffiroient pour m'instruire,
Si par l'exemple seul on pouvoit se conduire.

---

(1) Un amateur nous ayant procuré copie de cette Parodie au sujet de laquelle Collé donne de très-curieux détails dans ce volume, page 202 et suivantes, nous avons cru que nos lecteurs verroient cette pièce avec intérêt. Ce motif a suffi pour nous déterminer à l'imprimer; il sera d'ailleurs agréable de la comparer avec les morceaux qu'en citent Collé et Marmontel. Voyez les Mémoires de ce dernier, tome II, page 148 et suivantes. (*Note de Barbier.*)

L'un m'invite à le suivre et l'autre me fait peur ;
Mais l'exemple souvent n'est qu'un miroir trompeur.
Voilà, mes chers amis, ce qui trouble mon âme.
Vous qui me tenez lieu du Merle et de ma femme,
Pour résoudre ce soin, avec vous débattu,
Prenez sur mon esprit l'empire qu'ils ont eu.
Ne considérez point cette grandeur suprême,
Odieuse au public et pesante à moi-même.
Suivant vos seuls avis, je serai cet hiver
Ou directeur de troupe, ou simple duc et pair.

LE KAIN.

Malgré notre surprise et on insuffisance,
Je vous obéirai, seigneur, sans complaisance.
Je mets bas le respect qui pourroit m'empêcher
De combattre un avis où vous semblez pencher.
N'allez point imprimer une honteuse marque
Aux motifs qui d'ici vous ont fait le monarque ;
Car on diroit bientôt que c'est injustement
Que vous avez changé notre gouvernement.
La troupe est sous vos lois, en dépit du parterre,
Et vous régnez en paix tandis qu'on fait la guerre.
Plus votre nouveau poste est noble, grand, exquis,
Plus de votre abandon chacun sera surpris.
On critique, il est vrai ; mais sur ce qu'on hasarde,
S'il est bien des sifflets, n'avons-nous pas la garde ?
Nous goûterons bientôt par vos rares bontés
Le comble souverain de nos prospérités.
Que l'amour du bon goût, que la pitié vous touche !
Votre troupe à genoux vous parle par ma bouche.
Considérez combien vous nous avez coûté :
Non que nous vous croyions avoir trop acheté ;
De l'argent qu'elle perd, la troupe est trop payée ;
Mais la quittant ainsi vous l'aurez ruinée.
Si vous aimez encor à la favoriser,
Otez-lui les moyens de se plus diviser.
Conservez-la, Seigneur, en lui laissant un maître ;
Et pour nous assurer un bonheur sans égal (1),
Prenez toujours conseil de M. d'Argental.

---

(1) Un vers féminin manque ici. (*H. B.*)

M. D'ARGENTAL.

Seigneur, il est aisé de lever tous vos doutes;
Je dirai mon avis tout haut, quoi qu'il m'en coûte :
Je sens bien que l'État a grand besoin de vous;
Cependant permettez... Que ne répondez-vous
A ce raisonnement? Pour vous, je vais conclure.
Il faut choisir toujours la façon la plus sûre;
Car enfin... quand je pense à tout ce que je voi,
Il me semble; mais non : il vous faut de l'emploi.
Si pourtant vous vouliez envisager la chose
D'un œil tout différent.... je dirois.... mais je n'ose.
Voilà, je crois, l'avis qui doit être suivi,
Et vous ne risquez rien à prendre ce parti.

LE DUC.

Ne délibérons plus, cette affaire est finie :
Si je crains le public, j'aime la Comédie;
Enfin quelques brocards qui puissent m'arriver,
Je veux bien les risquer afin de la sauver.
Pour la tranquillité mon cœur en vain soupire :
Le Kain, par vos conseils je retiendrai l'empire;
Mais je le retiendrai pour vous en faire part.
Je sais trop que vos cœurs n'ont pas pour moi de fard
Et que chacun de vous, dans l'avis qu'il me donne,
Regarde seulement sa troupe et ma personne :
Votre amour à tous deux fait ce combat d'esprit,
Et tous les deux bientôt en recevrez le prix.
Vous, qui de l'éloquence avez si bien le charme,
D'Argental, vous serez ambassadeur de Parme.
Vous, Le Kain, avec moi partagez les honneurs :
Donnez ici des lois, choisissez les acteurs.
Ainsi d'aucun talent ne craignant plus l'outrage,
Du public à coup sûr vous aurez le suffrage.
Allez voir la Clairon, tâchez de la gagner;
Car son avis ici n'est pas à dédaigner.
Je conserve l'empire et l'éclat dont il brille :
Adieu. J'en vais porter la nouvelle à ma fille (1).

---

(1) La Duchesse de Villeroy.

MÊME LIBRAIRIE

MÉMOIRES DU DUC DE LUYNES

SUR LA COUR DE LOUIS XV

(1735 — 1758)

Publiés sous le patronage de M. le duc de Luynes, par MM. L. Dussieux et Eud. Soulié. 17 vol. in-8°. . . . . Prix : **102 fr.**

Ces Mémoires, écrits par Charles-Philippe d'Albert, duc de Luynes et de Chevreuse, pair de France, chevalier des ordres du roi, commencent à la fin de l'année 1735, au moment où la duchesse de Luynes vient d'être nommée dame d'honneur de la reine Marie Leczinska, et s'arrêtent au mois d'octobre 1758, quinze jours avant la mort du duc de Luynes.

JOURNAL HISTORIQUE INÉDIT

DE MATHIEU MARAIS

AVOCAT AU PARLEMENT DE PARIS

(1715 — 1735)

Avec une Introduction et des Notes par M. de Lescure

4 volumes in-8°. Prix : 24 fr.

Les *Mémoires de Dangeau* finissent en 1720, et les *Mémoires du duc de Luynes* commencent en 1735. Les *Mémoires* de Mathieu Marais complètent donc cette série importante de Mémoires, qui sont précédés du Journal de Jean Héroard sur *l'enfance et la jeunesse de Louis XIII* (1601-1628), publié pour la première fois sur les monuments originaux, et annoté par MM. E. Soulié et E. de Barthélemy.

Typographie Firmin Didot. — Mesnil (Eure)

www.ingramcontent.com/pod-product-compliance
Lightning Source LLC
Chambersburg PA
CBHW060049190426
43201CB00034B/483